ACCESO GRATIS *a la Lectura en la Nube*

Para visualizar el libro electrónico en la nube de lectura envíe junto a su nombre y apellidos una fotografía del código de barras situado en la contraportada del libro y otra del ticket de compra a la dirección:

ebooktirant@tirant.com

En un máximo de 72 horas laborables le enviaremos el código de acceso con sus instrucciones.

HERRAMIENTAS DE ALERTA TEMPRANA Y RESPONSABILIDAD POR INCUMPLIMIENTOS DE LOS DEBERES DE PREVENCIÓN CONCURSAL

Procedimiento de selección de originales, ver página web:
www.tirant.net/index.php/editorial/procedimiento-de-seleccion-de-originales

HERRAMIENTAS DE ALERTA TEMPRANA Y RESPONSABILIDAD POR INCUMPLIMIENTOS DE LOS DEBERES DE PREVENCIÓN CONCURSAL

LUIS FERNÁNDEZ DEL POZO

tirant lo blanch
Valencia, 2024

EDITA: TIRANT LO BLANCH
C/ Artes Gráficas, 14 - 46010 - Valencia
TELFS.: 96/361 00 48 - 50
FAX: 96/369 41 51
Email: tlb@tirant.com
www.tirant.com
Librería virtual: www.tirant.es
DEPÓSITO LEGAL: V-2838-2024
ISBN: 978-84-1397-423-1
MAQUETA: Innovatext

Si tiene alguna queja o sugerencia, envíenos un mail a: *atencioncliente@tirant.com*. En caso de no ser atendida su sugerencia, por favor, lea en *www.tirant.net/index.php/empresa/politicas-de-empresa* nuestro procedimiento de quejas.

Responsabilidad Social Corporativa: http://www.tirant.net/Docs/RSCTirant.pdf

Índice

Capítulo tercero

TEST DE BALANCE VS. TEST DE SOLVENCIA. LA PROGNOSIS CONTABLE DEL RIESGO DE INSOLVENCIA

Capítulo cuarto

RESPONSABILIDAD DE LOS ADMINISTRADORES EN LA PREVENCIÓN DE LA INSOLVENCIA. NUESTRA PROPUESTA DEL DISEÑO DE UNA NUEVA ACCIÓN DE RESPONSABILIDAD INDIVIDUAL

Introducción

I. EL "TIMING PROBLEM" EN LA PREVENCION DE LA INSOLVENCIA. LA SINGULARIDAD DEL "CASO ESPAÑOL" (THE "SPANISH PUZZLE")

Antes de estar en crisis las empresas pasan por dificultades económicas de muy diversa especie. Tales dificultades no son sólo, aunque sí lo sean frecuentemente, de índole financiera. Todo ello nos permite hablar de la existencia en el ciclo empresarial de un estado previo a la insolvencia que es imposible caracterizar con precisión, jurídica y económica. Estamos ante un *continuum* (el "*Distress continuum*"), no ante un valor discreto, un momento exacto en el tiempo.

Podemos denominar a tal estado como "preinsolvencia" o, si se quiere, calificar a la situación descrita como de "precrisis". En ambos casos, se utilizan tales términos para referirse a ese estado de riesgo "próximo" u objetivamente previsible como "cercano" en el tiempo a su pariente mayor en el diagnóstico de la crisis: la insolvencia "efectiva" o insolvencia "actual" (frente a la insolvencia futura o "estimada"). A la sazón, en la literatura sobre finanzas corporativas (Corporate Finance) es habitual distinguir entre la empresa en crisis (se habla entonces de "Failure" o de "Bankruptcy") y la empresa en "dificultades" o en "pre-crisis" (*"Financial Distress"*). En puridad el término de "FD" es incorrecto porque las causas de las "dificultades" o factores a determinantes de una probable crisis pueden no ser financieros sino económicas en su sentido más amplio, endógenas o exógenas a la empresa.

Ese estado de dificultades previo al de la insolvencia definitiva ha sido objeto de reciente reconocimiento positivo en la legislación concursal comparada sobre todo para el diseño en Derecho nacional de los distintos procedimientos preconcursales de conservación de empresas y de los mecanismos de conciliación o de mediación de carácter preventivo de la insolvencia.

A veces el ordenamiento jurídico consigue tratar la materia de manera coherente o sistemática. Un tratamiento sistemático obligaría a regular como un conjunto coherente de normas el régimen sustantivo de la responsabilidad de los administradores ante la cercanía de la crisis inminente, las herramientas de predicción disponibles para la diagnosis y la responsabilidad derivada de los incumplimientos de los deberes respectivos de los agentes implicados. Por citar un ejemplo señero, el ordenamiento jurídico francés ha otorgado carta de naturaleza a un "Droit des entreprises en difficulté" en que, como veremos, forma parte primera y fundamental todo lo relativo a la "prévention" [1]. El presupuesto objetivo de esa prevención es "*la difficulté juridique, économique ou financière, averée ou prévisible*". El Derecho concursal italiano, de manera muy gráfica, prefiere hablar de "crisis" para referirse a ese estado previo a la insolvencia de muy heterogénea y jurídicamente irrelevante etiología (art. 2.1 a) y b) CCi de 2019)[2].

En la Directiva (UE) 2019/1023, de 20 de junio, sobre marcos de reestructuración preventiva, que será objeto de reiterada referencia en estas páginas y que constituye nuestro marco de referencia de las cuestiones examinadas en este trabajo, se habla de "*probabilidad de insolvencia*" ("*Likehood of Insolvency*"). A la sazón, los términos de "empresas en dificultades" y de "probabilidad de insolvencia" figuraban ya como sinónimos en el Reglamento (UE) 2015/848, de 20 de mayo de 2015, sobre procedimientos de insolvencia: vid. art. 1.1 *in fine* REI y Considerando 10.

---

1 Esa es una nueva categoría en Derecho francés tras la reforma de 1984 originadora de un Derecho preventivo o "Droit des entreprises en difficulté". Por todos: SAINT_ALARY-HOUIN, C., *Droit des enterprises en difficulté*, 2 ed., Montchrestien, 1996; GUYON, Y., *Droit des affaires, tome 2, Entreprises en difficultés. Redressement judiciaire-Faillite*, 6 ed., Economica, Paris.

2 La "crisi" se define de manera ejemplar como *"el estado del deudor que hace probable la insolvencia y que se manifiesta en la inadecuación de los flujos de caja estimados para hacer frente a las obligaciones contraídas en los sucesivos doce meses"*.

El término que se utilice para describir el presupuesto de hecho del cuerpo de normas sobre la prevención es necesariamente ambiguo. En la definición del *perímetro objetivo* de los deberes de prevención y de los procedimientos preconcursales de reestructuración preventiva es imposible —ni siquiera es recomendable— el empleo de conceptos cerrados porque, razonablemente, la situación de dificultades financieras no es determinable con exactitud en un hito preciso en el tiempo (el denominado con algún esfuerzo de imaginación, "triggering event"). En términos de la Nueva "Lógica Borrosa" ("Fuzzy Logic")[3], podemos decir que la solvencia es un atributo o variable "borrosa" porque se es más o menos solvente/insolvente y acaso manifiestamente solvente o insolvente. Amén de ello, la flexibilidad es requisito inherente a la eficacia real de los diversos instrumentos normativos la prevención de la insolvencia, como lo es el ahorro de los inmensos costes, directos e indirectos, de la judicialización de las soluciones o el estigma social de la quiebra.

De cualquier manera que sea, en la correcta diagnosis de la situación de "dificultades financieras" o de "probabilidad de insolvencia" se hace necesario ponderar el peso respectivo de múltiples y heterogéneos indicadores[4] que puede funcionar a modo de señales anticipadas de factores de riesgo —positivos o "causantes" y negativos o "mitigantes" de dudas— de "insolvencia definitiva". Empleando una denominación común a las herramientas y protocolos sanitarios y de desastres naturales se suele hablar entonces de "(Insolvency) Early Warning Systems" (EAS). Se supone que,

---

3 Vid. GIL-LAFUENTE, A., *Fuzzy Logic in Financial Analysis*, Springer, Berlin-New York, 2005; NGUYEN, H.T.-WALKER, E.A., *A first Course in Fuzzy Logic*, 3 ed., Chapman & Hall, Boca Raton, 2006.

4 Un buen resumen del estado de la cuestión en ROSS, S.A.-WESTERFIELD, R.W.-JAFFE, J., *Corporate Finance*, 4 ed., Irwin, 1996, pp. 808-823. Ha tenido mucho mérito en la divulgación del término E. ALTMAN, en su conocida obra, *Corporate financial distress and bankruptcy*, New York, John Wiley & Sons, 1993. En la materia ha sido influyente el muy citado artículo de KAREN HOPPER WRUCK, "Financial distress, reorganization, and organizational efficiency", *Journal of Financial Economics* 27, 1990, págs.. 419-444.

en ciertas condiciones, es posible predecir con alguna garantía de acierto la insolvencia en cuestión de determinada empresa y con cierta probabilidad de acierto ... en el bien entendido que habrá que calcular el peso relativo de factores causantes y mitigadores de dudas sobre la continuidad empresarial[5]. Habrá entones firmas condenadas al fracaso o "doomed firms"[6].

En la literatura científica, financiera, contable o jurídica, sobre el tema, se caracteriza a este estado o fase crítica de la vida de la empresa con las notas siguientes: i) *La existencia de factores convergentes de riesgo grave o substancial ("substantial doubts"); ii) ... para la continuidad empresarial ("going concern"); iii) ... en un horizonte temporal no demasiado alejado ("foreseeable future"; riesgo inminente en el futuro predecible).* Las causas o por mejor decir, los "factores", de esa situación, son

---

5 En general no se suele definir lo que se entiende por "financial distress". Se trata de una situación en la que la empresa no puede hacer frente al desarrollo normal del negocio sin necesidad del desarrollo de una cierta acción correctiva. Dicha situación conlleva al incumplimiento (default of contract), a la liquidación o a la reorganización judicial o extrajudicial. Cfr., entre otros: ALTMAN, E., *Corporate financial distress and bankruptcy*, John Wiley & Sons, New York, 1993; BHAGAT SANJAI-BRICKLEY JAMES-COLES JEFFREY, "The costs of inefficient bargaining and financial distress", *Journal of Financial Economics*, (35), 2, 1994, pp. 221-247; BROWN,D.-CHRISTOPHER,J.-MOORADIAN,R., "Asset sales by financially distressed firms", *Journal of Corporate Finance*,1, 1994, pp. 233-258; DEANGELO,H-DEANGELO, L., "Dividend policy and financial distress: an empirical investigation of troubled NYSE firms", *Journal of Finance* 45, 1990, pp. 1415-1432; FRANKS, J.-TOROUS, W., A comparison of financial recontracting in distressed exchanges and Ch. 11 reorganizations, *Journal of Financial Economics* 35, 1994, pp. 349-370; GILSON, S., "Management turnover and financial distress", *Journal of Financial Economics* 25, 1989, pp. 241-262; CHRISTOPHER, J., "Bank debt restructurings and the composition of exchange offers in financial distress", *Journal of Finance* 51, 1996, pp. 711-727; OPLER, T.-SHERIDAN, T., "Financial distress and corporate performance", *Journal of Finance* 49, 1994, pp. 1015-1040; WHITAKER, R.B., "The Early Stages of Financial Distress", Journal of Economics and Finance, vol. 23, number 2, 1999, pgs. 123-133. Sobre los modelos de predicción me remito a lo que se dirá luego en el Anexo.

6 Vid. por todos: CYBINSKI, P.J., *Doomed Firms. Econometric Analysis of the Path to failure*, Routledge, London & New York, reedición del año 2018.

enormemente heterogéneos. Como apuntamos anteriormente, no sólo se trata de causas o factores económicos y pueden ser tanto endógenas como exógenas a la empresa (macroeconómicas, propias del sector, riesgo nacional etc.)[7]. Recordemos además que tanto en el Derecho europeo (Directiva 2014/59/UE; BBRD) como en el Derecho español (Ley 11/2015 y Real Decreto-ley 1012/2015) existen mecanismos paraconcursales de "Actuación temprana" en el salvamento de entidades financieras sujetas a supervisión y que como es obvio no podremos tratar aquí con detalle[8]. Por lo demás existen particularidades en el tratamiento de la precrisis de empresas de personas físicas, sean o no empresarios, que no serán abordadas en este trabajo que estará centrado en las sociedades de capital por obvias razones selectivas.

Cualquiera que sea la solución que se adopte sobre la *vexata quaestio* de la posible o deseable jerarquización de los fines que sirve o debe servir el Derecho concursal y preconcursal —preferente o exclusiva protección del derecho de crédito; preferente o exclusiva conservación de la empresa "en dificultades" etc...— es un lugar común entre teóricos y prácticos del Derecho de la insolvencia la denuncia del grave problema del desfase temporal en la apertura de los procedimientos concursales: es el "timing problem" de la literatura jurídico-económica[9]. Y ello no obstante el hecho de que en materia de

---

7 La primera exposición seria de las causa y síntomas de la crisis empresarial sigue siendo el libro, de obligada lectura para los interesados en el tema de ARGENTI, J., *Corporate collapse: the causes and symptoms,* Mc Graw Hill, Londres, 1976. La literatura sobre el particular es inmensa. Entre nosotros vid. CHÁVARRI DICENTA,F., "Análisis de las posibilidades de decisión estratégica de la administración societaria ante la crisis económica de la empresa", en AA.VV. (Dir. GUTIÉRREZ GILSANZ, A.), *Derecho preconcursal y concursal de sociedades de capital,* Walters Kluwer, Las Rozas (Madrid), 2018, págs. 29 a 71

8 Vid. GÓMEZ DE TOJEIRO, D.-PIAZZA DOBARGANES, L., "La actuación temprana: balance tras una década de vigencia", *RGI&R,* núm 12, marzo 2024, págs. 217–256.

9 La exposición "clásica" del tema puede encontrarse en el capítulo octavo del libro de JACKSON, T.H., *The logic and limits of Bankruptcy Law,*

procedimientos preventivos —de la insolvencia definitiva, se entiende— la cuestión temporal del tratamiento colectivo adecuado a la situación de crisis es esencial (*"time is of the essence"*, como suele decirse)[10]. De todos es sabido que cuanto antes se detecten las dificultades que sufre una empresa y cuanto más expedito sea el procedimiento legal de su eventual reestructuración, mayor será la probabilidad de éxito del plan colectivo de conservación de la empresa (=mayor será el valor rescatado) o, de ser inevitable la liquidación por inviabilidad de una reestructuración, mayor será el valor residual del patrimonio a repartir y menor el valor que se destruye.

> Va de suyo que esa intervención reestructuradora de la empresa en crisis no es desde luego circunstancia banal porque a la postre, así ocurre con nuestros Planes de Reestructuración del Libro II TRLC, ello supone la sustitución del paradigma en Derecho común del respeto al derecho subjetivo individual (para cancelar la deuda o modificar sus condiciones se requiere su consentimiento; el acreedor puede exigir su cumplimiento y ejecutar las garantías sin recurso a los otros acreedores) por un paradigma alternativo, en concurso y en reestructuración, de ejercicio colectivo de los derechos regido por reglas de mayoría con eventual "expropiación" de la posición jurídica del disidente o de la clase de disidentes. No obstante, esa sustitución del paradigma de tutela individual por el de tutela colectiva se justifica por la necesidad de poner remedio a los problemas de los elevadísimos costes inherentes a los consabidos problemas de las situaciones descritas en la teoría económica en referencia a los llamados "bienes o recursos comunes" (sobre-explotación e infra-explotación en el "common-pool problem" y en los "anti-comunes")[11]

Cambridge; Mass., 1986, pp. 193 y ss. Un buen libro reciente que he consultado es el de DRESCHER, F., *Insolvency Timing and Managerial Decision-Making*, Springer gabler, München, 2013.

10 Por solo citar a un manual de referencia: N. TOLLENAAR, *Pre-insolvency Proceedings. A normative Foundation and Framework*, Oxford University Press, 2019 Capítulo 8, apartado 8.2.1.

11 La cosa es que bajo el modelo habitual justificativo de la eficiencia de los mecanismos preventivos de reestructuración tanto públicos como privados (la Creditors' Bargain Theory), puede compartirse que, en una hipotética situación *ex ante*, los acreedores de una empresa en dificultades

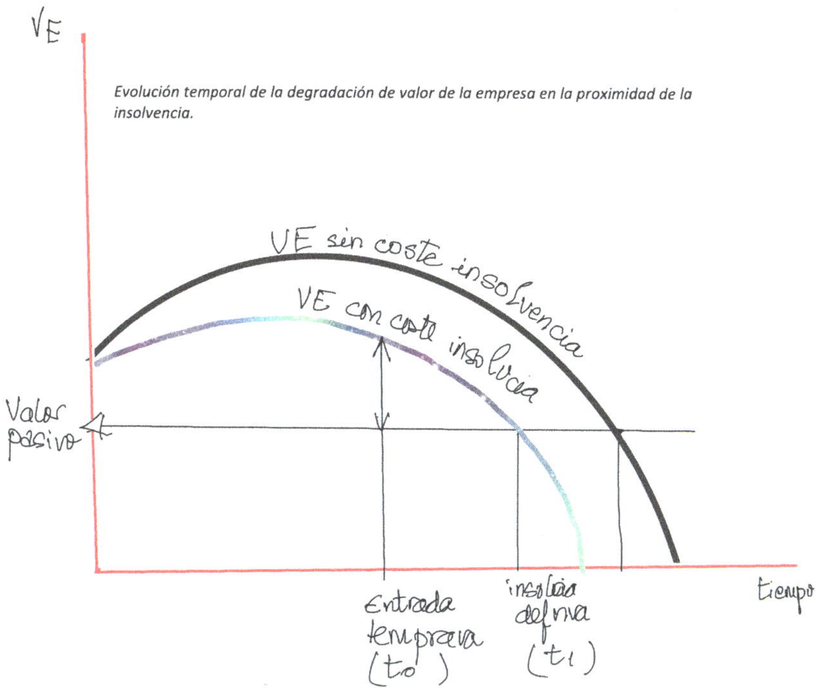

Fuente: F. Drescher, *Insolvency Timing and Managerial Decision-Making*, p. 48.

---

hubieran preferido un diseño institucional consistente en la adopción temprana de algún mecanismo colectivo de reestructuración —conservando eso sí los privilegios de cobro con que contaran previamente— antes que esperar a la irreversibilidad de la crisis con la obtención de un valor liquidativo que puede llegar a ser nulo. Es *a priori* preferible una reestructuración ordenada antes que una liquidación forzosa, aunque sea como venta del negocio en globo de unidades productivas y con mucha más razón cuando la única solución sea una liquidación singular de bienes y derechos … por el inevitable descuento sobre el precio de mercado que es susceptible de obtenerse cuando las ventas no son apresuradas (como ocurre con las forzosas) y cuando se venden unidades empresariales en funcionamiento. Una excelente exposición de la racionalidad económica de la reestructuración en el libro de cabecera de los que quieran entender la Directiva: N. TOLLENAAR, *Pre-insolvency Proceedings. A normative Foundation and Framework*, Oxford University Press, 2019.

Como puede comprobarse en el cuadro adjunto que es un modelo estilizado de la problemática que apuntamos antes, a partir de un determinado momento temporal la curva del valor de la empresa, si se incluyen los costes directos e indirectos de la existencia reconocible de "dificultades financieras" se desplaza hacia abajo resultando mayor la brecha cuanto más se acerque sea la insolvencia definitiva. Si no se tienen en consideración los costes inherentes a esa situación se está comprometiendo la conservación del valor de la empresa en favor de los acreedores. Si no se anticipa el tratamiento tempestivo (a la derecha de donde cruza la línea horizontal con la curva del valor de la empresa), los socios como "acreedores residuales" no percibirán nada en la insolvencia pero sufrirán importantes incentivos para, por ejemplo, arriesgar la supervivencia apostando al riesgo injustificado ("gambling" y otras estrategias). Cuando antes se tomen las decisiones, más alta será la probabilidad de que prospere una reestructuración que conserve la empresa o en el peor de los casos, mayor será el valor de una liquidación ordenada preferentemente en una venta del negocio como going concern[12].

Existe una relevante literatura sobre los costes directos e indirectos asociados a las dificultades financieras y de la quiebra[13]. Se reputan costes directos los flujos de caja negativos de, por ejemplo, asesores, expertos, abogados o procedimientos judiciales. Pueden ser razonablemente estimados y suelen ser en su mayor parte fijos. Los estudios empíricos indican que los costes indirectos por muchos conceptos (pérdidas de oportunidades de negocios rentables, pérdida de la confianza de clientes y proveedores, pérdida de personal cualificado, incremento del precio de la financiación etc.) no sólo más importantes que los directos (una estimación calcula

---

12 Vid. KAHL, M., "Economic distress, financial distress, and dynamic liquidation", *Journal of Finance* 57 (1), 2002, págs. 135-168.

13 Vid. entre otros trabajos: ANDRADE, G.M., "Measuring the Cost of Financial Distress", *Journal of Corporate Renewal*, 2003, págs. 1-7; BRANCH, B., "The Costs of Bankruptcy: A Review", *International Review of Financial Analysis*, Vol. 11, n.º 1, 2002, págs. 39-57; DRESCHER, *Insolvency Timing and Managerial Decision-Making, Springer, 2014, p. 27.*; WANG, W., "The Costs of Bankruptcy Restructuring", April 5, 2022 disponible en www.ssrn.com. Vid. en fin, en el manual clásico que cito en su traducción española de la edición que he manejado: BREALEY-MYERS-ALLEN, *Principios de Finanzas Corporativas*, 9.ª edición española, McGraw Hill, México D.F., 2015, págs. 503 y ss.

entre un 10% y un 20% del valor *ex ante* de la empresa frente al 3 y 4%) sino que son mucho más difíciles de estimar y muestran ser excepcionalmente sensibles al empeoramiento de las condiciones de solvencia.

Las pendientes de las curvas reflejan el típico fenómeno de la aceleración de la crisis a partir de un determinado momento de inflexión en el ciclo de la rentabilidad del negocio.

Son de sobra conocidos los problemas inherentes a los llamados "costes de agencia" en la proximidad de la insolvencia. En situación ordinaria, alejados del riesgo de una próxima insolvencia, podemos conjeturar que los intereses de los diferentes agentes económicos interesados en la marcha de la empresa (administradores, socios, terceros, trabajadores, "stakeholders" en general...) se encuentren en lo sustancial "alineados" porque a todos interesa perseguir el criterio de la "maximización del valor"[14]. A todos los interesados les conviene que los administradores acometan aquellos proyectos de inversión que haga máximo el valor actual neto ("Value-maximising decisions"; "Highest Net Present Value" o NPV).

Existen, obviamente, conflictos de interés entre la dirección y los socios, los socios minoritarios y los mayoritarios y entre la sociedad y sus acreedores pero esos conflictos son en teoría manejables con el adecuado sistema de incentivos y los instrumentos ordinarios que examina la "Teoría de la Firma" y que encuentran aplicación en Derecho común y de sociedades.

En cambio, superado el umbral de la existencia constatada de significativas y no meramente coyunturales "dificultades financieras" (o, como veremos, de "probabilidad de insolvencia") se produce el consabido efecto de *aceleración en la degradación de la situación de solvencia/viabilidad* porque se ponen en juego sobre todos los interesados una serie de incentivos perversos/sesgos cognos-

---

14 Por todos, vid. ARMOUR, J.-GORDON, J.N., "Systemic Harm and Shareholder value", *Journal of Legal Analysis* núm 6, 2014, págs. 50-53. Me he ocupado por extenso del tema en mi libro, *Posibilidad y Contenido de un Derecho preconcursal*, Pons, Madrid, 2001.

citivos que concluyen en la rapidísima destrucción del valor por el desarrollo de comportamientos oportunistas de unos y otros. Se produce un desajuste entre los intereses de unos y de otros intereses que dejan de converger ("Misalignement of incentives in the zone of insolvency")[15]. Los "normales" problemas de gobierno corporativo se agudizan hasta explosionar y es posible detectar la necesidad de arbitrar un diseño legal de un Derecho especial de gobierno corporativo para la precrisis[16].

En la proximidad de la insolvencia ("vicinity of insolvency"), en las entidades de responsabilidad limitada, los administradores y los socios internos, con mejor acceso a la información sobre la verdadera situación de su sociedad, soportan incentivos fuertes para desarrollar un comportamiento oportunista[17] mediante la

---

15 Vid. por todos, con cita de la literatura científica en: GURREA-MARTINEZ, A, "Towards an optimal model of directors' duties in the zone of insolvency: an economic and comparative approach", *Journal of Corporate Law Studies*, vol. 21, issue 2, 2021, especialmente en las págs. 367 y ss.

16 Vid. AYOTTE, K.M.-HOTCHKISS, E.S.-THORBURN, K.S., "Governance in financial distress and bankruptcy", en: WRIGHT,M.-SIEGEL,D.S.-KEASEY,K.-FILATOTCHEV,I. (Eds.), *The Oxford Handbook of Corporate Governance*, Chapter 22, págs. 489-512, Oxford University Press, 2013.

17 La descripción de esos problemas es archisabida. Un excelente artículo de un jurista americano atento a los estudios económicos: BRUNSTAD, E., "Bankruptcy and the problems of economical futility", *The Business Lawyer*, 1992, pp. 499-591; en particular las páginas 548-561 sobre los "incentives of delay and excesive risk-taking". Vid. en nuestro país el trabajo de BISBAL MÉNDEZ, J., "La insoportable levedad del Derecho concursal", *RDM*, oct-dic., 1994, n.º 214, pp. 843-872. Una exposición clásica de las estrategias en BREALEY-MYERS-ALLEN, *Principios de Finanzas Corporativas*, 9.ª edición española, McGraw Hill, México D.F., 2015, págs. 509 y ss. que distingue los que denomina "juegos (estratégicos)": el juego de la traslación del riesgo a los acreedores; la negativa a fortalecer la autofinanciación; el de "cobra y corre", el juego de retrasar en el tiempo la revelación por procedimientos contables o de simulación etc...

implantación de muy diversos tipos de estrategias egoístas tales como la consistente en el vaciamiento patrimonial o *"asset-striping"* en favor de los insiders; la *traslación del riesgo a los acreedores* (se acometen inversiones con elevado e injustificado riesgo mediante la realización de verdaderas apuestas dado que el coste se traslada asimétricamente; *"gamble for resurrection"*); la que pasa por suspender la aportación de recursos propios necesarios para la continuidad de la empresa social o por no afrontar tempestivamente la recapitalización de la compañía cuando no se descapitaliza la sociedad misma mediante la distribución de dividendos (incluidas las distribuciones irregulares u ocultas) o la amortización del capital; las prácticas que conllevan el sobreendeudamiento (se emplean los nuevos recursos para pagar la deuda anterior en estrategias piramidales) etc. Por su parte, los acreedores mejor informados (sobre todo cuando en sus contratos saltan las alarmas que se consignan en los correspondientes pactos contractuales de vencimiento anticipado o "covenants") ponen en marcha sus propias estrategias oportunistas o destructoras de valor consistentes en pedir la urgente mejora de las garantías (con postergación de los acreedores ordinarios) o, peor aún, la ejecución de sus garantías o la reclamación en vía judicial de sus créditos. La literatura sobre el particular es conocida y son relativamente pacíficos los resultados empíricos observados de este estado de cosas[18].

---

18 Entre otros muchos trabajos, además de los citados en la nota anterior, cabe citar dos libros de recommendable lectura: el clásico, EDWARD I. ALTMAN-EDITH HOTCHKISS-WEI WANG, Corporate Financial Distress, Restructuring and Bankruptcy, 4 ed., Wiley, New Jersey, 2019, Chapter 6, págs. 117 y ss.; el manual de Corporate Finance de JONATHAN BERK-PETER De MARZO, Corporate Finace, 5 ed., Pearson Education, Harlow, United Kingdom, 2020, en todo su capítulo 16, especialmente en las págs. 589 a 609. Vid también: MICHAEL JENSEN AND WILLIAM MECKLING, 'Theory of the firm: Managerial Behaviour, Agency Costs and Ownership Structure", *Journal of Financial Economics*, núm 3, 1976, págs. 305 y ss.; KATHERINE DAIGLE AND MICHAEL MALONEY, 'Residual Claims in Bankruptcy: An Agency Theory Explanation' *Journal of Law and Economics* núm 37, 1994, pág.

Todo ello —y la carrera que se produce en las ejecuciones individuales— produce un típico efecto de contagio y la retroalimentación de los incentivos tendentes a la destrucción del valor. De hecho, cuanto mayores sean los costes directos e indirectos de la insolvencia (pérdida reputacional y de clientes y proveedores, salida del personal cualificado etc.) tanto mayor será la necesidad de anticipar la adopción de las correspondientes medidas para el rescate y la urgencia en abstenerse de desarrollar toda conducta que desencadene o agrave la situación. Cuanto mayor sea la demora en la adopción de medidas anti-crisis menor será la probabilidad de asegurar la viabilidad en el corto y medio plazo mediante el saneamiento de la empresa con un plan de reestructuración. Si la situación se degrada en demasía, la empresa está condenada a su liquidación y en general la liquidación será incluso tanto más eficiente cuanto antes se aborde: una liquidación apresurada o de urgencia, sobre todo, cuando no consiste en la venta de unidades productivas como un todo (como "going concern") entraña una fuerte destrucción del valor.

En la figura que se acompaña abajo traída de un trabajo muy citado se presenta uno de los posibles modelos explicativos de la aceleración progresiva de la degradación de la solvencia en los sucesivos estados.

157; BARRY ADLER, "A Re-Examination of Near-Bankruptcy Investment Incentives", University of Chicago Law Review"núm 62 2(2), 1995 pág. 575; JOHN ARMOUR, GERARD HERTIG AND HIDEKI KANDA, 'Trans-actions with Creditors' en: VV.AA. JOHN ARMOUR, LUCA ENRIQUES ET alia, *The Anatomy of Corporate Law: A Comparative and Functional Approach, 3 ed.*, Oxford University Press, 2017, págs 111 y ss.; AURELIO GURREA-MARTÍNEZ, "Towards an optimal model of directors' duties in the zone of insolvency: an economic and comparative approach" Journal of Corporate Law Studies, 2021, págs. 4 y ss.

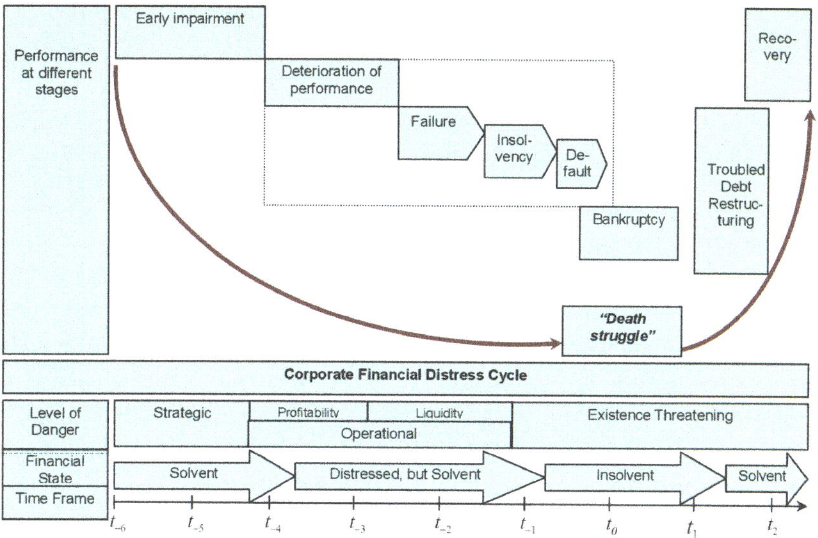

Fuente: Natalia Outecheva, *Corporate Financial Distress: An Empirical Analysis of Distress*, Dissertation of the University of St. Gallen. 2007.

La acelerada degradación de la situación de equilibrio que acabamos de describir es de todos conocida y su explicación más o menos pormenorizada constituye lugar en la literatura sobre Finanzas Corporativas y en la Teoría Económica. Esa descripción pacífica es la que constituye el presupuesto de la animadísima discusión sobre si se produce una alteración en los deberes de los administradores en la proximidad de la insolvencia y con el propósito de tener en cuenta el interés de los acreedores junto o en lugar del de los socios. es de cita obligada el **Derecho norteamericano de sociedades**[19], en que, tras una evolución accidentada

---

19 La literatura es abundantísima. Un excelente y actualizado resumen del estado de la cuestión en: J.A. ELLIAS-R.J. STARK, "Delaware Corporate Law and the "End of History" in Creditor Protection", en el libro colectivo, *Fiduciary Obligations in Business* (A.B.Laby-J.H. Russell eds), Cambridge University Press, 2021, págs.. 207 y ss. En la literatura española un excelente resumen de la situación en Derecho norteamericano en: P. VIZCAINO GARRIDO, *El interés social como Fin de la Actividad Gestora*

de su jurisprudencia y doctrina, se ha terminado por defender que solamente se produce un cambio de los "deberes fiduciarios" de los administradores ("shifting of the fiduciary duties") en el momento de la insolvencia, pero no antes. No insistiré más sobre el particular que al tema dedico todo un capítulo de este libro.

A pesar de ese consenso que acabamos de describir en la doctrina y entre los prácticos, la decisión de política legislativa de incentivar la entrada tempestiva del deudor en las instituciones concursales y preconcursales es muy difícil de implantar con alguna posibilidad de éxito habida cuenta de: (i) Los comportamientos oportunistas y la increíble fuerza persuasiva de los importantes incentivos perversos que pesan sobre administradores y socios asociados al llamado "riesgo moral" ("moral hazard"); (ii) La no infrecuente ignorancia por parte de los gestores de la verdadera situación de su empresa y de los hechos relevantes para poder ponderar razonablemente la realidad de los negocios y (iii) Los importantes sesgos cognoscitivos que pesan sobre todos los interesados, especialmente sobre los "insiders" y que llevan a dilatar la anticipación del arreglo o tratamiento de la crisis (sobre-optimismo, statu quo etc.)[20]. Amén de lo anterior y (iv), en España, existe una fortísima aversión, una aversión visceral, a la entrada tempestiva del deudor en los procedimientos colectivos de insolvencia (concursales y preconcursales); misterio que todavía carece de una explicación suficientemente convincente y que constituye el calificado como el "Spanish Puzzle" (vale decir: el "Enigma del caso español").

---

de los Administradores frente a Socios, Aranzadi, Cizur Menor, 2015, págs. 231 y ss. La mejor exposición de la situación norteamericana en el ámbito de Derecho comparado sigue siendo la de E. RECAMAN GRAÑA, *Los deberes y la responsabilidad de los administradores de sociedades de capital en crisis*, Aranzadi, Cizur Menor, 2016.

20 Vid. por todos: F. DRESCHER, *Insolvency Timing and Managerial Decision-Making*, Springer Gabler, Munich, 2014, especialmente las págs. 65 y ss. en que se distingue entre "Rational Insolvency Timing Decision" y "Possible Heuristics and Biases".

Es sabido que en nuestro sistema concursal todas nuestras empresas llegan al juzgado que entiende del concurso o de los procedimientos preconcursales (comunicación de inicio de negociaciones + planes de reestructuración) con insoportable retraso; ora porque el deudor no es capaz de detectar y ponderar los primeros signos de crisis o, peor, porque se niega a admitir las dificultades desarrollando un comportamiento popularmente conocido como "síndrome del avestruz" ("Oyster syndrome")[21]. Frente a estos sesgos e incentivos, el legislador estatal cuenta con poco margen de maniobra: tanto los incentivos "positivos" a la reestructuración temprana (los "premios" a la reestructuración temprana como son la regla de no-intervención en la gestión —"debtor-in-posession"— o la no apertura de la pieza de calificación en las instituciones preconcursales; los mecanismos legales de "Stay" o paralización de las ejecuciones et.) como los negativos (las sanciones de responsabilidad por incumplimiento del deber de solicitar la apertura del concurso) suelen revelarse insuficientes.

Los administradores carecen de incentivos positivos para adoptar decisiones tempestivas y la sanción de responsabilidad de los administradores por el retraso en la entrada en concurso (infracción del art. 5 TRLC, Deber de solicitar la declaración del concurso en relación con la presunción de culpabilidad de los administradores ex art. 444.1 TRLC y el contenido de la sentencia de calificación ex art. 455 TRLC y a la cobertura del déficit es art. 456 TRLC) es a todas luces ineficaz. Amén de ello, preocupado nuestro legislador por no interferir en la libertad de empresa, no se establece deber de solicitar la intervención judicial cuando la insolvencia es inminente o existe solo probabilidad de insolvencia. La norma sustantiva sobre responsabilidad por deudas sociales ex art. 367 LSC está llamada a cubrir esta laguna pero como veremos *in extenso* en este trabajo su mantenimiento es indefendible. Es cierto que en planes de reestructuración la regla general que se deriva de lo establecido en la Ley ex art. 594 TRLC es que la gestión de la empresa en preconcurso no está intervenida judicialmente ni hay suspensión de los administradores (frente al concurso) y que no se abre en

---

21 HARNER, M.M.-MARINCIC GRIFFIN; J., "Facilitating Successful failures", *Florida Law Review*, 2014, p. 205.

preconcursal la pieza de calificación (frente al concurso, también) ... no parece que esas ventajas comparativas hayan surtido mucho efecto. Como poco efecto ha tenido en la práctica el llamado "privilegio del acreedor instante del concurso" (cfr. art. 280.7.º TRLC). Volveremos más tarde sobre el tema de la responsabilidad al que se dedican dos capítulos del libro.

Conviene decirlo claro: en Derecho español la política de tratamiento preventivo, concursal, para-concursal o pre-concursal, de las crisis empresariales ha cosechado en el pasado un fácilmente demostrable relativo fracaso...y no parece que la cosa haya cambiado mucho. Tampoco es que haya muchos ejemplos de éxito en Derecho comparado pero esto no es una excusa porque hay diferencias importantes (vid el caso francés más abajo).

La situación española en lo que hace a la prevención, es, si se me permite, "manifiestamente mejorable":

(i) **Se detecta una profunda aversión de nuestros deudores hacia toda forma de procedimiento colectivo de tratamiento judicial de la insolvencia tanto en sede concursal, como, incluso, en sede preconcursal**. Así como se aprecia un verdadero cambio de paradigma en la proliferación de los concursos de personas físicas (que solamente son más populares porque en ellos se imbrica el procedimiento de exoneración de pasivo insatisfecho), el atractivo de los institutos preconcursales nuevos no es muy distinto en términos absolutos y relativos que el de los antiguos.

Como es sabido, el Reglamento europeo de insolvencia de 2015 incluye dentro de su ámbito de aplicación, junto al concurso, a los procedimientos preconcursales habilitados para el tratamiento de la insolvencia provisional. Pudiendo haberlo hecho (cfr. art. 25 Directiva que trata a la par las autoridades judiciales o administrativas siempre que exista suficiente especialización), el legislador español no ha aprovechado la ocasión de la Reforma para desjudicializar los procedimientos del Libro II y del Libro III ... que se ventilan en fase exclusivamente judicial. A fuer de sinceros, lo del requisito de la "intervención judicial mínima" no se respeta: es cierto que la negociación de los planes queda fuera del marco judicial pero para ganar los efectos de la comunicación del inicio de las negociaciones y para homologar el PR, que casi siempre es necesario, la intervención judicial es profunda.

Es curioso señalar que, so pretexto del poco éxito que tuvieron (cientos de procedimientos al año), el legislador ha derogado el acuerdo extrajudicial de pagos que no exigía intervención judicial. Los planes de reestructuración no es que hayan tenido mayor éxito en la práctica porque su número anual grosso modo viene a coincidir con el de los anteriores acuerdos de reestructuración y AEP. La contribución de los procedimientos preconcursales al tratamiento tempestivo de la insolvencia es residual: algún centenar de planes de reestructuración (digamos que c. 200 al año; faltan estadísticas) frente a la decena de miles de procedimientos concursales en los años en que, para colmo de males, se satura el sistema judicial. Con todo, el índice de concursalidad español es ridículamente bajo.

Por razones no suficientemente estudiadas, existe en nuestro sistema jurídico un índice anormalmente bajo de "concursabilidad" (número de concursos + preconcursos dividido por sociedades "vivas" entre los más bajos del mundo) que revela una situación harto singular. Es el tema del conocido como "Spanish Business Bankruptcy Puzzle" que quizás no haya sido suficientemente estudiado, pero los datos son elocuentísimos[22]. No parece que la explicación de ese misterio sea la preferencia por soluciones de

---

22 Vid. CELENTANI, M.-GARCIA-POSADA, M.-GOMEZ, F., "The Spanish Business Bankruptcy Puzzle and the Crisis", *Fundación de Estudios de Economía Aplicada y Universidad Carlos III*, March, 2010, documento de trabajo 2010-11. EL primer trabajo del que tengo noticia en: GARCIA POSADA, M.-MORA-SANGUINETTI, J.S., *Why Spanish firms rarely use the bankruptcy system?, Documento de trabajo n.º 1234, 2012, Banco de España.* Vid. también, de GARCIA-POSADA, M., *Análisis de los procedimientos de insolvencia en España en el contexto de la crisis del Covid.19: los concursos de acreedores, los preconcursos y la moratoria concursal*, Banco de España, *Documentos Ocasionales* n.º 2029, 2020; AZAGRA MALO, J, GÓMEZ POMAR,

reestructuración extrajudicial (los "Private Workouts" de la literatura sobre el tema), puesto que lo que prolifera entre nosotros es la conducta meramente pasiva del órgano de administración que ante las primeras señales inequívocas de la insolvencia próxima hace caso omiso o echa el cierre sin más. Se habla entonces de empresas "zombie", odiosa terminología que hace referencia a los "muertos-vivientes" de películas de terror y de leyendas victorianas o balcánicas.

> En realidad, en relación con los susodichos "zombies" habría que discriminar entre dos tipos de inactividad: (i) La inactividad que consiste en la prolongación artificial (no sostenible) de la continuidad de empresas viables mediante la realización de ciertas actuaciones residuales e, incluso, de la misma continuación de la "actividad normal" no obstante la existencia de señales muy claras de la insolvencia que en el caso de la OCDE fija en la existencia durante tres años consecutivos de un déficit de cobertura de la carga financiera ("ratio de cobertura de intereses" inferior a 1)[23] y; (ii) La inactividad que consiste en el abandono *de facto* de la actividad ("cierre de hecho") que suele manifestarse en la práctica a través de señales tales como la interrupción del cumplimiento de las obligaciones fiscales, laborales y registrales. De hecho, está prevista la reforma de la regulación fiscal para que puede revocarse el NIF de entidades presuntamente inactivas por faltar durante tres años consecutivos al deber de depósito de las cuentas. Aunque faltan estadísticas al respecto, la primera constatación que he realizado en las bases de datos del Registro Mercantil[24] revelan que en el primero de los sentidos los "zombies" según el modelo OCDE vendrían a ser 84.000 sobre

---

F., "La reforma concursal de 2022, la moratoria concursal y los incentivos a instar el concurso, *Actualidad Jurídica Uría Menéndez* n.º 59, 2022.

23 Vid.McGOWAN, M.A.-MILLOT, A. and V., "The Walking Dead? Zombie firms and productivity performance in OECD countries", *Economic Department Working Papers No. 1372,* January 2017; McGOWAN, M.A.-ANDREWS, D.-MILLOT, V., "Insolvency regimes, zombie firms and capital reallocation", *OECD Economic Department Working Papers* Eco. No. 1309, 2016; ALTMAN, E.I.-DAI, R.-WANG, W, Global zombies, Working Paper New York University, 2021.

24 Agradezco el trabajo realizado por el departamento de Sistemas de Información (SSI)

el número de 1.200.000 de sociedades que por media depositan anualmente sus cuentas; mientras que el segundo sentido las "entidades inactivas" alcanza a .... más de dos millones y medio de sociedades (=sociedades que llevan tres años sin depositar pero que cumplieron en algún momento). A estos zombies habría que añadir en (iii) las miles de empresas que tras concursos cerrados sin masa quedan en el "limbo registral y societario" tras la cancelación de la hoja registral no obstante la existencia de patrimonio residual.

(ii) **Nuestros deudores llegan al Juez de lo mercantil, casi en su totalidad, en una situación patrimonial muy degradada, prácticamente irreversible** (=no es viable la reestructuración con fines conservativos). Dos datos hablan por sí mismos: en un 95% de los casos el concurso concluye en la liquidación del deudor y el 82 % de los concursos de las personas físicas y más del 55% de los de personas jurídicas son concursos sin masa según los datos del Colegio de Registradores (Estadísticas concursales; Anuario Concursal).

(iii) **Desde luego, no ha habido un desplazamiento de preferencias de los operadores jurídicos de lo concursal hacia lo preconcursal**.

De hecho, aunque faltan estadísticas, el número de planes de reestructuración anuales homologados no llega a un centenar (no mucho más que los acuerdos de refinanciación del viejo Derecho) ... frente a los cerca de 20.000 concursos de los cuales el porcentaje más abultado se corresponde con los más de 16.000 concursos de personas físicas.

En términos absolutos, el número anual de convenios concursales no es muy distinto del de los planes de reestructuración: solamente se cuentan en cientos por año mientras los concursos de deudores en insolvencia definitiva se cuentas en alguna decena de miles. Desde la perspectiva comparada hay pocos ordenamientos que reflejan tan escaso éxito relativo de la conservación concursal y preconcursal de empresas. A lo que se ve, el convenio concursal tiende a desaparecer en su sustitución por el plan de reestructuración pero no aumenta significativamente la prevención respecto a la situación anterior.

Por si fuere poco, la excepcional situación que ha planteado la Pandemia se ha afrontado por nuestro legislador con normas también excepcionales de suspensión de deberes de solicitar el concurso (moratoria concursal) y de no-consideración de pérdidas del Covid en ejercicios posteriores a los efectos de la disolución forzosa/responsabilidad de los administradores que, prolongando su aplicación en el tiempo fuera del periodo de alarma, producen un cierto efecto "narcotizante" sobre la escasa propensión de los administradores a afrontar tempestivamente la crisis con retroalimentación los incentivos perversos preexistentes.

> La estadística concursal suministrada por el Colegio de Registradores y accesible en su portal www.registradores.org muestra que el problema se cronifica: la mala situación antes descrita se mantiene en el tiempo ... a pesar de las numerosas reformas legislativas. Ni los acreedores (que no obstante cuentan con el ilusorio privilegio que se supone goza el instante del concurso), ni mucho menor el deudor (trufado de sesgos anti-concursales de todo género y de prejuicios culturales; temeroso de perder el control de "su" empresa), tienen incentivos suficientes para la denuncia tempestiva de la situación de riesgo de insolvencia.

El camino que queda por recorrer a la prevención concursal en España es muy largo. Basta para ello comparar la situación a que se ha llegado en el Derecho francés de prevención tras cuatro décadas de implantación consistente de una política legislativa coherente. Los números hablan por sí mismos. Retengo para el año 2022 en relación con comerciantes (justicia consular), personas físicas y jurídicas, nada menos que 5143 procedimientos de prevención bajo la forma de *conciliation* y *mandat ad hoc* (vid. infra en el capítulo de herramientas) frente a los procedimientos colectivos con fines conservativos por cuantía ese año de 1272 para la *sauvagarde* y 13.287 para el *redressement* y 28.294 para la *liquidation judiciaire.* Amén de ello deben contarse los processus d'alerte ante el Presidente del Tribunal de Comercio de los que no tengo datos. En España los números como hemos visto son de 1 a 100 en la relación entre expedientes preconcursales y los concursos y, desde luego, las cifras absolutas en comparación son ridículas.

1. Procédures de prévention

unité : affaire

	2018	2019	2020	2021	2022
Total	5 797	5 955	4 643	5 429	7 147
Devant le tribunal de commerce, la chambre commerciale des TJ et le TMC	**3 687**	**3 716**	**3 176**	**3 645**	**5 143**
Demande d'ouverture d'une procédure de conciliation	1 694	1 638	1 855	2 159	2 890
Demande de désignation d'un mandataire *ad hoc*	1 993	2 078	1 321	1 486	2 253
Devant le tribunal judiciaire	**2 110**	**2 239**	**1 467**	**1 784**	**2 004**
Demande d'ouverture d'une procédure de règlement amiable ou de désignation d'un conciliateur en matière agricole	1 319	1 424	880	1 048	1 202
Demande d'ouverture d'une procédure de conciliation	54	73	38	53	68
Demande de désignation d'un mandataire *ad hoc*	737	742	549	683	734

2. Décisions relatives aux procédures de prévention

unité : affaire

	2018	2019	2020	2021	2022
Total	2 862	2 928	1 941	2 293	3 078
Mandat *ad hoc*	**2 419**	**2 461**	**1 587**	**1 862**	**2 536**
Désignation d'un mandataire	1 637	1 673	1 039	1 151	1 776
Rejet	111	124	91	117	119
Autres décisions	671	664	457	594	641
Conciliation	**443**	**467**	**354**	**431**	**542**
Accord entre les parties	211	197	188	215	245
Constat d'accord	*131*	*126*	*119*	*105*	*168*
Homologation de l'accord	*80*	*71*	*69*	*110*	*77*
Absence d'accord entre les parties	201	236	125	152	237
Fin de mission du conciliateur	*120*	*144*	*51*	*71*	*76*
Fin de conciliation – délai expiré	*81*[*]	*92*[*]	*74*[*]	*81*	*161*[*]
Refus de constat ou d'homologation d'accord				*0*	
Rejet	18	14	26	53	49
Autres fins	13	20	15	11	11

[*] les données ont été agrégées en raison du secret statistique

3. Durée moyenne des affaires

unité : mois

	2018	2019	2020	2021	2022
Mandat *ad hoc*	**0,9**	**0,9**	**1,1**	**1,4**	**1,4**
Désignation d'un mandataire	0,5	0,7	0,5	0,8	0,6
Rejet	1,0	1,0	1,7	0,9	1,2
Autres décisions	1,8	1,3	2,5	2,7	3,6
Conciliation	**3,3**	**3,8**	**4,3**	**7,0**	**5,9**
Accord entre les parties	3,5	3,5	3,5	5,5	5,0
Absence d'accord entre les parties	3,1	3,3	5,5	8,2	6,9
Rejet	0,4	0,7	2,1	2,9	0,9
Autres fins	1,4	2,4	10,1	8,6	1,5

Fuente: Ministerio de Justicia francés en www.justice.gouv.fr
Informe Justice Civile et Commerciale 9. Les entreprises en difficulté.

Todas estas consideraciones justifican a mi juicio la oportunidad del tratamiento del tema en esta obra.

Somera exposición del plan de la obra

La UE, imbuida de eso que ha dado en llamarse "Rescue Culture", a la vista del escasísimo éxito práctico que tuvieron las Recomendaciones realizadas para incentivar la entrada temprana en los procedimientos colectivos[25] (en particular la tantas veces glosada como escasamente atendida *Recomendación de 12 de marzo de 2014 sobre "una nueva aproximación al fracaso empresarial y a la insolvencia")*[26], se decidió por una armonización de mínimos del Derecho de "Reestructuraciones Preventivas" a través de su Directiva (EU) 2019/1023 que será objeto de múltiples referencias en estas páginas. Pues bien: el concepto que vertebra la Prevención de la Insolvencia es lo que da en calificarse de "Verosimiltud de Insolvencia" que es la traducción más exacta del término británico "Likehood of Insolvency". En lugar de "verosimilitud" nosotros empleamos el concepto de "probabilidad" que pertenece a otra familia estadística.

El concepto de "Likehood of Insolvency" está inspirado en la práctica de la diagnosis clínica en relación con el llamado ""ratio o conciente de verosimilitud. Se supone que, en el diagnóstico de la situación de la "enfermedad" de la empresa la realización de un "test de verosimilitud" de los contemplados en el artículo 3 de la Directiva ("Early warning and Access to Information") permite adoptar tempestivamente la decisión terapéutica más idónea.

---

25 Vid. EC, *Economic Analysis Accompanying the document Communication from the Commission to the European Parliament, the Council, The European Economic and Social Committee and the Committee of the Regions Action Plan on Building Markets Union,* September 2015. Vid. también: CARPUS CAREA, M-CIRIACI,D.-LORENZANI,D.-PONTUCH, P. (EC Directorate-General for Economic and Financial Affairs), *The Economic Impact of Rescue and Recovery Frameworks in the EU,* Discussion Paper 4 (septiembre 2015), p. 3.; BALP, G., "Early warning tools at the crossroads of insolvency law and company law", *Bocconi Legal Studies Research Paper* No. 3010300, 2019.

26 Commission Recommendation of 12 March 2014 on a new approach to business failure and insolvency, O.J.L 74/65. Un análisis crítico de la Recomendación en: EIDENMÜLLER,H.-VAN ZWIETEN, K., "Restructuring the European Business Enterprise: the European Commission Recommendation on a new approach to business failure and insolvency", *EBOR* núm 16, 2015, págs. 625 y ss.

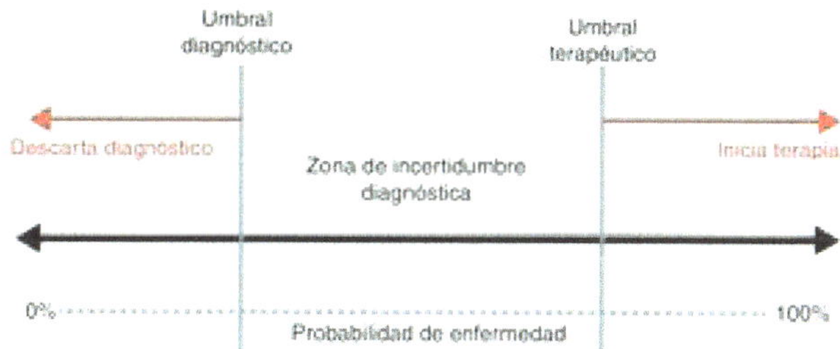

Fuente: SILA FUENTE_ALBA,C.-MOLINA VILLAGRA, M., Likehood ration y aplicación en Radiología, Revista argentina de Radiología, vol. 81 núm. 3, 2017, págs.. 204-208

Con el fin de dimensionar el beneficio clínico de un *test* diagnóstico en forma independiente de la prevalencia resulta de mayor utilidad la aplicación de los *likelihood ratio* (LR). Conocido también en español como "razón de verosimilitud" el *likelihood ratio* (LR) se define como el cociente entre la probabilidad estimada de observar un resultado en los pacientes con la enfermedad en cuestión *versus* la posibilidad de ese resultado en pacientes sin la patología a diagnosticar.

El uso del LR constituye una herramienta de gran utilidad para la toma de decisiones clínicas frente a la solicitud de algún *test* diagnóstico. Se puede estimar en base a parámetros de sensibilidad y especificidad de la siguiente manera:

$$LR(+) = \frac{\text{Tasa de verdaderos positivos}}{\text{Tasas de falsos positivos}} = \frac{\text{Sensibilidad}}{1 - \text{Especificidad}}$$

$$LR(-) = \frac{\text{Tasa de falsos negativos}}{\text{Tasa de verdaderos negativos}} = \frac{1 - \text{Sensibilidad}}{\text{Especificidad}}$$

Esto refleja la capacidad de un *test* diagnóstico para cambiar una probabilidad *pretest ("probabilidad a priori")* a una nueva probabilidad *postest* (o "probabilidad a posteriori"). Como término general, hay que recordar que un LR positivo mayor de 10 y un LR negativo menor de 0,1 indica un cambio relevante en la probabilidad *pretest*, lo cual determina con alta certeza un cambio de conducta clínica

Rangos de valores de *likelihood ratio* y su impacto en utilidad clínica

LR positivo	LR negativo	Utilidad
10	<0,1	Altamente relevante
5–10	0,1–0,2	Buena
2–5	0,5–0,2	Regular
<2	> 0,5	Mala

En torno a esa pieza vertebral de la arquitectura de nuestra Directiva que es la "Likehood of insolvency" —cuya definición exacta por cierto se deja a cada Estado miembro ex art. 2.2, lo que rebaja el supuesto propósito armonizador— se vertebran, los siguientes deberes preventivos de la insolvencia definitiva:

(i) El deber, a cargo de los Estados Miembros, a cargo de aquéllos, de introducir "herramienta/s" de prevención o de alerta: artículo 3 de la Directiva;

Así como el *terminus technicus* "Likehood of Insolvency" se toma de la diagnosis clínica, la idea de las "herramientas" se engloba en eso que ha dado en conocerse como "alerta temprana" o "early warning system" ("EWS"), concepto que se inspira a su vez del de prevención de desastres y crisis naturales. Así, la Oficina de las Naciones Unidas para la Reducción del Riesgo de Desastres (UNDRR; Disaster Risk Reduction) define el "Early Warning System" como: *"an integrated system of hazard monitoring, forecasting and prediction, disaster risk assessement, communication and preparadness activities systems and processes that enable individuals, communities, governments, businesses, and others to take timely action to reduce disaster risks in advance of hazardous events"*[27].

En relación con los riesgos de insolvencia, los "desastres" se tratan de paliar mediante los Mecanismos de Prevención de Riesgos o "Enterprise Risk Management" (ERM) que pueden ser más o me-

---

[27] Puede verse en su portal: www.undrr.org.

nos completos[28]. Veremos más delante cómo la obligación de prevención del riesgo ex art. 19 de la Directiva no obliga en puridad a todas las sociedades de capital a implantar todo un completo sistema de control y gestión de riesgos tal y como se establece aquél en los estándares internacionales y en la literatura científica y gerencial al uso (por ejemplo: el ISO 31000:2018-Risk Management)[29].

(ii) El deber de poner a disposición de los deudores de cada Estado Miembro uno o más procedimientos o mecanismos de "reestructuración preventiva" de empresas viables *ex* artículos 1.1 y 4.5 de la Directiva y a la vista del concepto de "reestructuración" que se define en el artículo 2.1 (1) Directiva;

(iii) Los deberes de diligencia específica de los administradores en la proximidad de la insolvencia ex artículo 19 Directiva.

---

28 Vid. por todos: HOPKIN, P.-THOMPSON, C., *Fundamentals of Risk Management,* Kogan Page Ltd, 6 ed., London-New York-New Delhi, 2022; HUNZIKER, S., *Enterprise Risk Management. Modern Approaches to balancing Risk and Reward,* 2 ed, Springer Gabler, Wiesbaden, 2021; DJERBI, Z.-DURAND X.-KUSZLA, C., *Contrôle de gestion,* Dunod, 2020.

29 Un sistema tal como el establecido en el ISO 31000:2018-Risk Management incluiría aspectos relativos a la detección de riesgos a través de la organización adecuada (un directivo que funge como "risk-officer" que reporta a la comisión de riesgos que a su vez sirve de enlace con el auditor externo o el interno), las herramientas de ponderación o evaluación de los factores causantes y mitigantes de las dudas sobre la continuidad (risk quantification); los protocolos de gestión de riesgo (el risk-management propiamente dicho: actuación tendente a la aminoración, corrección o eliminación de las amenazas o los siniestros); la supervisión contínua del correcto funcionamiento de la prevención (risk-monitoring) y la elaboración de los correspondientes informes y rendición de cuentas (risk-reporting). En eso probablemente estaban pensando los redactores del famoso Informe Olivencia de 1988 en sus recomendaciones para las cotizadas. Heredero de estas preocupaciones el vigente Código de buen gobierno de Sociedades cotizadas dedica a la cuestión el Principio 20 y 21 las Recomendaciones 39 a 46.

No obstante lo anterior, la Comisión de expertos de designación gubernativa que elaboró el Borrador del Anteproyecto de Ley de transposición en Derecho concursal español de la Directiva de reestructuración preventiva adoptó una serie de decisiones de política legislativa harto discutibles tales como:

1.º) Se define en la Ley el *presupuesto objetivo* de los procedimientos preconcursales como "probabilidad de insolvencia" (cfr. art. 548.2 TRLC) tomando por modelo subyacente el de una progresiva gradación de la insolvencia a través de tres estados: "insolvencia probable", "insolvencia inminente" e insolvencia definitiva. El horizonte temporal de la probable es acaso demasiado lejano en el tiempo (dos años) y el de la inminente ridículamente próximo al de la insolvencia definitiva (tres meses; art. 2 TRLC). Al presupuesto objetivo de la Prevención se dedica el Capítulo primero del libro.

Hay que hacer notar que el legislador español no aprovecha la flexibilidad que ofrece la Directiva para desjudicializar los procedimientos. Antes lo contrario: mientras Italia o Francia han habilitado mecanismos de arreglo extra-judicial a través de la institución de la mediación/conciliación, el legislador español deroga lisa y llanamente el procedimiento anterior del "Acuerdo Extrajudicial de pagos supuesto su "escaso éxito" (¿) y entrega el concurso/reestructuración de las PYMES a un procedimiento informáticamente sofisticado pero cuyo éxito, mediocre hasta ahora, depende de su eficiente diseño y utilización… en sede judicial.

2.º) Los redactores del Borrador incurrieron en el puro "olvido" de las herramientas de alerta acaso porque se pensaba que el artículo 3 de la Directiva no nos obligaba a nada al tratarse de meras "recomendaciones". La tramitación parlamentaria de lo que luego sería la Ley 16/2022 de reforma del Texto Refundido de la Ley Concursal fue mejorando un poco, con algún desconcierto, la situación en nuestro Derecho positivo. Al examen de esta cuestión se dedica el Capítulo segundo del libro.

3.º) En la Reforma, se prefirió no atacar mediante una "norma-puente", en Derecho de sociedades, la adecuada regulación de los deberes de diagnóstico de insolvencia a cargo de administradores y auditores con ocasión de la formulación y verificación de las cuentas anuales quizás en el entendimiento que la normativa vigente, societaria y contable, sobre sus deberes y responsabilidad en la materia era suficiente. El legislador español se niega a insertar en la verificación de cuentas un mecanismo de alarma como el que se establece en el Derecho francés, italiano o belga. A esto dedico el Capítulo tercero del libro.

4.º) Se incurrió por la comisión de expertos redactora del Borrador en el lamentable "olvido" del artículo 19 de la Directiva porque, se nos dijo, el Derecho vigente sobre los deberes de los administradores era suficiente y era de todo punto innecesario, redundante en el mejor de los casos y perturbador en la peor de las situaciones, establecer un catálogo de deberes específicos de diligencia preconcursal. La laguna de transposición y una crítica del defectuoso cuadro de acciones de responsabilidad por negligencia preconcursal se trata en el Capítulo cuarto.

5.º) Por desgracia, sigue ocupando una posición vertebral en nuestro sistema la regla de responsabilidad por deudas de los administradores. En teoría la "sanción legal" del art. 367 LSC instrumenta una razonable política preventiva de la insolvencia en situaciones problemáticas para la continuidad empresarial. Consagra la regla de "Recapitalizar o Liquidar/Concursar" y previene la continuación de actividades en empresas no fiables. No obstante lo cual, su funcionamiento ha entrado en crisis. A tratar de ello dedico el epílogo del libro.

Capítulo primero

El presupuesto de hecho de los deberes de prevención de la insolvencia y el momento temporal desencadenante de la crisis empresarial ("triggering point")

I. EL ELUSIVO CONCEPTO DE "PROBABILIDAD DE INSOLVENCIA"

En situación de insolvencia la gestión de la empresa social por los administradores del deudor debe conducirse por éstos en interés de la masa concursal. En cambio, si se pretende regular en Derecho positivo, concursal y societario, un marco específico de los deberes preconcursales de diligencia que pesan sobre aquéllos, tal deber debe construirse tanto en interés de socios como del de sus acreedores, de todos los acreedores, para lo que el legislador habrá de partir de un umbral temporal relativamente próximo al de la insolvencia *("vicinity of insolvency")* traspasado el cual la situación del deudor se localiza en una zona gris (la *"twilight zone"*) entre la solvencia y la insolvencia.

Mucho se ha escrito sobre la supuestamente insoportable falta de precisión del momento temporal exacto en que se desencadenan tales deberes *("triggering event")*. Se ha dicho que el diseño de una regla positiva de responsabilidad basada en tal presupuesto objetivo, al estar inevitablemente fundada en conceptos jurídicos indeterminados *("open-ended concepts")*, no satisfaría los requisitos mínimos de seguridad jurídica: ante la incertidumbre que suscita su aplicación por los tribunales de justicia la implementación de la misma regla genera costes transaccionales muy elevados lo que compromete sus posibles efectos positivos. Más aún: el empleo por la Ley de un estándar tan impreciso en la definición de las "dificultades financieras" o "pre-crisis" se cruzará en su *enforcement* con la natural aversión al riesgo de los administradores ... que quizás adopten una estrategia inversora sub-óptima desechando la adopción de proyectos empresariales de valor positivo que acaso pudieran rescatar a la sociedad de esa situación.

Me parece que este típico de críticas solo pueden aceptarse *cum grano salis*:

(i) Es cierto que es de todo punto imposible determinar con la precisión del bisturí de un cirujano la línea demarcatoria precisa entre la solvencia definitiva y la insolvencia temida (un "brightline" a gusto de todos y que persuada manifiestamente al juez sin mayor indagación o prueba). El concepto de "probabilidad de insolvencia" es lo que en Lógica se denomina un "predicado vago" o "borroso" (vid. paradoja de Sorites): no puede determinarse con precisión el momento exacto en que la sociedad pasa de solvente a preinsolvente de la misma manera que no puede precisarse el número exacto de granos de arena que permiten hablar de un montón o el de los pelos perdidos que hacen a un hombre calvo. Pero esto nos remite al consabido problema del grado de precisión óptima de las normas que se discute en la consabida temática de las "Rules vs. Standards".

(ii) La especificación (relativa) de los deberes preconcursales en la cabeza de los administradores no convierte al "standard" del deber genérico de diligencia en una "regla"-rule tal como se entiende por la doctrina económica, porque estamos ante meros "sub-estándares" de aquél, con un mayor grado de precisión que la norma común, y cuya aplicación al caso tolera espacio al recto funcionamiento del principio de tutela de la discrecionalidad empresarial de la BJR. Como veremos posteriormente y en contra de lo que presupone no poca parte de la doctrina "negacionista" la norma no aspira ni puede razonablemente aspirar a hacer responsable a los administradores de simples errores excusables del diagnóstico de la situación... si se implanta un "adecuado" sistema de control de riesgos conforme a la *Lex artis* y a las herramientas disponibles.

(iii) Lo anterior no significa que todo pronóstico de insolvencia sea una mera conjetura o que sea imposible conseguir la eficiencia económica de una norma que imponga deberes de diligencia específicos a los administradores en fase preconcursal si la norma está soportada por un cuadro institucional adecuado en lo que hace a los mecanismos de alerta y de información que se ponen a disposición de los administradores... cuya implantación es impensable en EEUU. Obsérvese que tanto la norma de los deberes (preconcursales) de los administradores del artículo 19 de la Directiva de reestructuración como la relativa a los sistemas de alerta de su artículo 3 comparten el mismo concepto jurídico indeterminado en su presupuesto de hecho y que la traducción española es incorrecta porque habla de "insolvencia inminente" que es un estado diferente.

(iv) La Directiva de reestructuración no impone a los Estados miembros —aunque sería perfectamente posible que los estados así lo decidieran— establecer un elenco tasado o típico de "hechos externos reveladores de la preinsolvencia" ("preinsolvency signals") como se hace entre nosotros, por ejemplo, para el concurso necesario (cfr. art. 2.4 TRLC) y como se hace en otros ordenamientos como es paradigmáticamente el italiano y también en otros ordenamientos menos displicentes en la materia de la predicción de la insolvencia que el nuestro aunque sea a través de meras presunciones iuris tantum de probabilidad de insolvencia. Eso no obstante, incluso entre nosotros, no faltan herramientas, de bajo coste y disponibilidad, que facilitan el pronóstico de la insolvencia futura y que contribuyen a especificar ese concepto borroso como es la propia cualificación de la situación en la opinión del auditor sobre la eventual quiebra del principio de empresa en funcionamiento o el informe de la posición de riesgo que suministra el Registrador mercantil y que proporciona un sofisticado indicador consolidado y claro de la posición de riesgo basada en un cálculo econométrico que se aprovecha de los avances científicos en los trabajos de prognosis de la solvencia.

(v) En todo caso, el indicador de la "pérdida grave del capital social" del art. 363.1 e) LSC y constituye un pobre índice de la probabilidad de insolvencia como ya se verá más adelante en este trabajo (vid. el Epílogo)

II. LA "PROBABILIDAD DE INSOLVENCIA" EN LA TRANSPOSICIÓN ESPAÑOLA DE LA DIRECTIVA 2019/1023

La Directiva 2019/1023, apartándose de la Propuesta de la Comisión que prefería hablar de "riesgo de insolvencia", consagra el concepto de "probabilidad de insolvencia". O, por mejor decir, en su traducción más exacta: "Verosimilitud de insolvencia" ("*Likehood of Insolvency*"): cfr. artículos 1.1 a) en lo que hace a la finalidad y ámbito de aplicación de la norma; 2. b) en cuanto remite a la definición del concepto por cada Estado miembro; 3 sobre las herramientas de alerta temprana; 4 sobre el presupuesto objetivo de los procedimientos de reestructuración y 19 sobre los deberes de los administradores de diagnóstico de la probabilidad de insolvencia.

En sede de deberes (preconcursales) de los administradores, en el artículo 19 de la Directiva, se parte del mismo presupuesto de hecho de la probabilidad de insolvencia aunque, por error de traducción, el traductor española la Directiva habla de "insolvencia inminente"[30]. Por otra parte, tal precepto debe ser leído a la luz de

---

[30] Con acierto, el legislador de la reforma concursal mejora la traducción que se había hecho al español de la citada Directiva, que equívocamen-

las herramientas de alerta temprana e información para prevenir la insolvencia inminente a que se refiere el artículo 3 de la Directiva y que se examinan con detalle en esta monografía.

A la sazón, los términos de "empresas en dificultades" y de "probabilidad de insolvencia" figuraban ya como sinónimos en el Reglamento (UE) 2015/848, de 20 de mayo de 2015, sobre procedimientos de insolvencia. Efectivamente, el ámbito de aplicación del Reglamento se amplía para cubrir en él a los procedimientos típicos de la preconcursalidad: "*los que promueven el rescate de empresas viables económicamente a pesar de estar en dificultades, y que ofrecen una segunda oportunidad a los empresarios*". En particular, se incluyen en nuestro REI los procedimientos que estén dirigidos a la reestructuración de un deudor en una fase en la que la insolvencia es solo una probabilidad: Considerando (10) y artículo 1..1 *in fine*. Reglamento Insolvencia 2015. También es muy ilustrativa al respecto la lectura de los Considerandos 1.° y 2.° de la Recomendación de la Comisión Europea de 12 de marzo de 2014 (2014/135/UE) sobre un nuevo enfoque de la insolvencia y el fracaso empresarial.

A mi juicio, la mejor traducción de "Likehood" en este contexto sería la de "verosimilitud". No obstante lo cual, fuera de la versión inglesa, las diversas traducciones en distintas lenguas de la

---

te hablaba de "insolvencia inminente" (cfr. art. 4.1), mediante el recurso al concepto nuevo de "probabilidad de insolvencia" correspondiente al equivalente inglés de "likehood of insolvency" y similares en otros idiomas. Lo de la "insolvencia inminente" queda en un estadio intermedio entre la actual y la probabilidad de la insolvencia con un horizonte temporal previsional de tres meses. Ni que decir tiene que carece de toda razón de ser este artificioso estado intermedio entre la probabilidad de insolvencia y la insolvencia efectiva que por razones no bien explicadas "redescubrieron" los expertos de la comisión redactora de la Ley de reforma: no hay modelo de prognosis que sea capaz de pronosticar a solo tres meses y aunque existiere, estaríamos en verdad ante una situación que no deberíamos tener empacho en calificar de insolvencia efectiva.

Directiva 2019/1023 sobre marcos de reestructuración preventiva prefieren hablar de probabilidad: "probabilidad de insolvencia", "probabilité d'insolvabilité", "probabilità di insolvenza" etc.

A decir verdad, en Inferencia Estadística, probabilidad y verosimilitud son conceptos afines pero no idénticos: la verosimilitud o "función de verosimilitud" es una función de los parámetros de un modelo estadístico que permite realizar inferencias acerca de su valor a partir de un conjunto de observaciones. En cambio, la probabilidad permite, a partir de una serie de parámetros conocidos realizar predicciones acerca de los valores que toma una variable aleatoria.

La cosa es que la Directiva de reestructuración preventiva fracasó en su intento de armonizar en Derecho concursal europeo los conceptos relevantes de los correspondientes estados encomendando en su art. 1.2 al Derecho nacional de cada Estado miembro tanto la definición de lo que se entienda por "insolvencia" como, lógicamente, de la "probabilidad de insolvencia". Así, por ejemplo, las herramientas de prevención temprana de la insolvencia del artículo 3 de la Directiva de reestructuración preventiva vienen referidas a un momento anterior al de la insolvencia dado que *"el marco de la reestructuración debe estar disponible antes de que el deudor reúna las condiciones de la normativa nacional para entrar en un procedimiento colectivo de insolvencia"* (considerando 24). Ese momento es la situación del deudor en cuanto incurso en *"probabilidad de insolvencia"* (artículo 4 (1) Directiva). Esta situación se equipara a la de *"dificultades financieras"*, traducción del "financial distress" de la doctrina científica y de los prácticos. No en vano, el objetivo de los "marcos de reestructuración" es el de "impedir la insolvencia" (finalidad preventiva del concurso de todo procedimiento preconcursal) y garantizar la viabilidad del *"deudor en dificultades financieras"* (cfr. art. 1.1 a) Directiva).

La reforma concursal española efectuada por la Ley 16/2022, de 5 de septiembre sigue a su modo lo previsto en la Directiva adoptando un modelo tripartito de sucesivos estados de crisis que reflejarían la progresiva degradación de la solvencia: probabilidad de insolvencia; insolvencia inminente e insolvencia definitiva:

- El art. 584.2 TRLC, dentro del Libro II Del Derecho preconcursal, contiene la definición de lo que se entiende en nuestro Derecho por "probabilidad de insolvencia" *(="cuando sea objetivamente previsible que, de no alcanzarse un plan de reestructuración, el deudor no podrá cumplir regularmente sus obligaciones que venzan en los próximos dos años")*.
- El mismo concepto de probabilidad de insolvencia se utiliza para definir el presupuesto objetivo del procedimiento especial de PYMES del Libro III TRLC que será de aplicación a aquellas microempresas que se encuentren al menos en probabilidad de insolvencia: cfr. arts. 686.1; 690.1 y 691.1 TRLC.
- El artículo 2.3 TRLC define a las otras dos "insolvencias": La "insolvencia actual" y la "insolvencia inminente". Se nos dice que: "*Se encuentra en estado de insolvencia actual el deudor que no puede cumplir regularmente sus obligaciones exigibles. Se encuentra en estado de insolvencia inminente el deudor que prevea que dentro de los tres meses siguientes no podrá cumplir regular y puntualmente sus obligaciones*". Recuérdese que el plazo de tres meses es un invento de los redactores de la Ley de transposición del año 2022: en la primitiva Ley Concursal de 2003 y luego en la primera versión del TR, la diferencia radicaba entre una y otra, insolvencia actual e inminente, radicaba en que en la inminente el deudor todavía podía cumplir regularmente sus obligaciones exigible pero cuando se preveía que no podría hacerlo en un futuro determinado ... sin indicación de plazo (cfr. art. 2.2 y 2.3 Ley 22/2003).

Poco se hablará aquí acerca de la "insolvencia inminente" como categoría intermedia, un *tertium genus*, entre las otras dos otras insolvencias. Déjeseme decir que esa clasificación tripartita, alumbrada por los expertos redactores del Borrador, es perfectamente innecesaria —por no venir exigida por la Directiva— y, se nos antoja, hasta artificial y, acaso, perturbadora. Culpa tuvo en la mala transposición la traducción española de la Directiva porque, como es sabido, en ella se vertió al español el término "likehood of insolvency" por "insolvencia inminente" cosa muy distinta y que entonces figuraba y todavía figura dentro del presupuesto objetivo del concurso aunque sin fijación de horizonte temporal.

A decir verdad, el principio científico de Parsimonia debiera habernos llevado a prescindir del "*tertium genus*" de la "insolvencia inminente": ningún modelo de predicción estadística que conozca contempla un horizonte temporal tan estrecho de tres meses y en los rarísimos casos en que pueda/deba predecirse que a tres meses vista la empresa es insolvente (imaginemos el caso de que venza un gran préstamo en ese tiempo y pueda calcularse que no se cuenta con recursos o medios para amortizarlo o renovarlo) *no habría ningún inconveniente en asimilar esta situación al supuesto de insolvencia definitiva.*

Cuando existe, la diferencia sustantiva de tratamiento concursal entre la insolvencia definitiva y la inminente, se nos antoja de todo punto injustificada. Así, por ejemplo, me parece caprichoso, si no ingenuo arbitrar, la inexistencia de un deber de solicitar la declaración del concurso cuando la insolvencia amenaza en un solo trimestre en lugar de que momento actual, aquí y ahora: el art. 5 TRLC —y el artículo 611.1 TRLC— solo obliga a solicitar concurso cuando es insolvencia definitiva. De hecho, a los efectos de exigir el consentimiento de socios para la homologación del plan de reestructuración el artículo 640.2 TRLC, con buen criterio, no discrimina entre insolvencia definitiva e inminente y lo mismo ocurre en sede de impugnación del auto de homologación no aprobado por los socios en el art. 656.1.3.º TRLC.

Nos centraremos, pues, en la "probabilidad de insolvencia", término, por cierto, que el legislador había ya utilizado en el Real Decreto-ley 35/2020, de 22 de diciembre de medidas extraordinarias (vid. su artículo 6). En cambio, lo que no deja de ser un tanto bizarro, no se exigía al menos de manera expresa ningún requisito de insolvencia o de "probabilidad de insolvencia" para la homologación judicial de los acuerdos de refinanciación bajo la antigua disp. ad. 4.º LC y a pesar del eminente carácter preconcursal del instituto[31].

Si se me permite la explicación técnica, en términos formales el diagnóstico de la probabilidad de insolvencia consiste en el contraste de la hipótesis de solvencia frente a la hipótesis alternativa de insolvencia. Podemos explicarlo así: la "variable" dependiente a estimar que es la insolvencia tendría naturaleza dicotómica: vale "0" o "1" según se diagnostique el deudor como empresa sana o empresa en situación de riesgo próximo de insolvencia. La pertenencia de la empresa en cuestión a la familia de las solventes o en el grupo de las empresas en dificultades se mide en una razón de probabilidad que va de 0 a 1. Así, "0, 75" consiste en la estimación de que, según determinado modelo estadístico, la probabilidad de que dentro del plazo de dos años siguientes la empresa pueda estar en situación de insolvencia efectiva es muy alta: de un 75%. Las puntuadas con 1 estarían entonces incursas en insolvencia actual.

La "definición española" de la probabilidad de insolvencia es muy abierta:

1.º) Para el diagnóstico de la existencia de un estado de "probabilidad de insolvencia" es *irrelevante la etiología de la crisis* en relación con los factores desencadenantes de la misma (sea una crisis interna o externa, idiosincrásica del sector o transversal, cíclica o anti-cíclica, financiera o económica etc.) *o el grado de culpabilidad del administrador* en la generación de la situación y/o en la prevención de la crisis. A título de curiosidad, el ICAC tiene establecida una clasificación de factores causantes de dudas sobre la continuidad en su Instrucción sobre empresa en funcionamiento de 18 de octubre de 2013 en que se distingue entre "situaciones debidas al titular jurídico" como son los problemas internos de conflictos

---

31 Vid. AZOFRA VEGAS, F., *La homologación de los acuerdos de refinanciación*, 2 ed., Reus, Madrid, 2017, págs. 51 y ss.; FERNANDEZ DEL POZO, L., "Una lectura preconcursal del régimen jurídico de los acuerdos de refinanciación"; *ADConc* n.º 21, sept-dic 2010, págs. 9 y ss.

entre los socios y "situaciones debidas a la situación u objeto empresarial" como son las reconversiones profundas, catástrofes etc.

2.º) A diferencia de lo que acontece en otros ordenamientos como el italiano, el legislador español *ha preferido, ni siquiera a los efectos de una presunción iuris tantum, no establecer un elenco típico de "señales de alarma" o de "hechos externos reveladores de la probabilidad de insolvencia"* como se hace, por ejemplo, para el concurso abierto a solicitud del acreedor en el art. 14.2 TRLC (=insolvencia "cualificada"). Más aún: en caso de ejecuciones forzosas en que el ejecutado no señalare bienes susceptibles de embargo o el valor de los bienes no fuere suficiente para el fin de la ejecución el nuevo artículo 589.3 LEC se limita a establecer un rústico sistema de alarma: el LAJ se limita a recordar al interesado —como si no lo supiere— que puede solicitar la apertura de un procedimiento preconcursal (comunicación del inicio de negociaciones + solicitud de homologación del plan) o que si la cosa es más grave y existe insolvencia actual, que existe la obligación de solicitar la apertura del concurso. Ni siquiera se preocupa el legislador español de asegurar la publicidad legal de esta señal poderosa de probabilidad de insolvencia (como se hace en otros ordenamientos, como se hace en el nuestro para las deudas fiscales y de la SS) o al menos, para corregir la asimetría informativa: el acreedor que quiera acceder a información de ejecuciones malogradas debe ser entidad financiera (con acceso a la CIR del Banco de España) o estar dispuesto a pagar el coste de los "registros de morosos" (vid. *infra*).

3.º) En el diagnóstico de la nueva categoría jurídica de la probabilidad de insolvencia estamos ante un *juicio de probabilidad* de "crisis" en sentido muy amplio del término (no de mera o simple verosimilitud o posibilidad; cualquiera que sea la etiología de la situación) *que admite o debe admitir una objetiva ponderación de los factores causantes/mitigantes de la duda sobre la continuidad.*

En otros términos: el contraste de que la hipótesis de insolvencia debe arrojar un resultado de predicción que sea suficientemente relevante: que estime de manera manifiesta más probable que no-probable el acaecimiento "próximo" de la insolvencia. No se trata, como algunos pretenden, de aventurar una simple "conjetura". En la lógica del redactor de la Directiva tal juicio de probabilidad debería estar *amparado en la utilización correcta de ciertos modelos probabilísticos de diagnóstico/previsión de la insolvencia futura recomendados por la Lex artis* y no en la mera intuición "subjetiva" o basada en ciertas máximas de experiencia.

Permítaseme llamar la atención sobre la objetividad del juicio: el pronóstico "objetivo" debe también ser tenido en cuenta por el propio juez para evitar los frecuentísimos sesgos retrospectivos (*"hindsight bias"*)[32].

> Para conjurar el problema de la dificultad probatoria de todos estos extremos la Directiva recurre a las llamadas "herramientas de alerta" en su artículo 3. Entre ellas, en nuestro ordenamiento, la información que suministra el Colegio de Registradores a los propios interesados sobre la posición de riesgo (cfr. disposición adicional séptima TRLC). Ese informe, mediante la aplicación de un modelo LOGIT, sobre los centenares de miles de cuentas procesadas, permite calcular, como veremos, por empresa en relación con tamaño y sector la probabilidad de la insolvencia.
>
> Contrástese anterior con lo previsto en la propia Ley para el concurso en el artículo 2 TRLC: la declaración del concurso procede únicamente en caso de insolvencia actual o inminente en el bien entendido que se entiende por insolvencia inminente la situación descrita en el apartado 3 del mismo precepto: *"el deudor que prevea que dentro de los tres meses siguientes no podrá cumplir regular y puntualmente sus obligaciones".* Sabido es, en cambio, que incurre en insolvencia actual *"el deudor que no puede cumplir regularmente sus obligaciones exigibles"* (art. 2.3 TRLC, primer inciso).

4.º) Por tratarse de un juicio previsional éste viene referido a un *horizonte temporal anterior* al de la estimación del momento de

---

32 Tres libros recientes de lectura recomendada ilustran lo anterior: A. TRON, *Corporate Financial Distress, Restructuring and Turnaround*, Emerald Publishing, 2021; P.J. CYBINSKI, *Doomed Firmes. An Econometric Analysis of the Path to Failure*, Routledge, 2018. Vid. también: S. JONES, *Distress Risk and Corporate Failure Modeling. The State of the art*, Routledge, Londres-Nueva York, 2023.

la insolvencia efectiva y que en la transposición española de la Directiva se fija en dos años. Nuestra probabilidad de insolvencia e inspira en la "Drohende Zahlungsunfähigkeit" del &18 de la InsO alemana.

Obviamente, ese término legal es caprichoso como es caprichoso el de los tres meses de la insolvencia inminente. Téngase presente que la Directiva no obligaba a fijar un plazo y la solución española aparentemente persigue la mayor seguridad jurídica del modelo alemán frente al modelo holandés en que no se precisa ningún plazo temporal de referencia.

Tras la promulgación de la StaRUG, aunque se mantiene el presupuesto objetivo de la insolvencia de la InsO en su triple definición contenida en los && 17 a 19 (insolvencia según el test de liquidez; insolvencia inminente si existe previsión de imposibilidad de pago en horizonte temporal próximo e infracapitalización/sobreendeudamiento) se ha modificado el marco temporal de la alerta temprana en la legislación concursal (InsO) en atención a un aspecto esencial: aunque se conserva en el &18 InsO la categoría de la "insolvencia inminente" (definida como "drohende Zahlungsunfähigkeit") se clarifica en su apartado segundo que reputarse existe tal situación "por regla general" cuando sea previsible que el deudor no puede hacer frente a sus obligaciones a su vencimiento en los veinticuatro meses siguientes, lo que constituye el precepto en el que se ha inspirado el legislador español para definir nuestra probabilidad de insolvencia del art. 584.2 TRLC. Volveremos sobre el tema en el capítulo sobre herramientas de alarma.

Quizás los expertos pre-legisladores estuvieran pensando en el plazo de los dos años anteriores a la solicitud del concurso para que puedan prosperar las acciones revocatorias de los actos y negocios realizados en el periodo sospechoso. No obstante lo cual, como se trata en el capítulo siguiente, el horizonte temporal que contemplan las "Normas Internacionales de Contabilidad" (NIIF) así como nuestro Derecho contable para el diagnóstico acerca de la eventual quiebra del principio de empresa en funcionamiento, como veremos en la Parte Tercera del trabajo, es de una año (el ejercicio siguiente a la fecha de cierra de las cuentas). Y en un conocido informe de expertos del FMI se recorta hasta *seis meses*: vid.

GARRIDO, J.-DeLONG, C-RASEKH, A.-ROSHA, A., IMF *Working paper on Restructuring and Insolvency in Europe: Policy options in the Implementation of the EU Directive*, mayo 2021, p. 10. Quizás a algunos pueda parecer el plazo de dos años demasiado largo (a dos años vista aumenta mucho la población en riesgo de insolvencia probable) pero es conveniente para la inferencia estadística sobre cuentas depositadas: en el modelo del Colegio de Registradores la estimación del modelo se hace sobre cuentas del ejercicio anterior con un horizonte de un año después.

5.º) La bondad de toda estimación se sustenta en el modelo/s de predicción que se emplee (*"modelo estadístico"*). Pues bien: tanto la Directiva como el Derecho español son neutrales en esta tan delicada cuestión metodológica. En principio, cabe el modelo de la Z de Altman, que es muy conocido o cualesquiera otros de superior calidad como los muy populares modelos logísticos o los más avanzados de redes neuronales, inteligencia artificial etc. El Colegio de Registradores, por ejemplo, utiliza la "regresión logística".

Es obvio que hay diversas calidades de modelo estadístico pero el legislador no toma partido por uno o por otro. La calidad del modelo se mide por la bondad del ajuste a partir de los parámetros estimados. Me remito a lo que se dirá en anexo a este capítulo. A decir verdad, cabría incluso aplicar conjuntamente varios modelos de predicción para contraste o, incluso, para la elaboración de un modelo sintético o híbrido de varios.

6.º) Tampoco se dice nada en la Ley de *la muestra a emplear para estimar la insolvencia en cada uno de los deudores de la población.* Evidentemente, el modelo será más robusto cuanto mayor sea la muestra que se emplea de cada una de las dos familias de empresas que se califican como insolventes y las que no lo son. Por ejemplo, el modelo del Colegio de Registradores corre sobre una parte muy sustancial de la base de datos de todas las cuentas depositas y emplea otras fuentes adicionales (vid. supra).

7.º) Ni el legislador comunitario ni el legislador español fijan con rigor *el umbral de probabilidad* para que la empresa diagnosticada se deba reputar incursa en el estado. Algún autor, probablemente en la idea común o interpretación vulgar de que la "verosimilitud" es una medida menor de probabilidad llega a defender que se incurre en ese estado cuando es más probable que improbable que incurra la entidad en insolvencia definitiva, pero no hay razones para entender que el umbral se fija en 0,5 en lugar de 0, 75 o 0,80 (75% u 80 %). Veremos que interpretación nos dan los tribunales de la norma, si es que la cuestión llega a ellos. La metodología de clasificación del riesgo de la Circular 6/2016, de 30 de junio, del Banco de España que también se sigue en el informe de posición de riesgo del Colegio de Registradores consiste en un rating cuádruple: riesgo bajo (grado de verosimilitud por debajo del 25%), riesgo medio-bajo (superior al 25%; inferior al 50%), riesgo medio-alto (superior al 50%; inferior al 75%), riesgo alto (superior al 75%).

8.º) Tampoco el legislador comunitario (o el español) *fijan los criterios que deben tenerse en cuenta para el diagnóstico* y prefieren dejar la cuestión sobre las "áreas de supervisión" de los correspondientes desequilibrios a la *Lex artis* lo que no necesariamente es ineficiente porque cualquiera recomendación de criterios no deja de ser orientativa y con amplio margen de discrecionalidad como nos demuestra lo ocurrido en Derecho italiano.

> Efectivamente, movido por la necesidad de precisión de los deberes de administradores y vocales del órgano de control de prevención de la crisis, el legislador italiano se esfuerza en el art. 3 CCi por identificar las medidas y arreglos instrumentales en tres áreas de supervisión de su apartado 3 (identificación de desequilibrios patrimoniales o económicos financieros; comprobar la sostenibilidad de la deuda en los 12 meses siguientes al menos y las señales anticipatorias; utilizar los tests de la plataforma electrónica informativa para el control de la viabilidad de la reestructuración posible de la situación) y cuatro tipos de "segnali per la previsione" contenidas en el apartado 4 del mismo artículo 3 y también definidas en términos muy abiertos.

Las variables independientes o explicativas pueden ser de muy diversa especie, tanto cualitativas como cuantitativas. Muy popular es el empleo de ratios que puedan representar los diferentes desequilibrios. Para la calificación financiera del acreditado que deben hacer las entidades financieras, el Banco de España (Circular 6/2016, de 30 de junio) exige que al menos se analicen las siguientes áreas: a) Actividad; b) Rentabilidad; c) Liquidez; d) Nivel de endeudamiento; e) Solvencia. El modelo del Colegio de Registradores emplea más de un centenar de variables.

9.º) Déjeseme hacer una última consideración: *riesgo de insolvencia a los efectos contables (=quiebra del principio de empresa en funcionamiento) y "probabilidad de insolvencia" no coinciden* ni en el momento temporal (la probabilidad de insolvencia es usualmente anterior al momento contable relevante) ni cuentan con un periodo de prognosis igual. Volveré sobre ello con detalle en el capítulo siguiente dedicado a la prognosis contable de la insolvencia.

II. PROBABILIDAD DE INSOLVENCIA Y TEST DE VIABILIDAD

Para la correcta aplicación de la normativa concursal y preconcursal (y para configurar el régimen de los deberes de los administradores en la proximidad de la insolvencia), no basta con el contraste de la ocurrencia de la **crisis** —al menos, la "probabilidad de la insolvencia"— como requisito de entrada en procedimientos (pre) concursales sino que es necesario cohonestar esta situación con la (eventual) **viabilidad de la empresa en dificultades (principio de reversibilidad de la situación)** como requisito de prognosis de salida del procedimiento[33].

Para ese adecuado tratamiento preventivo de la insolvencia,(en sede judicial siempre), nuestra Ley Concursal recurre a *una cierta especialización procedimental* en atención a la finalidad respectiva del concurso de acreedores del libro I y del Libro III

[33] Vid. MARTÍN TORRES, A., "La viabilidad como condición de la reestructuración", *Anuario de Derecho Concursal* n.º 61, 2024, págs. 287-303.

(el concurso y el procedimiento especial pueden tener por finalidad tanto la continuidad empresarial como la liquidación concursal) y de los institutos preconcursales del Libro II (exclusivamente dirigidos a hacer posible una reestructuración de empresas en los términos previstos en el art. 614 TRLC y 2.1 (1) Directiva 2019/1023). A diferencia de lo que ocurre en Derecho francés e italiano el legislador español no reconoce entre la preconcursalidad y el "arreglo privado extrajudicial" la existencia de un procedimiento reglado de mediación o conciliación similar al viejo AEP.

Compruébese la cosa en el siguiente cuadro.

	Empresas Viables	**Empresas No-Viables**
Al menos la probabilidad de insolvencia	(1) Planes de Reestructuración	(2) Liquidación concursal
Insolvencia actual o inminente	**(3)** Convenio Concursal	(4) Liquidación concursal

Si la empresa no es viable, solamente procede la liquidación concursal (cuadrantes 2 y 4). No deben malgastarse recursos inútiles en una reestructuración sin futuro. En cambio, la prevención de la liquidación de empresas que son todavía viables puede realizarse tanto en sede concursal (a través del convenio o un plan de continuación en el procedimiento especial de micropymes según el cuadro 3) como en sede preconcursal (planes de reestructuración cuadro 1). Lo que ocurre es que si la empresa no es insolvente en sentido estricto sino que está pasando por dificultades financieras reversibles (=mera probabilidad de insolvencia), no podrá abrirse el concurso cuyo presupuesto objetivo es la insolvencia actual o la inminente. En fin, la reestructuración es posible siempre que se cumplan los dos requisitos referidos en el cuadro 1: insolvencia al menos probable (... incluso la definitiva) y viabilidad ex post después de la ejecución del plan de reestructuración aprobado y en su caso homologado.

La razón de este doble requisito de crisis-insolvencia+ viabilidad *ex post* responde a la lógica del sistema[34]. De una parte, bajo el paradigma habitual justificativo de la reestructuración preventiva como alternativa a la liquidación se entiende que está en el interés de todos anticipar cuanto antes la entrada en preconcurso y no esperar a que la sociedad esté en insolvencia definitiva o inminente. Basta la mera probabilidad ("Likehood of Insolvency"). De otro lado, los sacrificios de los derechos individuales (se sustituye el Derecho contractual común, civil y mercantil, y hasta el derecho de OPAS o el Derecho de defensa de la Competencia por un sistema de ejercicio colectivo de Derechos) solamente están justificados cuando la reestructuración sea viable en relación al Plan de Reestructuración concretamente adoptado, aprobado y en su caso homologado. De aquí surgen dos exigencias: de un lado la de no-excluir de la entrada en el preconcurso a entidades insolventes pero aún viables; de otro, la de excluir el abuso de la institución (abuso al que por cierto se refiere el Preámbulo de la Directiva y se reconoce por la doctrina) denegando el acceso de entidades que están perfectamente sanas. La injerencia en los derechos de socios y de acreedores no estaría justificada en esos supuestos.

En cuanto a la (exigible) viabilidad económica del deudor tras la reestructuración sí existe armonización en Derecho europeo. A la sazón, el legislador español sigue estrechamente lo dispuesto en la propia Directiva en sede de contenido de los planes de reestructuración (cfr. art. 8.1 h) y requisitos para la confirmación del plan (cfr. art. 8.3) al establecer que, para que prospere la homologación judicial del concreto plan aprobado, el plan deba ofrecer "*una pers-*

---

34 Así resulta con toda claridad de su artículo 4.1, Disponibilidad de marcos de reestructuración preventiva: *"Los Estados miembros se cerciorarán que cuando se hallen en un estado de insolvencia inminente, los deudores tengan acceso a un marco de reestructuración preventiva que les permita reestructurar con el fin de evitar la insolvencia y garantizar la viabilidad, sin perjuicio de otras soluciones destinadas a evitar la insolvencia, protegiendo así el empleo y manteniendo la actividad empresarial"*.

pectiva razonable de evitar el concurso y asegurar la viabilidad de la empresa en el corto y medio plazo". Muy semejante previsión se encontraba en la regulación anterior de nuestros Acuerdos de Refinanciación y en los AEP (viejo art. 71 bis. 1 (a) y 71 bis.4 LC; DA 4.ª y art. 236.2 LC).

El concepto jurídico de (estado) de insolvencia —en su triple manifestación canónica— y el de la viabilidad económica —viabilidad asociada a un determinado plan en concreto— *son conceptualmente independientes* dado que la calificación de una empresa en estado de insolvencia no prejuzga la viabilidad o no del deudor en cuestión: (i) Por un lado, **cabe conjeturar que puedan existir deudores en insolvencia definitiva o inminente pero sin embargo, acaso, viables. O sea:** susceptibles de rescate en ejecución regular del correspondiente Plan o/y del mecanismo transitorio de la comunicación judicial de las negociaciones con los acreedores. Por eso existe una amplísima definición del presupuesto objetivo de la Reestructuración y; (ii) Al contrario, **acaso haya deudores incursos en situación de mera probabilidad de insolvencia pero que no puedan rescatarse —ser inviables— en relación con determinado Plan de Reestructuración**: condenados a la liquidación concursal o extraconcursal ...a menos que su viabilidad pudiera alcanzarse con un plan alternativo al propuesto.

Aunque la cuestión relativa a la correcta identificación del contenido del requisito de viabilidad es merecedora de un análisis más detallado no será tratada con detalle en este trabajo para evitar que se pierda el hilo argumental de la exposición.

III. EL PROBLEMA DE LA PRUEBA DEL PRESUPUESTO OBJETIVO DEL PRECONCURSO Y LOS ERRORES DE DIAGNÓSTICO

A la vista de todo lo anterior, se nos plantea inmediatamente el problema de la prueba del presupuesto objetivo de la probabilidad de insolvencia toda vez que, como hemos dicho antes, el legislador español ha renunciado a establecer un elenco típico de señales indicativas de preinsolvencia ("hechos externos reveladores del estado de probabilidad de insolvencia") que funciones como presunciones al modo de los hechos de la insolvencia "cualificada" del art. 2.4 TRLC. En Derecho italiano, por citar un ejemplo, se ha sido bastante cuidadoso en tipificar ciertas señales identificativas (cfr. art. 3 Codice della crisi de 2019; vid. infra en herramientas de alerta en Derecho comparado). Sin perjuicio de lo que luego se verá sobre el experto de reestructuraciones, tampoco se exige, a diferencia de lo que ocurría con el viejo sistema de los acuerdos de refinanciación, que para entrar en preconcurso se acompañe un informe de viabilidad emitido por experto independiente que designaba el Registrador Mercantil.

Según la Directiva el control del requisito del cumplimiento del presupuesto objetivo en lo relativo a la probabilidad de insolvencia y a la viabilidad "a corto y medio plazo" puede, por decisión del legislador nacional, ventilarse ora *ex ante* mediante la introducción de un "test" previo (como requisito de entrada en preconcurso; insolvency/viability test) ora sustanciarse *ex post* (como requisito de homologación judicial del plan en caso de que se suscite controversia).

El legislador español, acogiéndose a la opción contemplada en la Directiva en su artículo 4.3, no exige prueba preconstituida del presupuesto objetivo de la Reestructuración (mediante, por ejemplo, un informe de experto independiente de uno o de ambos extremos como existía en su día en los acuerdos de refinanciación), sino que prefiere que el contraste del diagnóstico (de la insolvencia) y/o el de la prognosis de la viabilidad, de existir oposición de parte afectada, se practique en sede judicial ... y solamente cuando haya contienda. A saber: tanto en trámite de impugnación del auto de homologación (arts. 653 a 661 TRLC) como en el trámite alternativo del procedimiento de contradicción previa a la homologación del plan (arts. 662 a 663 TRLC). Más aún: en el instituto preconcursal de la comunicación de la apertura de negociaciones no está previsto ningún mecanismo de control en sede judicial de la solvencia/viabilidad por el Letrado de la Administración de Justicia si bien los efectos que se producen solamente son temporales (plazo de vigencia inicial más prórrogas) y se adopta la medida disuasoria del uso abusivo de la prohibición temporal de nuevas comunicaciones dentro del año (art. 609 TRLC). Todo ello se entiende sin perjuicio del eventual auxilio que pueda prestar al juez al deudor o a los acreedores el experto en reestructuraciones al que luego me referiré.

Convengamos en que el diseño institucional de la solución preconcursal de la crisis empresarial será tanto más eficiente cuanto mayor sea la probabilidad de acertar en el diagnóstico del presupuesto objetivo relativo a la insolvencia y en el pronóstico de viabilidad del rescate que se vincula a la regular ejecución del correspondiente Plan de Reestructuración. Empleando la terminología habitual de la Inferencia Estadística, lo anterior equivale a tratar de ponderar cuán frecuentemente podemos estimar que, mediante la aplicación de la nueva disciplina preconcursal, se produzcan indeseables errores de diagnóstico y de prognosis que consisten en "falsos positivos" y en "falsos negativos":

1.º En relación con la hipótesis de la "probabilidad de insolvencia" existirá:

(i) Un error "tipo I" o "falso positivo" cuando en aplicación de la regulación se considere por las partes y/o el juez en situación de crisis empresarial (dificultades financieras o probabilidad de insolvencia) a una empresa que sin embargo está sana. El resultado es que indebidamente queda sujeto el deudor a preconcurso con el, consiguiente, riesgo de expropiación forzosa de derechos y posición jurídica de todos los "afectados por el plan". El deudor sano no debería sufrir una injerencia en la gestión de su empresa o profesión (= injerencia indebida en la libertad de empresa).

(ii) Un error "tipo II" o "falso negativo" cuando se considere sana una empresa en dificultades. En tal supuesto, resultarán indebidamente expulsada del remedio sanatorio de la Reestructruración empresas idóneas lo que las condena, a la postre, a soluciones en principio más ineficientes como es el propio concurso. En estos caso, el concreto expediente preconcursal no cumple con la finalidad preventiva de nuestra institución.

2.º En relación con la hipótesis de la "viabilidad económica" pueden acontecer dos resultados patológicos:

(i) Un error "tipo I" o "falso positivo" cuando se considere viable una empresa no susceptible de rescate y que debería, sin más gastos ni pérdida de tiempo, liquidarse cuanto antes.

(ii) Un error "tipo II" o "falso negativo" cuando se considere no-viable una empresa que sí es susceptible de eficiente reestructuración y que resulta condenada al concurso o al arreglo extrajudicial menos eficientes. Como ocurría antes, el concreto expediente preconcursal no cumple con la finalidad preventiva del preconcurso.

No todas estas categorías descritas de errores de identificación tienen la misma importancia práctica en atención a su previsible frecuencia y a los costes asociados del error de diagnóstico/pronóstico. Los mayores riesgos son los falsos positivos: no puede despreciarse la eventualidad de un eventual uso abusivo del instituto preconcursal contra empresas (suficientemente) sanas habida cuenta que la "probabilidad de insolvencia" tal y como se define en Derecho español tiene un horizonte temporal de referencia amplísimo: hasta dos años a contar del momento de estimación del estado cuando el riesgo de insolvencia es inherente a toda explotación de empresa y es mucho mayor en situaciones de incertidumbre y ciclo depresivo como la actual. Tampoco puede despreciarse que injustificadamente se impongan los sacrificios de un plan que no asegure la viabilidad.

A la postre, la comisión de expertos redactores del Borrador de la reforma optó por facilitar la entrada en el preconcurso mediante un modelo normativo que a la postre, a efectos prácticos, equivale a un sistema de "prueba confesoria del deudor" o en los casos de

Planes no-consensuales en que falta/se fuerza el consentimiento del deudor mediante simple declaración del acreedor solicitante.

A saber: en trámite de comunicación del inicio de negociaciones que solamente puede instar el deudor, el letrado de la Administración de justicia (no el juez) resuelve lo que proceda sobre la comunicación de apertura de las negociaciones sin examinar ni contrastar si el deudor es "insolvente-pero-viable" (cfr. art. 590 TRL). De hecho, esa decisión de admisión de la comunicación de apertura no puede ser atacada mediante el recurso de revisión que tiene causas tasadas (cfr. 590.3 TRLC). Por su parte, en sede de homologación de los Planes de Reestructuración aprobados existe, salvo casos patológicos extremos, una prohibición legal dirigida al juez de entrar en el examen del fondo del requisito objetivo *ex* art. 647.1 TRLC. En principio, el juez queda reducido a contrastar si el contenido del plan contiene las manifestaciones "literarias" oportunas, especialmente las referidas a las dificultades financieras en que se encuentra el deudor (*ex* art. 633.3.ª TRLC) y la descripción de la perspectiva razonable de viabilidad (*ex* art. 633.10.ª TRLC). Los afectados y disidentes del plan —socios y acreedores— soportan la carga de oponerse ventilando contradicción sobre ese supuesto bien en impugnación del acto de homologación *ex* arts 554 y ss. TRLC (vid. sobre sendos aspectos los artículos 654.3.º y 4.º art. 653 TRLC) bien mediante una contradicción previa a la homologación judicial ex art. 662 y s. TRLC.

Es evidente que los redactores de la reforma optaron por el sistema descrito por entenderlo muy flexible en atención a una serie de circunstancias. De una parte por la constatación en Derecho español de un verdadero "puzzle concursal" consistente en la aversión manifiesta por parte de nuestros deudores a acudir al juez para solucionar las dificultades financieras por muy diversas razones incluso culturales (índice bajísimo de concursabilidad) y el hecho palmario del retraso en el tratamiento tempestivo de los problemas tanto en la entrada en el procedimento (casi todas las empresas llegan demasiado tarde, cuando ya están en estado de liquidación y hay un porcentaje de convenios concursales que fracasan) como en la duración media de su tramitación (dos años como media para la parte común del concurso). Me remito a lo dicho en la introducción.

Así las cosas, el diseño previsto de prueba por simple manifestación en la entrada en preconcurso se ha defendido por una serie de razones como son, fundamentalmente, evitar los costes y retrasos del sistema: cualquier informe de experto encarece el sistema y ralentiza la solución en términos de litigiosidad inducida. En la práctica, el tratamiento que se da a las partes (las que consienten el plan y los disidentes) es fundamentalmente asimétrico: se ponen remedios vigorosos frente al eventual comportamiento oportunista de socios y acreedores que resisten la puesta en marcha de la reestructuración pero se traslada a la parte disidente la carga de contestar judicialmente el diagnóstico y la prognosis que se contienen en el Plan aprobado por la mayoría dividida en clases. A la postre, se supone que la regla "democrática" de la mayoría en sus dos versiones (dentro de cada clase y de las clases) protege *prima facie* de los comportamientos expropiatorios más graves (cuanto mayor unanimidad haya menos probabilidad de que el comportamiento del disidente esté justificado) y habida cuenta que los interesados tienen todos los incentivos para adoptar la decisión que mejor les convenga a sus intereses a la vista de la información suficiente.

Así las cosas, los sistemas de "alerta temprana/informativos" actúan para colmar las ineficiencias del sistema descrito de diagnosis de la solvencia y prognosis de la viabilidad actuando en fase previa a la entrada en el concurso (mediante estímulos positivos y negativos que impulsen a los interesados a anticipar un tratamiento tempestivo una vez se supere un umbral de riesgo de insolvencia intolerable y removiendo o limitando los consabidos incentivos perversos que pesan sobre los legitimados para solicitarlo) y en su tramitación y homologación (reduciendo costes y tiempos, tutelando de manera suficiente y barata la posición de los más vulnerables). En su sustancia: la alerta temprana suministra al menos información relevante de calidad y a coste despreciable sobre la posición de riesgo del deudor a los interesados para la adopción de sus decisiones y bajo la responsabilidad de los mismos.

Con todo, conviene acabar señalando que de la lectura atenta de la Ley se intuye que los redactores del Borrador trataron de conciliar los problemas de prueba del estado y de la viabilidad mediante el recurso al experto designado por el juez cuya función se regula de manera un tanto desarreglada en el Título IV del Libro II, Del experto en la reestructuración: vid. arts. 672 a 684 TRLC. Su función, la del experto de marras, es doble: hace las veces de un mediador/conciliador preconcursal "asistiendo al deudor y a los acreedores en las negociaciones y en la elaboración del plan de reestructuración" y de órgano auxiliar del juez "elaborando y presentando al juez los informes exigidos por la Ley y aquellos otros que el juez considere necesarios o convenientes": art. 679 TRLC. Aunque su intervención sea en principio voluntaria puesto que solo procede a solicitud de personas legitimadas (deudor, acreedores cualificados, el juez; 672.1 apartados 1.° a 3.° TRLC y el "supuesto especial" del art. 673.1 TRLC) con buen criterio se impone la intervención preceptiva en los casos más sensibles de "planes no consensuales" (cfr. art. 672.1.4.° TRLC).

Con todo, a diferencia de lo que ocurre con la verificación de cuentas **la actuación del experto-peritador no está, hoy por hoy, sujeta a reglas técnicas ni a supervisión de autoridad pública.** Habrá que aplicar la *Lex artis*.

Amén de todo ello no obstante establecerse en la Ley con algún cuidado el detalle relativo al régimen de su cualificación e incompatibilidades ex arts. 674 y 675 TRLC; los deberes de diligencia, independencia y responsabilidad del experto en el art. 680 TRLC e introducir un régimen legal específico de su responsabilidad civil ex art. 681 TRLC **el sistema de nombramiento por el juez está basado, en principio, en el criterio de aceptación de la propuesta de parte** (deudor o acreedores que hubieran formulado la solicitud). En el peor de los casos, el juez se limita a designar entre una terna confeccionada a propuesta de parte también todo ello en aplicación del art. 676 TRLC. En cualquier caso, no existe un trámite previsto para impugnar en el marco del procedimiento de homologación (objeto de un incidente procesal) un informe de experto manifiestamente desarreglado: habrá que atacar el auto de homologación por medio de la impugnación del auto probando, mediante un caro contra-informe, que no se dan los requisitos de solvencia o/y viabilidad a pesar del informe del experto de reestructuraciones. En cambio, no cabe recurso contra la sentencia en caso de que se opte por el sistema de contradicción previa ex arts. 662 y 663 TRLC.

El Articulo 677 TRLC permite que se pueda impugnar, por el procedimiento del incidente concursal, la designación judicial del experto por tres motivos: que no reúna las condiciones legales para serlo, que incurra en alguna incompatibilidad o prohibición, o que no tenga una obertura adecuada para responder de los posibles daños. ES muy difícil imaginar que, aunque sea propuesto de parte, exista prueba suficiente de su parcialidad para conseguir su remoción. Amén de ello, ni siquiera está claro si cabe apelación.

En Derecho societario, en la LSC y en el RDLME, los problemas de aseguramiento de la idoneidad del experto (cualificación profesional e independencia) se resuelven encomendando al Registrador Mercantil la provisión del cargo. De hecho, el mecanismo tuitivo del experto en sede de modificaciones estructurales supera a mi juicio manifiestamente el del experto de reestructuraciones en la reciente reforma concursal ex arts. 673 y ss TRLC[35]. Por mucho que se quiera revestir de respeto a un supuesto "modelo de mercado" (se reconoce a una de las partes la posibilidad de selección del idóneo) se nos antoja una ingenuidad pensar que la selección de parte no compromete la independencia e imparcialidad o que bastan mecanismos de sanción *ex post* para que el designado unilateralmente se comporte razonablemente imparcial. Sobre todo, porque ni existe en la materia supervisión regulada de organismo rector como en auditores, ni normas técnicas precisas de actuación, ni parece que la posible pérdida reputacional disuada mucho. En suma, puede ser malo el sistema de turno automático

---

35 Un excelente estudio de la materia del experto en los planes de reestructuración en: PULGAR EZQUERA, J., (dir.) en AA.VV., Comentario a la Ley Concursal, 3.ª ed., Tomo II, La Ley, 2023, págs. 1457 y ss. en comentario a los arts. 673 y ss. del TRLC. Vid. también: J.C. González Vázquez, "El experto en la reestructuración: una primera aproximación crítica", *R.G.I.&R.*, 11, 2023, p. 83 y ss.

como el previsto para los administradores concursales (si es que algún día llega a hacerse efectivo), pero peor aún, vista la experiencia en la materia, es la designación de "experto de parte".

Acabamos este capítulo indicando que, a los efectos de facilitar la prueba de la viabilidad de la reestructuración proyectada, el Colegio de Registradores ha puesto a disposición de los interesados un servicio de estimación de la probabilidad ex post de insolvencia que corre sobre la base de los documentos contables suministrados en relación con los distintos escenarios posibles de regular ejecución del plan.

IV. ANEXO. LA BÚSQUEDA DEL "GRIAL": UNA BREVE REFERENCIA A LOS MODELOS DE PREDICCIÓN DE LA SOLVENCIA

La redacción de este libro sobre la prevención de la insolvencia y las herramientas de alerta temprana debería plantearse en términos muy distintos de no existir hoy ya una amplísima literatura sobre la predicción de crisis empresarial de la que no podemos aquí, como es obvio, dar cuenta con pretensión de alguna exhaustividad, tal es el número de trabajos que aparecen todos los años sobre el tema. Un análisis reciente de la literatura sobre los "Bankruptcy Prediction Models" puede encontrarse en YIN SHI-XIAONI LI, profesores de la Rovira Virgili en: "An overview of bankruptcy prediction models for corporate firms: A systematic literatura review", *Intangible Capital*, 15 (2), 2019, págs. 114-127.

Sobre el tema inagotable de la Predicción de la Insolvencia déjeseme citar aquí tres buenos manuales: P.J. Cybinski, *Doomed Firms. An Econometric Analysis of the Path to Failure*, Routledge, London and New York, 2018 y el más reciente de S. JONES, *Distress Risk and Corporate Failure Modelling. The state of the art*, Routledge, London and New York, 2013 y el libro colectivo editado por S.JONES y D.A. HENSHER, *Advances in Credit Risk Modelling and Corporate Bankruptcy Prediction*, Cambridge University Press, 2008. De inevitable cita es la última versión del libro de E. I. ALTMAN-E.

HOTCHKISS-W. WANG., *Corporate Financial Distress, Restructuring, and Bankruptcy*, 4 ed., Wiley, New Jersey, 2019.

A la sazón, cuando el legislador italiano que redactara la primera versión de su Codice della Crisi d'impresa e dell'insolvenza de 2019, encomendó en su art. 13 al *Consiglio Nazionale dei Dottori Commercialisti* la tarea de elaborar *"gli indice necessari al completamento del sistema della alerta"* ese Colegio profesional tuvo ocasión de examinar la literatura científica sobre el particular. En su informe de finales del año 2019, que nunca llegó a ser aprobado por el Ministerio porque el sistema centrado en el organismo especializado de prevención "OCRI" fue luego abandonado[36], se expuso sobre el "análisis de la práctica" lo siguiente que merece ser traducido al español por su valor pedagógico:

> *"El análisis de la práctica.*
>
> *(.../...)*
>
> *El estudio de los modelos de previsión de crisis se puede dividir en tres periodos: de 1930 a 1968, de 1968 a 1980 y de 1980 a la actualidad. Cada uno de estos períodos se caracterizó por un enfoque metodológico diferente y niveles de complejidad cada vez mayores.*
>
> *En el* ***primer período****, el estudio de la probabilidad de insolvencia se realizó a partir de indicadores contables considerados individualmente, utilizando el denominado "enfoque univariante".*
>
> *El* ***segundo período****, que comenzó en 1968 con el primer artículo de Altman, vio la difusión del primer modelo multivariante, el análisis discriminante lineal.*
>
> *El* ***tercer período*** *se caracterizó por los modelos probabilísticos, en particular por la regresión logística, cuyo objetivo es proporcionar una medida de la probabilidad de quiebra de una empresa. Los años transcurridos desde 1990 hasta la actualidad han sido testigos de la difusión de modelos de predicción basados en el aprendizaje automático. Se trata de herramientas diseñadas para replicar la capacidad humana de identificar patrones recurrentes.*
>
> *El modelo elegido para identificar los indicadores de la crisis en el contexto de la ICC fue seleccionado, entre los muchos disponibles, en fun-*

---

[36] Un examen exhaustivo del viejo sistema de alerta italiano en: RANALLI, R., *Le misure di alllerta. Degli adeguati assetti sino al procedimento avanti all'OCRI*, Giuffrè, Milán, 2019.

ción de su eficacia y facilidad de uso. Se entiende por eficacia la capacidad de identificar correctamente las señales de la existencia de una crisis futura, mientras que la facilidad de uso se refiere a la cantidad de recursos necesarios para calcularla y utilizarla para los fines prescritos.

El estudio de los resultados obtenidos por los modelos a lo largo de los años nos permite identificar una lista entre la que elegir. Por tanto, se excluyeron los modelos más recientes, que requieren las tecnologías y conocimientos más avanzados, como los que utilizan algoritmos de aprendizaje automático, porque el mayor gasto de energía que requieren está fuera del ámbito general y no está actualmente justificado por su eficacia, lo que no siempre es significativamente mayor que el de los modelos más simples".

Incorporo en el cuadro adjunto de elaboración propia un esquema de la evaluación de los diferentes modelos de predicción de insolvencia por fechas y autores así como técnicas empleadas.

Año	Investigador(es)	Modelo
1960 s.	Beaver	*Modelos univariantes de ratios financieros*
1968	Altman	*Modelo Z (Análisis discriminante)*
1970	Martin	*Modelo probit*
1977	Ohlson	*Modelo O*
1980	Merton	*Modelo de distancia al incumplimiento (KMV)*
1983	Ohlson, Zavgren	*Modelos LOGIT*
1990 y ss.	Back, Liao, et al.	*Modelos de Redes Neuronales*
2000s	Lofti A Zadeh	*Lógica Difusa (Fuzzy Logic)*
2010 s	Geoffrey Hinton, Yann LeCun, Yoshua Bengio	*Inteligencia Artificial y Machine Learning*
2010 s	Geoffrey Hinton, Yann LeCun, Yoshua Bengio	*Teoría del Caos.*

Fuente: Elaboración propia a partir de los libros de P.J. Cybinski, *Doomed Firms. An Econometric Analysis of the Path to Failure*, Routledge, London and New York, 2018 y el más reciente de S. JONES, *Distress Risk and Corporate Failure Modelling. The state of the art*, Routledge, London and New York, 2013.

Los primeros métodos para calibrar la solvencia de la empresa han sido, y serán, los intuitivos y basados en el examen de la misma empresa y de su entorno en la búsqueda de indicios relevantes de su futuro. El modelo Beaver de predicción de la insolvencia es un enfoque ampliamente conocido y utilizado para predecir la probabilidad de insolvencia de una empresa. Fue desarrollado por Robert E. Beaver en la década de 1960 y se ha convertido en uno de los modelos más influyentes en el campo de la predicción financiera. El modelo Beaver utiliza una serie de ratios financieros calculados a partir de los estados financieros de una empresa para evaluar su salud financiera y predecir la probabilidad de insolvencia.

Los ratios financieros incluidos en el modelo Beaver son los siguientes:

1. **Razón de endeudamiento (Debt Ratio)**: Calculada como la proporción de deuda total sobre los activos totales de la empresa. Este ratio indica la proporción de activos financiada por deuda.

2. **Razón de liquidez (Liquidity Ratio)**: Calculada como la proporción de activos corrientes sobre pasivos corrientes. Este ratio evalúa la capacidad de la empresa para cumplir con sus obligaciones a corto plazo.

3. **Razón de rentabilidad (Profitability Ratio)**: Calculada como la proporción de utilidades netas sobre activos totales. Este ratio mide la capacidad de la empresa para generar ganancias en relación con sus activos.

4. **Razón de actividad (Activity Ratio)**: Calculada como la proporción de ventas sobre activos totales. Este ratio indica la eficiencia con la que la empresa utiliza sus activos para generar ventas.

Modelo Z de Altman: Desarrollado por Edward I. Altman en la década de 1960, el modelo Z de Altman es uno de los modelos de predicción de insolvencia más conocidos y ampliamente utilizados. El modelo Z original de Altman fue diseñado para empresas manufactureras cotizadas en bolsa, pero se han desarrollado variaciones para otras industrias y contextos. El libro de Altman "Corporate Financial Distress and Bankruptcy" cuya primera edición es del año 1968 proporciona información detallada sobre el modelo Z y su aplicación. El trabajo pionero de este autor popularizó el empleo de una técnica que ha tenido desde entonces, no obstante las restricciones, una merecida popularidad: el análisis discriminante y multivariante[37].

Es ésta una técnica estadística que permite estudiar las diferencias entre dos o más grupos de objetivos (en nuestro caso: empresa fracasada/empresa sana) con respecto a múltiples variables (factores explicativos, normalmente en forma de ratios obtenidos de los estados financieros). El trabajo del analista consiste en elegir una muestra de empresas de un determinado sector, empresas que se clasifican según el criterio del fracaso o no fracaso. Se trataría de seleccionar los ratios más relevantes que permitan definir un indicador de solvencia (el indicador "Z", que puede ser considerado como un tipo de ratio global o resumen de todos los utilizados en el estudio).

La técnica discriminante permitiría estimar los coeficientes de la siguiente forma funcional:

Z = a1. X1+ a2. X2+ a3. X3+...+ak.Xk

---

37 Vid. ALTMAN E.I, "Financial Ratios, Discriminant Analysis and the Prediction of Corporate Bankruptucy", *Journal of Finance,* Vol 23 (4) septiembre 1968, pp. 589-609; IDEM, *Corporate Financial Distress: A Complete Guide to Predicting, Avoiding and Dealing with Bankruptcy,* John Wiley and Sons, New York, 1983; IDEM, "A Further Empírical Investigation of the Bankruptcy Cost Question", *Journal of Finance* Vol 39 n° 4, septiembre 1984, pp. 1067-1089; IDEM, "The Success of Busines Failure Prediction Models: An International Survey", *Journal of Banking and Finance,* N° 8, 1984, pp. 171-198; IDEM, *Corporate Financial Distress and Bankruptcy,* John Wiley & Sons New York, 1993; ALTMAN, E.I-MC GOUGH, T. "Evaluation of a Company as a Going Concert", *Journal of Accountancy,* diciembre 1974, pp. 5O-57; ALTMAN, E.I; HALDEMAN, P.; NARAYANAN, P. "ZETA Analysis: A New Model to Identify Bankruptcy Risk of Corporatíons", *Journal of Banking and Finance,* marzo 1977.

Donde "ai" son los coeficientes estimados que miden el peso relativo de las variables explicativas (los ratios financieros) y "Xi" las variables explicativas. La técnica permite hallar un valor frontera o punto de corte del indicador de puntuación ("score") que se denomina "Z", de manera que se permita la clasificación de cada empresa dentro del grupo de empresas fracasadas o sanas según la puntuación supere o quede por debajo del punto de corte o "Z" en cuestión. Se elige aquel punto de corte que minimice los errores de calificación.

En concreto, Altman estudió las empresas manufactureras norteamericanas de tamaño medio y consideró como indicador de fracaso la solicitud de quiebra. Tomó una muestra de 120 empresas y formuló, mediante la técnica del análisis dicriminante, la siguiente función:

$Z = 1{,}2\ X1 + 1{,}4\ X2 + 3{,}3\ X3 + 0{,}64X4 + 0{,}999X5$

Donde los factores explicativos descubiertos fueron: X1: Capital circulante/Activo total; X2: Beneficios retenidos/Activo total; X3: Beneficio antes de intereses e impuestos/Activo total; X4: "Valor de mercado de los fondos propios/valor contable de la deuda; X5: Ventas/Activos. Altman llegó a la conclusión de que aquellas empresas con un valor de Z superior a 2,99 pertenecían de forma clara al grupo de las no fracasadas mientras que las que presentaban un valor Z inferior a 1, 81 corresponderían a las fracasadas; las situadas entre ambos valores estarían en una zona gris. En relación con los datos del primer año anteriores al fracaso el modelo tenía un porcentaje muy relevante de acierto global —el 75%— que disminuía hasta el 68% cuando se aplicaba a los datos del tercer año.

La divulgación del trabajo pionero de Altman ha dado lugar a una literatura copiosísima de modelos de predicción cada vez más ambiciosos y más sofisticados. Todos ellos han tratado de superar las restricciones y limitaciones del pionero.

Los diversos modelos predictivos se enfrentan a los siguientes problemas básicos: de definición de *la variable dependiente*, normalmente dicotómica (el "fracaso"/no fracaso); de obtención de la *muestra*; de determinación de las *variables independientes* (explicativas); *metodológicos*.[38]

---

38 Un buen resumen del estado de la cuestión con abundante cita bibliográfica —lo que nos ahorra una cita enjundiosa inútil— en: LAFFAR-

No es trivial la definición de la variable dependiente u objetivo. En general se puede afirmar que la señal elegida para la determinación de las empresas en crisis puede condicionar los resultados obtenidos en el estudio. No existe una teoría general de fracaso empresarial de manera que existe un grado importante de desacuerdo sobre el concepto. Los diversos modelos contemplan definiciones distintas de la variable dependiente y se clasifican en este punto en dos: aquellos que consideran como señal de fracaso el criterio "formal" (o jurídico, si se quiere) de "la entrada en el procedimiento concursal" y los que consideran otra u otras señales. En este orden de cosas, el fracaso "económico" (por opuesto al "legal") se suele describir en términos de "flujo" o en sentido de "stock". Cuando una empresa no puede atender sus obligaciones corrientes con los proveedores de los factores productivos o financieros, se suele decir que se encuentra en un estado de crisis en sentido de flujo o "financiero". Cuando el valor económico actualizado de los proyectos de inversión sea inferior al valor de los pasivos la empresa está en crisis en un sentido de "stock". Suele asociarse la primera definición a problemas coyunturales de liquidez (aunque no necesariamente); la segunda a estados a largo plazo o estructurales.

Es evidente que de la buena o mala selección de la muestra también dependerán los resultados. Son factores relevantes, entre otros, el de localización geográfica de la muestra (área a la que pertenecen las empresa estudiadas: nacional o regional); el período de tiempo que ha de tenerse en consideración (el modelo en concreto se formaliza a partir de una muestra referida a un cierto momento o periodo histórico, aplicar el modelo para la predicción de la crisis en un momento posterior entraña riesgos de extrapolación); sector económico al que pertenece la empresa (lo más frecuente es que los estudios vengan referidos a empresas que operan dentro de un cierto sector de actividad) y, por supuesto,

---

GA BRIONES, J.-MORA ENGUIDANOS, A., "Los modelos de predicción de la insolvencia empresarial: un análisis crítico", en AA.VV. *El riesgo financiero de la empresa,* Aeca Monografías, 1998, pp. 13-58.

tamaño empresarial (la estructura financiera varía enormemente con el tamaño empresarial; en los trabajos publicados existe una pobre representación de la pequeña empresa dada la dificultad de acceso a los datos de estas últimas). En teoría, lo ideal es que la selección de empresas fracasadas y sanas sea aleatoria y de un número suficiente de unas y otras; en la práctica existen previsibles distorsiones derivadas de ambos factores.

En cuanto a las variables explicativas, lo usual es que se empleen ratios financieros. Beaver, en un trabajo pionero sobre la predicción de la insolvencia[39] marcó lo que ha sido una pauta de selección habitual de variables explicativas: i) ratios populares en la literatura contable para medir la solvencia de la empresa; ii) ratios empleados en algún estudio previo; iii) ratios definidos en términos de cash flow. En todo caso, a pesar de las ventajas del empleo de ratios (comparabilidad, homogeneidad, cierto valor "intuitivo"...) su empleo tiene limitaciones que no han dejado de ser advertidas. Los más modernos estudios tratan de superar las restricciones derivadas del empleo de información cuantitativa y además extraída de los datos contables mediante la práctica de ajustes sobre el balance (por ejemplo, para reflejar los niveles de precios) o por la incorporación de variables cualitativas de orden interno a la empresa y, sobre todo externo (por ejemplo, variables macroeconómicas).

Un enorme esfuerzo ha sido desplegado por los expertos para la superación de restricciones de orden metodológico. El modelo predictivo más popular está basado en una técnica de sencilla aplicación pero con evidentes limitaciones: el análisis discriminante. Las críticas al análisis discriminante han llevado a postular modelos alternativos más complejos, típicamente los probabilísticos (análisis "logit" y "probit"). Últimamente se están empleando técnicas no paramétricas: modelos de particiones recursivas y redes neuronales. A mi juicio, los más prometedores son los siguientes:

---

39 BEAVER, W.H. (1966): "Financial ratios as predictors of failure", *Journal of Accounting Research*, supplement, pp. 123-127.

1. **Modelos Logit y Probit**: La regresión logística (modelo logit) y los modelos probit son técnicas estadísticas comúnmente utilizadas para problemas de clasificación binaria, como predecir la quiebra. Estos modelos estiman la probabilidad de un evento (por ejemplo, quiebra) basándose en un conjunto de variables independientes (ratios financieros, indicadores de mercado, etc.). El libro *Practical Guide to Logistic Regression* de Joseph Hilbe, Chapman and Hall, 2015, ofrece una cobertura completa de las técnicas de regresión logística, incluida su aplicación a la predicción de quiebras. Merece mucho la pena la lectura del libro de D.G. KLEINBAUM-M. KLEIN, *Logistic Regression*, 3 ed., Springer, 2010.
2. **Modelos de Redes Neuronales**: Las redes neuronales, un tipo de algoritmo de aprendizaje automático inspirado en la estructura del cerebro humano, se han aplicado cada vez más a tareas de predicción de quiebras. Los modelos de redes neuronales pueden capturar relaciones complejas en los datos y pueden superar a los modelos estadísticos tradicionales en ciertos contextos. *Neural Networks in Finance: Gaining Predictive Edge in the Market* de Paul D. McNelis, Academic Press, 2005 explora la aplicación de redes neuronales a la previsión financiera y la gestión de riesgos.
3. **Máquinas de Vectores de Soporte (SVM)**: Las máquinas de vectores de soporte son otra técnica de aprendizaje automático que se ha aplicado a la predicción de quiebras. Los modelos SVM buscan encontrar el hiperplano que mejor separa los puntos de datos de diferentes clases (por ejemplo, empresas quebradas vs. solventes) en un espacio de alta dimensión. *Support Vector Machines Applications*, editado por YUNQIAN, Ma-GUODONG, Gou, Springer, 2014 ofrece información sobre la metodología SVM y sus aplicaciones en diversos campos. Un buen libro introductorio es el de N. CRISTIANINI-J. SHAWE-TAYLOR, *An Introduction to Support Vector Machines and Other Kernel-based Learning Methods*, Cambridge University Press, 2000.

4. **Métodos de Ensamble**: Los métodos de ensamble combinan múltiples modelos base (por ejemplo, árboles de decisión, redes neuronales) para mejorar el rendimiento predictivo. Técnicas como el bagging, boosting y los bosques aleatorios se han aplicado a tareas de predicción de quiebras con resultados prometedores. *Ensemble Methods in Data Mining: Improving Accuracy Through Combining Predictions*, de G. Seni y J. Elder, Morgan and Claypool Publishers, 2010, ofrece una descripción completa de los métodos de ensamble y su aplicación en la modelización predictiva.

Queda un aspecto relevante que no podemos dejar de tratar. En la práctica, todos los modelos de predicción se construyen a partir de la observación de datos obtenidos de las empresas de una economía, de un sector económico, de un cierto momento temporal... Puede que la adecuada protección de los intereses en juego —de socios y, por supuesto, de terceros acreedores— no exija que la Ley positiva se modifique para el reconocimiento expreso de la utilidad/necesidad del empleo de los modelos predictivos. Ahora bien: difícilmente podrán formularse modelos de predicción de riesgo por quien sea y en beneficio de los usuarios que quieran utilizarlos, si no se cuenta con la información relevante.

Como todos los estudiosos de la materia empiezan a comprender, los trabajos sobre análisis de riesgo tenían una mínima representación de pequeñas y medianas empresas... porque se carecía de información suficiente de las mismas. Casi todos los estudios han tenido por protagonistas a las empresas grandes, en especial las cotizadas y las sujetas a regímenes de supervisión administrativa que entrañan deberes particulares de trasparencia (entidades de crédito, seguro, mercado de valores). La publicidad de la información financiera mediante difusión pública de los datos posibilita el mal llamado "depósito de las cuentas" en el Registro Mercantil está empezando a hacer posible la aplicación de las técnicas productivas en áreas hasta ahora "opacas" del tejido empresarial. Puede no ser necesario que se garantice un acceso público a los modelos predictivos (el sector privado está en condiciones de suministrar este tipo de servicios y de técnicas); sí, en cambio, es absolutamente imprescindible que se garantice la trasparencia de los datos cualitativos y cuantitativos relevantes por sectores, localización y tamaño empresarial que harán posible el muestreo y, en definitiva, el análisis de riesgo. Por todo ello, la transparencia informativa pública es una pieza fundamental de un posible Derecho preconcursal También apuntaremos en el último capítulo un tema que me parece importante: el de la conveniencia de ampliar la transparencia pública de la información financiera disponible de las empresas para que comprenda también la difusión pública de los propios modelos de predicción de riesgo.

Capítulo segundo

Las herramientas de alerta temprana de la (probabilidad de) insolvencia

I. LAS "HERRAMIENTAS DE ALERTA TEMPRANA" EN EL ARTÍCULO 3 DE LA DIRECTIVA DE REESTRUCTURACIÓN

Bien podríamos decir que la preocupación de las autoridades europeas por la implantación de herramientas de alerta temprana de la insolvencia arranca del proyecto "Best" sobre "Reestructuración, quiebra y nuevo comienzo" (2002-2003) en que se fijó prematuramente el temario de lo que luego trataría nuestra Directiva de reestructuración preventiva: la necesidad de detección temprana de la insolvencia con fines preventivos del concurso; la conveniente creación de procedimientos preconcursales dirigidos a la reestructuración y salvamento de empresas amenazadas de insolvencia y, en fin, el "Fresh Start".

Para entonces, dos ordenamientos jurídicos nacionales habían tomado la delantera en el tratamiento tempestivo y la prognosis de insolvencia con dos modelos arquetípicos. En Derecho alemán, en la reforma del año 1998 del & 91, Abs. 2 AktG, se establece en la Ley de anónimas, a cargo de administradores y del consejo de vigilancia, el deber de adoptar procedimientos internos de control de riesgos. En el Derecho francés, por su parte, incluso antes, a partir de una famosa Ley de prevención de 1984 (la famosa Loi 84-148, de 1 de marzo) se establecen los mecanismos de alerta, tanto interna como externa ("procédures d'alerte") de las situaciones de riesgo para la continuidad empresarial y se desarrolla toda una política coherente de prevención de la crisis que gira en torno a un procedimiento confidencial de arreglo extrajudicial administrado por la justicia consular (un "arreglo amigable" por la vía de la conciliación ante el presidente del tribunal de comercio).

> Otro tercer modelo, puesto en marcha por Dinamarca a partir del año 2008 y luego extendido a otros Estados miembros es el fundado en un sistema de información y asistencia por parte de organismos públicos y privados a las entidades que se adhieran voluntariamente a una plataforma nacional e internacional de alerta temprana ("Early Warning Denmark y luego el Early Warning Europe).

También conviene traer aquí a colación la Comunicación aprobada por la Comisión Europea sobre la *Small Business Act* de 2008 (COM (2008) 394 final) en la que se incluían una serie de compromisos de la Comisión tales como la creación de sistemas de tutorías para empresarios y la invitación a los Estados miembros a aplicar, antes de 2014, la recomendación formulada en el Plan de Acción de la SBA (*Small Business Act* para Europa) de promover segundas oportunidades para los empresarios honestos.

Fracasó, no obstante, la iniciativa armonizadora apoyada en el famoso *Informe Winter* que pasaba por la recomendación de extender a nivel europeo el modelo regulatorio de la "wrongful trading" anglosajona como herramienta de sanción de actuaciones, positivas y negativas, realizadas en perjuicio de acreedores en la proximidad de la insolvencia (lo que presuponía, como es obvio la existencia de un umbral de riesgo en la prevención de la crisis).

La cosa es que en la segunda década de este siglo, la Unión Europea afronta con decisión la armonización del Derecho preconcursal en sendos documentos fundamentales: en su Comunicación de 2012 y, luego, en su famosa Recomendación de 2014 sobre *"una nueva aproximación al fracaso empresarial y a la insolvencia"*. La nueva "cultura del rescate" exige de los Estados miembros habilitar procedimientos de reestructuración con ciertas características que los hagan atractivos para su adopción temprana cuya puesta en marcha, por primera vez, se cifra en la situación de "dificultades financieras" (la "financial distress" de la literatura comparada) que se describe con el concepto jurídico indeterminado de la "probabilidad de insolvencia" ("likehood of insolvency"; apartado II Definitions). De cualquier manera, la implantación de tales principios en los respectivos Estados miembros, como revelan los trabajos y dictámenes de la comisión, fue en el mejor de los casos dispar y casi siempre anecdótica.

Eso explica la opción por una Directiva que, esta vez sí, es finalmente adoptada y que incorpora como novedad, respecto de la Recomendación, un artículo sobre las herramientas de alerta temprana de la "probabilidad de insolvencia" (concepto que es incorrectamente traducido al Derecho español como "insolvencia inminente"): el artículo 3.

> ***Artículo 3***
>
> *3. Alerta temprana y acceso a la información*
>
> *1. Los Estados miembros velarán por que el deudor tenga acceso a una o más herramientas de alerta temprana claras y transparentes que permitan detectar circunstancias que puedan provocar una insolvencia inminente y que puedan advertirle de la necesidad de actuar sin demora.*
>
> *A los efectos del párrafo primero, los Estados miembros podrán utilizar tecnologías de la información actualizadas para las notificaciones y comunicaciones.*
>
> *2. Las herramientas de alerta temprana podrán incluir lo siguiente:*
>
> *a) mecanismos de alerta en caso de que el deudor no haya efectuado determinados tipos de pagos;*
>
> *b) servicios de asesoramiento prestados por organismos públicos o privados;*
>
> *c) incentivos, con arreglo a la normativa nacional, para que los terceros que dispongan de información pertinente sobre el deudor, como contables, administraciones tributarias y de seguridad social, adviertan al deudor sobre cualquier evolución negativa.*
>
> *3. Los Estados miembros garantizarán que los deudores y los representantes de los trabajadores tengan acceso a información pertinente y actualizada sobre la disponibilidad de herramientas de alerta temprana, así como de procedimientos y medidas de reestructuración y exoneración de deudas.*

> *4. Los Estados miembros velarán por que exista a disposición del público, en línea, información sobre la posibilidad de acceder a herramientas de alerta temprana, y que dicha información sea fácilmente accesible y presentada en un formato sencillo de consultar, en especial para las pymes.*
>
> *5. Los Estados miembros podrán proporcionar apoyo a los representantes de los trabajadores para evaluar la situación económica del deudor.*

Basta una lectura superficial del precepto que acabamos de citar para percatarse que el **legislador comunitario no avanza mucho en la armonización de la materia de la temprana detección de la insolvencia** porque, a la postre, el artículo 3 de nuestra Directiva parece limitarse a dar cobertura a diversos sistemas ("tools" o "herramientas"; la doctrina habla del "toolbox" o "toolkit" nacional) puestas en marcha por los diversos Estados miembros para el estímulo de la adopción temprana de medidas para prevenir o paliar los efectos de las crisis. Tanto es así que no han faltado quienes alegaran —a pesar del empleo de términos imperativos en el apartado primero— que se trataba poco menos que de una recomendación ... que excusaría la preceptiva transposición de lo allí previsto en Derecho nacional.

> El legislador europeo formula la norma que hemos reproducido antes en términos tan abiertos (sin optar por ningún mecanismo entre los existentes) que no han faltado quienes niegan al citado precepto contenido imperativo alguno. Precisamente con esa excusa (que el artículo 3 de la Directiva ofrece varias posibilidades a modo de recomendaciones sin imponer verdaderamente obligaciones a cargo de los estados); los redactores del Borrador del Proyecto de Ley de reforma concursal para la transposición de nuestra Directiva decidieron pura y simplemente soslayar la cuestión en el entendimiento de que no era imprescindible introducir en Derecho concursal español una norma de transposición del art.3. Sin embargo, existe general acuerdo en la doctrina acerca de lo contrario: sobre el hecho de que existe un contenido imperativo en la Directiva toda vez que el texto literal diferencia entre deberes en los apartados 1, 3 y 4 de la norma ("Member states shall ensure (.../...) y posibles herramientas alternativas/cumulativas en los apartados 2 y 5 de la norma ("Member States may include", "may provide").

En definitiva, la obligación, a cargo del Estado miembro, de puesta a disposición de los interesados (no solo del deudor) de uno o varios mecanismos eficientes de diagnóstico temprano de la probabilidad de insolvencia sí existe. Lo que ocurre es que se deja a cada Estado miembro, a la vista de su cuadro institucional y de su experiencia y "cultura concursal" el diseño de la "carta de servicios". Tal diseño cumplirá con las exigencias, imperativas de la Directiva, cuando respete unas exigencias mínimas que se infieren de la barroca redacción del precepto.

Pocas dudas existen acerca del **fundamento** de tales obligaciones. Lo explica con claridad el legislador comunitario en los Considerandos 2, 22 y 23. A saber, la constatación de que *"cuanto antes pueda detectar un deudor sus dificultades financieras y tomar las medidas oportunas, mayor será la probabilidad de evitar una insolvencia inminente o, en el caso de una empresa cuya viabilidad haya quedado definitivamente deteriorada, más ordenado y eficiente será el procedimiento de liquidación"*. La propia puesta en marcha de estas herramientas es un requisito para el eficiente cumplimiento de los deberes y responsabilidades impuestas a los administradores en la proximidad de la insolvencia en la propia Directiva (no puede leerse el artículo 19 sin relacionarlo con el artículo 3 y viceversa) y para la eficiencia (=mínimo intervencionismo) y agilidad del o de los procedimientos pre-concursales de reestructuración.

Evidentemente, **la existencia de esos mecanismos se concibe también como requisito para la eficiencia económica de los procedimientos nacionales de reestructuración**.

Se supone que el acceso de los administradores de los deudores a esas "herramientas" informativas o de alerta les permite adoptar con conocimiento de causa la informada y tempestiva decisión relativa a la presentación de la solicitud de entrada en el procedimiento de reestructuración ex art. 9.1 primer párrafo de la Directiva... o a alguno de esos procedimientos de arreglo extra-judicial que conocen algunos ordenamientos y que el nuestro ha arrumbado. Con lo último me refiero al Acuerdo extrajudicial de Pagos, derogado sin mayor justificación a pesar de la existencia de procedimientos similares en Italia o Francia... Eventualmente, podrán estar diseñados al servicio también de los acreedores en los casos en que el Derecho nacional contemple su legitimación para instar la entrada forzosa en situación concursal ex art. 9.1 segundo párrafo de la Directiva.

En algunos ordenamientos jurídicos, además, la alerta está singularmente enmarcada o vinculada a la suerte de un procedimiento amistoso de arreglo/conciliación extrajudicial o en todo caso no contencioso (con encuadre en la jurisdicción voluntaria o en la mediación) a que se refiere de manera un tanto críptica el inciso final del art. 4. 5: mecanismos que funcionan con carácter previo a los "marcos de reestructuración preventiva" (procedimientos colectivos de reestructuración) y con carácter preventivo a ellos de suerte que se incentiva su utilización para evitar los mayores costes de los procedimientos judiciales, preconcursales y concursales, en la idea de que estos últimos solamente se pongan en marcha cuando fracase el arreglo amistoso. Es el caso de los mecanismos de "traitement conventionnel des difficultés des entreprises" que son el "mandat ad hoc" y el "procédure de conciliation" (el viejo "procédure de règlement amiable") o el recentísimo procedimiento italiano de la "composizione negoziata" de la reforma del año 2021 a los que tendré luego ocasión de referirme luego brevemente. En cambio otros sistemas jurídicos no siguen un esquema tripartito como el descrito (arreglo amistoso + procedimiento/s preconcursal/es stricto sensu+ concurso) sino dual (preconcurso + concurso). Suprimido por razones no del todo justificadas el instituto del acuerdo extrajudicial de pagos de la vieja Ley concursal (se supone que por el escaso uso del mismo, en la práctica por el mal diseño de la función del mediador) nuestro Derecho concursal es estrictamente dualista (varios institutos preconcursales + concurso propiamente dicho).

Los **intereses tutelados** por la norma de nuestro art. 3 de la Directiva son muy heterogéneos empezando, como es lógico, por el propio deudor y sus administradores. De hecho, así como en el apartado 1 del citado artículo 3 la obligación a cargo de los estados de establecer herramientas de alerta temprana tiene al deudor como exclusivo referente (=quien debe tener acceso al aparato de las señales de alerta para que pueda actuar sin demora es el deudor); las plataformas y sistemas de información previstos en los apartados 3 a 5 tienen a otros beneficiarios como son los representantes de los trabajadores.

A la sazón, los primeros comentaristas de nuestra Directiva[40] han señalado la existencia de dos grandes modelos "puros" de alerta temprana en atención a la finalidad perseguida y a los beneficiarios del sistema de información que se establezca:

(i) El sistema germánico de "alerta temprana" con *trascendencia meramente interna* que persigue facilitar a los administradores (y en su caso el consejo de vigilancia o a los auditores) el cumplimiento de sus deberes sustantivos de prevención y control del riesgo mediante el pronto acceso a la información relevante, cuantitativa y cualitativa, pública y privada, y en su caso, al adecuado asesoramiento de aquéllos para que puedan superar las dificultades experimentadas por la empresa que dirigen. Todo ello en el bien entendido que es exclusiva responsabilidad de los administradores adoptar las medidas de saneamiento y reestructuración que proceda **("Early warning system as self-assessment tool")**;

(ii) En otros casos, el sistema de alerta temprana se intenta como mecanismo de injerencia en la gestión/dirección de la empresa en la medida que ciertos agentes cualificados (auditores, tribunal de comercio, organismos públicos con función preventiva del riesgo, representantes de trabajadores, entidades financieras y de seguros que evalúan el riesgo de impago de sus clientes etc.), tienen encomendada la obligación legal de denunciar la situación de riesgo de insolvencia de que puedan haber tenido noticia con ocasión del ejercicio de su respectiva función y al objeto de que deban poner en marcha un mecanis-

---

40 Vid. el trabajo de J.GARRIDO-Ch.DeLONG-A.RASEKH-A.ROSHA, "Reestructuring and Insolvency in Europe: Policy Options in the Implementation of the EU Directive", *IMF Working Paper WP/21/152*, may 2021, págs. 5 a 7.

mo procedimental del que resulta la obligación a cargo de los administradores de atender la denuncia hecha y responder como proceda (**"Early warning system as an intervention mechanism"**). En el supuesto más extremo se encomienda a una autoridad pública la función de interesar de oficio del empresario que no facilita informaciones convincentes la puesta en marcha de procedimientos preconcursales o concursales de arreglo mediante denuncia de oficio.

Por razones obvias de insuficiencia de recursos e incentivos para costear sistemas completos de prevención de riesgos y por la dificultad de acceso a la información relevante, el legislador europeo *presta muy singular atención a las PYMES* como revela el apartado 4 del artículo 3. También es muy significativa la atención que se presta a la *protección a los empleados de la empresa* en el apartado 3.5 del precepto en que se establece la posibilidad de que los estados miembros regulen el derecho de acceso de los representantes de los trabajadores a la información pertinente sobre la situación económica del empleador. Aquí encajaría nuestro Derecho de información del comité de empresa del ET al que me referiré más abajo.

Hay que señalar que, en última instancia, depende de cada Derecho nacional establecer el marco adecuado de tutela de intereses legítimos además del del deudor/administradores. En los términos muy flexibles del precepto cabe adoptar tanto un sistema conservador/no intervencionista como el nuestro (centrado en la tutela del administrador y sin trasparencia a terceros), como otros sistemas más "intervencionistas" que contemplan la posible injerencia en la gestión.

Aunque no pocas veces se olvida, no es casualidad que en dos ordenamientos paradigmáticos afiliados a lo que luego calificaré de "modelo francés" —a saber: el francés y el italiano— contienen además de lo que luego se verá sobre los procedimientos de alarma sendas previsiones en Derecho de sociedades en que se contempla expresamente la posibilidad de que sujetos legitimados puedan instar del juez la intervención forzosa de la dirección en situaciones de grave irregularidad mediante el nombramiento de expertos o administradores. Me refiero a la posibilidad en Derecho francés de nombrar un "mandataire judiciaire" para suplir a los administradores que incumplen los deberes propios de su cargo como subvenir a la convocatoria del órgano social (vid. C. Com art. L 225-103) o al "controllo giudiziario sulle irregolarità di gestione" de los arts. 2409, 2476 comma 3, 2477 comma 4 del Codice Civile italiano y que la Corte Costituzionale en su sentencia de 29 de diciembre de 2005, n.481, consideró compatibles con el principio de libertad de empresa[41].

Entiéndase bien la cosa: de lo arriba expuesto debe deducirse que otra vez **estamos ante una "norma de mínimos"**, porque el Estado miembro puede establecer, si lo desea, un mecanismo completo de alerta "a la francesa" (vale decir: un mecanismo más intervencionista que entraña alguna traba o injerencia en la gestión) u otros mecanismos más o menos articulados de prevención y, desde luego, existe libertad para incorporar en Derecho doméstico los sistemas y plataformas, públicas o privadas, de publicidad relativa a la información relevante para el cálculo previsional de la probabilidad de insolvencia que pueden abrirse a otros interesados o quedar en lo confidencial. Así, una parte sustancial de las plataformas públicas de información sobre herramientas de alerta y procedimientos de reestructuración está en abierto o en sedes de acceso público mientras que suele contemplarse también un área reservada para autodiagnóstico o para que las interactuaciones de la sociedad con el portal no sean trasparentes al tercero.

En cuanto al **contenido y diseño institucional** de esos "mecanismos", "herramientas", "servicios" o "incentivos" muy poco se nos dice al respecto en el precepto. Si atendemos al tenor literal de la Ley se distingue entre las *herramientas de alerta temprana* (early warning tools; apartados 1 y 2 del artículo 3) y el *derecho de ciertos interesados al acceso a la información relevante* (apartados 3 a 5 de la

---

41 Vid. NAZZICONE, L., *Il controllo giudiziario sulle irregolarità di gestione*, Giuffrè editore, Milano, 2005.

Directiva). El sistema o sistemas de alerta y de información deben ser eficientes: (i) Promover el uso de tecnología de la información en comunicaciones y acceso en línea a los servicios (apartados 1 y 4); (ii) Que, según los apartados 1 y 4, las herramientas sean "claras" (formato sencillo de consultar y fácilmente accesible; evitar informaciones irrelevantes o la "cacofonía informatica") y "transparentes" aunque no sepamos muy bien qué quiere decirse con eso; (iii) Que se dispense un trato preferente a los más necesitados que son las pymes y a los trabajadores: apartados 3 y 4.

En lo que hace a lo segundo (sistemas de mera información), la Directiva se refiere en su artículo 3.3 a 3.5 a una suerte de necesidad de garantizar una triple trasparencia. A saber: la trasparencia legal dirigida a asegurar el acceso de deudores y representantes de los trabajadores a la información actualizada y relevante acerca de la disponibilidad de las citadas *herramientas de alarma*; la que les informa acerca de los *procedimientos domésticos de reestructuración y exoneración de pasivo insatisfecho* y, en fin, la que puede ponerse *a disposición de los representantes de los trabajadores para que puedan evaluar la situación económica de su empleador.*

En cuanto al contenido de los diferentes instrumentos de la alerta temprana, aunque los términos de la Directiva son intencionadamente ambiguos, la enumeración además no parece exhaustiva —me parece que los dos primeros apartados del artículo 3 de la Directiva se refieren a las siguientes herramientas:

1.º Aunque no se explicite claramente así, el apartado 1 del artículo 3 está pensando en los *sistemas o mecanismos de indicadores anticipados de probabilidad de insolvencia* ("early warning tests/ indicators"; los franceses hablan de "signaux faibles" o "clignotants"). Estos mecanismos pueden ser más o menos sofisticados e integrarse o no en el marco de un procedimiento de alerta "a la francesa". Aquí se insertan por ejemplo las plataformas normalmente públicas de autodiagnóstico de la situación de riesgo o de viabilidad del plan de reestructuración como las que se han implantado en Alemania o en Italia en que el interesado responde a unas preguntas sobre ciertos aspectos de su gestión y se ofrece por la plataforma un resultado ponderado o "rating" de riesgo o de viabilidad del plan.

> Como puede imaginarse, existen familias en sucesivas generaciones de modelos de predicción del riesgo de insolvencia que emplean técnicas muy diferentes y que pueden ponerse a disposición de los particulares. Así, el Registro Mercantil español proporciona una ponderación sintética multivariante de la probabilidad de riesgo de insolvencia mediante un modelo logístico mientras que existen empresas y estudios en el mercado que ofrecen modelos univariantes, determinísticos, logísticos, de inteligencia artificial, de redes neuronales etc. Me remito a lo que se ha expuesto en el anexo del capítulo precedente.

El art. 3.2 a) Directiva posiblemente contempla aquellos sistemas, públicos y privados, de información crediticia también conocidos como "registros o ficheros de solvencia" ("credit reporting systems"). A la sazón, existe un documento elaborado por el Banco Mundial y disponible en su portal, de septiembre de 2011, sobre las buenas prácticas al respecto: "General Principles for Credit Reporing". Originariamente, esos sistemas y mecanismos, públicos y privados, tienen por propósito conjurar la asimetría financiera entre entidad financiera y acreditado procurándose a los adheridos un acceso a la información relativa a la capacidad de pago ("creditworthiness") del futuro cliente. La idea subyacente es que las entidades adheridas comparten datos de sus clientes y, por otra parte, los clientes también tienen derecho de acceso y rectificación a tales ficheros lo que puede constituir a nuestros efectos una herramienta más de alerta temprana. En algunos casos y ordenamientos la solvencia crediticia se evalúa a través de un índice sintético mediante la asignación de una calificación crediticia o "rating" empleando las técnicas conocidas como "rating score".

Es habitual discriminar entre servicios prestados por compañías privadas y los prestados por entidades públicas entre las cuales están los bancos centrales tal es el caso del servicio de cotización del banco de Francia ("Cotation Banque de France) o nuestra Central de Información de Riesgos del Banco de España (vid infra sobre su régimen legal). Por otra parte, se distingue entre registros "positivos" de insolvencia (aquellos que informan de la posición crediticia del deudor no solo de los impagos) y ficheros negativos más conocidos como "registros de morosos". En nuestro ordenamiento positivo, por ejemplo, no hay registros privados positivos sino de morosos, cuya licitud se pondera en relación con el respeto debido a la normativa de protección de datos (artículo 20 de la Ley Orgánica 3/2018, de 5 de diciembre, de Protección de Datos Personales). Volveré sobre el tema más adelante cuando me refiera a las herramientas existentes en Derecho español.

2.º El artículo 3.2 b) Directiva se refiere a los mecanismos de asesoramientos a la empresa en dificultades y de provisión pública o privada. Todo ese mecanismo danés y luego europeo de la plataforma "Early Warning Europe" puede localizarse aquí (vid infra). En sentido amplio, deberían incluirse los mecanismos y sistemas que promueven arreglos extrajudiciales y de mediación a los deudores. En Francia y en Italia existe todo un procedimiento de arreglo amistoso previo a lo preconcursal. Entre nosotros, la reforma se contenta con una triste referencia a esos mecanismos cuya puesta en marcha se deja *ad kalendas graecas*.

En un sentido amplio, también podrían incluirse dentro de estos mecanismos las experiencias existentes en Derecho comparado de mediación/conciliación preventivas del concurso. Así, en relación con el famoso Chapter 11 de la Ley de quiebras norteamericana existe una cierta experiencia sobre el empleo alternativo de la mediación[42].

---

[42] Vid. PEEPLES, R., "The Uses of Mediation in Chapter 11 Cases", *American Bankruptcy Institute Law Review*, 2009, Vol. 17, issue 2, págs. 401-426; R. JOKUBAUSKAS, "Alternative dispute resolution in insolvency disputes", *Societal Studies*, núm 9(2), 2017, págs. 244-265. En la famosa organización internacional de profesionales de la insolvencia, INSOL International, se ha creado un grupo sobre Alternative Dispute Resolution (ADR). Vid. www.insol.org.

3.º El artículo 3.2 c) de la Directiva se refiere con el equívoco término de "incentivos" a aquellos mecanismos de "alerta interna" y "externa" que se desencadenan cuando ciertos sujetos vinculados con el deudor tienen conocimiento de una situación de riesgo.

En Derecho comparado nos referimos a la "alerta interna" cuando el *"denunciante"* es un órgano interno especializado encargado de la prevención de riesgos (comisión de auditoría, director financiero etc.) o el consejo de vigilancia cuando exista; los auditores en cuanto verifican el cumplimiento de la hipótesis básica de la "empresa en funcionamiento" (vid. supra) e, incluso, cuando los denunciantes de la situación son los propios representantes de los trabajadores. Son "alertas externas" las que ponen en marcha los tribunales de comercio u organismos públicos especializados en la detección de riesgos, la Hacienda Pública o la Seguridad Social o, incluso, las entidades de crédito y de seguros en cuanto obligadas a ponderar el riesgo de impago de acreditados y asegurados. También incluso cabrían aquí aquello sistemas de alerta que se ponen en marcha con ocasión de los procesos judiciales de ejecución forzosa que resulten infructuosos de los que son ejemplo señero nuestras "bajas fiscales" o declaración de insolvencia.

Aparte de los organismos públicos, particular importancia reviste la exigencia de evaluación de solvencia del acreditado que la normativa bancaria y de entidades de crédito sobre *"préstamo responsable"* impone a las entidades de crédito cuando se aprovecha esa obligación (que no solo es puntual no inicial sino que se mantiene mientras siga viva la posición crediticia del deudor) para regular el acceso voluntaria a su información de riesgo crediticio en todo momento o cuando se cancela anticipadas pero justificadamente el servicio financiero contratado. El ejemplo señero es el famoso documento de "información Financiera-PYME" a que se refiere el art. 2.3 de la Ley 5/2015, de 27 de abril, de fomento de la financiación empresarial y detalla la Circular 6/2016 del Banco de España. En Francia y en Italia se va incluso más lejos obligando a las entidades financieras a participar como denunciantes del procedimiento de alerta externa.

El **aspecto organizativo-institucional de la provisión de estos servicios** de alerta temprana y de información se deja a la decisión de cada Estado miembro. La distinción básica en este punto es la que existe entre servicios de provisión pública, gratuita o por precio o arancel públicos, y servicios de contratación privada. Nada se dice en la Ley Europa que esos servicios deban ser gratuitos aunque dados los destinatarios preferentes (Pymes y trabajadores) y las características establecidas en la Ley (trasparencia, sencillez, digitalización, facilidad de acceso) se está preferentemente pensando en su provisión gratuita o a coste/arancel reducido/subvencionado. Los Estados miembros han creado plataformas de acceso libre o reservado en diversos ministerios (Industria, Justicia, Economía...), en los bancos centrales, en organizaciones públicas especializadas, en los Registros Mercantiles etc.

Acabemos indicando que, como no podía ser de otro modo, la Directiva es neutral en cuanto a la **metodología técnica de los "modelos de prevención de riesgos"** que puedan implantarse. Aquí se remite a la *Lex artis*. Volveremos luego sobre el particular. La calidad predictiva del modelo que en su caso se emplee no solamente depende de la técnica empleada sino de las bases de datos sobre las que "corren" los modelos predictivos. Es evidente que los modelos predictivos que se "especifican" sobre información disponible de modesta amplitud y profundidad o referida solo a sectores especiales o solamente a sociedades cotizadas no tiene la misma calidad estimatoria de la variable a predecir como los modelos que emplean, por ejemplo, la gigante base de datos de las entidades que depositan cuentas (millones contra miles de casos). El legislador comparado, a la sazón, perfectamente consciente de ello, ha dictado normas para incentivar el cumplimiento o/y sancionar el incumplimiento del deber de depósito de cuentas.

II. LA DIVERSIDAD DE LOS MODELOS EXISTENTES EN DERECHO COMPARADO

Ordenamientos que responden al "modelo frances"

El sistema de prevención francés de la alerta temprana —que se sigue tanto en Bélgica como en Italia— se funda a la postre en el reconocimiento de un criterio de intervención fuerte en la libertad de empresa a través del control preventivo de la solvencia a cargo de la justicia consular (=tribunales de comercio) u ordinaria (con el apoyo de las organizaciones camerales o similares).

En el diseño ensayado en Derecho francés con algún éxito, la puesta en marcha de los "procédures d'alerte", se produce a partir del "fait génerateur de la alerta" en virtud de la correspondiente denuncia del sujeto legitimado. El procedimiento es confidencial, se desarrolla en varias fases (según se atienda o no al requerimiento hecho al administrador) y en principio, no puede trascender del ámbito interno.

De hecho, no solo se contempla una *alerta interna a la empresa* (puesta en marcha del procedimiento por la denuncia inicial del riesgo de insolvencia con destinatario al administrador y a cargo de socios, auditores y comité de empresa que puede llegar al tribunal en caso de respuesta insatisfactoria del "advertido") sino también de una *alerta externa* a cargo de entidades públicas administrativas encargadas de vigilar la solvencia y auxiliar al empresario en dificultades o de la propia jurisdicción que interviene *ex officio*. Bajo este sistema, se garantiza el acceso de todos los denunciantes legitimados a la información relevante para el ejercicio de su función y aunque no quede comprometida la confidencialidad del procedimiento se interfiere de manera patente en la libertad de empresa en atención a los deberes que en todos los procedimientos y en todas las fases se imponen al administrador de informarse, atender lo requerimientos, formular un plan de salvaguarda o la apertura de un procedimiento de conciliación o, en fin, de solicitar la apertura de los correspondientes procedimientos concursales y preconcursales.

Es característico de estos sistemas la habilitación de un mecanismo de conciliación/mediación de arreglo promovido por la justicia con carácter preventivo de lo concursal o, incluso de lo preconcursal (la "conciliation" francesa ha inspirado el modelo italiano de la "composizione negoziata della crisi di impresa") con participación de un mediador o experto con funciones de asesoramiento y mediadoras similares a la de nuestro mediador concursal del derogado acuerdo extrajudicial de pagos, instituto parecido a los anteriores. Mientras pende la negociación extrajudicial se anticipan los efectos típicos del Stay de los Planes de reestructuración que en nuestro sistema se asocian a la comunicación del inicio de las negociaciones.

Siguen este modelo, entre otros ordenamientos, el Derecho francés, el italiano o el belga. Haremos una breve referencia a cada uno.

FRANCIA

Francia tiene el mérito en Derecho comparado de haber desplegado desde muy pronto todo un programa legislativo coherente de prevención de las dificultades de las empresas. La cosa es muy clara si nos atenemos a la propia sistemática del Código de Comercio francés, cuyo Livre VI se destina a regular dentro del temario del "Derecho de la crisis" bajo la terminología de "Droit des Entreprises en difficulté": (i) De un lado, el Derecho (extrajudicial) de la prevención en su Título I, Arts. L611-1 a L612-5 (**De la prévention des difficultés des entreprises**); (ii) De otro, los procedimientos colectivos concursales y preconcursales y desde luego judiciales de los Títulos II, III, IV (**"Traitament judiciaire des entreprises**).

A su vez, los procedimientos colectivos comprenden tres institutos: la "Sauvagarde" (Arts. L620-1 a L628-8) que es un procedimiento de naturaleza preventiva que nosotros diríamos preconcursal; los procedimientos de "traitament judiciaire curatif" ya sea con finalidad conservativa de la empresa conocido como "Redressement judiciaire" (Arts L631-1 a L634-4) o liquidativo en el caso de la "Liquidation Judiciaire" (Arts L640-1 a L640-6).

Las dos líneas vertebrales de la prevención concursal figuran ya la Ley de 1 de marzo de 1984 que había creado un "procédure d'alerte" y un procedimiento de "règlement amiable" para la "prévention des difficultés des entreprises". Desde entonces no se ha dejado de profundizar y completar estos mecanismos que llegan a conformar un conjunto amplísimo de instrumentos y medidas con más que razonable éxito en la práctica (vid las recientes estadísticas en el capítulo introductorio). El diseño prácticamente definitivo en sus líneas vertebrales se alcanza en Francia con la Ley de 26 de julio de 2005. En una necesariamente sumaria descripción, tal diseño institucional de la prevención concursal consiste en un sistema conformado por tres piezas claves: (i) Los mecanismos (que no auténticos procedimientos, la doctrina habla de "processus") de alerta temprana propiamente dichos en sus diversas modalidades; (ii) El instituto del "mandataire ad hoc" nombrado por la justicia consular y, en fin, (iii) El procedimiento de "conciliation" que sustituye al viejo "reglamento amigable"[43].

---

[43] Existe una abundante bibliografía sobre el particular. Un buen examen de la situación por nuestra doctrina en: VIÑUELAS SANZ, M., "Los sistemas europeos consolidados de alerta temprana", *Anuario de Derecho concursal,* n.º 56, 2022, págs.. 149-202; IDEM en el libro colectivo dirigido por COHEN, A.-HIERRO ANIBARRO, S., *Nuevo marco jurídico de la reestructuración de empresas en España,* 2022, Aranzadi, págs. 133-264. Una buena exposición de la evolución histórica del sistema de prevención francés en un libro clásico en la materia que lleva 13 ediciones: SAINT-ALARY-HOUIN,C.-MONSÈRIÉ-BON, M.H., *Droit des entreprises en difficulté,* 13 ed,, LGDJ, Paris, 2022. Sobre la prevención puede leerse hasta la página 243. En la manualística va por la 9.ª edición otro clásico: JEANTIN, M.-LE CANNU,P.-ROBINE, D., *Droit des entreprises en difficulté,* 9 ed, Dalloz, Paris, 2022. Sobre la cuestión véanse los primeros capítulos. En fin, el de PÉROCHON, F., *Entreprises en difficulté,* LGDJ, Paris, 2022. Una excelente exposición concisa en el libro de CAROLINE HENRY,L.-ANTONINI-COCHIN, L., *Droit des entreprises en difficulté,* Gualino Lextenso, que es un curso claro para estudiantes de Universidad, París, 6.º ed.. 2023-2024.
Otros trabajos de interés que he consultado: BOYER, T., "Les dispositifs d'alerte dans les entreprises: whistleblowing vs. droit d'alerte", *Revue*

La verdadera joya de la reforma del año 1984 es el descubrimiento de la alerta temprana de la que existían antecedentes en el famoso informe de Pierre Sudreau de 1975 que contemplaba entre las soluciones para "modernizar el derecho de las empresas" la necesidad de poner en marcha mecanismos de "señales indicadoras" (*"clignotants"*) destinados a avisar tempranamente al dirigente de empresa de la inminencia de las dificultades para la continuidad empresarial. El mecanismo de alerta diseñado en su día sin embargo tenía el inconveniente de descansar en una enumeración de indicadores típicos con carácter pretendidamente exhaustivo. En cambio, desde la Ley de 1984 se establece en la Ley francesa un presupuesto objetivo más amplio de la prevención en lo que hace al "desencadenamiento" de la alerta: deben

---

management & avenir, núm. 4, 2013, p. 91-111; DE SZILBEREKY, M., "Le contrôle légal des comptes après l'entrée en vigueur de la loi PACTE", *Revue des Sociétés*,núm. 10, 2019, pp. 598-604; JEANTIN, M., "La loi du 1.º mars 1984 relative à la prevention et au règlement amiable des difficultés des entreprises", *Droit social*, núm. 11, pp. 599-617; KLING, J., "Le commissaire aux comptes et la prévention", *Revue de jurisprudence commerciale*, núm. 9, 2001, pp. 8-14; LIÉNARD, A., "La responsabilité du commissaire aux comptes dans le cadre de la procédure d'alerte", Revue des procédures collectives, núm. 1, 1996, pp. 1-22; MENJUCQ, M., DRUMMEN, J. B., BELLOT, T., ZWERGER, D., "La détection précoce des difficultés des entreprises", Table ronde, *Revue des Procedures Collectives*, núm. 1, 2010, pp. 49-56; MOUIAL-BASSILANA, E., Anticipation des difficultés: prevenir ou prédire?, Bulletin Joly Sociétés, núm. 11, 2019, p. 1 y s.; QUEZEL, E., LEMAUX, E., "La détection précoce des entreprises en difficulté", *Revue Française de Comptabilité*, núm. 552, 2021, pp. 1 y ss.; RICHELME, M. G. (dir.), *Rapport de la mission "Justice économique"*, febrero, 2021, pp. 1-36; IDEM, "Procédures de prévention: alerte précoce ou ultime protection avant le redressement judiciare?", *Bulletin Joly Entreprises en difficulté*, núm. 3 mayo, 2021, p. 1 y ss.; ROHART-MESSAGER, I., "La préventión-détection par les tribunaux de commerce", *Gazette du Palais*, núm. 9, 2010, pp. 54-57; SAVATIER, J., "Le comité d'entreprise et la prevention des difficultés des entreprises", *Juris-classeur périodique (semaine juridique) édition entreprise et affaires*, núm. 48, II, 15066, 1987, pp. 616-622; VALLANSAN, J., "Le rôle du juge dans les procédures préventives", *Revue des Procedures Collectives*, núm. 2, 2014, pp. 76-78.

existir cualesquiera hechos que por su naturaleza comprometan la continuidad en la explotación empresarial (*"tout fait de nature à compromettre la continuité de l'exploitation* ").

De cualquier forma, en todo sistema de alerta del Derecho francés se distingue entre la puesta en marcha del mecanismo mediante la denuncia de un sujeto obligado, interno o externo, que por razón de su oficio aprecia la existencia de tales índices de riesgo para la continuidad y lo comunica a quien proceda (fase de *"déclenchement"*), y el desarrollo posterior (fase de *"déroulement"*), que busca que los administradores adopten las medidas oportunas para poner remedio a la situación aunque sin que exista en puridad una intervención en las facultades de gestión. Efectivamente, aún en el caso de un fracaso de la alerta cuando la dirección no escucha la denuncia o no adopta medidas adecuadas, la Ley no concede legitimación al presidente del tribunal de comercio o a otra autoridad para que solicite de oficio la entrada del deudor supervisado en alguno de los procedimientos judiciales colectivos de Sauvegarde-Redresement-Liquidation judiciaire.

En realidad, despreciando además las especialidades que existen por razones tipológicas del deudor, el Codigo de Comercio francés instituye hasta cinco procedimientos distintos de alertas en atención al sujeto que desencadena la alerta. La doctrina los agrupa en dos categorías: procedimientos de alerta interna y de alerta externa (al deudor):

(i) En la **alerta interna desencadenada por el auditor** (commissaire aux comptes), el hecho desencadenante (fait générateur) son "des faits de nature à compromettre la continuité de la explotation" (C.com., art. L. 234-1, L. 612-3). Según el tipo de sociedad (vid. para las anónimas el C.com, art. L. 234-1), el procedimiento se desarrolla hasta en cuatro fases sucesivas. Tras una primera etapa de obligatoria información de la situación por parte del auditor al presidente del consejo de administración o de dirección, si la respuesta de la dirección es insuficiente, en el plazo mínimo de los quince días siguientes se debe ampliar la denuncia de la alerta con el objetivo de "invitar" al presidente del consejo a convocar el de administración o de vigilancia para deliberar de la cuestión y "comunicar esa situación" y los resultados de la gestión no solo al comité de empresa o a los delegados de personal (comité social et économique) sino incluso al presidente del tribunal de comercio. En una tercera fase, supuesto que el consejo no se ha reunido o que la respuesta dada sea insuficiente, el auditor puede provocar la convocatoria de junta general (C.com art. L. 234-1, al 3). Si todo lo anterior fracasa, el propio comisario denuncia la situación y el resultado de sus gestiones al presidente del tribunal de comercio.

(ii) En la **alerta interna desencadenada por los socios**, la Ley francesa reconoce legitimación para denunciar la situación a los que ostentan una participación superior al umbral del 5% del capital social (C.com, art. L. 225-232). Los hechos desencadenantes se definen de la manera usual (vid. *supra*) y el procedimiento pasa por constituir a los administradores de la sociedad en la obligación de contestar por escrito en el plazo de un mes a los solicitantes. La respuesta de los administradores debe darse a conocer a los auditores de cuentas pero es, por lo demás, todo ello es confidencial, puesto que ni se suministra información a la parte laboral ni hay denuncia al tribunal de comercio.

(iii) En la **alerta interna laboral** (regulada en el C. trav. Art. L. 2312-63), el comité de empresa o el delegado del personal puede exigir en una primera etapa, de la dirección, una demanda de explicación de suerte que, si el resultado de la gestión es insatisfactorio, el personal tiene derecho, cada ejercicio, a contratar con cargo a la empresa un experto que redacte un informe (rapport d'alerte) que se comunica al órgano de administración o al de vigilancia o, incluso a los mismos socios, para su pertinente respuesta por los destinatarios requeridos.

(iv) Existen en fin, **dos procedimientos externos de alerta**, la alerta que puede desencadenar el presidente del tribunal de comercio *ex officio* ex art. L. 611-2 I del Code de Commerce y la que puede desencadenar esos organismos públicos llamados "groupements de prévention agréés" ex art. L. 611-1. I Code de commerce.

Llama especialmente la atención el destacado papel que desempeña en todo el abigarradísimo cuerpo normativo francés de la prevención la justicia consular: el presidente del tribunal de comercio (PTC). Disfruta éste, como hemos visto, de un poder de alerta que le permite actuar de oficio. Pero ese poder impulsor no entraña, dicen los autores, una injerencia en la gestión ordinaria de la empresa por cuanto el presidente no dispone del poder para mediante una resolución suya imponer medidas que le parezcan adecuadas para la reestructuración o el saneamiento.

No obstante lo dicho antes, los poderes y facultades del PTC no son despreciables por cuanto: puede requerir del deudor todo tipo de informaciones sobre la situación financiera y económica de la empresa (C.com. art. L. 611-2, I); resolver, a petición exclusivamente del deudor lo que proceda en lo tocante a un mandatario ad hoc para que auxilie confidencialmente al deudor para adoptar una solución discreta y negociada de la situación con los acreedores (C.Com art. L-611-3) y, en fin, figura estrella de la regulación, debe entender, a petición del deudor, de lo que proceda sobre el llamado "procédure de conciliation" (cfr. C.com, art. L. 611-4 y L. 611-5). A tal efecto, el PTC procederá al nombramiento de un "conciliateur" y en su caso, llegada la avenencia, puede "constatar" u "homologar" el acuerdo que se adoptare con los poderosos efectos que se derivan de esta homologación y que no podemos tratar con detalle y que de alguna manera reproducen, anticipándolos, los de los planes de reestructuración de la Directiva.

La conciliation, que no podemos examinar aquí con el detalle que merece, es un procedimiento reglado de autocomposición de situaciones de dificultad empresarial de naturaleza análoga a la mediación/conciliación y que administra el presidente del tribunal de comercio. Caracterizado por su carácter reservado y voluntario se inicia a petición del deudor cuando se cumplen dos requisitos o presupuestos objetivos: (i) En sentido positivo, la existencia de "difficulté juridique, économique ou financière, avérée o previsible"; (ii) En sentido negativo, no encontrarse en situación de "cessation des paiements" en los últimos 45 días. Interpuesta la solicitud el presidente del Tribunal tiene un cierto arbitrio para admitir o denegar la apertura de un expediente que no puede exceder de 5 meses. El juez tiene incluso poder de pedir nuevas informaciones suplementarias y comunica su decisión de admisión al ministerio público y al auditor de cuentas.

Papel fundamental desempeña el "conciliateur" designado por el Presidente; figura correspondiente al viejo mediador concursal del derogado acuerdo extrajudicial de pagos que es el instituto que más se parece al francés. Su estatuto, competencia y remuneración están claramente fijadas en la Ley. La función básica es interesar de los interesados la adopción de un acuerdo. Si fracasa la conciliación por falta de acuerdo, el conciliateur presenta un informe al Presidente que cierra el expediente sin posibilidad de recurso. Si se llegara a un acuerdo se prevén dos modalidades de arreglo: el que consiste en la "constatation de l'accord" ex art. L 611-8 del CCom francés de contenido meramente obligacional y el mecanismo excepcional de "homologation de l'accord de conciliation" ex art. L 611-8-1 en cuyo caso de producen efectos reforzados en relación con el deudor conciliante (básicamente la suspensión de las ejecuciones forzosas y la libertad para emitir cheques) y en favor de los acreedores afectados y garantes (carácter irrescindible de los actos realizados en ejecución del acuerdo en caso de procedimiento colectivo consecutivo y privilegio del new money para los financiadores de la reestructuración acordada y homologada).

Como puede verse, ni la alerta ni la conciliation comprometen en Derecho francés la libertad de empresa porque se mantienen las facultades de administración y de gestión del deudor sin injerencia en sus funciones más allá de lo exigido por el buen fin del procedimiento. No obstante lo cual, el deudor puede voluntariamente solicitar el nombramiento por el Presidente del Tribunal de Comercio de un "mandataire ad hoc". Si el juez estimare la solicitud y el designado aceptare el encargo se pone en marcha otro "procedimiento amigable" vertebrado en torno al mandatario judicial. El mandatario no sustituye al deudor en sus funciones sino que le auxilia en tareas que el juez determina en la fijación de sus cometidos específicos y bajo condiciones de absoluta discreción.

A estas piezas vertebrales de la "prevention des difficultés" la doctrina suele agregar los mecanismos y sistemas de mejora de la información o "Prévention par l'information". La Ley por ejemplo, establece que, superados ciertos umbrales, las personas jurídicas que desarrollan actividades económicas tienen que formular estados contables previsionales (art. L. 232-2 CCom) supliendo así el vacío tradicional de información prospectiva y presupuestaria que caracteriza a las cuentas anuales. Por otra parte, el legislador cuida de ordenar la publicidad legal obligatoria en el Registro de Comercio de hechos muy relevantes para apreciar la existencia de dificultades financieras como son los impagos derivados de créditos fiscales (cfr. art. 1929 Code des Imposts); de la Seguridad Social ex art 243-5 Code de la sécurité sociale o de aduanas ex art. 379.1 Code des douanes. Amén de lo anterior, la legislación farnacesa ha establecido un abigarrado cuadro institucional de apoyo al empresario en su tarea de control del riesgo de insolvencia.

Mencionemos aquí, tres instituciones fundamentales de asesoramiento y una iniciativa pública: los "groupements de prévention agrées" a que se refiere el art L. 611-1 del Código de Comercio francés (GPA); los Centres d'Information sur la prévention (CIP) nacidos en 1999; el Banco de Francia y el sistema de "signaux faibles"

> Los GPA creados por la Ley de 1 de marzo de 1984 son personas jurídicas de Derecho privado (normalmente bajo forma de asociación) fundadas a la iniciativa de personas o entidades privadas pero cuya constitución debe ser autorizada por el perfecto de la región. La adhesión de los empresarios inmatriculados en el Registro de Comercio es voluntaria y las relaciones entre GPA y

aquel son de naturaleza estrictamente contractual. El empresario se compromete a suministrar todas las informaciones indispensable de su empresa a la entidad para que esta pueda desempeñar sus funciones de auxilio en la prevención bajo la condición de secreto profesional. En primer lugar el GPA emite un informe o "analyse des informations fournies" y, en segundo lugar, si los informes revelan una situación de dificultades financieras debe ponerse en contacto con el empresario y proponerle el auxilio de un experto. El GPA además puede desencadenar la puesta en marcha del procedimiento externo de alerta en los términos examinados. Es importante reseñar, en fin, que para el cumplimiento de su función, los GPA pueden beneficiarse de la ayuda del estado y organismos públicos (art. D. 611-9 du Code de Commerce). Mediante un acuerdo concluido con el Banco de Francia pueden los GPA acceder a los servicios del propio Banco de Francia y en particular su servicio de rating o "cotation".

Los CIP nacen el año 1999 de una voluntad colectiva de profesionales del Derecho y de la empresa de asociar sus esfuerzos y experiencias para favorecer la detección precode de las dificultades. Organizados en un doble nivel territorial (nivel central y nivel regional) agrupa, normalmente bajo forma de asociación de Derecho privado, colegios profesionales varios. Su papel es doble: recogida de información relevante y auxilio y comunicación al deudor. Como ocurre en el early warning system europeo y danés, en el marco de las "reuniones de los jueves" los directivos pueden ser recibidos confidencialmente por expertos bajo el principio de gratuidad y confidencialidad.

El modelo de predicción *Signaux Faibles* es el resultado de un acuerdo de varias administraciones públicas para disponer de una nueva herramienta sofisticada para detectar "signos de debilidad económica" (de ahí el nombre) sobre la base de un algoritmo de autoaprendizaje (denominado "machine learning" o "intelligence artificielle") que se supone —es el mejor secreto guardado de Francia— proporciona pronósticos sobre la probabilidad de fracaso empresarial entre empresas con más de diez trabajadores con un plazo de anticipación de 18 meses. Los resultados de la herramienta se comparten, en la más estricta confidencialidad, dentro de una plataforma digital colaborativa solo abierta a los diversos socios: la Dirección general de empresas (DGE), la Delegación general para el empleo y la formación profesional (DGEFP), el Banco de Francia (BDF), la Agencia central de organismos de seguridad social (ACOSS) y el Departamento digital interministerial (DINUM) etc. Esta herramienta nace en base a una iniciativa local y es puesta en práctica en Bougogne-Franche-Comté a partir de 2016. En 2018, este experimento permitió realizar 63 detecciones por parte de los servicios de los DREETS de Bourgogne-Franche-Comté. En 2019 este sistema se extendió a todas las regiones metropolitanas de Francia. Sobre su origen e implantación progresiva. Más información en: www.data.gouv.fr.

La Banque de France presta a las empresas un servicio muy valioso de información previsional mediante la elaboración de un rating de solvencia conocido como la "cotation". Ese índice de riesgo no solo sirve para que las entidades financieras acometan sus deberes relativos al "préstamo responsable" sino que se pone a disposición de los empresarios de cierto tamaño (cifra de ventas superior a 0,75 millones de euros) y que estén domiciliadas en Francia mediante un servicio confidencial y gratuito. A tal efecto el Banco nacional recoge una gran cantidad de datos descriptivos, contables y financieros (cuentas anuales y consolidadas), de créditos impagados y apremios sin éxito, incluso ciertos datos cualitativos y de RSC para la elaboración por sus analistas de una "calificación de riesgo" que mide la "capacité de l'entreprise á honorer ses engagements financiers à un horizon de 3 ans" y que van, de más solvente a menos solvente: 1+, 1, 1–, 2+, 2, 2–, 3+, 3, 3–, 4+, 4, 4–, 5+, 5, 5–, 6+, 6, 6–, 7, 8, P (capacité defaillante), y O (non significative). Junto a este servicio es también reseñable el FIBEN: "Fichier bancaire des entreprises" que constituye una base de datos inmensa gestionada por el mismo banco y que centraliza las informaciones relativas a empresas no financieras pero que es de acceso exclusivo a las entidades financieras en general.

ITALIA

En Derecho italiano[44] se trasplantó el modelo francés de las alertas en el nuevo Codice della crisi d'impresa e dell'insolvenza

---

44 Una buena exposición del Derecho inmediatamente anterior a la reforma del CCri en VIÑUELAS SANZ, M., "Sistemas de alerta temprana en el derecho italiano", *RGI&R* n.º4, 2021, págs. 381 a 403. En la misma revista y más actualizado es el excelente trabajo de SPERANZIN, M.-MAROTTA, F., "Early warning tools and preventive restructuring following the transposition of the EU insolvency Directive in Italy", *RGI&R* en su n.º 8, págs. 187-225. La exposición más completa sobre la alerta sigue siendo el libro de RANALLI, R., *Le misure di alerta*, Giuffrè, Milán, 2019 aunque es una pena que no lo haya actualizado a la última reforma. En

aprobado en el D.lgs. n. 14/2019 destinado a sustituir al venerable texto de la *Legge Falimentare*[45]. A mi juicio, la regulación italiana de la prevención de la crisis empresarial es la más completa y técnicamente perfecta que conozco aunque deba mucho al Derecho francés en que se inspira[46].

Como gusta decir su doctrina, la prevención concursal regulada en título aparte de los procedimientos colectivos del Titolo III ("strumenti di regolazione della crisi e dell'insolvenza) está basada en tres mecanismos "concéntricos": (1.º) Las obligaciones materiales de diligencia impuestas a los administradores en relación con la prevención de la crisis tanto en el art. 4 CCi como en el propio art. 2086 del Codice Civile; (2.º) El sistema italiano

---

la manualistica he consultado el *Manuale di diritto della crisi e dell'insolvenza*, de D'ATTORRE, G., Giappichelli, Torino, 2022; NIGRO,A.-VATTERMOLI, D., *Diritto della crisi delle imprese*, 6.º ed., Il Mulino, Milán, 2023; IRRERA,M.-PASQUARIELLO, F. et alia, *Lineamenti di diritto della crisi e dell'insolvenza*, Zanichelli, Bologna, 2013. Es muy interesante la literatura sobre la "adeguatezza degli assetti organizzativi" a la luz de la prevención concursal: PANIZZA, A., *Adeguati assetti organizzativi, amministrativi, contabili per prevenire la crisi*, Walters Kluwer IPSOA Guide Operative, 2023. También el libro colectivo a cura di CARADONNA, M., *Responsabilità e adeguati assetti nella crisi d'impresa*, Maggioli, Santarcangelo di Romagna, 2023. Muy recomendable es el libro colectivo a cura di DANOVI,A.-ACCIARO,G., *Adeguatti assetti societari per le prevenzione della crisi*, Il Sole 24 ore, Milano, 2022. Sobre el funcionamiento de la BJR en la prevención vid. BARCELLONA, E., *Business Judgment Rule e interesse sociale nella "crisi"*, Giuffrè, Milano, 2020. En particular, sobre el papel del collegio sindicale: RUSSO, R., *Collegio sindacale e impresa in crisi*, Giuffrè, Milano, 2021.

45 Una buena exposición del propósito de la reforma en relación con el gobierno corporativo en: en RIVA,P.-DANOVI,A.-GARELLI, A., "Corporate Governance in Downturn Times: Detection and Alert-The New Italian Insolvency and Crisis Code", chapter 9 del libro colectivo ed. por HOLLA, K-TITKO,M.-RISTVEJ,J., *Crisis Managemen. Theory and Practice*, IntechOpen, Londres, 2018.

46 PERNAZZA, F., "The Legal Transplant into Italian Law of the Procédure d'Alerte. Duties and Responsabilities of the Companies Bodies", *The Italian Law Journal*, vol. 3, n.º 3, 2017, págs. 553-581.

de alarma o “allerta sulla crisi d’impresa” contenido en los arts. 25-octies y 25-novies CCi y, en fin; (3.°) El nuevo procedimiento reservado y extrajudicial de “composizione negoziata della crisi” del Titolo II CCi.

De clara inspiración germana (cfr. & 91 Abs 2 AktG), el legislador italiano establece un deber específico de diligencia preconcursal en el Codice Civile (art. 2086 Cod.Civ) y en el art. 3 de CCi: incumbe a los administradores la adopción de las oportunas decisiones y arreglos (“misure adeguate”) en el orden organizativo, administrativo y contable (*“un assetto organizzativo, amministrativo e contabile adeguato”*) que sea adecuadas a la naturaleza y dimensión de la empresa (principio de proporcionalidad) y que sirva al propósito de la temprana identificación y ponderación de los riesgos de insolvencia (*“in funzione della tilevazione tempestiva della crisi dell’impresa e della perdita della continuità aziendale”*) y que permitan la tempestiva adopción de las medidas idóneas para prevenir esos riesgos. Como se estudia en otra parte de este trabajo (vid capítulo sobre la responsabilidad de los administradores), la promulgación de tal norma generó en la doctrina italiana una viva discusión sobre su presunto carácter innovador y sobre la aplicabilidad de la Business Judgment Rule en este ámbito de cosas. Me remito a lo estudiado en el capítulo de la responsabilidad.

El redactor del CCi ha tratado de ceñir el contenido de ese deber de diligencia preconcursal en su art. 3 CCi cuya última redacción especifica ese deber genérico del 2086 Cod.Civ. al exigir que esas “medidas y arreglos” puedan permitir según su apartado 3: (a) La detección temprana de desequilibrios económicos y financieros; (b) La verificación de la sostenibilidad de la deuda y las dudas sustanciales sobre la continuidad empresarial en los próximos 12 meses; (c) La recogida de la información necesaria para la práctica del “test de viabilidad” a que se refiere el art. 13 sobre la composición negociada de la crisis. Todavía más aún, el apartado 4 del citado artículo 3 CCi establece algunas de las “segnali per la previsione” en relación a ciertos impagos recientes. Con todo, la regulación deja un amplio margen de arbitrio.

El desencadenamiento del mecanismo de alerta interna en Italia no descansa, a diferencia de lo que ocurre en Francia, en los auditores, sino en el órgano supervisor. A la sazón, la "Segnalazioni per la anticipata emersione della crisi" del Capo III, arts. 25-octies a 25 undecies consiste en las siguientes piezas:

(i) La **"segnalazacioni per la anticipata emersione della crisi"** ex art. 25-octies CCi que debe realizar, por escrito, bajo su responsabilidad, el *organo de controllo societario* al titular del órgano de administrador de la deudora cuando se dan los presupuestos de hecho para la presentación de la instancia para un arreglo preventivo extrajudicial mediante el mecanismo de la *"composizione negoziata"*. Tal institución de autocomposición viene a traducirse en un procedimiento reservado equivalente a la Conciliation francesa y que previene la utilización de los institutos colectivos preconcursales y concursales típicos que se califican de "strumenti di regulazione della crisi e dell'insolvenza": el piano attestato di risanamento; el accordi di ristrutturazione; el piano di ristrutturazione " a la europea" y soggeto a omologazione; el concordato preventivo en sus diversas modalidades o la liquidazione giudiziale, todo ello en sus dos vertientes de empresa individual y referida a grupos.

(ii) Un mecanismo **de alerta externa al órgano de control** de una doble *facies:* la "segnalazioni dei crediti pubblici qualificati" del art. 25-novies CCi a cargo de autoridades fiscales y de la Seguridad Social de datos relevantes de impagos y el "obblighi di comunicazione per banche e intermediari finanziari" del art. 25 decies. En ambos casos, con denuncia al órgano de control.

En la redacción originaria del CCi del año 2019, se establecía un complejo y gradual sistema de alarmas consistente en una fase interna cuyo propósito era promover el diálogo entre administradores y titulares del órgano de control y, en caso de fracaso de la anterior si los administradores no contestaban satisfactoriamente a las sugerencias de los auditores o a las propuestas avanzadas, ante un organismo público que nunca llegaría a funcionar: el Organismo di Composizione della Crisi-OCRI. La reforma del año 2022 promovida por la Ley de transposición de la Directiva de Reestructuración al ordenamiento italiano acabó con el sistema anterior por excesivamente intervencionista y rígido (si el deudor no comparecía ante el organismo se contemplaba la denuncia al ministerio público, por ejemplo) y en el entendimiento que no cabía en el ámbito de la Directiva ... lo que se me antoja algo francamente discutible.

(iii) La regulación derogada anterior a la vigente se preocupó, mediante el encargo legal que la Ley hacía al colegio de profesionales de la Contabilidad —CDNCEC—de la elaboración de un conjunto de indicadores o índices que vieron la luz en un magnífico informe publicado el año 2019 en que se establecían índices específicos para cada sector. Ahora, tanto los administradores como el órgano de diligencia carecen de este magnífico instrumento de apoyo. En cierto modo, la función del viejo diagnóstico de la posición de riesgo (el antes citado se correspondería con nuestro informe registral de la probabilidad de insolvencia) viene a ser prestado por las nuevas herramientas consistentes en un **"programa informatico di verifica della sostenibilità del debito e per l'elaborazione di piani di rateizzazione automatici"** (cfr. art. 25-undecies CCi) que las Cámaras de comercio italianas deben mantener gratuitamente a disposición de los usuarios (también de los acreedores mientras dura la composizione) y cuyos aplicativos se insertan en una "plattaforma telematica central" que asiste al usuario en la realización de los trámites del procedimiento de concilación (cfr. arts. 17 y ss).

(v) En fin, toda la regulación anterior está al servicio de un **mecanismo de composición asistida de la crisis** —equivalente a la *Conciliation* francesa— que se inicia con una istanza de solicitud de nombramiento de un experto independiente y que de concluir con éxito o sin él (cfr. art. 25-quater CCi). En caso de éxito negociador el procedimiento concluye en un mero acuerdo privado con exclusiva eficacia intra-partes; en una convención de moratoria (*"convenzione"* di moratoria del art. 62 CCi) o en un *"accordo sottoscrito dall'imprenditori, dai creditori e dall'esperto"* que disfruta de amplios efectos legales que prefiguran los de los planes de reestructuración en sentido estricto (cfr. art. 25-bis, comma 5 CCi). En caso de falta de avenencia se abren a las partes los correspondientes *"Strumenti di regolazione della crisi e della'insolvenza"* tanto en sus fines de continuación o liquidativos.

BÉLGICA

En cuanto a la prevención de la insolvencia en **Bélgica**, la impresión es que el legislador ha llevado el sistema de la alerta franco-italiana a su mayor intensidad intervencionista. A la postre, el Estado organiza la prevención mediante un mecanismo de vigilancia de los órganos de justicia (por más que sea competente la justicia cautelar) que ostenta un poder robusto de injerencia sobre la gestión empresarial desempeñando un papel que, en ordenamientos jurídicos más "liberales", se encomienda al órgano de control o "consejo de vigilancia" en las estructuras dualistas del órgano administrativo. El texto básico de referencia data de 2009 aunque ha sido reformada sucesivas veces: la Loi du 31 janvier 2009 *sur la continuité des entreprises*[47]. Desde 1917 esta regulación se inserta en el Libro XX del Code de droit économique.

La detección de las empresas en dificultades se regula a la sazón en el Título XX, "Insolvabilité des entreprises" del Code de droit économique además de las previsiones de Derecho sustantivo que se contienen en el Code des Sociétés et Associations sobre dos aspectos fundamentales: la necesidad de justificar en las cuen-

---

47 Sigue siendo libro de referencia: DE CALLATAY, V.-DELLA FAILLE, P., *La Loi sur la conyinuité des entreprises*, Anthemis, Bruselas, 2014. Vid. también, VV.AA. *Loi sur la continuité des entreprises en pratique: regards croisés, ajustements et bilan*, LARCIER, Bruselas, 2014. Manual de referencia consultado es el de KRAHAY, J., *Les entreprises en difficulté*, Larcier, Bruselas, 2023.

tas anuales la razón de por qué no queda comprometida la continuidad cuando la cuenta de resultados presenta pérdidas (Art. 3:6 & 1,6) y el procedimiento de alarma interna con convocatoria de una junta extraordinaria de socios o asociados y que concluye con un informe especial cuando el patrimonio neto es negativo o la aplicación del test de liquidez hace temer impago de las deudas a su vencimiento en el plazo temporal de doce meses (Art 5:153).

El mecanismo de alerta belga a cargo del profesional contable no se regula en la Ley material sino en el citado Título XX del Code de droit économique (: el profesional debe poner en marcha la alerta con información a su cliente del riesgo para la continuación, puede informar al juez de esa situación (vid. infra) y estará obligado a atender las peticiones de la *Chambre des entreprises en difficulté.*

En aplicación de lo dispuesto en el Título XX del CdDE belga, cuando se dé el presupuesto de hecho, debe abrirse un dossier por la *Chambre des entreprises en difficulté* (CED, verdadera pieza central de la alerta[48]) que se constituye en el secretariado del tribunal competente en atención al centro de interés principal de la empresa. Esta CED se compone de un magistrado de carrera y de jueces consulares. En la CED se recoge y centraliza toda la información relevante que se obtiene muy diversas fuentes: de los impagos de crédito (sentencias de condena por impago, embargos infructuosos), de la alerta puesta en marcha por los organismos de la SS belgas y el Fisco etc. En atención a esos indicadores (calificados de "señales" o "clignotants") la CED realiza un servicio de examen de la solvencia en caso de alarma. El objetivo de esa supervisión prudencial es triple: diagnóstico temprano de los riesgos para la continuidad empresarial; notificación al deudor para que sea consciente de la situación y, en fin, incitar al éste a

---

48 Vid. abundante información práctica en sitio en internet para las empresas de la región francófona de Bruselas: www.tribunaux-rechtbanken.be Un estupendo folleto explicativo sobre la détection des entreprises en difficulté en: www.justice.belgium.be

que adopte las medidas necesarias para garantizar la viabilidad (redressement et sauvegarde). El procedimiento de alerta, que se desencadena de oficio, es estrictamente confidencial, aunque tiene acceso al expediente no solamente el deudor sino el Fiscal (procureur du Roi) y los organismos que tiene encomendada la función de asistir a las empresas en dificultades. La CED dispone a través del greffe del tribunal de comercio los datos, especialmente contables, que obran en el organismo público con las funciones del Registro Mercantil (la Banque-carrefour des Entreprises).

En un primer examen (sin audiencia del interesado), la Chambre, examinados los indicadores relevantes, puede cerrar el expediente (si las señales no son inquietantes), mantenerlo temporalmente abierto sujeto a supervisión y demandar informaciones cerca de acreedores institucionales (Fisco y SS). Si por el contrario estima la Chambre que el expediente debe continuar se abre la siguiente fase con un examen de oficio por ella misma que concluye en un informe o bien designa a un juez delegado (juge-rapporteur) para que emita el correspondiente informe. Tras el informe la CED convoca al interesado a una audiencia en que se discute con el tribunal con funciones de conciliación/mediación. El interesado, de hecho, puede solicitar de la Chambre la designación de un médiateur especialista en la reorganización. Las facultades de la CED son tales que en caso de no asistencia, el tribunal puede personarse en la sede social. Esta fase concluye con un informe. La enquête commerciale concluye con alguna de las siguientes decisiones: cierre provisional o definitivo del expediente; notificación de oficio al Fiscal o directamente al juez concursal si se estima existe el presupuesto para la apertura del procedimiento concursal o la disolución judicial o promover el acceso al procédure en réorganisation judiciaire para la adopción/homologación del Plan de Reestructuración a la manera belga de trasponer la Directiva.

El "modelo alemán"

El "modelo alemán" pasa por un escrupuloso respeto del principio de la libertad de empresa puesto que las herramientas de prevención, que son más de información que de verdadera alerta, quedan allí al exclusivo provecho del administrador y bajo su responsabilidad. Para ser exacto, en las sociedades en que existe o se permita un modelo dualista (un órgano de dirección y otro de control/supervisión), la responsabilidad de puesta en marcha de un sistema de vigilancia o de control de riesgos de insolvencia se coloca preferentemente (con obligación de denuncia a la dirección) bajo la competencia natural del órgano de control. En sistemas monistas, la supervisión y control del riesgo de insolvencia es competencia del órgano de administración acaso, especialmente en cotizadas, con particular responsabilidad de la comisión del consejo competente y participación preferente de vocales no-dominicales o independientes. En todo caso, el auditor de la compañía debe comprobar, al verificar las cuentas, el cumplimiento de la hipótesis de "empresa en funcionamiento".

Bajo este modelo, en sentido negativo, las herramientas de auxilio al diagnóstico precoz ya sea en virtud de alertas por quien corresponda, de autodiagnóstico (portales accesibles a su consulta) y/o de asesoramiento/mediación, pública o privada no se ponen a disposición de terceros ajenos a la empresa. Se trata, por el contrario, de inducir una respuesta temprana por propio deudor a través del estímulo negativo de los deberes "agravados" de diligencia en la fase cercana a la insolvencia cuando se pasa el imaginario umbral de la probabilidad de insolvencia. Esos deberes reforzados implican, según el artículo 19 de la Directiva, incorporar al canon de diligencia exigible otros intereses distintos del de los socios (acreedores y stakeholders del apartado a); adoptar medidas para evitar la insolvencia (apartado b) y evitar una conducta que ponga en riesgo la viabilidad (apartado c).

Así las cosas, el modelo alemán pasa entes de nada por una expresa "redefinición", contenida en la Ley material, del deber de diligencia de los administradores en situaciones de dificultades financieras con una muy discutida trascendencia en la "adaptación" de la regla de protección de la discrecionalidad o *Business Judgment Rule*. Significativamente, el legislador español se ha ahorrado los problemas interpretativos existentes en esos ordenamientos por el simple procedimiento consistente en soslayar la transposición del artículo 19 Directiva en el entendimiento de que la regulación sustantiva vigente sobre deberes/responsabilidad de los administradores se basta y sobra para cumplir con el propósito de la Directiva.

El modelo preventivo alemán de alerta temprana tal y como se contiene en la StaRUG consta de dos piezas: (i) La principal, a la que se destina la Parte 1 de la Ley y el &1, se refiere al estándar de diligencia exigible de los administradores de los deudores para detectar y gestionar las situaciones de crisis; (ii) Los sistemas de alerta temprana (=Early Warning Systems) regulados en la Parte 4 de la StaRUG en sus && 101 y 102[49].

---

49 El manual que me parece recomendable es el *Münchener Kommentar StaRUG* && 1-102, de STÜRNER-EIDENMÜLLER/SCHOPPMEYER/MADAUS, C.H.Beck, Munich, 2023. No pude dejarse de citar el monumental Hamburger Kommentar zum Restrukturierungsrecht, dirigido por SCHMIDT, A., 3 Auflage, Heymanns, Hamburgo, 2021. Vale también la pena la monografía dedicada a la reforma de DESCH,W.-BIENDL,L., *Das neue Restrukturierungsrecht-Praxisfragen des StaRUG*, C.H.Beck, Munich, 2021.
Es imprescindible y muy accesible la lectura de los comentarios a la Ley en el portal online dedicado a ello www.starug.online. En particular, vid los comentarios de WREDE, A. sobre el & 101 Informationem zu Frühwarnsystemen, en *StaRUG.online*, y el de WOLGAST, M.-GRAUER, P. al § 102, Hinweis – und Warnpflichten" también en *StaRUG.online*.
Otros trabajos de interés son: BRINKMANN, M., "Die Haftung der Geschäftsleiter in der krise nach dem Gesetz zur Fortentwicklung des Sanierungs-un Insolvenzrechts (SanInsFoG)", en *Zeitschrift für Wirtschaftsrecht*, núm. 48, 2020, pp. 2361-2369; DENKHAUS, S., VON DEM BUSSCHE, V. F., "§ 102 Hinweis-und Warnplichten (Teil 4. Frühwarnsysteme)", en FLÖTHER L. F. (dir.*), Unternehmensstabiliserungs und restrukturirungsgesetz Kommentar*, Múnich, C. H. Beck, 2021, pp. 668-674. GEHRLEIN, M., "Das Gesetz über den Stabilisierungs– und Restrukturierungsrahmen für Unternemen (StRUG)– ein Überblick", *Betriebs-Berater*, núm. 2, 2021, pp. 66-81; GERSCHEL, C., "Le principe de non-immixtion en droit des affaires", *Le Petites Affiches*, núm. 105, 1995, p. 4; GESELL, H., "Prüfungsausschuss und Aufsichtsrat nach dem BilMoG", *Zeitschrift für Unternehmens– und Gesellschaftsre-*

A la sazón, se establece un deber general y transversal, a cargo de los administradores/directores (*Geschäftsleiter*) de toda entidad, dotada o no de personalidad jurídica, de establecer sistemas de control de acontecimientos que puedan comprometer la continua existencia de la entidad. Una vez detectados los hechos relevantes, los administradores deben adoptar medidas idóneas e informar a los órganos responsables de la supervisión/control de la entidad (como es típicamente el consejo de vigilancia) sin retrasos indebidos ("unverzüglich"). En el caso de que las medidas afectaren a la competencia de otros órganos los administradores procurarán la intervención tempestiva de sus titulares.

En puridad, esta previsión de responsabilidad por la conducta preconcursal de los directores no entraña ninguna novedad en Derecho alemán toda vez que siguen en vigor las previsiones sustantivas o materiales que modalizan el deber de diligencia de los administradores en la Legislación de Sociedades. De hecho, la primera preocupación por la alerta temprana arranca de la Ley de Control y Transparencia en las empresas (KonTraG) de 1998 que introduce un apartado segundo en el &91 de la AKtG que dispone en traducción lo siguiente: el órgano de dirección (Vorstand) debe establecer las "medidas adecuadas" (geeignete Massnahmen) y el "sistema de control interno" (Überwachungssystem) de aquellos acontecimientos

cht, núm. 4, 2011, pp. 361-397; GLEISSER, W., LIENHARD, F., KÜHNE, M., "Implikationen des StaRUG Neue gesetzliche Anforderungen an das Krisen– und Risikofrüherkennungssystem", *Zeitschrift für Risikomanagement*, abril, 2021, pp. 32-40GOETKER, U., "Krisenfrüherkennung und management (Teil 1)", en L. F. FLÖTHER (dir.), *Unternehmensstabiliserungs und restrukturirungsgesetz Kommentar*, München, C. H. Beck, 2021, 17-52. KÜHNE, M., LIENHARD, F., "Ausgestaltung eines Risikofrüherkennungssystems gemäss § 1 StaRUG und die Haftungsfolgen für di Geschäftsleitung", *Der SanierungsBerater*, núm. 4, 2020, pp. 144-149; POGODA, T., THOLE, C., "The new German Stabilisation and Restructuring Framework for Businesses", en *European Insolvency and Restructuring Journal*, núm. 7, 2021, consúltese en: https://eirjournal.com/content/EIRJ-2021-7. SCHOLZ, P., "Die Krisepflichten von Geschäftsleitern nach Inkrafttreten des StaRUG", *Zeitschrift für Wirtschaftsrecht*, núm. 5, 2021, pp. 219-231.

que comprometan la continuidad de la empresa o sus supervivencia (Fortbestand der Gessellschaft). En igual sentido se pronuncia la legislación bancaria (& 25 a (1) de la Kreditwesengesetz, KWG). La doctrina muy mayoritaria entiende que la regulación concursal citada del StaRUG, en lo que hace a la definición del deber de diligencia de los administradores y al estándar de diligencia contenido en sede general en el &76 AktG, constituye un mero pleonasmo, una inútil redundancia. No existe un agravamiento del estándar de diligencia ni una sustitución del canon de responsabilidad por el mero hecho de la probabilidad de crisis (=probabilidad de insolvencia) sino una explicitación del deber general. tanto es así que la regla de discrecionalidad empresarial cubre las decisiones estratégicas que puedan adaptarse con el fin de la detección y gestión de riesgos.

A estos efectos, tras la promulgación de la StaRUG, aunque se mantiene el presupuesto objetivo de la insolvencia en su triple definición contenida en los && 17 a 19 (insolvencia según el test de liquidez; insolvencia inminente si existe previsión de imposibilidad de pago en horizonte temporal próximo e infracapitalización/ sobreendeudamiento), se aprovecha la reforma para modificar el marco temporal de la alerta temprana en sede concursal (en la InsO) en atención a un aspecto esencial. Aunque se mantiene en el &18 InsO) la categoría de la insolvencia inminente (drohende Zahlungsunfähigkeit), se clarifica en su apartado segundo que se reputa existe tal situación "por regla general" cuando sea previsible que el deudor no puede hacer frente a sus obligaciones a su vencimiento en los veinticuatro meses siguientes, lo que constituye el precepto en el que se ha inspirado el legislador español para definir nuestra probabilidad de insolvencia del art. 584.2 TRLC.

Para reforzar el deber básico sobre el que bascula el sistema alemán, el &102 StaRUG completa el sistema mediante la imposición de deberes/responsabilidades en materia de prevención de insolvencia a ciertos profesionales que participan en la preparación, formulación y verificación de documentos contables y fiscales: asesores y agentes fiscales, auditores y profesionales de la contabilidad e, incluso, los mismos abogados deben informar a su cliente de la posible existencia del presupuesto de hecho de la insolvencia según los && 17 a 19 InsO y del alcance de los deberes que pesan sobre directores y vocales del órgano de control siempre que existan hechos de relevancia manifiesta ... y en el bien entendido que deben presumir que el cliente no conoce que se dan los criterios legales para calificar la empresa en estado de insolvencia. Finalmente, en el & 101 StaRUG se requiere del Ministro Federal de Justicia y Protección al Consumidor que proporcione información en su web sobre la disponibilidad de las múltiples herramientas suministradas por organismos públicos para la diagnosis temprana de la crisis. En particular, en dicha plataforma oficial (en: www.bmjv.bund.de) se hace una mención a los servicios públicos de asesoramiento que ofrezcan los organismos públicos camerales y al "portal de puesta en marcha del Ministerio Federal de Economía y Energía". Precisamente, el Existenzgründungportal des BMWi pone a disposición de los usuarios dos herramientas de autodiagnóstico: un servicio de identificación de signos de crisis conocido como "escalera de detección temprana" (Früherkennungstreppe) y una "prueba de choque para la detección temprana de puntos débiles" (Crashtest zur Schawanchstellen–Früherkennung). La verdad es que quienes cotillean tales servicios se sentirán decepcionados: la primera herramienta consiste en rellenar menos de diez cuestiones que supuestamente te permiten situar la posición de riesgo de insolvencia en una escalera de colores y el test contiene hasta 17 preguntas para contestar sí o no de suerte que si el empresario contesta negativamente a un mínimo de cinco... se le recomienda buscar un asesor. Cabe eso sí destacar el apoyo del Gobierno Federal a los servicios de asesoramientos prestados por organismos privados pero financiados a través de programas públicos.

El "modelo danés"

A efectos prácticos, la vía danesa de la prevención de la insolvencia consistente en un sistema público-privado de asesoramiento voluntario del deudor bajo la cobertura de la iniciativa conocida como "Europe Early Warning" —que probablemente explica el reconocimiento que se hace de tal herramienta en el artículo

3.2 b) de la Directiva— es una modalidad más de la familia de modelos preventivos "a la alemana" en la medida que se respeta el principio de injerencia mínima en la gestión.

La iniciativa conocida como "Early Warning Denmark" (EWD) nace el año 2007 y desde su relativamente afortunada implantación en ese país ha tenido una exportación bastante menos exitosa en Europa en el modelo "Early Warning Europe" que cuenta con corresponsables (partners) en algunos países de la Unión, entre nosotros la Comunidad Autónoma de Madrid[50]. El proyecto danés constituye un sistema público-privado (iniciativa privada con patrocinio y financiación del gobierno danés) cuyo objeto es proporcionar asistencia confidencial, especializada y gratuita a empresas con potenciales dificultades financieras. Se puso en marcha el año 2007 y presume haber auxiliado a más de 5500 empresas danesas de pequeña dimensión en dificultades.

> Inspirada en el relativo éxito de la experiencia danesa, la Comisión Europea puso en marcha en el año 2016 el proyecto "Eartly Warning Europe", todavía vivo, que se encuadró dentro del *EU COSME Project Early Warning Europe* (programa de la UE para la Competitividad de las Empresas y las PYMES). Entre otros países están representados en el proyecto Polonia, Italia, Grecia o España. Recientemente se han incorporado Finlandia, Croacia, Lituania y Eslovenia. El interesado tiene cumplida información del progreso, modesto fuera de Dinamarca, de esas iniciativas en su web en Internet: https://www.earlywarningeurope.eu/

A tal fin, la gestión del proyecto descansa en una red de expertos, autoridades públicas, cámaras de comercio y asociaciones que prestan un primer servicio de diagnóstico urgente de la situación

---

50 Vid. MÖLLER M.-MUKHERJEE, P., "Early warning systems in Denmark", Eurofenix, *The Journal of INSOL Europe*, núm 76, 2019, págs. 20 y ss. Vid. también: MÖLLER, M., "Early Warning Europe: asistencia a las PYMES en crisis", *Revista de derecho concursal y paraconcursal*, núm 33, 2020, págs. 571-574; GALLAGHER, P.-DOHERTY,T.-STEPHENS, S., "Early Warning Systems for Small Business: Insights from Acroos Europe", *Journal of Enterprising Culture*, vol. 30, n.º 4, 2022, págs. 453-470.

del emprendedor mediante un informe en que se pondera la gravedad de la amenaza de crisis y, en caso de que no haya remedio mediante medidas de reestructuración graves, mediante la invitación al interesado a que emplee los servicios de los "mentores" que se le indican que vienen a funcionar como una suerte de "business angels" pues se trata de empresarios y profesionales con acreditada experiencia en la materia que acompañan (voluntarios, abogados concursalistas y consultores que monitorizan todo el proceso de salvamento, cierre y hasta de segunda oportunidad) y auxilian *pro bono* al emprendedor (sobre todo a las pymes). Por su parte, la *Danish Business Authority* ha desarrollado un programa de detección de riesgos utilizando la tecnología de *big data* y de inteligencia artificial para, con una base informativa procedente de varias fuentes de información (básicamente de las cuentas anuales del registro mercantil pero también con datos geográficos, sectoriales, fiscales etc.) permite identificar señales anticipadas de riesgo inminente en varios horizontes temporales: a uno, tres y cinco años vista.

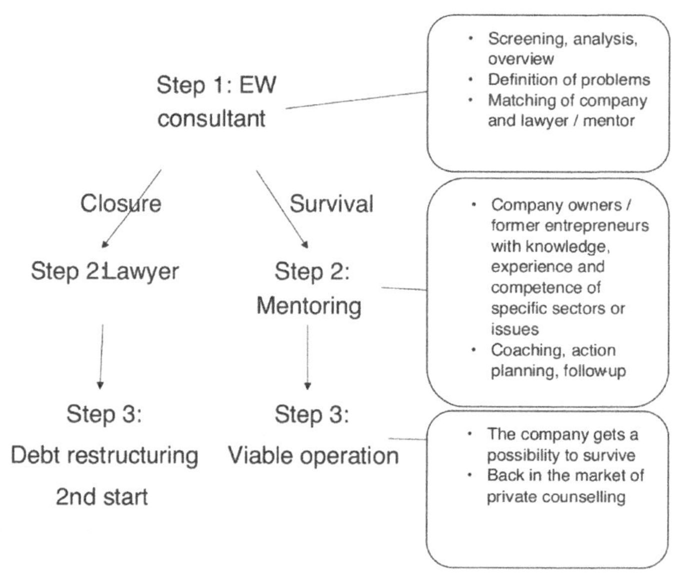

Fuente: Early Warning Denmark (2019).

El procedimiento, muy informal, es bien sencillo, y su lanzamiento depende exclusivamente del deudor que presenta a la organización una solicitud de ayuda. En fase de detección la señalización del riesgo se encomienda a unos consultores profesionales (hay 8 consultores especializados colaborando de un modo estable) que se auxilian de un programa con algoritmo de detección La empresa en dificultades puede ser considerada viable o inviable. En caso de que la única solución sea el cierre el sistema pone en contacto al deudor que voluntariamente accede a sus servicios con letrados (juristas especializados en número de 15 a 20) que le asesoran y en su caso le recomiendan el acceso a una reestructuración de deuda con exoneración de pasivo insatisfecho ("Debt restructuring 2nd start"). Si la empresa fuera catalogada como "salvable" la segunda fase está a cargo de "mentores" con gran experiencia y profesionalidad que acompañan al deudor en dificultades hasta que pueda reingresar en el mercado en condiciones normales. La institución danesa, como la europea, organizan cursos de formación para los "mentores" (EWE Mentor Academy)

III. LA ALERTA TEMPRANA DE LA INSOLVENCIA EN DERECHO ESPAÑOL

Soslayada por la comisión de expertos redactora del Borrador del Anteproyecto de Ley la idea de una expresa transposición en nuestra Ley del artículo 3, en el más que probable entendimiento de que no existía una verdadera obligación sino una mera recomendación a los Estados miembros, el gobierno se resuelve en fin por introducir en el Anteproyecto de Ley de Reforma una batería de "herramientas de alerta temprana", instrumentos y herramientas que corren distinta suerte en la tramitación hasta la Ley 16/2022 de 5 de septiembre. Aparentemente, con la Ley de transposición se cubriría prácticamente todo el espectro de las herramientas contempladas por el legislador europeo en el art. 3.2 de la Directiva[51]:

---

51 El tema de las herramientas de alarma temprana no ha generado entre nosotros una gran preocupación doctrinal. Entre los trabajos dedica-

1.º En la disposición final octava del Anteproyecto se introdujo una habilitación legal para la erección de *"sistema de alerta temprana con la información de la Agencia Tributaria y de la Tesorería de la Seguridad Social"* con el mismo objetivo que el previsto en el art. 3.2 (c) de la Directiva que contempla expresamente la posibilidad de que "autoridades fiscales y de la Seguridad Social" puedan/deban transmitir señales de alarma de su situación por razón del ejercicio de sus competencias.

---

dos al tema pueden citarse los siguientes: DE LOS BUEIS CASTAÑARES, R., "Las herramientas de alerta temprana y su futura transposición en el ordenamiento jurídico español", *Revista de Derecho, Empresa y Sociedad*, n.º 17, 2020, págs.. 191 y ss.; GOMEZ ORTEGA, A.-GELASHVILI, V.-RIVERO MENÉNDEZ, J.A., "El papel de la contabilidad en el scoring para la alerta temprana de la insolvencia", *Revista de Economistas*, n.º 183, 2024, págs.111 y ss.; LADO CASTRO_RIAL, C., "Alertas tempranas y administraciones públicas en la Directiva 2029/1023 de reestructuración", *Revista de Derecho Concursal y Paraconcursal*, n.º 33, 2020, págs. 235 y ss.; LLORET, J.-CAICOYA, J.-LORENTE, R., "Alertas tempranas. La aplicación a la situación en España. Las herramientas de autodiagnóstico para la alerta temprana en situaciones de distress empresarial", *Diario La Ley*, n.º 9640, 2020, págs. 1 y ss.; MARTIN ZAMORA, P.-HERNÁNDEZ LINARES, R., "Anticiparse a la insolvencia empresarial: Los mecanismos de alerta temprana", en VV.AA., *La reestructuración como solución de empresas viables* (dirs. LEON SANZ-BRENES CORTÉS-RODRÍGUEZ SÁNCHEZ), Aranzadi, 2022, págs. 113 y ss.; MORAL ESCUDERO, J., "Alertas tempranas y estadística concursal en la Ley de Reforma del Texto Refundido de la Ley Concursal", *Revista General I&R*, n.º 7, págs. 29 y ss.; RAMOS SALGADO, I., "Ficheros de solvencia y mecanismos preconcursales", *Revista General I&R*, n.º 9, marzo 2023, págs. 207 y ss.; ROBLES, J.C.-CABEDO, R., "La incorporación de un sistema de alertas tempranas: los ratios financieros y el desarrollo del informe de solvencia. Su futuro como eje vertebrador de la financiación en Micros y PYMES", *Revista Refor*, n.º 58, 2021, págs. 74 y ss.; VIÑUALES SANZ, M., "Los sistemas europeos consolidados de alerta temprana", *Anuario de Derecho concursal*, n.º 56, 2022, págs.. 149 y ss.; IDEM, "La importancia de los sistemas de alerta temprana. Régimen vigente y funcionamiento" en AA.VV., *Nuevo marco jurídico de la reestructuración de empresas en España*, COHEN BENCHETRIT, A. (dir.), Primera parte, Aranzadi, 2022;

La idea parecía simple: con la información fiscal y laboral disponible por esos organismos estatales (y con la obtenida de sus correspondientes pares en los organismos correspondientes de las CCAA y de las Haciendas Forales) se elaboraría un sistema de detección de la probabilidad de la insolvencia que se pondría exclusivamente a disposición del contribuyente, no de los terceros. Así, por ejemplo, se podrían contemplar indicadores referidos a impagos o retrasos en los pagos de las cuotas del IVA o de las contribuciones a la SS etc. y la comunicación automática y reservada de la señal de alarma a la sociedad para que adoptara las decisiones oportunas.

Mecanismos similares existen en Derecho comparado a través de la publicidad legal obligatoria de deudas insatisfechas en el Registro Mercantil. En Derecho francés, por ejemplo, el art. 1929 quater del Code général des impôts establece la obligatoria publicidad en el Registro del Tribunal de comercio competente de los créditos fiscales insatisfechos indicados y el art. L. 243-5 del Code de la sécurité sociale viene a decir lo mismo respecto de las deudas de la SS. Por su parte, el artículo 25-novies del CCi italiano regula pormenorizadamente la "segnalazione dei creditori pubblici qualificati" con el objeto de que se remita por el interesado la instancia de acceso al procedimiento de arreglo conocido como "composizione negoziata".

La previsión citada desaparece del texto legal de la Ley 16/2022 por enmienda de supresión introducida en la tramitación del Proyecto en el congreso. Se intuyen las razones para ello: a la postre, la información disponible de esos organismos es no solo insuficiente y normalmente conocida del propio deudor, sino, como demuestran los trabajos hechos por el Colegio de Registradores, poco idónea para una detección temprana de las crisis: la práctica habitual, consagrada en la propia Ley concursal, es que el impago al Estado se postergue en relación con los pagos debidos a los demás acreedores con lo que no constituye precisamente tal hecho un estimador avanzado de probable insolvencia sino prueba de una insolvencia inminente.

No obstante lo anterior, subsisten importantes obligaciones de dar a la publicidad legal mediante anotación o inscripción en el

Registro Mercantil de ciertas situaciones fiscales y de la SS relevantes como son las bajas en el índice de entidades o la pérdida del CIF, la anotación de créditos incobrables o la inscripción de la insolvencia "administrativa" por impagos laborales. Como se verá, esas circunstancias son pobres indicadores anticipados y excelentes estimadores de situaciones de insolvencia ya definitiva.

2.° La disposición final quinta de la Ley 16/2022, de 5 de septiembre, da una nueva redacción al artículo 589.3 LEC para establecer un rudimentario *mecanismo de "alerta judicial"*. Dice así:

> *3. Si el ejecutado no señalare bienes susceptibles de embargo o el valor de los señalados fuera insuficiente para el fin de la ejecución, el letrado de la Administración de Justicia dictará decreto advirtiendo al ejecutado de que, en caso de probabilidad de insolvencia, de insolvencia inminente o de insolvencia actual, puede comunicar al juzgado competente el inicio o la voluntad de iniciar negociaciones con acreedores para alcanzar un plan de reestructuración, con paralización de las ejecuciones durante esa negociación en los términos establecidos por la ley; y que, si encontrándose en estado de insolvencia actual no lo hace, tiene el deber de solicitar la declaración de concurso de acreedores dentro de los dos meses siguientes a la fecha en que hubiera conocido o debido conocer ese estado de insolvencia.*

Poco sentido tiene ese aviso, que el avisado ya sabe de su situación. Lo lógico hubiera sido en cambio que se estableciera algún mecanismo de publicidad legal para que terceros pudieran conocer de ello (como ocurre con las bajas fiscales y la insolvencia laboral) o, al menos, para que los organismos públicos que elaboran las estadísticas cuenten con datos relevantes. En la práctica, los abonados a alguno de los "registros de morosos" pueden contratar, por precio, el acceso a esta información.

3.° El sistema de detección de la probabilidad de insolvencia en auxilio del deudor (y de su administrador) llamado a hacer redundante el anterior es la herramienta contenida en la disposición adicional séptima de la Ley 16/2022 calificada de *"Información por los registradores mercantiles"*. Con la base de datos contable y registral (que por cierto incluye indicadores cualitativos y se nutre de indicadores de impagos fiscales y de la S.S.) se prevé la creación de un sistema en cuya virtud se pone a disposición del administrador societario que lo solicitare un "informa sobre la posición de riesgo de la sociedad". Amén de ello, el Colegio de Registradores, conjuntamente con el Banco de España, elabora y difunde el "Informe-plantilla sobre la posición de riesgo del acreditado respecto a su sector de actividad" a que se refiere la Circular 6/2016, del Banco de España y que forma parte del famoso documento de la "Información Financiera-PYME" del art. 3.2 de la Ley 5/2015, de 27 de abril, de fomento de la financiación empresarial. Esto será objeto de examen por separado a continuación.

4.° En la reforma concursal se incluyen también varios mecanismos adicionales de alerta que pueden, *grosso modo*, encuadrarse dentro de las herramientas de *"servicios de asesoramiento"* a que se refiere el art. 3.2 (b) de la Directiva. Aquí podemos citar:

a) El llamado *"Programa de cálculo (automático) del plan de pagos"* de la Disp. adicional tercera, con inclusión de distintas simulaciones de plan de continuación y que debe ser accesible en línea y sin coste para el usuario. Hasta donde sé, esta previsión no se ha puesto en marcha por el legislador. Se supone que debe ayudar a ponderar la viabilidad ex post de la empresa tras la ejecución de un plan de saneamiento extrajudicial o una reestructuración de las previstas en el Título III del TRLC. Recuérdese, no obstante, que nuestro Derecho concursal no establece el requisito de verificación por experto de la viabilidad (cfr. art. 4.3 Directiva sobre el "viability test").

A la sazón, el Derecho italiano ofrece el modelo más acabado de lo que no deja de ser un **plan de viabilidad** (de la reestructuración financiera de la situación). Efectivamente, el tantas veces citado CCr establece en su art. 13 la obligación de puesta a disposición de los interesados de una plataforma nacional telemática accesible a los empresarios inscritos en el registro delle imprese a través del "sitio institucional" (sede electrónica) de las cámaras de comercio que allí tienen encomendada la gestión del registro. Pues bien, el artículo 25-undecies (en relación con el art. 13.2) ordena se incluya en la plataforma un programa informático gratuito que incorpora un "test pratico per la verifica della ragionevole perseguibilità del risanamento". Un Decreto de 21 de marzo de 2023 detalla el contenido de dicho test.

b) La *"Web para el diagnóstico de la salud empresarial"* de la Disp. adicional quinta de la Ley de transposición, que es una herramienta de autodiagnóstico que estaba ya disponible en el portal del Ministerio de Industria y que recibe reconocimiento legal. Permite a las empresas evaluar su situación de solvencia mediante un sistema de test autorrellenable. No concluye en un informe de posición de riesgo sobre información contable propia y del sector a diferencia del informe de los registradores mercantiles sino en un diagnóstico sobre la base de la información voluntariamente suministrada por el usuario.

Esos sistemas y plataformas, normalmente públicas y gratuitas, de autodiagnóstico de la "salud empresarial" son habituales en Derecho comparado. Quizás el modelo más cumplido y que quizás inspira al legislador español es alemán con su "escalera de detección temprana" (Früherkennungstreppe) y la "prueba de choque para la detección temprana de puntos débiles" (Crashtest zur Schwahstellen-Früherkennung) que se incluyen en el portal del Ministerio Federal de Economía y Energía accesible en www.existenzgruender.de). Por su parte, los italianos, por solo citar otro ejemplo, incluyen en la famosa plataforma del art. 13 y 25-undecies del CCi un "programma informatico gratuito che elabora i dati necessari per accertare la sostenibilità del debito esistente" y cuyo contenido detalla el Decreto de marzo de 2023 antes citado.

Si se compara con los mecanismos similares existentes en Derecho italiano o alemán, el servicio prestado por el Ministerio de Industria a través de su sede y accesible en: http://saludempresarial.ipyme.org/ quizás puede parecer un tanto incompleto.

El cuestionario se desglosa en cinco bloques: el primero es referido a la planificación y control se interesa sobre el plan de negocio de la empresa y recomienda tener objetivos claros y medibles cuyos riesgos de incumplimiento sean susceptibles de recurrente supervisión. También se pregunta en ese primer bloque acerca de los deberes contables y de verificación de cuentas y se contienen recomendaciones sobre la calidad de la gestión contable, la realización de previsiones de flujo de caja (cash flow) para evitar problemas de liquidez, sobre el análisis de riesgos y sobre la contratación de seguros entre otros temas. El segundo bloque se centra en las relaciones comerciales con clientes y proveedores y a tal efecto se propone al empresario analizar las ventajas competitivas y se aconseja no depender de reducido número de clientes y proveedores. El tercer bloque se refiere a los recursos humanos, familia y vida personal. El siguiente bloque, el cuarto, aborda las finanzas y la gestión económica en las distintas áreas de negocio. En ese apartado se trata de forma específica los desequilibrios financieros y de deuda que pueden conducir a la insolvencia y se recomienda la reacción temprana ante los primeros signos de crisis y la búsqueda de asesoramiento experto. Con todas las respuestas la herramienta genera automáticamente un informe con una puntuación en cada uno de los cinco bloques junto a una recomendación individual específica.

c) En el procedimiento especial de microempresas del libro tercero del TRLC, se contempla la existencia de un "formulario normalizado" y ciertos servicios de asistencia con carácter gratuito a través de sede judicial electrónica, registradores mercantiles o cámaras de comercio (vid. art. 691 TRLC y la disposición adicional cuarta de la Ley 16/1022).

5.° La Disposición final duodécima de la Ley 16/2022 contiene una referencia a la obligación a cargo del Gobierno (sin fijación de plazo) de *"promover la prestación de servicios de asesoramiento a pequeñas y medianas empresas en dificultades con el propósito de evitar su insolvencia"*. Verdadera pena es la dilución de lo previsto en la regulación contenida en el Proyecto de Ley. Basta comparar el texto final con lo regulado en la Final Sexta del Proyecto en donde se fijaban plazos para la aprobación de un Reglamento, organismos públicos responsables (propuesta conjunta de varios ministerios) y la gratuidad del servicio. Ahora solo sabemos que el servicio, cuando se cree y si llega a crearse, tendrá carácter confidencial y no deriva en la imposición de actuaciones a las empresas que recurran a él ni supone asunción de responsabilidades por los prestadores que acaso pueden ser privados. Intuimos que se está pensando en un servicio público o privado financiado o subvencionado similar al prestado por las entidades comprometidas en el "Europe Early Warining": la "vía danesa de la prevención de la insolvencia".

6.º Desaparecido sin mayor justificación el instituto preconcursal de la mediación concursal (pieza clave del derogado acuerdo extrajudicial de pagos), apenas si existe referencia en nuestro ordenamiento a la *mediación concursal* como no sea en el artículo 702 TRLC sobre la posibilidad de que deudor o acreedores puedan solicitar la designación de un mediador concursal con la única fidelidad de coadyuvar a la negociación de un plan de continuación[52] amén de lo previsto en la nueva disp. adicional segunda del TRLC en que se recuera que las Cámaras Oficiales de Comercio pueden ofrecer servicios de mediación concursal en el ámbito del

---

[52] **Artículo 702.** *La solicitud de un procedimiento de mediación.*
1. El deudor o acreedores cuyos créditos representen al menos un veinte por ciento del total del pasivo podrán solicitar la designación de un mediador concursal en cualquier momento desde la apertura del procedimiento especial hasta el final del plazo de votación.
2. La designación del mediador concursal tiene como única finalidad la negociación de un plan de continuación entre el deudor y los acreedores, y se regirá por lo dispuesto en este artículo y por lo dispuesto para el nombramiento de un experto en la reestructuración en este libro en cuanto a la elección, designación y retribución.
3. Como regla general, la mediación se realizará por medios electrónicos, por videoconferencia u otro medio análogo de transmisión de la voz o la imagen, siempre que quede garantizada la identidad de los intervinientes.
4. El proceso de mediación tendrá una duración máxima de diez días hábiles. Si, en algún momento, el mediador entiende que no es posible alcanzar un acuerdo, cerrará formalmente de manera definitiva la mediación y lo notificará al juzgado.
5. Si el mediador hubiera cerrado anticipadamente la mediación, el deudor o acreedores con un veinte por ciento del total del pasivo podrán solicitar la apertura del procedimiento especial de liquidación siempre que el deudor se encuentre en estado de insolvencia actual.

procedimiento especial para microempresas regulado en el libro tercero del TRLC.

Como puede comprobarse, el Derecho español se afilia, sin demasiado entusiasmo por los mecanismos de prevención, por implantar un modelo alemán de herramientas establecidas al exclusivo servicio del empresario. Nada hay parecido a los procedimientos de alerta de la familia francesa o italiana tan populares en Derecho comparado y, dejando aparte lo que se verá sobre la posición de riesgo mediante informe del Registro Mercantil, el Estado no ha previsto, que sepa, la creación de organismos públicos de acompañamiento al deudor en dificultades como los famosos "Centres d'information sur la prévention" (CIP) nacidos en Francia el año 1999 con una estructura centralizada y territorializada o, por citar el mismo Derecho francés, los famosos "Groupements de prévention agrées" creados antes, en la Ley de 1 de marzo de 1984, de voluntaria adhesión de los interesados, y que son contemplados en el C.Com. art. L. 611 como uno de los posibles encargados de desencadenar una alerta externa. La experiencia italiana reciente con la creación e inmediato aborto del famoso y non nato ente público conocido como OCRI (Organismo di composizione dellla crisi d'impresa, fulminado del CCi en las sucesivas reformas de los años 2021 y 2022) ilustra de las dificultades de todo orden (prácticas y políticas) que tiene erigir estos mecanismos públicos eficientes de apoyo a la prevención y auxilio al empresario.

7.º Quedan en sentido estricto fuera de esas herramientas de alarma e información de nuestro artículo 3 de la Directiva *los servicios que presta, con carácter reservado la Central de Información de Riesgos del Banco de España y, por supuesto, todo lo relativo a los registros de morosos a que se refiere el art. 20 de la Ley Orgánica 3/2018, de 5 de diciembre, en materia de "sistemas de información crediticia.* Ciertamente los ficheros privados de insolvencia o "de morosos" (ficheros negativos privados, "black list") pueden suministrar valiosos datos de riesgo a los interesados pero tienen serias limitaciones y desde luego no resultan gratuitos para las PYMES.

La Central de Información de Riesgos del Banco de España (en adelante CIRBE) es un servicio público que se distingue del prestado por los que gestionan los ficheros privados de insolvencia. Como fichero de naturaleza pública se rige por su normativa específica: arts. 59 a 69 de la Ley 44/2002, de 22 de noviembre, de Medidas de Reforma del Sistema Financiero, desarrollados por la Orden ECO/697/2004, de 11 de marzo y la Circular 1/2013, de 24 de mayo del BdE. Su finalidad es recabar de las "entidades declarantes" (entidades financieras obligadas; en los últimos años se ha ido ampliando el perímetro de la obligación a entidades de pago, de dinero electrónico, prestamistas inmobiliarios etc.) datos e informaciones sobre los riesgos inherentes a la totalidad de las operaciones de activos (créditos, préstamos, avales etc) que pasen un umbral de tamaño y referidas a la totalidad de sus clientes, persona físicas o jurídicas.

Es el único fichero con información positiva que existe en España porque, a diferencia de los registros privados de morosos, se incluye por cliente toda la posición crediticia, estén o no los clientes al corriente de los pagos y aunque no sean líquidas, vencidas ni exigibles. La consulta es gratuita y sin que el titular declarado pueda oponerse pues basta que se informe al titular de sus derechos de acceso y rectificación. La información se utiliza desde luego por las entidades adheridas en relación con sus clientes y el Banco de España para el ejercicio de sus funciones de supervisión del sistema financiero y supervisión prudencial. En general la información tiene carácter reservado salvo excepciones tasadas. El titular tiene acceso a la información en cuyo caso el CIRD emite dos informes: uno agregado, con el mismo contenido que se suministra a las entidades declarantes y que se detalla en la normativa legal, y otro detallado que proporciona información, una a una, de cada operación concreta con indicación de la entidad que la declara. Se informa sobre el tipo de producto, moneda, plazo residual, naturaleza de la intervención en la operación (titular directo, garante...), carácter solidario o mancomunado cuando son varios los intervinientes, situación de la operación (al corriente de pago, reestructuradas, bajo convenio concursal, incurre en morosidad, fallida etc.).

Tengo para mí que la intervención del legislador comunitario en cuestión de alerta, con la defensa preferente de las PYMEs y de los trabajadores, está pensada para subvenir a las necesidades que no pueden cubrir por precio razonable o por restricción legal los "bureaus de crédito privado" privados o las agencias de rating.

Evidentemente el valor informativo de la solvencia del deudor es mucho mayor en los ficheros positivos (“white list”) o mixtos (que informan tanto de cumplimientos como de incumplimientos) que los ficheros negativos que solamente informan de los deudores morosos y no acerca del nivel de endeudamiento. Como se sabe, la única regulación específica sobre los sistemas privados de información crediticia es la contenida en la normativa de protección de datos de carácter personal. Pues bien: con razón o sin ella (existe al particular alguna discusión en la doctrina científica), la legislación de protección de datos española contenida en el famoso y controvertido art. 20 de la Ley Orgánica 3/2018, de 5 de diciembre de Protección de Datos personales, discrimina entre sistemas de información de riesgos positivos y negativos. Los ficheros de datos relativos al incumplimiento se benefician de la presunción *iuris tantum* de prevalencia del interés legítimo del responsable de ficheros sobre el interés particular del afectado contenida en el apartado tercero: no es necesario un consentimiento del afectado porque basta con que el acreedor haya informado al afectado bien en el contrato, bien en el momento de requerir el pago de la posibilidad de inclusión en los sistemas de información crediticia indicando aquellos en los que participe y que la entidad notifique la inclusión al afectado.

En cambio, no existe regla equivalente de presunción *iuris tantum* para los ficheros positivos y mixtos de suerte que, en principio, en la interpretación tradicional de la APD (vid. Informe 028891/2019), regiría para ellos la exigencia de consentimiento del afectado rige en todo rigor requisito que en la práctica, salvo para el servicio público de la Central de Riesgos que tiene cobertura legal expresa, los hace inviable en la práctica. Por otra parte, los tribunales suelen ser muy exigentes en lo que hace a la necesidad de que la deuda sea, además de vencida y exigible, cierta, es decir, inequívoca o indudable (cfr. por todas la STS 945/2022, de 20 de diciembre) así como la necesidad de que hubiera habido un requerimiento de pago al deudor (por todas, la STS 1319/2023, de 27 de septiembre) y la exclusión de la información de aquellas deudas sobre las que existe acreditada controversia acerca de su cuantía o su misma existencia (requisito que por cierto el TS entiende también aplicable al CIRBE).

IV. LA HERRAMIENTA REGISTRAL DE INFORMACIÓN SOBRE LA POSICIÓN DEL RIESGO DE INSOLVENCIA

Bajo la escasamente clarificadora rúbrica de "Información por los registradores mercantiles", la nueva Disposición adicional séptima introducida en la última reforma concursal dice lo siguiente:

> *En el plazo máximo de seis meses desde la entrada en vigor de esta ley se determinarán las condiciones y requisitos bajo los cuales el Colegio de Registradores de la Propiedad, Mercantiles y Bienes Muebles de España, pondrá a disposición del administrador societario que lo solicite un informe sobre la posición de riesgo de la sociedad en base a la información contenida en las cuentas*

El sistema está ya en marcha, que el Colegio de Registradores no ha esperado al desarrollo reglamentario.

Naturaleza del instrumento informativo del diagnóstico de la solvencia contenido en la disposición adicional séptima de la Ley 16/2022 de reforma concursal

Estamos ante una herramienta pública que, aunque el acceso a la misma sea confidencial, sirve para el auxilio a los administradores en su obligación relativa a la detección temprana de la insolvencia. El servicio público registral se diseña en la Ley en beneficio exclusivo del deudor y puede encuadrarse dentro de las herramientas referidas en el famoso artículo 3.2 de la Directiva de reestructuración preventiva ya sea en el apartado 2. (b) como servicio de asesoramiento público o en el apartado 2. (c) como "incentivo" que pesa sobre la autoridad registral para que suministre al deudor una alarma sobre la posible evolución negativa de sus negocios.

Como ya se sabe, el artículo 3 de la Directiva deja a la decisión de cada Estado miembro la determinación de la entidad, organismo público o privado, encargado de mantener y gestionar cada herramienta de alerta. La solución adoptada por cada legislador nacional depende del respectivo cuadro institucional. En nuestro Derecho, sin perjuicio de la posible existencia de programas comerciales/académicos de predicción de insolvencias y servicios privados de asesoramiento sobre la alerta temprana (entidades de seguro que cubren el riesgo de impagos/insolvencia prestan servicios a sus clientes) o de los ficheros negativos de insolvencia a los que tuvimos ocasión de referirnos antes cumplidamente, el legislador ha considerado, con buen criterio, que para asegurar el acceso de la información relevante a los principales beneficiarios de la norma, (las PYMES) conviene un sistema público de acceso universal en la red por las ventajas inherentes en coste, calidad de servicio, trasparencia etc.

Desgraciadamente, el diseño institucional de nuestra alerta registral entraña una transposición "incompleta de la Directiva" (meramente concursal) puesto que no se toca el Derecho sustantivo de sociedades mediante una regla especial de lo que he dado en llamar "Derecho societario preconcursal" como sí se acomete en sede de aprobación por el deudor de los plantes de reestructuración (la nueva regulación no solo modifica la LSC sino que establece una normativa-puente). sistema de prevención por alerta temprana, entendido esto en un sentido amplio, a diferencia de lo que ocurre en otros ordenamientos de nuestro entorno (el alemán y el italiano son modélicos) no está acompañado de una regla sustantiva o material expresa en que se modalice el deber de diligencia de los administradores para dar cumplimiento a lo previsto en el artículo 19 de la Directiva. Este tema se examina con todo el detalle que merece en otro apartado de este trabajo.

Es obvio que no estamos, en puridad, ante un completo sistema o procedimiento de los "alerta temprana" tal y como esos mecanismos de prevención se regulan en Francia, Bélgica o Italia: el Registro Mercantil, a diferencia de los Tribunaux de commerce en Francia o Bélgica, no se constituye en la obligación de desencadenar un procedimiento de prevención con el fin de poner remedio a una situación de dificultades financieras. Nuestro Derecho preconcursal en lo de las herramientas de alarma se afilia al "modelo alemán" en que la prevención descansa sobre las espaldas del órgano de administración, procurando evitar toda injerencia pública en la gestión de la empresa social. El estado se limita a asegurar el acceso eficiente y voluntario a un indicador de la probabilidad de insolvencia que se califica de "posición de riesgo".

> En Italia, como hemos visto, son las cámaras de comercio e industria de la correspondiente circunscripción territorial —y a nivel central el consejo central de cámaras— las encargadas de la recolección de datos, gestión de los archivos y diseño de los correspondiente algoritmos y programas. En Francia, además del papel reconocido a la greffe del Tribunal de comercio y a su presidente (el presidente puede proceder *ex officio* a la convocatoria del deudor cuando resulte de la información obrante en los registros a cargo de su secretaría que existe una situación de riesgo de insolvencia: Art.L. 611-2-I Code com.), se regula con mimo la institución de los "groupements de prévention agrées" que son personas jurídicas de Derecho privado, normalmente asociaciones, constituidas con el objeto de suministrar confidencialmente información sobre "índices de difficultés" a sus asociados: Art. L. 611-1, al. 2 Code com. En Bélgica, en cambio, se atribuye la competencia a la justicia consular a cargo de la "Chambre des entreprises en difficulté" del tribunal de l'entreprise territorialmente competente (cfr. Titre XX Code de droit économique). En el modelo danés —paradigma del Early Warning Europa— entidades públicas y consultores privados se vinculan a la iniciativa de apoyo a los interesados sin perjuicio de que el Ministerio público competente (Industria) elabore herramientas del diagnóstico de riesgos (vid. supra).

Evidentemente, nada obsta a que el beneficiario del servicio público informativo registral que es la sociedad o entidad que deposita sus cuentas en el RM *emplee la información para otros fines diferentes de la prevención de situaciones de insolvencia futura.* A la sazón, la obtención por el administrador de la información sobre posición de riesgo de su compañía pude ser muy interesante como documento que sirva **para solicitar un préstamo o cualquier financiación** (sobre el "préstamo responsable" vid. más abajo); como prueba "oficial" de solvencia que se utilice **para sostener la formulación del informe de gestión** (cuyo contenido prospectivo es evidente) o con motivo de la firma por los administradores de un **"test de solvencia" como el previsto en modificaciones estructurales en beneficio de acreedores** (cfr. la "declaración sobre la situación financiera" del art. 15 del RDLey 5/2023 que contiene el TRLME) o la solvencia económica de la entidad como **futuro contratante del sector público** (cfr. 87 Ley 9/2017 CSP) o para la obtención o conservación de una **subvención o ayuda pública** (vid. art. 11, beneficiarios, en relación con lo establecido en el Título III, arts. 44 y ss. sobre el control financiero de subvenciones de la Ley 38/2003, de 17 de noviembre, General de Subvenciones) o para la obtención de la **calificación de "empresa emergente"** de la Ley 28/2021, de 21 de diciembre. Evidentemente, en fin, los administradores de la sociedad pueden tener interés en acreditar la solvencia prospectiva al objeto de que los auditores emitan un **informe de auditoría "limpio",** sin expresar dudas e incertidumbres significativas sobre la continuidad de la sociedad.

Interés protegido. Sujetos legitimados para solicitar la información registral

En principio, la Ley asegura el carácter reservado de la información dado que exclusivamente se reputa legitimado el ***administrador*** de la sociedad afectada para solicitar informe sobre "su" posición de riesgo en relación con "su" sector de actividad.

Obviamente, eso no excluye la posibilidad de que actúe en interés de la sociedad afectada cualquier representante de la misma con poder bastante. A tal efecto, el Colegio de Registradores tiene habilitado en su portal (www.registradores.org) modelos estandarizados y rellenables en remoto de poderes electrónicos conferidos por el administrador a quien proceda. Cumplimentado el poder electrónico y remitido bajo la firma digital cualificada del administrador éste se inscribe en el Registro Mercantil en los términos previstos en la Ley de Emprendedores y sin necesidad de elevación a escritura pública.

Bizarramente, nada se dice en la Ley sobre el **acceso de las *entidades públicas*** a esa información registral cuando sea necesaria para el ejercicio público de sus funciones. La normativa de protección de datos personales no debería ser obstáculo en caso de interés público o ejercicio de poderes públicos en los términos previstos en el art. 8 de la Ley Orgánica 3/2018, de 5 de diciembre, y el art. 6.1 e) del Reglamento (UE) 2016/679. No en vano, existe el deber general de todo Registrador, como funcionario público, de colaborar y cooperar con las Administraciones Públicas en el ejercicio de sus competencias: art. 3.1 k) Ley 40/2015, de 1 de octubre, de Régimen Jurídico del Sector Público y art. 18 Ley 39/2015, de 1 de octubre, del Procedimiento Administrativo común de las Administraciones Públicas. Amén de ello, en cuanto gestor del servicio público estadístico, el Colegio de Registradores está sujeto a la Ley 12/1989, de 9 de mayo, de la Función Estadística Pública.

Indudablemente interesado en la obtención de la información sobre la probabilidad de insolvencia está el ***auditor de la compañía***, tanto de cuentas anuales como individuales, al objeto de la emisión de su informe y la necesidad de pronunciarse sobre las dudas e incertidumbres sobre la continuidad que examinamos con detalle en otra parte de este trabajo. El documento puede servir de evidencia en que fundar el juicio, positivo o negativo o con reservas o denegación de opinión. Eso sí, a diferencia de los ordenamientos que contemplan un procedimiento de alerta no se aprovecha en Derecho español la verificación de cuentas como mecanismo para desencadenar un procedimiento de regularización de la situación ni está desde luego legitimado para denunciar la situación a los socios o a terceros.

Habida cuenta que el auditor puede requerir información a los administradores y éstos quedan obligados por Ley a facilitar su cooperación cuando sea necesaria (vid. art. 6, deber de solicitud y suministro de información de la Ley 22/2015, de 20 de julio, de auditoría de cuentas), lo normal será que el administrador que firma las cuentas ya espontáneamente o a petición del auditor suministre a éste el correspondiente informe de suerte que el documento quede entre sus "papeles de trabajo". Ni que decir tiene que el auditor de la compañía puede incurrir en responsabilidad por falta de diligencia en la prudente comprobación de la evidencia relativa del riesgo de insolvencia (me remito a lo que expondré en el siguiente capítulo). El administrador puede autorizar expresamente al auditor para solicitar la información registral a través del portal del Colegio cumplimentando el modelo electrónico de poder específico que se pone a disposición de los interesados.

Entiendo que si el auditor encontrare falta de colaboración del auditado y sus administradores, lo que ocurre con frecuencia en los supuestos de petición de minoría ex art. 265.2 LSC o por causa justificada ex art. 40 C.Com, podrá interesar directamente del Registro la solicitud debidamente motivada de emisión del informe sin que el Registrador pueda denegar el acceso. Entiendo que a los efectos de la normativa de protección de datos, es innecesario el consentimiento expreso toda vez que puede reputarse implícito en la correspondiente obligación legal (cfr. art. 6.1.c) RGPD) y se reputa necesario para el cumplimiento de una misión de interés público (art. 6.1. e) RGPD). Existe aquí un interés público prevalente ex art. 6.1 f) RGPD sobre el del auditado y en el bien entendido que pesa sobre el auditor el correspondiente deber de reserva *ex* arts. 30 a 32, deberes de custodia y secreto de la LAC.

Mención especial merecen los ***representantes de los trabajadores*** habida cuenta que la propia Directiva les menciona en el apartado 5 del artículo 3 en términos ciertamente vagos y en relación con los posibles sistemas de apoyo para la comprobación de la situación económica del deudor. Como se ha vista en otros ordenamientos como el francés se considera al comité de empresa como parte legitimada en la puesta en marcha de un procedimiento de alerta (vid. supra). A decir verdad, nuestra Ley laboral reconoce a los representantes de los trabajadores derechos de información y consulta en los términos previstos en el art. 64 del Texto Refundido del Estatuto de los Trabajadores. El comité de empresa tiene derecho a ser informado y consultado sobre la situación de la empresa y la evolución del empleo en la misma (apartado 1); a ser informado trimestralmente sobre la evolución general del sector económico y la situación de la empresa y sus perspectivas (apartado 2); a conocer el balance y demás documentos que se den a conocer a los socios y en las mismas condiciones que éstos (apartado 3) ... Dado que los administradores tienen la obligación de cooperar en el cumplimiento de esa función del comité de empresa, en condiciones normales deberán atender la petición del informe de posición de riesgo. El administrador podrá apoderar a los representantes del comité de empresa para obtener directamente esa información mediante el empleo de los modelos a que nos hemos hecho referencia. Si el administrador se negare a facilitar esa información sin causa justificada podrán los representantes de los trabajadores acudir a la jurisdicción laboral.

Para dar cumplimiento al principio de "préstamo responsable" las *entidades de crédito* y las entidades inmobiliarias obligadas deben contrastar la solvencia antes de conceder el préstamo o crédito y monitorizar el riesgo de insolvencia de sus acreditados. Así resulta con toda claridad del artículo 29 de la Ley 2/2011, de 4 de marzo de Economía Sostenible en relación con las normas de "políticas y procedimientos de préstamo responsable" de la Circular 5/2012 del Banco de España. Para mitigar la asimetría informativa entre entidad de crédito y cliente y facilitar el acceso a la financiación bancaria, la Ley 5/2015, de 27 de abril, de fomento de la financiación empresarial establece que cuando las entidades deciden cancelar o reducir el flujo de financiación a sus clientes pymes, además de darles un preaviso de tres meses, les tendrán que hacer entrega de una extensa información en ese documento conocido como "Información Financiera-PYME" que regula con detalle la Circular 6/2016, de 30 de junio del banco de España a la que nos hemos referido antes. Como quiera que debe realizarse una calificación del riesgo del acreditado, las entidades de crédito tienen interés en acceder a nuestro informe. Aunque la Circular se refiere al acceso a las cuentas anuales depositadas y a los ratios sectoriales de la central de Balances del Banco de España y, desde luego, tienen a su disposición los datos de la Central de Información de Riesgos, lo habitual será que en el contratos de préstamo o crédito se incluya una cláusula en cuya virtud se autoriza por la sociedad a la entidad de crédito a obtener nuestro informe. A los efectos de la tutela de la posición del afectado bajo la normativa de protección de datos la firma del contrato puede valer como "manifestación de voluntad libre, específica, informada e inequívoca" de aceptar el tratamiento de datos personales ex art. 6 de la Ley Orgánica 3/2018, de 5 de diciembre de Protección de Datos Personales.

Obviamente, cualquier ***acreedor de la sociedad*** tiene interés en acceder a conocer la situación de solvencia del deudor en cualquier momento. A pesar de que el Código de Comercio todavía sigue reconociendo el principio de secreto contable aunque con importantes excepciones (cfr. art. 32 C.Com; el informe se elabora sobre datos contables objeto de depósito en el Registro Mercantil) por causa legítima puede solicitarse del juez la obtención del informe por la vía procesal de la exhibición de libros del art. 32.3 C.com en relación con el expediente mercantil de jurisdicción voluntaria regulado en los artículos 112 a 116 de la Ley 15/2015, de 2 de julio, de Jurisdicción Voluntaria. Amén de ello, podrá solicitarse la intervención judicial para obtener ese informe por la vía procesal de las diligencias preliminares *ad exhibendum* de los arts. 256 y ss LEC o por lo establecido en el art. 330 LEC en exhibición de documentos de terceros.

Especialmente relevante me parece nuestra *información en sede concursal.* Ya hemos señalado en este trabajo reiteradas veces que no rige principio de prueba de la probabilidad de la insolvencia o de viabilidad de la reestructuración de la sociedad para solicitar la entrada en procedimiento preconcursal del Libro II TRLC: para comunicar el inicio de las negociaciones con los acreedores o la homologación del Plan de Reestructuración. Ahora bien, la utilidad del informe se revela especialmente útil en caso de controversia sobre los correspondientes requisitos de homologación del plan relativos a la prueba del estado de probabilidad de insolvencia o/y la viabilidad de la empresa en el corto y medio plazo ex arts. 653 y ss. TRLC en el caso de impugnación del auto de homologación o de contradicción previa a la homologación del plan ex art. 662 a 664 TRLC. No me cabe la menor duda que el Juez mercantil que conoce de la homologación o de su impugnación puede autorizar a los acreedores o, mejor, al experto en la reestructuración para que solicite al RM nuestro informe. El informe registral de la posición de riesgo puede ser muy relevante para el adecuado cumplimiento de la función del experto en la reestructuración a que se refiere el título IV del Libro II, arts. 672 y ss. TRLC. No en vano, el experto asiste al deudor y a los acreedores y "elabora y presenta al juez los informes exigidos por esta ley y aquéllos otros que el juez considere necesarios o convenientes" (art. 679 TRLC).

El objeto de la información preventiva: descripción probabilística de la "posición de riesgo (de insolvencia)"

El propósito de nuestra institución es suministrar información relevante sobre el deudor para que, utilizando la expresión de la Disp. adicional quinta TRLC, "el administrador pueda evaluar su situación de solvencia". Aunque no lo diga la Ley, por "posición de riesgo" entendemos —como se hizo en la famosa Circular del Consejo italiano de Dottori Commercialista del año 2019— un estadístico anticipado de la probabilidad de insolvencia del deudor que permita al administrador una *"valutazione unitaria"*.

Otras herramientas —como la Web de diagnóstico de la salud empresarial o el de ratios sectoriales de solvencia que elabora el propio Colegio de registradores con el Banco de España y que tienen en este último caso un respaldo normativo en Circular del Banco de España— suministran otra información relevante para la evaluación de la solvencia que permite el contraste de la posición de riesgo del deudor en relación con las empresas de su mismo sector (clasificadas por nivel de desglose del CNAE) y tamaño en atención a ciertos indicadores cuya importancia singular no se pondera para establecer un indicador único o sintético sino que se clasifican en cuartiles de la muestra. En anexo puede encontrarse el modelo. El Colegio de Registradores (a través de la información estadística disponible en su portal: www.registradores.org) conjuntamente con el Banco de España, elaboran y ponen a disposición de los interesados el "Informe-plantilla de la posición de riesgo del acreditado respecto a su sector de actividad".

A la sazón, la Norma 11 de la Circular, Situación financiera del acreditado, obliga a utilizar los estados financieros depositados en el Registro Mercantil que luego procesa y en su caso digitaliza el Colegio.

> La Ley 5/2015, de 27 de abril, de fomento de la financiación empresarial, tiene como uno de sus objetivos fundamentales fomentar e impulsar la financiación de las pequeñas y medianas empresas (en adelante, pymes) mediante dos vías complementarias: hacer más flexible y accesible la financiación bancaria y desarrollar medios alternativos de financiación.
>
> Una de las razones que dificultan alcanzar el primer objetivo es la asimetría informativa a la que se enfrentan las entidades de crédito cuando conceden financiación a las pymes, lo que complica y encarece la necesaria labor de valorar su riesgo. Para mitigar dicha asimetría y facilitar el acceso a la financiación bancaria, el capítulo I del título I de la Ley 5/2015, de 27 de abril, establecía que, cuando las entidades decidan cancelar o reducir el flujo de financiación a sus clientes pymes y trabajadores autónomos, además de informarles con un preaviso de tres meses, les tendrán que hacer entrega de una extensa información sobre su situación financiera e historial de pagos en un documento denominado «Información Financiera-PYME». Dicho documento, que incluirá una calificación del riesgo del acreditado, deberá también ser entregado en cualquier otra circunstancia, previo pago de la tarifa correspondiente, a solicitud del acreditado.
>
> El capítulo II de la Circular 6/2016, regula el contenido mínimo del documento «Información Financiera-PYME», que abarca desde las declaraciones a la Central de Información de Riesgos del Banco de España hasta la calificación del riesgo, incluyendo un exhaustivo historial crediticio, los datos comunicados a empresas que presten servicios de información sobre la solvencia patrimonial y el crédito, y los extractos de movimientos del último año. El llamado "Informe-plantilla sobre la posición del acreditado respecto a su sector de actividad" que se contiene en la Circular 6/2016, de 30 de junio, del Banco de España sobre el formato de "Información Financiera-PYME" permite al usuario, de una manera visual, cohonestar dónde se sitúa comparativamente la entidad en la clasificación de esta dentro de su sector por cuartiles en columna en colores que pasan de rojo (mayor riesgo) a verde (menor riesgo) en atención a ocho áreas de análisis y 8 ratios financieros.

Cuadro 2. Ratios económico-financieros

Áreas de análisis	**Ratios[1]**	**Formulación a partir del modelo depósito pymes**
Actividad.	Tasa de variación de la cifra neta de negocios (T1).	C40100 ((año actual-año anterior)/año anterior) * 100.
Margen.	Rdo. económico neto/cifra neta de negocios (R05).	(C40100 + C40200 + C40300 + C40400 + C40500 + C40600 + C40700 + C40800) * 100 / C40100.
Rentabilidad.	Resultado económico neto/ total activo (R10).	(C40100 + C40200 + C40300 + C40400 + C40500 + C40600 + C40700 + C40800) * 100 / (C10000 – C12370).
	Rdo. después de impuestos/ fondos propios (R12).	C49500 * 100/(C21000 – C12370).
Liquidez.	Activos financieros y a corto plazo dispon./total activo (R21).	(C12700 + C12400 + C12500) * 100/(C10000 – C12370).
Capital circulante.	Capital circulante/cifra neta de negocios (R20).	C12200 + C11700 + C12380 – (C31600 + C32580) * 100/ C40100.
Endeudamiento.	Deudas con ent. de crédito/ total patrimonio neto y pasivo (R24).	(C31220 + C31230 + C32320 + C32330) * 100/(C10000 – C12370).
Solvencia.	Fondos propios/total patrimonio neto y pasivo (R22).	(C21000 – C12370) * 100/ (C10000 – C12370).
Capacidad de reembolso de intereses.	Gastos financieros/resultado económico bruto (R06).	(-C41500) * 100/(C40100 + C40200 + C40300 + C40400 + C40500 + C40600 + C40700).

[1] Ratios definidas por la Central de Balances del Banco de España en sus informes de ratios sectoriales de las sociedades no financieras.

En sucesivas filas se emplean ratios para describir áreas relevantes para la predicción del riesgo comparativo con el sector: la *actividad del deudor* (=tasa de variación de la cifra neta de negocios); el *margen* de los beneficios (resultado económico neto entre la cifra neta de negocios); la *rentabilidad* (dos ratios referidos al resultado económico neto y al resultado después de impuestos); la *liquidez* (activos líquidos sobre el total de activos); el *capital circulante* (el ratio del capital circulante sobre la cifra neta de negocios); el *endeudamiento* (deudas con entidades de crédito sobre total neto más pasivo); la propia *solvencia* estimada por el ratio de Fondos propios sobre el total de fondos propios + pasivo y, en fin, la capacidad de reembolso de intereses (ratio que tiene en el numerador los gastos financieros y el resultado económico bruto en el denominador).

Basta comprobar dónde —en qué cuartil— se localiza la empresa identificada por un punto por cada ratio para hacerse una clara e intuitiva idea de si la empresa, comparada con las de la competencia por sector y tamaño, se encuentra en una posición de mayor o menos riesgo: entre el 25%, el 25 y el 50 %, el 50 y 75% o el 75 y 100%. Cuanto más a la derecha se sitúen los puntos, menos riesgo (relativo) de insolvencia presenta el deudor.

El problema se este tipo de información sectorial —con ser valiosa— es que no ofrece una estimación global: un único indicador —un índice de probabilidad— resultante de utilizar el algoritmo estimado que cuenta con variables relevantes y su ponderación respectiva) de la probabilidad de insolvencia. Puede muy bien ocurrir que la empresa tenga buenas calificaciones en ciertas áreas de análisis y peores en otras sin que el interesado alcance a hacerse una idea de la "calificación final" porque esta depende de la ponderación del peso ponderado de las diferentes variables en el acierto de la clasificación de la empresa como decididamente insolvente, probablemente insolvente, probablemente solvente o decididamente solvente. Precisamente eso es lo que la herramienta del Colegio procura: la información sobre el presupuesto objetivo de la preinsolvencia ("probabilidad de insolvencia") mediante un estimador de la probabilidad (cuantificada en porcentaje) de que la empresa se clasifique como insolvente. El modelo debe poder decir que examinada en su conjunto la empresa presenta una probabilidad de X % de ser insolvente en el plazo temporal de X (años/meses) desde que se solicite el informe.

En el anexo de la siguiente página se incluyen dos ejemplos de informe de una empresa con riesgo de insolvencia alto y otro de una sociedad muy sana.

INFORME DE POSICIÓN DE RIESGO

PARALIPÓMINOS SL
Bxxxxxxxx

CL 24 SN

08226 SANT CUGAT DEL VALLES

Ejercicio del Depósito: 2020

Fecha de consulta: 29/12/2022

SITUACIÓN DE LA SOCIEDAD RESPECTO A SU SECTOR:

Sector Agregado Fabricación de muebles

Tamaño Total tamaños **CNAE** C310

Área de análisis	Ratio (%)	Valor Año: 2020	Posición en el sector Año: 2020		
Actividad	T1. Tasa de variación de la cifra neta de negocios	-11,72	Q1 = -27,03	Q2 = -11,28	Q3 = 4,54
Margen	R05. Resultado económico neto / cifra neta de negocios	-1,35	Q1 = -4,80	Q2 = 1,71	Q3 = 5,31
Rentabilidad	R10. Resultado económico neto / total activo	-1,34	Q1 = -3,55	Q2 = 1,45	Q3 = 5,61
	R12. Resultado después de impuestos / fondos propios	-37,91	Q1 = -3,22	Q2 = 3,81	Q3 = 15,56
Liquidez	R21. Activos financieros a corto plazo y dispon. / total activo	2,46	Q1 = 4,05	Q2 = 14,39	Q3 = 31,54
Capital circulante	R20. Capital circulante / cifra neta de negocios	74,87	Q1 = 6,93	Q2 = 22,58	Q3 = 49,33
Endeudamiento	R24. Deudas con entidades de crédito / total patrimonio neto y pasivo (*)	60,19	Q1 = 30,81	Q2 = 10,65	Q3 = 0,00
Solvencia	R22. Fondos propios / total patrimonio neto y pasivo	6,88	Q1 = 8,73	Q2 = 29,86	Q3 = 56,78
Capacidad	R06. Gastos financieros / resultado económico bruto (*)	-514,54	Q1 = 21,62	Q2 = 6,69	Q3 = 0,85

(*) Nótese que en el gráfico de estas ratios se ha invertido el orden de los cuartiles

facilitada por la Central de Balances del Banco de España: base RSE (Ratios Sectoriales de las Sociedades no Financieras). Banco de España (Central de Balances)/Registros de España (Registros Mercantiles-CPE)/Comité Europeo de Centrales de Balances.

Las variables analizadas no se evalúan en las empresas con denominador cero o negativo, lo que afecta tanto a las distribuciones estadísticas como a las empresas acreditadas de las que se obtiene este informe

- Área en la que se encuentra el 25 % de empresas en la situación menos favorable
- Área en la que se encuentran las empresas que están por debajo de la mediana
- Área en la que se encuentran las empresas que están por encima de la mediana
- Área en la que se encuentra el 25 % de empresas en la situación más favorable

MAGNITUDES BÁSICAS:

Total Activo: 328.791 €

Cifra de Negocios: 326.441 €

Patrimonio Neto: 22.606 €

Número de empleados: 6

Situación de concurso / pre-concurso: NO

RIESGO DE INSOLVENCIA[1]: Alto

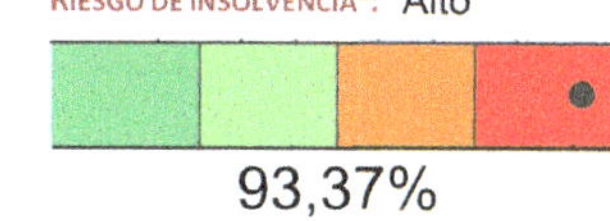

93,37%

[1] La cifra indicada en esta parte del informe corresponde al **porcentaje de similitud con una sociedad mercantil fehacientemente insolvente** según el modelo clasificatorio estimado a partir de la información disponible más reciente. Tenga en cuenta que para su estimación se utiliza la información contenida en su último depósito disponible por lo que, a fin de obtener resultados óptimos, rogamos deposite las cuentas más recientes posibles a fecha de consulta.

INFORME DE POSICIÓN DE RIESGO

18 BRUMARIO SL

Bxxxxxxxx

CL FEBRER 6

22280 GURREA DE GÁLLEGO

Ejercicio del Depósito: 2021

Fecha de consulta: 15/02/2023

SITUACIÓN DE LA SOCIEDAD RESPECTO A SU SECTOR:

Sector Agregado		Tamaño	CNAE
	Comercio al por menor de artículos culturales y recreativos en establecimi	Total tamaños	G476

Área de análisis	Ratio (%)	Valor Año: 2021	Posición en el sector Año: 2021
Actividad	T1. Tasa de variación de la cifra neta de negocios	-1,08	Q1 = -2,78 · Q2 = 10,85 · Q3 = 28,75
Margen	R05. Resultado económico neto / cifra neta de negocios	4,95	Q1 = -2,15 · Q2 = 1,55 · Q3 = 4,83
Rentabilidad	R10. Resultado económico neto / total activo	14,79	Q1 = -1,99 · Q2 = 1,91 · Q3 = 6,66
	R12. Resultado después de impuestos / fondos propios	13,27	Q1 = 0,26 · Q2 = 5,47 · Q3 = 18,82
Liquidez	R21. Activos financieros a corto plazo y dispon. / total activo	24,27	Q1 = 4,35 · Q2 = 15,85 · Q3 = 36,57
Capital circulante	R20. Capital circulante / cifra neta de negocios	15,44	Q1 = 3,58 · Q2 = 18,38 · Q3 = 46,29
Endeudamiento	R24. Deudas con entidades de crédito / total patrimonio neto y pasivo (*)	3,15	Q1 = 27,36 · Q2 = 6,57 · Q3 = 0,00
Solvencia	R22. Fondos propios / total patrimonio neto y pasivo	89,68	Q1 = 5,26 · Q2 = 25,87 · Q3 = 53,23
Capacidad	R06. Gastos financieros / resultado económico bruto (*)	0,00	Q1 = 20,25 · Q2 = 5,19 · Q3 = 0,02

(*) Nótese que en el gráfico de estas ratios se ha invertido el orden de los cuartiles

facilitada por la Central de Balances del Banco de España: base RSE (Ratios Sectonales de las Sociedades no Financieras). Banco de España (Central de Balances)/Registros de España (Registros Mercantiles-CPE)/Comité Europeo de Centrales de Balances.

Las variables analizadas no se evalúan en las empresas con denominador cero o negativo, lo que afecta tanto a las distribuciones estadísticas como a las empresas acreditadas de las que se obtiene este informe

- Área en la que se encuentra el 25 % de empresas en la situación menos favorable
- Área en la que se encuentran las empresas que están por debajo de la mediana
- Área en la que se encuentran las empresas que están por encima de la mediana
- Área en la que se encuentra el 25 % de empresas en la situación más favorable

MAGNITUDES BÁSICAS:

Total Activo: 11.867 €

Cifra de Negocios: 35.448 €

Patrimonio Neto: 10.643 €

Número de empleados: 0

Situación de concurso / pre-concurso: NO

RIESGO DE INSOLVENCIA[1]: Bajo

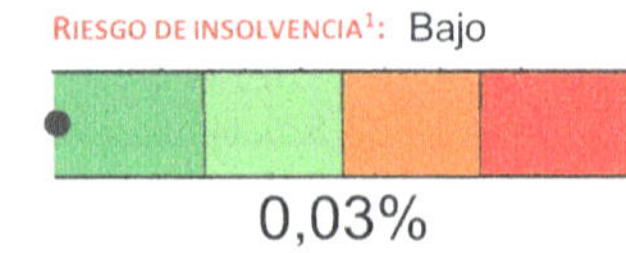

0,03%

[1] La cifra indicada en esta parte del informe corresponde al **porcentaje de similitud con una sociedad mercantil fehacientemente insolvente** según el modelo clasificatorio estimado a partir de la información disponible más reciente. Tenga en cuenta que para su estimación se utiliza la información contenida en su último depósito disponible por lo que, a fin de obtener resultados óptimos, rogamos deposite las cuentas más recientes posibles a fecha de consulta.

La posible extensión del modelo para calibrar la viabilidad de la empresa una vez reestructurada (test de la "razonabilidad" del Plan de Reestructuración)

Como hemos dicho antes, tan importante es la diagnosis de la solvencia como la prognosis sobre la viabilidad de la empresa tras la correcta ejecución del pertinente Plan de reestructuración. La herramienta puede ser utilizada también para lo segundo siempre que los interesados (administradores o experto de reestructuraciones) ofrezcan, actualizado al momento de la solicitud, un contenido previsional de la batería o ficha con los datos ex post reestructuración necesarios para aplicar el algoritmo. A tal efecto, el Colegio de Registradores ha lanzado una herramienta de prognosis de los planes de reestructuración.

> Supongamos que la sociedad A presenta un diagnóstico registral de riesgo de insolvencia del 75% que pretende corregirse mediante un cierto Plan de Reestucturación cuya homologación se solicita del Juez concursal competente en que se contemplan ciertos escenarios o, como se dice en el artículo 633.10.ª TRLC a propósito del contenido del Plan, "las condiciones necesarias para el éxito del plan de reestructuración". La costumbre es plantear tres escenarios: neutral, optimista y pesimista. El Plan deberá contar una estimación de las consecuencias derivadas de la regular ejecución del plan a la vista de su duración prevista. Así las cosas, los interesados pueden, para cada escenario, hacer una estimación de los flujos de caja y demás variables que diseñan una foto actualizada de la situación *ex post*. Mutatis mutandis, los interesados pueden comprobar en cuanto mejora el disgnóstico de solvencia con la reestructuración por el simple procedimiento de traer a este momento temporal una ficha descriptiva de las variables relevantes para la aplicación del algoritmo. Por ejemplo, el valor actual del ratio de recursos propios sobre el pasivo total que quedará de ejecutarse el plan en las condiciones razonables previstas etc.

En todo caso, no estamos ante una suerte de "registro de morosos" como los que administran entidades privadas al amparo de lo establecido en el artículo 29 de la Ley Orgánica 15/1999, de Protección de Datos de Carácter Personal y normativa de desarrollo (vid. Instrucción 1/1995 APD) o el propio registro (público) de morosos que lleva el Banco de España y que, con amparo en la

Ley, se denomina Central de Información de Riesgos (CIRBE; Orden ECO/697/2004, de 11 de marzo). La alerta registral proporciona un indicador sintético de la solvencia en base a indicadores (incluido el que corresponde a la liquidez o el nivel de endeudamiento) extraído de los datos de las cuentas anuales.

Tampoco se puede decir que la implantación de la herramienta constituya al Colegio en una "agencia de calificación de riesgos (o rating) aunque pueda emplear metodología similar a la que se emplea por éstas.

La evidencia (fuente informativa): los datos de (todas) las cuentas anuales depositadas.

La singularidad de la herramienta es que para la estimación del algoritmo aplicable a la empresa en atención a su tamaño y sector de actividad el programa de regresión logística empleado (modelo LOGIT) corre sobre una base de datos inmensa y de calidad. La suministrada por las cuentas anuales depositadas en el Registro mercantil de las entidades obligadas a la publicidad contable.

Basta examinar lo que ocurre en Derecho comparado para comprobar que los modelos más potentes de predicción de insolvencia, siempre que se emplee un modelo de predicción de calidad, son los que se estiman con base a una información más completa. La información contable es desde luego esencial por motivos obvios para todo proceso de diagnóstico de solvencia. Con mucha más razón cuando la base de datos utilizada por el Colegio de Registradores para estos fines no solamente es gigantesca (cerca de un millón de cuentas) sino que en ella están representados suficientemente todos los sectores de actividad (o la mayoría de ellos) y los diferentes tamaños empresariales (la Directiva exige un trato preferente a las PYMES y solamente abundan en el mercado los modelos de predicción referidos a compañías cotizadas); se cuenta con la historia contable de varios ejercicios (lo que permite por ejemplo utilizar variables dinámicas o de flujo junto a las estáticas) y se puede completar la base de datos contable con datos ajenos a los estrictamente contables accesibles al registrador.

> Nada impide al servicio competente del Estado poner a disposición de los usuarios un indicador sintético de riesgo mediante un algoritmo para cuyo diseño/estimación no se ha empleado un modelo econométrico al uso. En Italia, en un primer momento se pecó de ambición. La redacción previgente contenida en el art. 13.co.2 del Codice della Crisi encomendó al Consiglio Nazionale dei Dottori Commercialisti el diseño de un sistema de alerta bajo la supervisión del famoso OCRI En un pulcro Informe de la CNDCEC se describe la opción por un modelo multivariante de scoring con ponderación de indices relevante. La reforma reciente del Codice della Crisi promulgada para trasponer la Directiva se contenta con que se inserta en la plataforma administrada por las Cámaras de Comercio bajo supervisión de los ministerios de Justicia y Economía un "test online" de "ragionevole perseguibilità del risanamente"que ha sido desarrollado por un Decreto del Ministerio della Giustizia de 28 de septiembre de 2021 con un algoritmo escasamente robusto que no se obtiene del análisis econométrico de la base de datos sino del ingenio de algún experto. En base al Decreto, el test consiste en rellenar una ficha con datos que permitir agregar ciertos conceptos para formar un índice que se calcula con un denominador compuesto de ciertos importes de deuda y de un denominador básicamente formado por datos de flujos de caja anuales. Se califica la situación en tres categorías de menor a mayor riesgo de insolvencia según el cociente se aproxime a 2 (riesgo mínimo); a 3 (riesgo medio) o entorno a 5-6 (riesgo máximo). El interesado puede jugar con datos en el portal habilitado al efecto: www.composizionenegoziata.camcom.it.

En una parte muy significativa las variables del algoritmo registral se obtienen de los datos de las cuentas anuales depositadas en los registros mercantiles. Afortunadamente, la mayoría de las cuentas son utilizables. A la sazón, no existe inferencia a partir de un muestreo estadístico porque para la especificación del modelo se utilizan todas las cuentas depositadas (casi millón y medio de cuentas por año; los modelos al uso en Derecho comparado operan con bases de datos que muy raramente superan las decenas de millares de deudores) en todos los registros de España (la herramienta de alerta de Hacienda debía contar con la cooperación de las haciendas forales) siempre, claro es, que pasen el filtro de calidad. El filtro de calidad sobre los datos brutos es posible por el OCR masivo de las cuentas que hace tras su depósito cada registro y porque en su inmensa mayoría se utilizan modelos estándares objeto de una exquisita normalización y que en su gran mayoría están en soporte magnético (deberían prohibirse los depósitos en papel rellenados a bolígrafo aunque su presencia es marginal). El filtro que se hace es doble: existe en el programa informático de gestión del depósito de cuentas elaborado por el Colegio y puesto a disposición de las casas informáticas una batería de "tests" de verosimilitud/coherencia contable que son impeditivos del depósito o que sirven a su vez de alerta de incoherencia. Eso permite que los datos sean de calidad pero en todo caso, para elaborar el diagnóstico de riesgo se eliminan, utilizando técnicas usuales, depósitos no utilizables por reflejar datos inaprovechables de "outlayers" sin cuya eliminación existiría un sesgo manifiesto. Obviamente, las entidades que no han depositado cuentas pueden obtener información siempre que actualicen sus datos: frente a lo que suele entenderse el porcentaje que deposita cuentas en nuestro sistema, habida consideración de los estímulos poderosísimos para hacerlo, es elevadísimo en relación con las sociedades vivas (las necesitadas del servicio de alarma de insolvencia). El no-depósito de las cuentas durante varios ejercicios consecutivos es un excelente indicador de la existencia de una "entidad zombie" cuyo tratamiento deseable es la cancelación antes que el rescate. Por lo demás está previsto que la Agencia Tributaria purgue sus censos fiscales eliminando por la vía de la revocación del NIF a las empresas inactivas detectadas por incumplimientos graves del deber de depósito. De cualquier forma, la entidad que hubiera omitido el depósito podrá obtener información de la posición de riesgo siempre que complete y actualice los datos necesarios para aplicar el algoritmo.

Hay que tener presente que la base de datos se conforma exclusivamente con las cuentas individuales de entidades constituidas bajo cierta forma de organización. Típica, aunque no exclusivamente, la información procedente de las de las sociedades de capital (anónima, limitada o comanditaria por acciones). Salvo excepciones, el Registro Mercantil no dispone de las cuentas de empresarios individuales (a excepción del emprendedor de responsabilidad limitada) o de asociaciones, fundaciones o cooperativas de Derecho estatal o autonómico. No obstante lo cual, y sin perjuicio de que en el futuro se mejore la Ley (para asegurar el acceso a datos de otros registros públicos, por ejemplo), en puridad la falta de depósito de sus cuentas en el registro mercantil no impediría a un administrador de, digamos, una asociación o cooperativa solicitar diagnóstico de solvencia si se suministran los datos necesarios en relación a la entidad y técnicamente se acreditare (como me parece que puede hacerse) que la formal social escogida no es singularmente relevante a los efectos clasificatorios. Efectivamente, para el diagnóstico del riesgo de insolvencia de una cooperativa lo más relevante es el sector en que opera y el tamaño de la empresa antes que la vestidura jurídica.

El que la herramienta de alerta registral haya de construirse en "base a la información contenida en las cuentas anuales" no empece que el Colegio de Registradores haya contemplado mejorar el algoritmo mediante el recurso a ciertos datos relevantes accesibles por el ejercicio de la función registral. Hemos comprobado cómo en Derecho comparado (francés, italiano, belga etc.) suele ser frecuente la existencia de un mandato legal impuesto a ciertas autoridades públicas (sobre todo fiscales y de la seguridad social) de denunciar al organismo competente la existencia de ciertos impagos. En eso precisamente estaba pensando el redactor del art. 2 (a) de la Directiva de reestructuración cuando habla de mecanismos de alerta (externa) que se ponen en funcionamiento cuando el deudor no ha realizado ciertos tipos de pagos. Todos esos indicadores debían ser tenidos en consideración por la Agencia Tributaria y la Tesorería de la Seguridad Social para elaborar el desaparecido sistema de alarma del Proyecto de Ley.

Precisamente, aunque no se conozca, en el Registro Mercantil se publican ciertas situaciones de impagos fiscales, laborales y de la SS muy relevantes para la predicción de insolvencia: me refiero a las notas marginales y anotaciones (en recaudación tributaria o de la SS), cuya constancia se ordena al Registrador y relativas a la baja en el índice de entidades; créditos públicos incobrables; revocación del NIF o sentencia declarativa de insolvencia laboral.

Lo que ocurre es que habida cuenta que el empresario suspende el pago de los otros acreedores antes que a Hacienda y a la Seguridad Social y que los procedimientos recaudatorios son lentos y de resultado poco previsible, las comunicaciones valen más como "certificado de defunción" que como indicador anticipado de una insolvencia. Con todo, bizarramente, tienen enormemente relevancia en la estimación del algoritmo porque en un modelo de predicción logísticica es necesario clasificar las empresas en dos grupos (solventes e insolventes) y hay pocos estimadores de insolvencia actual como los impagos fiscales (enorme virtualidad clasificatoria).

> La recogida de esa información fiscal y laboral a fines de la prevención es iniciativa habitual en ordenamientos próximos. Como siempre en estos temas, se anticipó el legislador francés: desde la Loi 10 junio de 1994 se obliga al Tesoro francés y a su organismo de la S.S. a publicar la situación de mora en el pago de las correspondientes deudas cerca del registro público llevado por la greffe del tribunal de comercio (institución de función equivalente a la de nuestro registro mercantil) so pena de pérdida de los privilegios legales (vid. arts. L 143-7 y L. 244-2 Code de la sécurité sociale). Similares previsiones existen en Derecho belga en relación con las "Chambres des entreprises en difficulté" en el Art. XX.23 del Code de droit économique y en el art. 25-novies del CCi italiano a propósito de la "Segnalazioni dei crediti pubblici qualificati".

Como ocurre en el correspondiente procedimiento de alarma contemplado en otros ordenamientos próximos debería haberse establecido algún mecanismo para interesar la participación de entidades de crédito en la recogida y transmisión de información relevante de impagos (vid. por ejemplo art. 25-decies CCi italiano sobre "obblighi di comunicazione per banche e intermediari finanziari") o el derecho de acceso a la información estadística de impagos que obrara en la correspondiente central de riesgos del banco central (vid. en Francia C.com, art. 611-2.I sobre la alerta desencadenada de oficio por el presidente del tribunal de comercio y su derecho a tener acceso a los servicios de la Banque de France sobre riesgos crediticios e impagados).

> Con mejor buena intención que acierto, nuestro legislador de la reforma contable ha aprovechado la ocasión para dar introducir un nuevo apartado 4 en el artículo 589 LEC en que se limita a imponer al Letrado de la Administración de Justicia un mero deber de advertencia al ejecutado de la obligación de iniciar negociaciones o solicitar concurso cuando el ejecutado no señalare bienes suficientes de embargo o el valor de los señalados fuera insuficiente a los fines de la ejecución. Es obvio que debería haberse optado porque esos datos se trasladaran a los registros mercantiles (aunque fuera reservadamente) para su empleo en el pronóstico de riesgo. Dice así el citado precepto:

Por lo demás, hay datos relevantes que no son estrictamente contables como es la propia variable de no haber depositado regularmente cuentas (los trabajos realizados revelan que el no depósito es un excelente indicador anticipado del riesgo de insolvencia), los relativos a trabajadores (existen importantísimos datos de trabajadores en la hoja identificativa que acompaña a las cuentas) u otras variables cualitativas que obran en las oficinas del registro (la propia situación geográfica de la sociedad; todas las situaciones llamadas especiales; la existencia de ciertas resoluciones judiciales o administrativas distintas de las concursales y preconcursales etc.).

Téngase presente en fin que en el modelo registral de diagnóstico de la probabilidad de insolvencia no solo se emplean, exclusivamente, como en el modelo del Banco de España, los ratios financieros (un cociente entre dos partidas contables). Las variables que se utilizan en la estimación del modelo son de todo tipo, no solo ratios: variables cuantitativas y cualitativas; de estado o de flujo (variación entre periodos); continuas o dicotómicas (valor de 1 o 0) … Nada impide por ejemplo, mejorar en el futuro la herramienta e introducir, por ejemplo, variables macroecómicas u otras que puedan ser significativas o útiles.

Para los interesados recomiendo la lectura de los apartados sobre el "Tratamiento Previo de la Información", "Filtros de calidad", y la Selección de variables cualitativas y cuantitativas empleadas de la Metodología del "Informe de Probabilidad de Insolvencia" que se incorpora en Anexo.

El modelo predictivo: la regresión logística-LOGIT

La Ley deja sin resolver la principal cuestión técnica: la selección del modelo o modelos predictivos utilizables para el servicio de información registral de la posición de riesgo. La cuestión no es desde luego banal habida cuenta la diversidad de modelos existentes en la literatura científica. En Derecho italiano, que conozca en Derecho comparado, hubo un intento de justificar el empleo de un modelo econométrico en particular como más eficiente (vid. supra). Así las cosas, se ha optado por un modelo probabilístico, muy robusto, consagrado en la práctica por su eficacia y relativa simplicidad de uso y, muy especialmente, por su idoneidad para nuestros fines. Nos referimos al modelo de regresión logística-LOGIT.

Sin entrar en mayores detalles, el modelo desarrollado permite calcular para cada empresa, en atención a sus datos, en relación con las empresas de análogo tamaño y sector de actividad (por CNAE) la probabilidad (estimada en porcentaje) de su clasificación dentro del grupo de las "insolventes".

Hay tantos algoritmos como grupos de tamaño/sector. Para aplicar a la empresa el algoritmo se rellenan los datos de la entidad que corresponden a las variables resultantes de la "especificación" del modelo regresivo y que se han revelado relevantes como "explicativas" de la insolvencia (variables de todo tipo, no todos ratios contables), se ponderan por los coeficientes especificados por las variables (no todas las variables tienen el mismo peso explicativo) según la forma funcional determinada (el modelo se basa en una función logística en forma de sigma).

La especificación de cada algoritmo se hace mediante el empleo de herramientas informáticas de uso habitual (software de predicción) que corren sobre la inmensa base de datos útil: el más de un millón de cuentas depositadas quedan reducidas a unas 600.000 después del filtro de las inutilizables por razones técnicas derivadas de incoherencias o valores extremos. El concepto que se emplea para clasificar las empresas en solventes e insolventes no es el de la declaración judicial del concurso o preconcurso (en España existe una elevadísima aversión concursal) sino indicadores indubitados de crisis como es el patrimonio neto negativo. También se emplean indicadores cualitativos significativos como las "insolvencias" fiscales o de la Seguridad Social. La robustez del modelo es indicativo de su calidad y la calidad del sistema se mide (mediante el correspondiente estadístico de la "bondad de ajuste") por el porcentaje de acierto clasificatorio en relación con los errores de diagnóstico consistentes en falsos positivos y negativos.

A fin de generar el indicador de alerta temprana de insolvencia se ha estimado un modelo de regresión logística binaria (*Logit*), herramienta extensamente utilizada en estimaciones aplicadas a sucesos dicotómicos excluyentes.9 La estimación requiere la clasificación previa de los sujetos del estudio en función de su estado (1= insolvencia; 0= no insolvencia).10 El modelo permite generar una puntuación (*score*) con rango de 0 a 100, indicativa del grado de similitud que el deudor presenta respecto a sociedades que se encuentran de forma fehaciente en estado de insolvencia, pudiéndose asimilar tal puntuación a estados de menor o mayor similitud.

Así, el deudor que realice la consulta podrá valorar su situación directamente a partir del valor generado (puntuación), o de tramos preestablecidos, siendo cuatro los estados posibles: riesgo bajo [grado de similitud por debajo del 25%], riesgo medio-bajo [superior al 25%; inferior al 50%]; riesgo medio-alto [superior al 50%; inferior al 75%]; riesgo alto [superior al 75%]).

Se siguen los siguientes pasos para la estimación de parámetros:

1. Trabajar el máximo de variables posible y constatar su capacidad explicativa, individual y conjunta.
2. Simplificar (p.e., ver si se puede identificar un modelo más parsimonioso sin perder capacidad explicativa mediante la técnica de comparar estimadores de verosimilitud, etc.).

El modelo *Logit* utiliza la función logística:

$$e^{v'i\beta}\ 1+e^{v'i\beta}$$

El modelo se estima por máxima verosimilitud, método que consiste en buscar los estimadores que mejor se ajustan a la muestra con la que trabajamos.

Es decir, previamente a la estimación, para cada sujeto la variable dependiente yi adopta el valor 0 o bien el valor 1, de manera que el modelo estima la probabilidad Pi = P (yi = 1 | vi) de que, dadas unas características vi del sujeto i, éste se encuentre en el grupo 1.

El modelo estima una serie de coeficientes o parámetros para cada variable que, aplicados a los valores observados en cada individuo "producen" su indicador individualizado de alerta temprana. Sin embargo, no existe un modelo fijo puesto que el valor de estos coeficientes es sensible a los cambios del entorno económico y, por tanto, la herramienta irá siendo objeto de ajustes de acuerdo con los datos disponibles más recientes.11

El procedimiento de acceso a la información.

El proceso de acceso a la información es muy sencillo y utiliza las técnicas de la sociedad de la información para su puesta a disposición de los interesados, algo en lo que insiste mucho la Directiva en su artículo 3. Será o deberá contar nuestra "herramienta" con un diseño "claro y trasparente" (cfr. apartado 1 del artículo 3); utilizar la mejor tecnología de la sociedad de la información en el mercado (inciso final del apartado 1); disponible en línea, fácilmente accesible y presentada en formato sencillo de consultar especialmente para PYMES (apartado 4 del artículo 3).

Obviamente, tratándose de un cometido encuadrable dentro de las "otras funciones" encomendadas al registro mercantil por la Ley ex art.16.2 C.com, no será necesario utilizar el procedimiento registral habitual. Bastará con que el interesado, a su voluntad, acceda al portal electrónico del Colegio de Registradores (quizás también el portal concursal) para que, rellenando la solicitud con datos obvios, pueda obtenerse un informe de diagnóstico de la posición una vez comprobada la legitimación del solicitante por el Registrador. Naturalmente, la condición de administrador de la sociedad resultará en su caso de los datos obrantes en el propio registro.

Ni que decir tiene que la emisión del informe de diagnóstico no constituye una recomendación de solvencia ni el registrador o el Colegio incurren en responsabilidad (fuera de casos patológicos de funcionamiento anormal, retrasos injustificados etc.)

por el acierto o desacierto en el diagnóstico. Vid. por analogía lo dispuesto en la Disp. final duodécima sobre los asesoramientos a empresas en dificultades: el servicio, además de confidencial, "no supondrá asunción de responsabilidad alguna para los prestadores del servicio".

Capítulo tercero

Test de balance vs. Test de solvencia. La prognosis contable del riesgo de insolvencia

I. CUESTIÓN PREVIA SOBRE LOS LÍMITES DE LA "FUNCIÓN GARANTISTA" DEL CAPITAL SOCIAL

El concepto de capital social desempeña en los sistemas español y comunitario de Derecho societario una posición vertebral. Nuestra institución está en la base de toda la disciplina jurídica de unas sociedades conocidas precisamente por ello como sociedades "capitalistas" o de capital. En toda exposición doctrinal sobre el régimen jurídico de anónimas y limitadas la doctrina suele reservar un generoso espacio a la explicación de los conocidos como "principios" y "fines" del capital social.

Nos ocupa ahora considerar el papel que desempeña o puede desempeñar la normativa de capital, que estructuran los fines y los principios consabidos, en el marco de este estudio: la prevención de crisis empresariales.

Es sabido que, por múltiples vías, el Derecho positivo de sociedades tutela la "integridad del capital social". Esa tutela funciona, positivamente, en forma de estímulo a la *capitalización* (dotación adecuada de capital o, en sentido más amplio, de recursos propios) o a la *recapitalización* (reforzamiento de la dotación de recursos propios considerada insuficiente; el art. 367 LSC incentiva la recapitalización a su manera como alternativa a la disolución). En sentido inverso, la tutela de la "intangibilidad del capital social" funciona mediante mecanismos que tratan de inhibir conductas indeseables de la sociedad y de sus administradores tendentes a realizar cualquier forma de "distribución": (i) la *egresión de recursos patrimoniales* de la sociedad con destino a los socios por vía de *reducción "efectiva" del capital social* ex arts. 331 y ss. y 334 y ss. LSC (con finalidad de restitución o de condonación de dividendos pasivos); (ii) la *distribución de dividendos* (ordinarios y extraordinarios, también de "dividendos a cuenta) ex arts. 273 y s LSC; (iii) la exuberante *retribución de prestaciones accesorias* ex art. 87.2 LSC e, incluso, (iv) la simple *desvinculación de las cuentas de reservas* vinculadas o indisponibles (con lo que esto implica de restitución potencial). Las normas, en fin, (v) también tratan de poner coto a ciertas actuaciones de los administradores perjudiciales a la integridad patrimonial como es el posible *sobreendeudamiento*: cfr. art. 401.2 TRLC que establece en la cifra del doble de los recursos propios un límite a la emisión de obligaciones en sociedad limitada.

El presupuesto objetivo de la aplicación de todas estas reglas tuitivas de la integridad del capital social es tan diverso como diversas son las técnicas empleadas. Con todo, la situación típica, la que la Ley considera como referente común de gran parte de las normas de salvaguarda de capital, es la de un previo o resultante desbalance patrimonial. Es decir: el desequilibrio que resulta de que el *patrimonio neto (contable) sea inferior a la cifra de capital social*. En general, toda la normativa sobre aplicación de resultados, está dirigida a garantizar la aplicación de la "regla de oro" del artículo 273.2 LSC (=patrimonio superior a capital social). El "test de balance" que se aplica a la financiación de los *negocios sobre propias acciones o participaciones* en el art. 146.1 b) LSC viene a coincidir, con distinta formulación, con el límite legal de la "regla de oro" en sede de distribución de dividendos del art. 273.2 LSC.

Constituye lugar común en la doctrina la resuelta afirmación de la supuesta crisis de la función preventiva o "garantista" del capital social. A la sazón, la "regla de oro" que prohíbe el desbalance patrimonial no sirve como un buen criterio de solvencia. Ni siquiera pone remedio suficiente a eso la reformulación de la "regla de oro" con los ajustes materiales extra-contables sobre el patrimonio contable según resulta del nuevo art. 36.1 *in fine* del C.Com tras la incorporación del modelo contable NIIF (normas internacionales de contabilidad financiera) [53] y de la estupenda y precisa aclaración del concepto de patrimonio neto distribuible en la fundamental Resolución de 5 de marzo de 2019 del ICAC sobre aspectos relacionados con la regulación mercantil de las sociedades de capital.

Amén de ello he señalado en alguna ocasión el fenómeno de la banalización legislativa de la "función garantista" del capital que observamos en los últimos tiempos (de la que es muestra señera la RDRSJFP de 13 de junio de 2023 a propósito de las sociedades de un euro de capital)[54]. La UE ha sido perfectamente consciente de tal situación.

> Como es notorio, la Comisión Europea, que abandonó hace décadas la idea de establecer un régimen alternativo al del capital social mediante la introducción de una variante europea del "test de solvencia" del *Common Law*, no ha abandonado sin embargo el intento de establecer un test análogo en los últimos trabajos pre-legislativos. En materia de asistencia financiera permitida, por ejemplo, la Directiva de sociedades, contempla la emisión de un informe de los administradores con fines análogos (vid. *supra*) y la fracasada iniciativa de la *Societas Unius Personae* (SUP) también contenía su propio test de solvencia[55]. Pues bien: en una transposi-

---

53 FERNANDEZ DEL POZO, L., "El nuevo "test de balance" bajo las normas contables internacionales: ajustes valorativos e intangilidad del capital social", *RDM* núm. 279/11, págs. 3 y ss.

54 Vid. mi trabajo, FERNANDEZ DEL POZO, L., "Acerca de la conveniente derogación de la regla de la responsabilidad solidaria de los administradores por las deudas sociales. Una propuesta alternativa", *RDM,* año 2023, n.º 329.

55 Vid. FUENTES NAHARRO, M., "Aproximación al test de solvencia recogido en la propuesta de directiva sobre la Societas Unius Personae (SUP)", en VV.AA., *Derecho de sociedades y de los mercados financieros: Libro homenaje a Carmen Alonso Ledesma,* Iustel, Madrid, 2018, págs. 331-340; GARCIA MARTINEZ, A., *El debilitamiento de la función de garantía del capital social como mecanismo de protección de los acreedores,* Tirant lo Blanch-Universidad de Alicante, Valencia, 2023, págs. 232 y ss.

ción virtualmente literal de lo establecido en la Directiva de transformaciones transfronterizas el legislador español se ha acogido a la opción de regular la voluntaria emisión de informe de solvencia prospectiva de la sociedad que se califica de "declaración de la situación financiera" en el art. 15 RDLME.

A diferencia de lo que ocurre en otros Derechos y entendió posible la Comisión Europea con motivo de los trabajos relativos a la llamada "crisis de la función de garantía del capital social" (vid. el famoso Informe del *Grupo Rickford* del año 2004 y el *Feasability study* de la consultora KPMG del año 2008), el legislador español ha preferido no regular en nuestro Derecho de sociedades un "test de solvencia" compatible con el tradicional "*test de balance contable*" del artículo 273 LSC (y los arts. 56 y 57 Directiva de sociedades). Test por cierto que contablemente ha sido "mejorado" en la Ley gracias a los ajustes extracontables sobre el patrimonio neto exigidos por la incorporación de las NIIF en el art. 36.2 *in fine* del C.Com.

Después del prolijo examen de Derecho comparado que se abordó en el informe de la consultora KPMG sobre la viabilidad de un sistema alternativo al del capital social tradicional[56], las autorida-

---

56 La primera crítica radical del capital social se encuentra en el famoso libro de Maning, B. Hanks, J.J., "*Legal capital*", cuya primera edición es de 1977. La última es la tercera, de *1990* y publicada por Foundation Press, New York. Vid. especialmente las págs. 63-88. Dediqué al tema un primer estudio sobre la cuestión en FERNÁNDEZ del POZO, L., "*Aplicación de resultados y defensa del capital social. De nuevo sobre la crisis (presunta) de la noción de capital social*", *RGD*, 1996, págs. 622 y sigs.; IDEM, *La aplicación de resultados en las sociedades mercantiles*", Civitas, 1997, especialmente en las págs. *170* y sigs. Entre nosotros, déjenme citar un primer estudio crítico en que se recoge por primera vez la tópica anti capital social: LLEBOT MAJO., "*La geometría del capital social*", RD*M, 1999*, págs. 231 y sigs. y un excelente estudio sobre el estado de la cuestión en C. ALONSO LEDESMA, "*Algunas reflexiones sobre la función (la utilidad) del capital social como técnica de protección de los acreedores*", en Estudios de Derecho de Sociedades y Derecho Concursal. Libro Homenaje al Profesor García Villaverde, 2007, tomo 1, págs. 127 y sigs. Recientemente vid. sobre el estado de la cuestión en: GARCIA MAR-

des de la Comisión europea, en su informe de posición oficial, no se plantearon a corto término la sustitución del sistema jurídico de la II Directiva en la parte nuclear del régimen de mantenimiento

---

TINEZ, A., *El debilitamiento de la función de garantía del capital social como mecanismo de protección de los acreedores,* Tirant lo Blanch-Universidad de Alicante, Valencia, 2023. En la literatura jurídica europea uno de los primeros trabajos en realizar una crítica de la dogmática del capital social es el de F. KLÜBER, *Aktie Unternehmensfinanzierung und K apitalmarkt,* Köln, 1989. El mismo autor reitera sus conocidas tesis en otros trabajos: *"The Rules on Capital Under the Pressure of Securities Market",* en HOPT WYMEERSCH *(eds.), Capital Market and Company Law,* Oxford, 2003, págs. 95 y sigs.) en *"A comparative Approach to Capital Maintenace: Germany",* European Business Review 2004, págs..1031 y sig., y en *"Acomparative Aporoach to Capital Maintenance: Germany",* European Business 2004, págs. 1031y sigs. un trabajo clásico de cita obligatoria en la doctrina anti-capital social (nada hay de bueno en el capital, ni sirve para nada la doctrina tradicional según los autores del "manifiesto"), es el de L.E. Enriques-J. Macey *"Creditors versus capital formation: The case against the european legal capital rules",* en Crrnell Law Review, 2001, págs. 1165 y sigs. A la vista de la ponderada respuesta contraria de DENOZZA (vid. infra), los mismos autores reiteran argumentos y contestan a su manera, con mucha condescendencia, en: *"Capitale sociale, informazione contabile e sistema del netto: una risposta a Francesco Denozza"*, Giur Comm., 2005, 1, págs. 607 y sigs. Entre otros muchos trabajos críticos, déjenme citar solo algunos de los más relevantes, que la cita exhaustiva es imposible y que la lectura termina por aburrir por la reiteración de argumentos sin excesivo apoyo empírico a las propuestas de regímenes alterantivos: E. FERRAN, *"The Place for Creditor Protection on the Agenda for Modernisation of Company law in the European Union"* en ECGI Law *Working Paper,* núm. 51,2005; ARMOUR, *"Share Capital and Creditor Protection: Efficient Rules for a Modern Company Law",* Modern Law review, 2000, págs. 355 y sigs.; P.O.MÜLBERT M.BIRKE, "Legal Capitals: is There a Case Against the European Legal Capital Rules?", en EBO*R* (3), 2002, págs. 695 y sigs.; SCHÖN, *"Wer schuzt den Kapitalschutz"* en ZHR, 2002, págs. 1 y sigs.; IDEM, *"The Futur o Legal Capital",* EBOR (5), 2002, págs. 429 y sigs.; H. MERKT, *"Creditor Protection and Capital Maintenance form a German Perspective", LBLR* (7), 2004, págs 1045 y sigs.; ENGERT, A., *"Life Without Legal Capital: Lessons from American Law (january 2006)",* disponible en sigs. RN: http'//ssrn.com/abstract=882842; H. FLEISCHER, *"Legal Capital: A Navigation System for Corporate Law Scholarship",* EBOR (7), 2006.

del capital social por otro diferente y común a los estados miembros[57]. El documento elaborado por la Comisión, a la vista del informe de marras, en que se resumen sus conclusiones y se anuncia la toma de posición provisional de las autoridades comunitarias sobre el problema, se hace eco de cuatro evidencias insoslayables que el estudio pone claramente de manifiesto:

1.°) Los *"compliance costs"* de la aplicación de la vieja II Directiva (la "del capital social") no son verdaderamente relevantes y, desde luego, no más elevados que los de funcionamiento de los regímenes alternativos al capital social en ordenamientos jurídicos fuera del espacio de la Unión Europea.

2.°) *No existe incompatibilidad entre sendos sistemas o modelos.* De una parte, los ordenamientos de Derecho positivo examinados de fuera de la Unión Europea (con la excepción de Australia) y que han acogido el modelo del test de solvencia también imponen alguna forma de "test de balance" comple-

---

En Francia citaré el libro con trabajos colectivos que recoge conferencias de un coloquio celebrado en 2003 sobre la materia: A. COLRET-H. NABASQUE (dirs.), *Quel avenir pour le capital social?,* Paris, Dalloz 2004 y la correcta y ponderada exposición sobre el estado de la cuestión en R. MORTIER, *Operations sur le capital Social,* LexisNexis, Litec, Paris, 2010, págs. 19 y sigs. Una perspectiva más cautelosa —menos estridente— sobre la supuesta crisis y más favorable a la dogmática tradicional se advierte en un cierto sector de la doctrina italiana en trabajos tales como los siguientes: DENOZZA, "A che serve il capitale? (Piccole glosse a L. ENRIQUES J.C. Macey)", *GÍiur. Comm.,* 2002, J, págs. 585 y sigs.; IDEM, *"Different Policies for Corporate Creditor Protection",* EB*OR* (7), 2006, págs. 409 y sigs. y M. MIOLA, *"Il sistema del capital sociale e le prospettive di riforma nel diritto europeo delle societa di capitale", RiV. Soc,* 2005, págs. 1119 y sigs. Un reciente análisis económico comparativo acerca de sendos modelos en S. Wielenberg *"Investment and liquidation incentives under solvency tests and legal Capital",* Leibniz University, Hannover, 2009, disponible en www.ssrn.com.

57 Vid KPMG *Feasability study on an alternative to the capital maintenance regime established by the Second Law Directive 77/91/EEC of 13 December 1976 and an examination on profit distribution of the new EC accounting regime,* 2008, disponible en:http://ec.europa.eu/internal_market/ company/ capital/index_en-htm. La posición oficial de la Comisión en relación con dicho tema puede verse en http://ec.europa.eu/internalmarket/ company*I*docs*I*capital /Ifeasibility*I*markt-position en.pdf).

mentario. De otra parte, la mayoría de las propuestas académicas referidas a la reforma de la II Directiva optan por el doble juego de tests: test de solvencia + test de balance.

3.°) El Derecho de la UE es, hoy por hoy, lo suficientemente flexible. Los estados miembros *son libres de introducir mecanismos de reforzamiento del test de balance de la II Directiva*: no sólo mediante la imposición de la dotación obligatoria de reservas, mayor rigor en el test de solvencia contable a largo plazo (mayor margen de solvencia que el del capital) etc. sino mediante la introducción, si es que así se estima conveniente, de un test adicional de solvencia como alguno de los existentes en Derecho comparado o propuestos por los científicos. Curiosamente, las autoridades comunitarias omiten recordar que en la última reforma de la II Directiva, se "coló de rondón" el modelo del test de solvencia con publicación registral del informe entre los requisitos para que los estados miembros permitan las operaciones de asistencia financiera lícitas: vid. art. 23.1 de la vieja II Directiva y nuestro lamentable art. 35 LME.

4.°) No existen dificultades insalvables para utilizar las cuentas ajustadas a la normativa contable internacional como base del acuerdo de distribución de dividendos. Sobre esta posibilidad y los ajustes en neto contable que hay que practicar para estimar los beneficios distribuibles he escrito en otro lugar y se ha dictado una famosa Resolución del ICAC de 5 de marzo del año 2019 cuyo examen no puede entretenernos aquí.

Ello no es óbice a que **me parece absolutamente imprescindible, a la vista de la experiencia comparada introducir un "test de solvencia" complementario a la función de retención del capital social (=test de balance) frente a distribuciones materialmente exorbitantes de resultados**: es relativamente frecuente que la sociedad reparta dividendos en la proximidad o en estado de insolvencia[58/59]. Carece de justificación que nuestros jueces ponderen

---

58 Acabo aquí advirtiendo de la necesidad de "mejorar" el test de balance tradicional mediante un adecuado *aggiornamento* de los mecanismos "dinámicos" de reforzamiento de solvencia. De hecho, nuestra venerable *reserva legal* funciona como un rudimentaria *"reserva dinámica contra riesgos generales"* de carácter anticíclico (Non-Distributable Economic Cycle Reserve). En la terminología del acuerdo de Basilea **III** y del reciente "Turner Review", su función es análoga a la de un *"counter cyclical*

sin mayor problema la solvencia *ex post* de la sociedad que distribuye en sede de la revocatoria concursal y no pueda hacerse tal cosa fuera del concurso.

> Siempre he sido partidario de que se introduzca de manera expresa en la Ley una prohibición legal de realizar distribuciones en sentido amplio cuando la sociedad está incursa en insolvencia o, mejor aún hoy, en probabilidad de insolvencia. El Derecho proyectado de grupos, por ejemplo, seguía este criterio cuando el Anteproyecto de Código Mercantil que reputaba ilegítimas las instrucciones perjudiciales emanadas de los administradores de la dominante a los de la dominada cuando resultaran en la insolvencia de esta última. Vid. su art. 291-9 &2 APCM: *"En ningún caso las instrucciones impartidas podrán ser contrarias a la Ley o a los estatutos de la sociedad dependiente ni poner en riesgo la solvencia de la propia sociedad"*. En cuanto a la sociedad individualmente considerada, la distribución de resultados —incluso la legalmente obligatoria por la vía de la institución de la separación por falta de pagos de dividendos del art. 348 bis LSC— debería

---

capital buffer". Obvio es señalar que dicha reserva sólo podrá cumplir su función en análoga a la de un *"counter cyclical capital buffer"*. Obvio es señalar que dicha reserva sólo podrá cumplir su función de complementar el "*core/common* capital" si se rediseña adecuadamente calculando su límite, por ejemplo, no por referencia al capital social sino, por ejemplo, al patrimonio neto (como si dijera que debería anualmente dotarse hasta que alcance determinado porcentaje del neto). Entre las enseñanzas de la crisis está la de la oportunidad de la técnica conocida en la literatura del "capital regulatorio" como "Dynamic Provisioning".

59 Vid. FERNANDEZ TORRES, I., "Reparto de dividendos y preinsolvencia", en AA.VV., *Reestructuración y Gobierno Corporativo en la proximidad de la insolvencia*, Walters Kluwer, 2020, págs. 505-535; ORELLANA,. N., "Reparto de dividendos y concurso de acreedores", *RcP* núm. 29/18, págs. 237 y ss.; PULGAR EZQUERRA, J., "Gobierno corporativo, sociedades cotizadas y proximidad de la insolvencia: administradores, accionistas y acreedores", *RcP* núm. 30/09, págs. 35-41; IDEM, "Reparto legal mínimo de dividendos: protección socios y acreedores (Solvency Test), *RDBB* núm 147, 2017, págs. 139-176; FACHAL NOGUER, N., Las interferencias del derecho concursal en la regulación societaria. *Capitalización de créditos, grupos de sociedades y rescisión de operaciones*, Tirant lo Blanch, 2018, Cap V.

estar prohibida cuando como consecuencia de ella fuera manifiestamente imposible el cumplimiento del fin social (cfr. art. 363. 1. c) LSC) por insolvencia agravada/sobrevenida.

Habida cuenta que, como es notorio, traspasado el umbral de la probabilidad de insolvencia se producen efectos perversos en los incentivos de los socios/administradores frente a los terceros que les llevan, muy frecuentemente, a diseñar estrategias desinversoras y de expolio al patrimonio social, debería "completarse" la regulación de las distribuciones irregulares para que el deber de restitución por los socios y la eventual responsabilidad de los administradores alcance a aquellos supuestos que no soportan un "test de solvencia" como quiera que este pueda definirse. De hecho, el test de solvencia debería operar en cualquier "distribución" entendida esta como negocio jurídico de contenido patrimonial resultante en insolvencia tanto por reconocimiento de dividendos, adquisición de autocartera, reducción de capital con reembolso a los socios y, en general, todas las atribuciones patrimoniales irregulares con socios (y partes vinculadas a ellos).

La atención a la prevención de reconocimiento de dividendos y operaciones similares irregulares en situaciones de insolvencia o pre-insolvencia constituye la regla en Derecho societario y concursal comparados: no es infrecuente que coexista una regla particular junto a las acciones de reintegración concursal y las generales acciones de responsabilidad de los administradores.

Cabe citar aquí, y no podemos ser obviamente exhaustivos, el discutido **mecanismo alemán** de la prohibición a cargo de los administradores de realizar pagos que comprometan la liquidez y conduzcan a la insolvencia: la Zahlungsverbot o responsabilidad de los administradores por el importe de las distribuciones realizadas fuera del marco que antes figuraba en la Ley material —en los & 62, Abs.2, Satz 3 GmbH y & 64, Abs.2— y ahora luce en sede concursal en el &15b InsO. En **Derecho británico** es inevitable la cita del recentísimo leading case de la Sentencia de la Supreme Court del año 2022 en el caso BTI v Sequana en que se reconoce, compatible con la famosa institución del wongful trading, en base al deber de diligencia de los administradores ex Section 172 (3) Companies Act la obligación de responder, en interés de los acreedores, a partir del momento en que se aprecie una probabilidad de insolvencia, de los dividendos reconocidos con arreglo al test de balance pero que ponen en riesgo la continuidad o agravan la situación. A la sazón, la **Ley Australiana de Sociedades**, reformada en 2001, contiene una regulación en la que se permite distribuir con cargo a beneficios y reservas disponibles siempre que no se ponga en peligro la solvencia: *"the payment of the dividend does not materially prejudice the company's ability to pay its creditors"* (s. 254 T c) Companies Act)

En **Derecho holandés** (art. 2: 216 Codigo Civil) y en el belga (art 2: 216 Code des sociétes), por ejemplo, la regla de distribución de dividendos conoce de un límite material adicional y un mecanismo de responsabilidad solidaria de los administradores por el déficit cuando en el momento de reconocerse los dividendos los administradores sabían o deberían haber previsto que tras su satisfacción la sociedad no podría hacer frente al pago de las deudas a su vencimiento. Los ejemplos pueden aumentarse cuanto se quiera: recordemos, en fin, que el legislador italiano sustituyó el mecanismo de la responsabilidad por deudas por el de la responsabilidad solidaria y directa frente a los acreedores por el déficit causado por infracción de la regla de la integridad del capital social (vid. supra).

En la práctica, aunque no seamos conscientes totalmente de ello, en algunos supuestos de nuestro Derecho de sociedades funcionan "filtros de insolvencia" en la prevención de cierto tipo de distribuciones. He defendido, por ejemplo, que el informe del experto en "fusiones apalancadas" ex art. 35 LME trae causa del informe acreditativo de la solvencia *ex post* del régimen europeo de la asistencia financiera legítima y que el reconocimiento del derecho de oposición de acreedores en reducciones de capital y modificaciones estructurales debería quedar enervado en los casos en que pudiera satisfacerse el correspondiente test de solvencia (cfr. art. 64 DIRECTIVA (UE) 2017/1132 DEL PARLAMENTO EUROPEO Y DEL CONSEJO de 14 de junio de 2017 sobre determinados aspectos del Derecho de sociedades). Test de solvencia, por cierto, que el legislador europeo redactor de la Directiva de transformaciones transfronterizas rescata de la fracasada propuesta de Sociedad Privada europea y que se ha introducido con motivo de las modificaciones estructurales en el nuevo art. 13 RDLey de MMEE[60]. Por otra parte, como es sabido, nuestro Alto tribunal utiliza rutinariamente un "test de solvencia" para rescindir distri-

60 Art. 86.2 Directiva (UE) 2019/2121 del Parlamento Europeo y del Consejo de 27 de noviembre de 2019 por la que se modifica la Directiva

buciones exorbitantes de dividendos en el periodo sospechoso de dos años anteriores a la declaración de concurso. Son paradigmáticas las SS TS, sala de lo Civil, de 26 de octubre de 2012 y de 24 julio de 2014) en que se contiene la crítica distinción entre un "reparto legal de dividendos" (con arreglo al test de balance) y un "reparto injustificado" (con perjuicio para la solvencia).

Así las cosas, la derogación de la regla de responsabilidad solidaria por las deudas sociales debiera venir acompañada de la introducción de un techo legal de solvencia en sede de distribución de dividendos de los arts. 273 y ss. (y 348 bis LSC) para cuando la distribución "ponga en riesgo la solvencia de la sociedad" que resulte aplicable a adquisición de autocartera y atribuciones patrimoniales irregulares... además de contemplar la expedición de un certificado de solvencia como mecanismo facultativo para enervar el derecho de oposición de acreedores en reducción de capital y en modificaciones estructurales.

A la sazón, el RD-Ley por el que se traspone la Directiva de transformaciones transfronterizas contiene un artículo Artículo 13. *Declaración sobre la situación financiera* que hace lo propio. Su artículo 13.1 reza: *1. El órgano de administración de la sociedad que realice o participe en una operación podrá adjuntar para su publicación junto con el proyecto una declaración que refleje con exactitud la situación financiera actual en una fecha no anterior a un mes antes de la publicación de dicha declaración. En ella se hará constar que sobre la base de la información a su disposición*

(UE) 2017/1132 en lo que atañe a las transformaciones, fusiones y escisiones transfronterizas (ídem en fusiones y escisiones transfronterizas): *2. Los Estados miembros podrán exigir que el órgano de administración o de dirección de la sociedad haga una declaración que refleje con exactitud su situación financiera actual en una fecha no anterior a un mes antes de la publicación de dicha declaración. En la declaración se hará constar que, sobre la base de la información a disposición del órgano de administración o de dirección de la sociedad en la fecha de dicha declaración, y después de haber efectuado las averiguaciones que sean razonables, dicho órgano de administración o de dirección no conoce ningún motivo por el que la sociedad, después de que la transformación surta efecto, no pueda responder de sus obligaciones al vencimiento de estas. La declaración se publicará junto con el proyecto de transformación transfronteriza de conformidad con el artículo 86 octies.* Vid nuestro RDME sobre el potestativo informe de solvencia en el art. 13 RDLME.

y después de haber efectuado las averiguaciones que sean razonables, no conoce ningún motivo por el que la sociedad, después de que la operación surta efecto, no pueda responder de sus obligaciones al vencimiento de estas. 2. Tratándose de una escisión, la declaración del órgano de administración se referirá además a la capacidad de la o las sociedades beneficiarias de responder de las obligaciones que se le hayan atribuido en virtud del proyecto de escisión al vencimiento de estas.

Dicho lo anterior, me propongo examinar con detalle en esta Parte del trabajo dos aspectos directamente vinculados con la prevención en base a estados contables: (i) El diagnóstico de riesgo que debe practicarse por administradores y auditores con ocasión de la formulación y verificación de las cuentas anuales y (ii) El pobre valor preventivo de la insolvencia de la "sanción" de responsabilidad de los administradores por deudas sociales del art. 367 LSC. A estos efectos, me remito al anexo añadido al último capítulo del libro en que contrasto las diversas situaciones de infracapitalización contable (=ruptura de la regla de oro del equilibrio entre capital y patrimonio por razón de las pérdidas) y la probabilidad estimada de insolvencia en la población.

II. CONTROL DE RIESGO DE INSOLVENCIA EN SEDE CONTABLE Y DEBER DE DILIGENCIA

De una forma un tanto críptica, el artículo 19.a) de la Directiva de Reestructuraciones preventivas (Directiva (EU) 2029/1023) incluye entre las obligaciones de los administradores la *"necesidad de tomar medidas para evitar la insolvencia"*. El texto inglés de la Directiva utiliza la misma terminología empleada por el legislador británico en la s. 214 de la Insolvency Act para el diseño del instituto de la responsabilidad por *"wrongful trading"* y habla entonces de *"to take steps to avoid insolvency"*. Mucho más claro es el legislador alemán en sus artículos && 91, 2 AktG y &43, 1 GmbHG al que se remite el & 1 (1) de la StaRUG: se habla de *"medidas adecuadas"* (*"geeignete Massnahmen"*) y de *"sistemas de control interno"* (*"Überwachungssystem"*).

El artículo 19 de nuestra Directiva 2029/1023 debe ser leído conjuntamente con lo dispuesto en el artículo 3 de la misma en sede de alerta temprana y acceso a la información donde se nos habla de *"herramientas"* o *"mecanismos"* que *"permitan detectar circunstancias que puedan provocar una insolvencia inminente y que puedan advertirle (al deudor, se entiende) de la necesidad de actuar sin demora"*[61]. Con el legislador italiano (cfr. art. 3 CCi y art. 2026, comma 2.º CCivile), podemos entender que lo que la Directiva quiere es que los administradores adopten las oportunas decisiones y arreglos en el orden organizativo, administrativo y contable (*"un assetto organizzativo, amministrativo e contabile adeguato"*) que sea adecuado a la naturaleza y dimensión de la empresa (principio de proporcionalidad), y que sirva al propósito de la temprana identificación y ponderación de los riesgos de insolvencia y, en fin, que permitan la tempestiva adopción de las medidas idóneas para prevenir esos riesgos. En el futuro próximo deberemos abordar el tema del empleo por parte de los agentes interesados (no sólo administradores y auditores) de las herramientas de la inteligencia artificial (AI) para el pronóstico de la insolvencia[62].

Nuestro Derecho positivo en estos aspectos de prevención en sede contable de la insolvencia presenta carencias fundamentales a la luz de la experiencia comparada. Las más importantes a mi juicio son las siguientes: (1.º) El olvido manifiesto de la "contabilidad previsional" o presupuestaria más allá del conjunto de informaciones prospectivas que se puedan incluir en la memoria y sobre todo en ese olvidadísimo y menospreciado "documento

---

61 Sobre la necesidad exegética de una lectura conjunta de sendos preceptos, algo que suele pasar por alto la doctrina, vid. GAIA BALP, "Early warning tools at the crossroads of insolvency and company law", *Global Iurist*, 2019, págs. 1–22.

62 Vid. entre otros trabajos: MONTAGNANI, M.L., *Il ruolo dell'intelligenza artificiale nel funzionamento del consiglio di amministrazione delle società per azioni*, Egea, Milano, 2021, esp. págs. 105 a 128; ABRIANI, N.-SCHNEIDER, G., *Diritto delle imprese e intelligenza artificiale*, Il Mulino, Milano, 2021, esp. los capítulos V y VI.

adicional a las cuentas" que es el informe de gestión; (2.º) Hasta hace bien poco, la escasa y formalista atención a los aspectos para-contables de la llamada información-no-financiera en relación con los aspectos de la Sostenibilidad (estándares ESG) cuya toma en consideración resulta ser fundamental para ponderar la supervivencia de la empresa en un entorno complejo con múltiples grupos de interés o "stakeholders" interesados; (3.º) La estupenda e injustificada confianza en la función preventiva de las reglas sobre intangiblidad del capital social; (4.º) La falta de preocupación por el reconocimiento de mecanismos de "alerta externa" como los que se conocen en Derecho comparado debidos entre otras cosas a la inexistencia de una función de supervisión prudencial de la solvencia que se sitúe fuera y en paralelo del órgano de administración; (5.º) El escuálido papel que desempeñan los auditores para el control interno de la solvencia habida cuenta que nuestro Derecho de sociedades desconoce la existencia de un órgano independiente de revisión prudencial del riesgo de insolvencia como ocurre con el *"collegio sindacale"* en Italia o el Consejo de Vigilancia en otros ordenamientos.

El ordenamiento jurídico español, abandonado el viejo mecanismo de los "accionistas censores de cuentas" de la LSA de 1951 (lejanamente inspirado en el colegio de síndicos italiano), estrictamente apegado al modelo orgánico monista de la estructura del órgano de administración (la competencia de gestión y control se residencia en un mismo órgano de administración), está muy alejado de las experiencias y preocupaciones internacionales en relación con la especialización orgánica y funcional de la prevención de riesgos, que opera en diferentes niveles y con distintos protagonistas:

De una parte, frente a los administradores y frente a los eventuales sistemas internos y externos de vigilancia y control de riesgos, la función de verificación de las cuentas anuales compete en exclusiva al **auditor de cuentas** cualificado como tal. Ello no es óbice a que se imponga a los auditores la emisión de una opinión sobre el principio de empresa en funcionamiento en los términos que luego veremos ("*going concern opinions*"). En ciertos ordenamientos de Derecho comparado que siguen el modelo francés, no así en España, el auditor desempeña una función esencial, paralela a la propia de verificación de las cuentas anuales, de la puesta en marcha y desencadenamiento de un mecanismo de alerta de insolvencia que puede trascender del ámbito meramente interno.

Además de lo anterior, empezando por el Derecho alemán, se ha generalizado en Derecho comparado la especialización funcional de cierto órgano de control con carácter obligatorio, para ciertas entidades en atención a su condición y, tamaño (el caso alemán es paradigmático) o siempre con carácter generalmente facultativo para quienes opten por el diseño dualista del órgano de administración, como ocurre en otros Derechos como el italiano y el francés. Esa especialización consiste en que se "segrega" la función de control de la de dirección (gestión y representación) en favor de un órgano de supervisión o vigilancia (de la dirección, se entiende). Así en el "collegio sindicale" o el "consiglio di sorveglianza" en Derecho italiano (cfr. arts. 2397 y ss. C.Ci); el "Ausichfratsrat" de la AktG alemana (&& 95 a 116) o el "conseil de surveillance" del sistema dualista francés (cfr. C.com art. L. 225-68 y ss.). Esa especialización de funciones es tenida en cuenta no solo en Derecho material sino en la correspondiente legislación concursal y preconcursal para imponer deberes específicos de diagnóstico y control del riesgo de insolvencia. En nuestro Derecho solamente se prevé la posible estructura dualista del órgano de administración para las anónimas europeas sin que exista ningún caso de constitución de **consejo de supervisión/vigilancia** al día de hoy (vid. arts. 478 a 491 LSC).

> En Derecho de sociedades cotizadas y en códigos de buen gobierno y, en general, para empresas cualificadas por sus dimensión y características como "entidades de interés público" se impone la especialización de la obligatoria erección de una **comisión de auditoría** (y control) dentro del propio consejo con presencia relevante de vocales independientes. (entre nosotros vid. art. 529 *quaterdecies* LSC y disposición adicional tercera de la Ley 22/2015, de 20 de julio de auditoría de cuentas).

En fin, en el ámbito de control interno, especialmente en mérito de la aplicación de "programas de cumplimento" voluntariamente asumidos en relación con el control de riesgos **("risk compliance")** es habitual que se implanten protocolos de detección y manejo de riesgo conforme a ciertos estándares y modelos con la posible especialización orgánica de una dirección o el nombramiento de un "risk officer/manager".

Por regla general, en nuestro Derecho positivo, dentro del deber de diligencia de los **administradores** de una sociedad de capital se incluye el de diagnóstico y control del riesgo de insolvencia. La propia LSC distingue a la sazón, dentro del deber de diligencia, entre la "buena dirección" y el "control" de la sociedad: artículo 225.2 LSC. Obviamente, como se verá luego con más detalle, la profundidad de la exigencia de los deberes relativos a la implantación de un sistema, más o menos completo, de control de riesgos no es la misma según el tipo de empresa y su tamaño ("principio de adecuación"). En Derecho europeo y español, los deberes contables y de supervisión así como de transparencia e información a terceros son mucho más profundos en relación con las entidades de interés público ("EIP"), concepto que incluye además de las cotizadas, determinadas entidades financieras sujetas a supervisión y a las empresas que excedan de cierta dimensión. En general los deberes de formulación de estados contables (clases de modelos, por ejemplo), consolidación, verificación de cuentas, información no-financiera (pronto, informes de sostenibilidad) y constitución de comisiones de auditoría son más profundos en atención a la dimensión del proyecto empresarial.

Entre nosotros, la diferenciación entre dirección y control es solamente neta en las sociedades cotizadas habida cuenta que el artículo 529 ter LSC incluye entre las facultades indelegables por el consejo de administración la "*determinación de la política de control y gestión de riesgos, incluidos los fiscales, y la supervisión de los sistemas internos de información y control*" (apartado b) del citado precepto). Vid. también lo que se nos dice en el apartado III.3.4.3 del Código de Buen Gobierno de las Sociedades cotizadas de la CNMV (revisado en junio de 2020). Sin perjuicio de lo anterior, es función de la comisión de auditoría del consejo que debe constituirse obligatoriamente en cotizadas la de "supervisar la eficacia del control interno de la sociedad, la auditoría interna y los sistemas de gestión de riesgo (.../...)": art. 529 quaterdecies.4 b) LSC[63]. La CNMV ha divulgado en su portal una Guía Técnica sobre comisiones de auditoría de entidades de interés público. De todas formas, como dije en su momento, la introducción en Derecho español del tema del control de riesgos en la agenda de los problemas típicos de la "Corporate Governance" en sociedades cotizadas es muy tardía: el famoso Informe Olivencia desconoció la cuestión a pesar de la experiencia existente ya en Derecho comparado (en RU, por ejemplo, en el Informe Cadbury de 1994 y en el Informe Hampel de cuatro años después)[64].

> Es de observar, también, que en cotizadas la sustancia del control de riesgos se deja a la autorregulación estimulada o "reglada" (se debe informar bajo el principio "comply or explain") sin perjuicio de la obligatoria constitución de esa pieza clave de supervisión interna que es la citada comisión de auditoría: que por mucho que tenga presencia/presidencia cualificada de vocales independientes no deja ser una comisión del consejo.

Esa función de control del riesgo de insolvencia, radique o no su función en el órgano de administración, presupone la planificación (asunción de estándares o protocolos y planes de riesgo);

---

63 Vid. por todos: SÁNCHEZ-CALERO GUILARTE, J., "Las políticas en materia de control/supervisión de riesgos, información financiera y sistemas internos de control de riesgos e información. La Comisión de Auditoría y sus relaciones al respecto con el Consejo de Administración (art. 529 ter 1.º.B y D) en relación con el art. 529 quaterdecies LSC)", en VV.AA. (coord. RONCECRO SÁNCHEZ, A.), *Junta General y Consejo de Administración de sociedad cotizada: Estudio de las modificaciones de la LSC introducidas por las Leyes 31/2014, de 3 de diciembre y otras*, Vol. 2, 2016, (Tomo II), págs. 227-273.

64 Vid. FERNANDEZ DEL POZO, L., *Posibilidad y contenido de un derecho preconcursal*, Pons, Madrid, 2001, págs. 94 y ss.

organización (establecimiento de áreas funcionales y comisiones, nombramientos de risk officers etc.) y la permanente supervisión.

De cualquier manera, la función de control de riesgos, tanto interna como externa a la sociedad, debe desplegarse de manera permanente y sujetarse a actualización y supervisión. Los administradores de la sociedad deben implantar el sistema de control adecuado a las necesidades de la misma. Desde luego, como veremos a continuación, la implantación del sistema de control permite al administrador un diagnóstico de riesgo con ocasión de la formulación de las cuentas anuales. Ocasionalmente, el administrador debe formular un pronóstico expreso de riesgo con ocasión de la obligatoria cumplimentación de un "test de solvencia" (superior al test contable del patrimonio neto) como requisito para la realización de ciertas operaciones societarias especialmente sensibles: vid. por ejemplo la "declaración sobre la situación financiera" del art. 13 RDLME. Verdadero informe de solvencia prospectiva *ad hoc* es, por ejemplo, el emitido por administradores y expertos en la fusión apalancada del art. 42 RDLME.

III. EL DEBER DE DIAGNÓSTICO DE LA SOLVENCIA (APLICABILIDAD DEL PRINCIPIO DE "EMPRESA EN FUNCIONAMIENTO") CON OCASIÓN DE LA FORMULACIÓN DE LAS CUENTAS ANUALES

Ese deber propio del estatuto de empresario que es la llevanza de la contabilidad no solamente está fundado en la defensa de un interés particular del propio empresario (un instrumento auxiliar de la planificación y de la prevención del riesgo) sino que persigue una función social o interés público. Así se infiere de lo previsto en el Título III, artículos 25 y ss. del Libro Primero del Código de Comercio y del Título VII, arts. 253 a 284 LSC. Ello no es óbice a que nuestro venerable C.Com siga manteniendo el principio de secreto contable pero con sustanciales excepciones en su artículo 32. En concreto, es obligación impuesta por Derecho societario europeo, el administrador debe depositar las cuentas anuales de las sociedades de capital en el Registro Mercantil para su conocimiento por terceros que no necesitan acreditar interés legítimo: arts.279 y ss. LSC.

Resulta obvio que el correcto y regular cumplimiento por parte de los administradores y de los auditores de todos los deberes contables (singularmente: la formulación, verificación y depósito de cuentas anuales, individuales y consolidadas) constituye un presupuesto imprescindible para el desenvolvimiento eficaz de cualquier política legislativa realista de prevención de la insolvencia[65]. Precisamente por ello, en un viejo trabajo pionero sobre la posibilidad y contenido de un derecho preconcursal, recordaba que el ordenamiento que en Derecho comparado ha perseguido de manera más consistente y coherente el diseño de un eficiente sistema preventivo de la insolvencia, el Derecho francés a partir de la famosa Ley de 1 de marzo de 1984, ha venido desarrollando un *Droit de la Prévention* como parte del *Droit des enterprises en difficulté* uno de cuyos pilares es la mejora de la información financiera conforme al adagio "*la prévention par l'information*"[66].

A pesar de que, por su naturaleza y de acuerdo con su finalidad, las cuentas anuales tienen un contenido descriptivo propio de un "estado contable" (referido a la fecha de cierre de cuentas y al flujo obtenido en el pasado ejercicio económico) con un contenido informativo meramente retrospectivo, no creo que sea necesario insistir mucho en la importancia de la contabilidad en la prevención... por más que la prevención entrañe por su naturaleza un ejercicio de prognosis. Basta apuntar aquí dos datos fundamentales: la experiencia enseña que casi todas las herramientas de alerta, por sofisticadas que sean éstas, cuentan siempre con la información contable suministrada por las empresas para el adecuado diseño de los mecanismos y sistemas correspondiente;

---

65 Vid. MARINA GARCÍA TUÑÓN, A., "Información financiera y preconcursalidad", RDCyP, n.º 18, 2013, págs. 67-91.

66 Vid. FERNANDEZ DEL POZO, L., *Posibilidad y contenido de un derecho preconcursal*, Pons, Madrid, 2001, págs. 89 y ss.

sobre el "test contable de balance" se funda la tutela de la integridad del capital y ese instituto preventivo de la insolvencia que es la responsabilidad de los administradores por deudas sociales ex art. 367 LSC.

Más aún, en lo que aquí importa especialmente: (1.º) El deber contable de formulación de las cuentas anuales que pesa sobre los administradores lleva inherente un deber de contraste, a cargo de ellos y bajo su responsabilidad, de la eventual evidencia existente sobre la eventual quiebra del principio de empresa en funcionamiento y, amén de ello, el de revelación público-contable a terceros de las dudas significativas advertidas en relación con la continuidad empresarial[67]; (2.º) La verificación por parte del auditor del cumplimiento o incumplimiento de esa "hipótesis fundamental" constituye una pieza clave en muchos de los ordenamientos próximos de Derecho comparado para la puesta en marcha de alertas internas y externas como se examinará la cosa con más detalle. Más aún y; (3.º) La última reforma concursal en que se traspone la Directiva de reestructuración preventiva establece como sistema de valoración en sede preconcursal (vale decir: para la aprobación y homologación de un plan de reestructuración) el criterio de "empresa en funcionamiento" (cfr. art. 639.2 TRLC)[68].

Es tan evidente lo anterior que, por ejemplo, **nadie pone en duda el valor preventivo que desempeña el depósito de cuentas**. Por un lado, la regulación sobre el depósito de cuentas suministra

---

[67] Una visión general en: DE TORRES ZAPATERA, M., "La norma legal de empresa en funcionamiento en las cuentas anuales de la sociedad anónima", en el libro colectivo coord. por MARTIN-CALCERRADA, L.-HERNANDEZ GIL, A., *Homenaje a don Antonio Hernández Gil*, Vol. 3, 2001, págs. 2767-2792.

[68] Vid. LLORET, J., "La valoración de la empresa en el art. 639.2 TRLC", *La Ley Insolvencia: Revista profesional de Derecho Concursal y Paraconcursal*, n.º 19, abril-junio 2023; AFONSO GONZÁLEZ, B.-DÍAZ PÉREZ, A., "Aspectos controvertidos sobre la valoración de empresas en el marco de los Planes de Reestructuración", *Revista General de Insolvencias & Reestructuraciones*, n.º 11, 2023, págs. 229-239.

poderosos incentivos positivos y negativos en favor de la anticipación de la insolvencia y en favor de la seriedad del cumplimiento de los deberes contables. Sujetas a publicidad legal las cuentas depositadas, su corrección queda expuesta al conocimiento público con lo que ello conlleva de disuasión de conductas groseramente irregulares. Pero más aún: la falta de depósito reiterado de las cuentas anuales en el Registro Mercantil constituye una de las señales más poderosas de la situación de riesgo de insolvencia: **un indicador cualitativo anticipado de la crisis**.

La jurisprudencia de nuestro TS no tiene empacho en admitir que los incumplimientos reiterados del deber de depósito de cuentas constituyen factores muy relevantes, aunque se califiquen de "periféricos", para apreciar, en sede de prueba, la existencia de una situación de hecho constitutiva de causa legal de disolución por cese de actividad o paralización de órganos sociales que puede a la postre desembocar en la responsabilidad de los administradores por deudas sociales ex art. 367 LSC y incumplimiento de sus deberes (de convocar/pedir disolución judicial/solicitar la entrada en preconcurso/concurso). Son de inevitable cita las SSTS 937/2004, de 5 de octubre de 2004; 652/2021 de 29 de septiembre de 2021 y 232/2024 de 25 de enero de 2024 en que se nos dice que: *"No puede ignorarse que, con tal comportamiento omisivo (vale decir: incumplimiento del deber de depósito de cuentas en el RM), además de incumplir la obligación legal, imposibilitan a terceros el conocimiento de la situación económica y financiera de la sociedad, lo que genera la apariencia de una voluntad de ocultación de la situación de insolvencia".* En el mismo sentido vid la recentísima STS 1002/2024 de 27 de febrero de 2024.

Si desde la perspectiva concursal, pesa sobre el órgano de administración el deber ponderar los riesgos relativos a la situación de solvencia y la detección temprana de la presencia de "dificultades financieras" —el hito de la "probabilidad de insolvencia"—; en lo que hace a la llevanza de la contabilidad existe un deber contable de evaluación de la capacidad de supervivencia de la empresa sujeta a requisitos específicos de contraste propios del principio conocido como "going concern".

Es importante a estos efectos señalar que, aunque vinculados sendos juicios previsionales que debe practicar la dirección (y los auditores de cuentas), por una mínima regla de coherencia, la evaluación relativa al contraste del principio/hipótesis denominada "going concern" (gestión continuada) se rige por reglas jurídicas autónomas diferentes de las propias del Derecho concursal: *riesgo contable de insolvencia y probabilidad de insolvencia no coinciden.*

De un lado, son dos momentos temporales distintos: la ruptura del principio contable de empresa en funcionamiento, en términos generales, se desplaza a un momento temporal muy posterior al que es relevante en sede preconcursal de diagnóstico del estado conocido como "probabilidad de insolvencia". Así, en efecto, solamente quiebra el principio de empresa en funcionamiento o gestión continuada cuando se llegue al convencimiento que la liquidación es inevitable. En otros términos: aunque la insolvencia fuere probable o definitiva en términos de Derecho concursal, siempre que sea razonable sostener la viabilidad de una reestructuración preventiva puede seguirse aplicado el principio contable de empresa en funcionamiento: recordemos que incluso la empresa en situación insolvencia efectiva puede entrar en preconcurso si fuere viable.

De otro lado, porque el horizonte temporal previsional que debe considerarse a efectos contables no se ajusta a ninguno de los relevantes en materia concursal. La "capacidad de supervivencia" en términos contables se proyecta sobre un ejercicio (el siguiente a la fecha de cierre) mientras la probabilidad de insolvencia considera dos años a la insolvencia definitiva; la calificación de insolvencia inminente contempla un horizonte de solamente tres meses respecto de la pronosticada insolvencia definitiva (cfr. art. 2.3 TRLC) y la insolvencia probable, el de dos años vista desde el pronóstico (art. 584.2 TRLC).

En la terminología de las NIIF/NIC (las «Normas Internacionales de Información financiera»; antes, Normas Internacionales de Contabilidad), el denominado «Marco conceptual» vendría a desempeñar el papel correspondiente a los principios vertebradores de cualquier sistema jurídico. Precisamente, el sistema jurídico-contable constituye un sistema jurídico relativamente autónomo dentro del Derecho mercantil y de sociedades (vid. Preámbulo de la Ley 16/2007). Así las cosas, el *Marco conceptual para la preparación y presentación de los estados financieros* publicado por el entonces IASC —ahora IASB— en 1989 incluía dentro de su contenido lo que allí se calificaba de «hipótesis básicas», entre las cuales está, junto al denominado «principio» de devengo, el que en la literatura contable internacional se dice de «gestión continuada» *(«going concern»)* y entre nosotros, de «empresa en funcionamiento». Puede verse ahora en la Norma Internacional de Contabilidad 1, Presentación de estados financieros cuya última versión es de marzo 2022. En nuestro Derecho contable, la presunción *iuris tantum* de que la empresa continúa en funcionamiento y el criterio contable de devengo se integran junto con el resto de los «principios contables»: cfr. art. 38 a) y d) C.Com. y PGC, Primera Parte, 3.º. El cambio terminológico, de hipótesis básica a principio contable, no tiene una especial relevancia práctica; ni siquiera tampoco dogmática.

La formulación canónica del principio mencionado nos dice lo siguiente: *«Salvo prueba en contrario, se presumirá que la empresa continúa en funcionamiento»* [art. 38 a) CCom]. Precisa ahora la cuestión con algún detalle suplementario, el PGC: *«Se considerará, salvo prueba en contrario, que la gestión de la empresa continuará en un futuro previsible, por lo que la aplicación de los principios y criterios contables no tiene el propósito de determinar el valor del patrimonio neto a efectos de su transmisión global o parcial ni el importe resultante en caso de liquidación»* (PGC, Primera Parte, 3.º).

Es deber de **administradores y de auditores** evaluar *«la capacidad de gestión continuada de la entidad»* con ocasión del adecuado cumplimiento de sus respectivos deberes contables de formulación y verificación de cuentas anuales. En el caso de que exista una evidencia de discontinuidad, la información contable debe elaborarse sobre bases distintas y de todo ello darse cumplida información en las propias cuentas (preferentemente, en la memoria) y en el informe de auditoría. Queda todo ello expresado con claridad en el nuevo PGC: «*En aquellos casos en que no resulte de aplicación este principio, en los términos que se determinen en las normas de desarrollo de este Plan General de Contabilidad, la empresa aplicará las normas de valoración que resulten más adecuadas para reflejar la imagen fiel de las operaciones tendentes a realizar el activo, cancelar las deudas y, en su caso, repartir el patrimonio neto resultante, debiendo suministrar en la memoria de las cuentas anuales toda la información significativa sobre los criterios aplicados*»

La «legislación de desarrollo del PGC» tradicionalmente hablaba de los «factores causantes y mitigantes de la duda». Así en la vieja R. del ICAC de 31 de mayo de 1993 contenía Norma Técnica sobre empresa en funcionamiento. La cuestión se regula ahora con exquisito detalle en la Resolución del ICAC de 18 de octubre de 2013 en la que se desarrolla el Marco de información financiera de empresas en la liquidación[69].

IV. FORMULACIÓN DE CUENTAS ANUALES EN CASO DE EVIDENCIA QUE COMPROMETE EL PRINCIPIO DE EMPRESA EN FUNCIONAMIENTO

La Norma Internacional de Contabilidad 1 en sus párrafos 25 a 26 impone a los administradores que formulan las cuentas anuales de su empresa el deber de evaluar *"la capacidad que tiene una entidad para continuar en funcionamiento"*.

---

69 Por todos, vid. SANCHEZ-CALERO GUILARTE, J., "Resolución del ICAC: la quiebra del principio de empresa en funcionamiento", *RDBB* n.º 132, 2013, págs. 235-237; BUENO MARTÍN, I.-LATORRE ATANCE, A., "Resolución de 18 de octubre de 2013 del ICAC, información financiera y empresa en funcionamiento", *RDCyP*, n.º 20, 2014, págs. 537-542; CAÑIBANO CALVO, L., "Imagen fiel suministrada por cuentas anuales: una breve nota sobre la aplicación del principio de empresa en funcionamiento versus empresa en liquidación", *AECA* n.º 119, 2017, págs. 13 y ss.

El modo contable de proceder es el siguiente:

(i) Si se considera como resultado de la evaluación que debe llevarse a cabo de la capacidad de supervivencia de la empresa social en el plazo temporal de al menos los doce meses siguientes al cierre del ejercicio que esa hipótesis de empresa en funcionamiento resulta ser adecuada al caso, se formularán cuentas con arreglo al marco contable de Derecho común y se revelará, en su caso, en la propia información financiera que se facilite las **"incertidumbres importantes"** que puedan aportar **"dudas significativas"** sobre dicha continuidad y;

(ii) Si por el contrario se reputa que quiebra la "hipótesis básica" (o supra-principio contable) de empresa en funcionamiento o "going concern", que funciona como una *presunción iuris tantum*, y que no parece apropiado la utilización del marco contable común, se formularán las cuentas bajo un marco conceptual diferente debiéndose entonces revelar esa circunstancia y los criterios alternativos bajo los cuales se han formulado las cuentas anuales "así como las razones por las que la entidad no se considera como empresa en funcionamiento". Nada se dice en las normas contables internacionales, sobre ese marco conceptual alternativo. Lo dice con claridad la Resolución: *"cuando se haya acordado la apertura de la liquidación o cuando los responsables de la entidad, aunque sea con posterioridad al cierre del ejercicio, determinan que tienen la intención de liquidar la empresa o cesar en su actividad o cuando no exista una alternativa más realista que hacerlo"* (Norma Primera.2)

En relación con la revelación de esas incertidumbres en las cuentas anuales formuladas, la Exposición de Motivos de La Instrucción del ICAC es clara. (Cuando los administradores de la sociedad o los responsables de la entidad sean conscientes de la existencia de incertidumbres importantes, relativas a eventos o condiciones que puedan aportar dudas significativas sobre la posibilidad de que la empresa siga funcionando normalmente, procederán a revelarlas en el apartado «Bases de presentación de las cuentas anuales; (ii) No obstante, como dispone el propio PGC, si las incertidumbres ponen de manifiesto que no existe una alternativa más realista que aceptar la quiebra del citado principio, en ese apartado se requiere que tal hecho sea objeto de revelación explícita, junto con las hipótesis alternativas sobre las que hayan sido elaboradas, así como las razones por las que la empresa no pueda ser considerada como una empresa en funcionamiento

A estos efectos, pesa sobre los administradores que formulan cuentas el deber de buscar y ponderar la evidencia disponible sobre los "factores causantes" y "mitigantes de dudas"; ponderar el peso de esos factores en su conjunto y revelar en su caso, en las propias cuentas las incertidumbres.

> A tal efecto, y a modo enunciativo, a continuación se proporcionan ejemplos de hechos o de condiciones de naturaleza financiera, operativa, legales o de otra índole que, individual o conjuntamente, pueden generar dudas significativas sobre la continuidad de la empresa y que los responsables de la empresa deben ponderar.
>
> *Financieros*: Posición patrimonial neta negativa o capital circulante negativo; préstamos a plazo fijo próximos a su vencimiento sin perspectivas realistas de reembolso o renovación, o dependencia excesiva de préstamos a corto plazo para financiar activos a largo plazo; indicios de retirada de apoyo financiero por los acreedores; flujos de efectivo de explotación negativos en estados financieros históricos o prospectivos; ratios financieros clave desfavorables; pérdidas de explotación sustanciales o deterioro significativo del valor de los activos utilizados para generar flujos de efectivo; atrasos en los pagos de dividendos o suspensión de estos; incapacidad de pagar al vencimiento a los acreedores; incapacidad de cumplir con los términos de los contratos de préstamo; cambio en la forma de pago de las transacciones con proveedores, pasando del pago a crédito al pago al contado; e incapacidad de obtener financiación para el desarrollo imprescindible de nuevos productos u otras inversiones esenciales, entre otros.
>
> *Operativos:* Intención de la dirección de liquidar la entidad o de cesar en sus actividades; salida de miembros clave de la dirección, sin sustitución; pérdida de un mercado importante, de uno o varios clientes clave, de una franquicia, de una licencia o de uno o varios proveedores principales; dificultades laborales; escasez

de suministros importantes; y aparición de un competidor de gran éxito, entre otros.

Legales o de otra índole: Incumplimiento de requerimientos de capital o de otros requerimientos legales; procedimientos legales o administrativos pendientes contra la entidad que, si prosperasen, podrían dar lugar a reclamaciones que es improbable que la entidad pueda satisfacer; cambios en las disposiciones legales o reglamentarias o en políticas públicas que previsiblemente afectarán negativamente a la entidad; catástrofes sin asegurar o aseguradas insuficientemente cuando se producen.

La *significatividad de dichos hechos o condiciones, a menudo, puede verse mitigada* por otros factores. Por ejemplo, el efecto de la incapacidad de una entidad para reembolsar su deuda puede verse contrarrestado por los planes de la dirección para mantener flujos de efectivo adecuados por medios alternativos, como, por ejemplo, mediante la enajenación de activos, la renegociación de la devolución de los préstamos o la obtención de capital adicional. De forma similar, la pérdida de un proveedor principal puede mitigarse por la disponibilidad de una fuente alternativa de suministro adecuada".

Por otra parte, la apreciación de la evidencia sobre el principio de empresa en funcionamiento debe referirse a un futuro próximo: el «foreseeable future» o «futuro previsible» del marco conceptual del IASB. La normativa contable suele considerar un cercano horizonte temporal: el ciclo económico anual inmediatamente posterior. Contrástese ese horizonte temporal con el previsto en la legislación concursal para la probabibilidad de insolvencia como presupuesto objetivo del preconcurso (y del concurso) ex art. 584.2 TRLC: "*Se considera que existe probabilidad de insolvencia cuando sea objetivamente previsible que, de no alcanzarse un plan de reestructuración, el deudor no podrá cumplir regularmente sus obligaciones que venzan en los próximos dos años*". Como se sabe, el horizonte temporal de la insolvencia inminente es mucho más breve: tres meses ex art. 2.3 TRLC (vid supra capítulo primero)

Cuando exista suficiente evidencia del incumplimiento de la hipótesis de continuidad, los administradores deben formular estados contables con arreglo a las nuevas bases aunque falte, por cualquier motivo, el correspondiente acuerdo social o resolución judicial declarativos de la disolución/liquidación o de la apertura del correspondiente procedimiento concursal o preconcursal. Ni administradores ni auditores deben suspender su juicio... a resultas de lo que decida una junta o un juez. Por otra parte, y en sentido contrario, por el mero hecho de que la entidad sea declarada en concurso o en preconcurso no debe presumirse automáticamente la quiebra del principio de empresa en funcionamiento cuando pueda entenderse de manera plausible que es viable conseguir la continuidad a través del correspondiente mecanismo del convenio concursal o del Plan de Reestructuración.

Por lo tanto, aunque la sociedad no hubiere acordado la disolución o instado el concurso o preconcurso, los administradores deberán formular las cuentas con arreglo a las características específicas del MC de la empresa en "liquidación" si antes del cierre del ejercicio en cuestión, resultare acreditada la quiebra del principio de empresa en funcionamiento en los términos examinados. Más aún, si la quiebra se constatase después del cierre del ejercicio, deberá entonces aplicarse la norma a norma de registro y valoración (NRV) 23.a «Hechos posteriores al cierre del ejercicio» del PGC, que establece que las cuentas anuales no se formularán sobre la base de dicho principio si los gestores, aunque sea con posterioridad al cierre del ejercicio, determinan que tienen la intención de liquidar la empresa o cesar en su actividad o que no existe una alternativa más realista que hacerlo.

Lo expresa con toda claridad la Norma Tercera de la Resolución, apartado 11, "Hechos posteriores al cierre del ejercicio":

> *"11. Hechos posteriores al cierre del ejercicio:*
>
> *a. Si después del cierre del ejercicio pero antes de la formulación de las cuentas anuales se producen eventos o se dan condiciones que llevan a la dirección a opinar que no procede aplicar el principio de empresa en funcionamiento, se informará sobre estos hechos en la memoria junto con una referencia expresa a que las cuentas anuales se han formulado aplicando el marco de información financiera aprobado por la presente Resolución.*
>
> *b. Cuando estos hechos se conozcan después de la formulación de las cuentas anuales pero antes de su aprobación, las cuentas anuales se deberán reformular aplicando el citado marco.*

c. *Al margen de lo anterior, el tratamiento contable de los hechos posteriores al cierre del ejercicio será el previsto en el marco general de información financiera".*

En aplicación de este nuevo sistema, la Resolución del ICAC detalle minuciosamente, en su Tercera, las "Nuevas normas *de registro y valoración de la empresa en «liquidación"*.

V. LA FALTA DE UNA EXPRESIÓN FORMAL EN LAS PROPIAS CUENTAS DE LA OPINIÓN DE LOS ADMINISTRADORES SOBRE EL CUMPLIMIENTO DE LA HIPÓTESIS DE CONTINUIDAD EMPRESARIAL

A diferencia de lo que ocurre con los auditores, la legislación contable no impone a los administradores un modelo expreso al que debería ajustarse una opinión formal de los administradores sobre la continuidad de la sociedad ("going concern opinión") dentro de las cuentas anuales. Peor aún: a diferencia de lo que ocurre en Derecho francés, el nuestro se desentiende de la contabilidad previsional (formulación de estados contables previsionales) e, incluso, del deber de formular y someter a aprobación de los socios el presupuesto estimado y ejecutado (como ocurre con las entidades sin ánimo de lucro con su propio Plan Contable).

Aunque es inconcebible que un empresario prudente pretenda gestionar eficazmente su empresa sin un plan de negocio, nuestro legislador, en sociedades de capital, ignora la confección de documentos de índole previsional como son, típicamente, el presupuesto (la contabilidad presupuestaria incluye el presupuesto del siguiente ejercicio y el informe del estado de ejecución del presupuesto anterior) y, eventualmente, las cuentas previsionales al modo francés[70]. Así, en Francia, desde la Ley de 1 de preven-

---

[70] Vid. DE LA TORRE MARTÍNEZ, J.M.-RODRÍGUEZ ARIZA, L., *El proceso de elaboración y análisis de los estados contables previsionales: propuesta de un modelo global*, ICAC, Madrid, 2012.

ción de 1 de marzo de 1984 las empresas de cierto tamaño deben elaborar una contabilidad previsional (cfr. C.com art. L. 232-2) que incluye, entre otros documentos, una cuenta de resultados previsional ("compte de résultat prévisionnel") y un plan financiero previsional ("plan de financement prévisionnel")[71].

> Curiosamente, el RD 1491/2011, de 24 de octubre, en el que se aprueban las normas de adaptación del PGC a las entidades sin fines lucrativos incluyen no pocas reglas de contenido informativo previsional y, en concreto, en su anexo II un modelo del mal llamado "Plan de actuación". En fundaciones, una de las novedades introducidas por la Ley 50/2002, de 26 de diciembre, de Fundaciones, es la introducción de un Plan de actuación que sustituye al viejo presupuesto. En esa documentación debe ofrecerse información acerca de los proyectos que se van a acometer el ejercicio económico siguiente.

No obstante lo cual:

(i) Cuando las dudas sobre la continuidad en base a la evidencia examinada sean suficientemente relevantes conforme al principio conocido como "materialidad" (vale decir: "*existencia de incertidumbres importantes, relativas a eventos o condiciones que puedan aportar dudas significativas sobre la posibilidad de que la empresa siga funcionando normalmente*"), los administradores deberán revelar esta circunstancia en la memoria y dentro del apartado conocido como "Bases de presentación de las cuentas anuales". De manera bizarra, nuestro legislador que sí detalla cómo debe funcionar el marco contable alternativo cuando entra en crisis el principio de gestión continuada en la Resolución del año 2013 ("empresas en liquidación")... descuida el detalle del contenido mínimo de la expresión de las dudas en la memoria más allá de lo que se dice en el PGC, Tercera

---

71 ANTONINI-COCHIN, L. y CAROLINE HENRY, L., *Droit des entreprises en difficulté*, Mémentos, Lextenco, París, 2022, pág 23 y s.; LE CANNU, P.-ROBINE, D., *Droit des entreprises en difficulté*, 8 ed., Dalloz, Paris, 2020, apartado 22.

Parte, Contenido de la Memoria; Bases de Presentación y en especial en su apartado 2.3 "*Aspectos críticos de la valoración y estimación de la incertidumbre*".

(ii) Algunos documentos o "estados contables" que se integran dentro de las cuentas anuales y que son distintos del balance, de la cuenta de pérdidas y ganancias y de la memoria, que la Ley solo exige en ciertos supuestos y en atención al tamaño de la empresa, contienen información relevante para todo cálculo previsional por su naturaleza dinámica relativa a información de flujo, muy en especial el llamado "estado de cambios en el patrimonio neto" y el conocido como "estado de flujos de efectivo".

(iii) El documento accesorio a las cuentas con mayor trascendencia teórica para la diagnosis del riesgo de insolvencia es, por supuesto, el informe de gestión, documento que acompaña (aunque en sentido estricto no se aprueba) a las cuentas individuales y a las consolidadas[72]. A la sazón, el informe de gestión, en su relación con las cuentas anuales, debe pasar el "test de coherencia": que exista concordancia entre el informe de gestión y las cuentas del ejercicio (art. 268 LSC y art. 5.1 f) LAC)[73].

(iv) Especial trascendencia presenta en los últimos años la conocida como "información no-financiera" o relativa a la Sostenibilidad que se incluye tanto en cuentas ordinarias

---

72 Cfr. por todos: LARA GONZÁLEZ, R., *El informe de gestión de los administradores*, Aranzadi, Cizur Menor, 1999; GONZALO ANGULO, J.A.-GARVEY, A.M., "El informe de gestión: validez y perspectivas", *Revista de contabilidad y dirección*, n.º 230, 2015, pags. 21-63. Un excelente trabajo sobre el artículo 262 LSC es el comentario de VÁZQUEZ CUETO, J.C., en la obra colectiva: *Comentario de la Ley de Sociedades de Capital*, Tomo IV, GARCIA-CRUCES y SANCHO GARGALLO dirs., 2021, Tirant lo Blanch, Valencia, págs. 3669 a 3690.

73 VILLACORTA HERNÁNDEZ, M.A., "Actuación del auditor ante el informe de gestión", *Técnica contable y financiera*, n.º 4, 2018, págs. 82 a 90.

y consolidadas de entidades de cierta dimensión. La Ley 11/2018, de 28 de diciembre, que traspone la Directiva 2014/95/UE, de 22 de octubre de 2014, ha dado carta de naturaleza al "estado de información no financiera" en cuentas consolidadas (cfr. art. 49. 5 y ss. del C.Com) y en cuentas ordinarias en relación con empresas de cierta dimensión (art. 262.5 LSC). Incluye información muy relevante sobre cuestiones medioambientales, sociales y del personal, derechos humanos, corrupción y otra información de la sociedad que pueda interesar a los "grupos de interés" (stakeholders). Está pendiente la transposición en España de la famosa Directiva de sostenibilidad que nos obligará a incorporar el famoso "informe de sostenibilidad" para el cual hay previstos y aprobados estándares europeos: la Directiva CSRD 2022/2264, de 14 de diciembre de 2022, (Corporate Sosteinability Reporting Directive) y los ESRS (European Sustainability Reporting Stabdards) aprobados por la Comisión en usos de la delegación (Delegated Regulation (EU) 2023/2772 de 31 de julio de 2023). Empieza a descubrirse el valor de la información no-financiera para el diagnóstico de la viabilidad empresarial[74].

(v) Mediante el contraste entre la información contable de la empresa y la que suministra la estadística de las cuentas anuales depositadas en los RRMM por empresas del mismo tamaño y localización, a través de un modelo logístico de predicción, puede obtenerse del Colegio de Registradores un "informe sobre la posición de riesgo" que estima el porcentaje de probabilidad de insolvencia y que el administrador está legitimado para solicitar del Registrador ex disp. adicional séptima de la Ley 16/2022, de 5 de septiembre. Ni que decir tiene que el administrador debe facilitar esa información al auditor de la sociedad

---

74 Un primer examen de la cuestión en: LOMBARDI, R., *The Going-Concern-Principle in Non-Financial Disclosure*, Springer, Cham, Suiza, 2021.

para que emita su opinión sobre el principio de "going concern" (vid. supra).

A decir verdad, las experiencia nos muestra que, a pesar de que el administrador compromete en ello su responsabilidad tanto civil como criminal (delito societario de falsedad de cuentas; según se sigue del art. es irrelevante el hecho de aprobación de las cuentas por la junta), los administradores, más aún que los auditores, son extraordinariamente renuentes a revelar cualquier tipo de información acerca de las dudas de la continuidad empresarial y el informe de gestión se ha convertido en otra modalidad de la literatura mágica o de costumbres. Ni que decir tiene que, en sede concursal y pieza de calificación, las irregularidades contables graves o la "simulación de la situación patrimonial ficticia" son supuestos especiales de concurso culpable ex art. 443 TRLC con las rigurosas consecuencias del art. 456 TRLC. Nada hay semejante en Derecho preconcursal, no obstante.

Por supuesto que en casos verdaderamente patológicos de riesgo cierto de daño por divulgación de información muy sensible la discreción es conforme con la responsabilidad de los administradores de no revelar información delicada que pueda venir en perjuicio de la sociedad. Nos referimos al "principio de reserva informativa" que la LSC reconoce y ampara en relación con socios y administradores: vid. art. 228.b) sobre el deber de secreto de los administradores y límites al derecho de información a los socios ex art. 196 y 197 LSC. Ahora bien: en principio, la Ley no ampara la reserva informativa en los casos que la Ley requiera la información como ocurre cuando las dudas son sustanciales en relación con las cuentas anuales formuladas, verificadas y depositadas.

Por otra parte, no existe evidencia empírica del supuesto efecto de la profecía autocumplida ("self-fulfilling prophecy"): que la pura divulgación de la existencia de incertidumbres acarrea inevitablemente el empeoramiento de la solvencia. Entre otras cosas, porque los administradores se plantean antes "maquillar las cuentas" (utilizando al máximo el margen de discrecionalidad que tolera la normativa contable, que no es poco) y, llegado el caso, no depositar cuentas antes que confesar datos que puedan ser relevantes para la exigencia de su responsabilidad. De hecho, como hemos señalado anteriormente, el incumplimiento reiterado del deber de depósito de cuentas constituye una excelente señal de alarma de "dificultades financieras"

VI. VERIFICACIÓN DE LAS CUENTAS POR EL AUDITOR EN CASO DE RIESGO DE INSOLVENCIA

En Derecho societario comparado, el auditor y su informe constituyen una más de las piezas del sistema de control o supervisión de la gestión empresarial[75].

Con ocasión de la verificación, obligatoria o facultativa, de las cuentas anuales, nuestros auditores normalmente ejercen su función de prevención en su relación directa con el administrador y sin la mediación de órgano de vigilancia externo a la dirección. En el mejor de los casos, como ocurre en cotizadas o empresas de cierto tamaño, puede aquél tener interlocución directa con técnicos especialistas en la prevención del riesgo o con los vocales de la comisión de auditoría y control del consejo. En todo caso, nuestro legislador ha ignorado la experiencia comparada en lo que hace a la atribución de adicionales competencias al auditor para desencadenar sistemas de alerta temprana. Dicho en otros términos: no está en el trabajo del auditor denunciar la situación de riesgo a los socios (no está obligado a asistir y atender a los socios, por ejemplo), o al comité de empresa (que solo se entiende con la dirección) ni, por supuesto, a los tribunales de justicia o a órganos

---

75 Vid. por ejemplo, sobre esta cuestión en Derecho italiano: DE NICOLA, A., *Il Diritto dei controlli societari*, Giappichelli editore, Torino, 2018; RUSSO, R., *Collegio sindacale e impresa en crisi*, Giuffrè, Milano, 2021; CARADONNA, M., *Responsabilità e adeguatti assetti nella crisi d'impresa*, Maggioli editore, Santarcangelo di Romagna, 2023; VV.AA. (a cura di DANOVI, A.-ACCIARO, G., *Adeguati assetti societari per la prevenzione della crisi*, Il Sole 24 Ore, Milano, 2022.

o "comisiones" públicas creadas para el apoyo a emprendedores y terceros en relación con el pronóstico de riesgos.

En Europa, el mérito histórico del primer tratamiento coherente de la calificada de "Prevención concursal" corresponde al legislador francés con una legislación ejemplar que arranca del remoto año 1984. El modelo francés del procedimiento de alerta-conciliación se basa en una lógica diversa de la anterior: el sistema preventivo de la insolvencia está vertebrado en torno a la atribución por Ley a ciertos sujetos de la función de desencadenar **sistemas de alarma**, tanto interna como externa. La *denuntiatio* de una situación de pre-crisis pasa, en Derecho francés y en otros que siguen su ejemplo, en la obligación de un tratamiento tempestivo adecuado que incluye instituciones tales como la intervención de la administración (el "mandataire ad hoc") o la conciliación ante el Tribunal de Comercio. Este modelo inspira similares soluciones en otros ordenamientos: en el ordenamiento belga, que constituye un ejemplo extremo, se llega a implantar el sistema de alarmas más intervencionista del poder público que conozco. El ordenamiento del Derecho de la crisis italiano cuenta mecanismos de alarma inspirados en el Derecho francés. Veremos la cuestión con más detalle en el capítulo correspondiente.

No me parece ocioso advertir que esa verificación independiente del nivel de riesgo por auditor solamente procede en nuestro Derecho en los casos de auditoría obligatoria, que no son precisamente muchos.

Faltando una norma expresa de dispensa de la verificación de cuentas anuales en situaciones concursales o preconcursales —como la que existe para las primeras cuentas en la LC: art. 46.1 LC— se aplican las reglas generales en materia de *informe de auditoría* contenidas en el título VII de la Ley de Sociedades de Capital y la legislación de auditoría de cuentas. No en vano, los intereses en juego en la normativa de auditoría siguen tan necesitados de tutela —o más aún— que antes: el de los socios o el de terceros[76].

---

76 Así en EIZAGUIRRE, en SÁNCHEZ CALERO, *Comentarios*, XI, op. cit., pág. 170; IZQUIERDO en «La verificación del balance final en las sociedades anónimas», *La Ley*, 1933, 2, págs. 1057 y ss.; VICENT CHULIÁ, *RGD*, 1994, pág. 5621; GARCÍA-CRUCES en ARROYO/EMBID, *Comentarios*, págs. 1122

> Ni decir tiene que el socio minoritario puede solicitar el nombramiento de auditor por el Registrador Mercantil ex artículo 265.2 de la Ley... aunque la sociedad estuviera en liquidación. Sobre el particular existe copiosa doctrina de la Dirección General de los Registros y del Notariado (vid. RR. 16.11.1995 y 19.12. 1995; 7.10.1998; 17.5.1999; 9. 9. 1999; 29.1.2002 y otras muchas posteriores[77]; en contra, Consulta ICAC n.º 2 BOICAC número 12). En su informe, el auditor no sólo verificará la corrección de las nuevas bases de formulación de las cuentas anuales con arreglo a principios distintos del de empresa en funcionamiento sino que también se pronunciará sobre la «concordancia» entre estado de cuentas en informe de liquidación (arg. ex art. 268 LSC) y sobre los riesgos de insolvencia/necesidad de solicitar la declaración del concurso (RICAC. 31 mayo 1993).

Lo cierto, sin embargo, es que al menos se ha consolidado en Derecho societario europeo la obligación, a cargo de los auditores, de emitir una opinión expresa sobre la detección de eventuales quiebras al principio de empresa en funcionamiento ("going concern opinions")[78]. La cuestión ha sido hasta bien recientemente muy controvertida dando lugar a una extensa literatura especializada sobre los eventuales riesgos de "profecía autocumplida" en relación con el tema de las "expectativas defraudadas" por la actuación de los auditores.

> Parece existir un general consenso en el potencial valor informativo que tiene para los usuarios la emisión de una opinión sobre la

---

y ss.; SEQUEIRA MARTÍN/SACRISTÁN BERGIA, «Exigencias legales...», op. cit., pág. 453.

77 Una lista extensísima de resoluciones en que se sigue este mismo criterio en: FERNÁNDEZ MAESTU, J. L., *El auditor y el Registrador Mercantil*, Dijusa, 2007, págs. 105 y ss.

78 Un interesante examen del estado de la cuestión en el panorama internacional en: GEIGNER, M.A.-GOLD, A., WALLAGE, Ph., *Auditor Going Concern Reporting. A review of global research and future research opportunities*, Routledge, London-New York, 2021; BRUNELLI, S., *Audit Reporting for Going Concern Uncertainty. Global Trends and the case study of Italy*, Springer, Cham, Suiza, 2018; AGOSTINI, M., *Corporate Financial Distress. Going Concern Evaluation in both International and U.S. Contexts*, Palgrave Macmillan, Cham, Suiza, 2018.

eventual quiebra del principio de gestión continuada (las llamadas "going concern opinions") en la medida que puede constituir una herramienta idónea de un sistema de alarmas a cargo de sujetos cualificados e independientes. No obstante lo cual, existe abundantísima literatura sobre la evidencia palmaria de una reticencia extendida a emitir informes que no sean favorables detectándose un evidente sesgo (a priori son más probables las opiniones favorables que las que no lo son). En la literatura técnica suele decirse que existe un desajuste en razón de las expectativas defraudadas (el conocido como "expectation gap"). A la sazón sobran estudios en los que se analiza esa supuesta evidencia (empíricamente incuestionable), sus causas y los remedios. En mi libro sobre la preconcursalidad ya traté del tema y desde entonces la literatura, con algún cansancio reciente, es desbordante. En España, en cambio, no son precisamente numerosos los estudios dedicados al tema lo que no nos deja de sorprender.

De cualquier manera, una de las causas aducidas para la explicación de esa reticencia de los auditores es el fenómeno de la profecía auto-cumplida ("selph-fulfilling prophecy"). Fue el sociólogo norteamericano Robert K. Merton el primer autor que formalizó la estructura y consecuencias del concepto de profecía autocumplida en su obra Teoría Social y Estructura Social en el año 1949. Este autor señaló que frente a la afirmación/divulgación de hechos/opiniones relativos a una situación de riesgo los individuos, en función de las expectativas que tuvieren, pueden desarrollar comportamientos que en ocasiones pueden provocar que el evento temido se convierta de probable en cierto. El sesgo psicológico de los auditores tendría su razón de ser y justificación, según algunos, en el temor de que la opinión negativa o con reservas sobre la gestión continuada (un informe que no sea "limpio", por emplear el argot al uso) puede producir el indeseable efecto de provocar el empeoramiento de la situación o incluso la insolvencia. El auditor, a la postre, ponderará el riesgo de responsabilidad frente a la sociedad y terceros en que incurre con un informe silente y el eventual daño estimado al cliente. No faltan desde luego, como se observa en los estudios, otras consideraciones como el temor de que un informe no favorable comprometa la renovación del contrato.

Pues bien: han sido muy diversos los estudios que han intentado analizar, desde diversas perspectivas metodológicas, si el "informe cualificado" produce los efectos típicos de la profecía autocumplida. Los resultados no son concluyentes: mientras en algunos estudios se aportan resultados consistentes con la hipótesis de causalidad eficiente; otros, en cambio, no encuentran acreditada

> una relación significativa entre opinión cualificada e insolvencia posterior. Se ha llegado a decir que este fenómeno es más un mito que una realidad susceptible de ser testada empíricamente. No son muy abundantes los trabajos sobre el particular en nuestro país[79].

Entre nosotros la cuestión sobre la obligatoria emisión de una opinión del auditor sobre la gestión continuada no es precisamente nueva porque ya en el viejo artículo 209.1 b) LSA en la redacción dada el año 1989 se nos decía que entre las menciones del informe de auditoría estaban *"las observaciones sobre cualquier hecho que hubieren comprobado, cuando éste suponga un riesgo para la situación financiera de la sociedad"*. La literatura científica sobre el tema en nuestro país empieza ya a ser abundante sobre todo en los aspectos relativos a las herramientas técnicas de diagnóstico[80]. La

---

79 Pueden verse: GUIRAL-CONTRERAS, A. y GONZALO-ANGULO, J.A., "La hipótesis de la profecía autocumplida en la evaluación de la evidencia en el contexto de gestión continuada", *Revista de Contabilidad* 11 (1), 2008, págs. 41 a 64. Los mismos en: "El principio de empresa en funcionamiento y el auditor" en el libro colectivo coord. por CALVO-FLORES, A. y GARCÍA PÉREZ DE LEMA, D., *El riesgo financiero de la empresa,* AECA monografías, Madrid, 1998, págs. 101 a 136; ARNEDO AJONA, L.-LIZARRAGA DALLO, F.-SANCHEZ ALEGRIA, S.-RUIZ BARBADILLO, E., "Las expectativas del usuario ante la salvedad al principio de empresa en funcionamiento. Evidencia empírica del fenómeno de la profecía autocumplida para el caso español", *Revista Española de Financiación y Contabilidad* vol. XLI, n.º 154, 2012, págs. 263-289.

80 AJONA, L. A.; DALLO, F. L., y SÁNCHEZ, S., *Un análisis empírico sobre la existencia de la profecía autocumplida en España,* Asociación Española de Contabilidad y Administración de Empresas, AECA, 2007; AJONA, L. A.; DALLO, F. L.; ALEGRÍA, S. S., y BARBADILLO, E. R., "Las expectativas del usuario ante la salvedad al principio de empresa en funcionamiento. Evidencia empírica del fenómeno de la profecía autocumplida para el caso español", *Spanish Journal of Finance and Accounting/Revista Española de Financiación y Contabilidad,* 2012, 41(154), págs. 263-289; AMAT SALAS, O., "Predicción del riesgo de insolvencia por parte del auditor", *Técnica contable y financiera* n.º 22, 2019, págs. 46-54; ANGULO, G. JA y GABÁS TRIGO, F., "El principio de gestión continuada", *Revista Española de Financiación y Contabilidad,* 1985, 46, págs. 77-106; BARBADILLO, E. R., AGUILAR, N. G., Y PENA, N. C., "Evidencia em-

traumática experiencia del COVID ha animado nuevos estudios por cuanto se trataba de determinar en qué medida los estados

---

pírica sobre el efecto de la duración del contrato en la calidad de la auditoría: análisis de las medidas de retención y rotación obligatoria de auditores", *Investigaciones Económicas*, 2006, 30(2), 283-316; CALLEJON, A.M., CASADO, A.M., FERNANDEZ, M.A. Y PELÁEZ, J.I., "A system of insolvency prediction for industrial companies using financial alternative model with neural networks". *International Journal of Computational Intelligence Systems*, 2013, 4, 1-13; CARO, N.; DÍAZ, M. Y PORPORATO, M., "Predicción de quiebras empresariales en economías emergentes: uso de modelo logístico mixto", *Revista de métodos cuantitativos para la Economía y la Empresa*, 2013, No. 16, pp 200-215; CINCA, C. S., Y DEL BRÍO, B. M., "Predicción de la quiebra bancaria mediante el empleo de redes neuronales artificiales". Revista española de financiación y contabilidad, 1993, 153-176; CONTRERAS, A. G., BARBADILLO, E. R., Y ANGULO, J. A. G., "Efectos de la hipótesis de la profecía cumplida en la evaluación de la evidencia en el contexto de la gestión continuada", en: *Empresa y sociedad: respondiendo al cambio: comunicaciones presentadas*, Asociación Española de Contabilidad y Administración de Empresas, AECA, 2007; p. 152 y ss.; CONTRERAS, A. G., Y ANGULO, J. A. G., "La hipótesis de la profecía autocumplida en la evaluación de la evidencia en el contexto de la gestión continuada", *Revista de contabilidad*, 2008, 11(1), 41-64; CORREA A.; ACOSTA, M. Y GONZÁLEZ, A.L., "La insolvencia empresarial: un análisis empírico para la pequeña y mediana empresa", Revista de Contabilidad, 2003, vol. 6, núm. 12, pp. 47-79; DÍEZ, J. L. (1987). "Principio de gestión continuada", *Revista Española de Financiación y Contabilidad*, 185-193; ENGUÍDANOS, A. M.,"Utilidad de los modelos de predicción de la crisis empresarial", *Revista española de Financiación y Contabilidad*, 1995, 281-300; FERNÁNDEZ, M. T. T., Y GUTIÉRREZ, F. J. C., "Variables y modelos para la identificación y predicción del fracaso empresarial: revisión de la investigación empírica reciente", *Revista de Contabilidad-Spanish Accounting Review*, 2012, 15(1); GABÁS, F., *Técnicas actuales de Análisis Contable. Evaluación de la solvencia empresarial*, Instituto de Contabilidad y Auditoría de Cuentas, 1990, Ministerio de Economía y Hacienda, Madrid; GALINDO DORADO, R., *Los auditores ante el principio de empresa en funcionamiento: teoría y práctica, Colegio de Registradores de la Propiedad*, 2001; GALLEGO, A.G. Y QUINTANA, M.J.M., "La muestra de empresas en los modelos de predicción del contables y el informe de auditoría deberían reflejar el impacto de la Pandemia en la imagen fiel[81].

---

fracaso: influencia en los resultados de clasificación", *Revista de métodos cuantitativos para la economía y la empresa,* 2013, (15), 133-150; GARCIA, D., ARQUES, A. Y CALVO-FLORES, A., "Un modelo discriminante para evaluar el riesgo bancario en los créditos a empresas", *Revista Española de Financiación y Contabilidad,* 24 (82), enero-marzo 1995, pp 175-200; GÓMEZ AGUILAR, N. Y RUIZ BARBADILLO E., "Do Spanish Firms Change Auditor to avoid a quialified audit report?", *International Journal of Auditing* 2003, 7, PP. 37-53. GÓMEZ, M.E., DE LA TORRE, J.M. Y ROMÁN, I., "Análisis de sensibilidad temporal en los modelos de predicción de insolvencia: una aplicación a las PYMES industriales", *Revista Española de Financiación y Contabilidad* XXXVII, 2008, (137), pp 85-111; GONZALO, J.A. Y GABAS TRIGO, F., "El principio de gestión continuada", *Revista Española de Financiación y Contabilidad,* 1985, vol. XV, n. 46, pp 57-76.; GUIRAL CONTRERAS, A. Y GONZALO ANGULO, J.A., "La hipótesis de la profecía autocumplida en la evaluación de la evidencia en el contexto de la gestión continuada". RC-SAR, 2008, Vol. 11 – no 1, pag. 43-66; GUIRAL CONTRERAS A., RUIZ BARBADILLO, E. Y GONZALO ANGULO, J.A., *Vaguedad normativa, escepticismo profesional y gestión continuada en España,* Publicaciones ICAC, 2007, n 245; LAFFARGA, J., MARTIN, J.L. Y MORA, A., *Los modelos de predicción de la insolvencia empresarial: un análisis crítico en el riesgo financiero de la empresa,* Madrid, 1998, AECA; LAFFARGA, J., LAFFARGA, J., Y PINA, V, "La utilidad del análisis multivariante para evaluar la gestión continuada de las empresas", *Revista española de financiación y contabilidad,* 1995, 727-748; Lizarraga, F., "Modelos de Previsión del Fracaso Empresarial: ¿Funciona Entre Nuestras Empresas el Modelo de Altman de 1968?", *Revista de Contabilidad-Spanish Accounting Review,* 1998, Vol. 1. No 1 pp 137-194; NAVARRO, M.V. Y SANZ, F., "Selección y explotación de los sistemas de alarma y prevención de quiebra"., Investigaciones Económicas, 1989, 13(3), 465-484.; MONTAÑÉS M.D. Y SÁNCHEZ M., "La concordancia entre las cuentas anuales y el informe de gestión en la opinión del auditor", *Técnica Contable* (enero), 2002; MORA, A., "Los modelos de predicción del fracaso empresarial: una aplicación empírica del logit", *Revista Española de Financiación y Contabilidad,* 1994, 78, 203-233.; PRADO LORENZO, J. M. "El principio de gestión continuada: evolución e implicaciones", *Técnica Contable,* 1989, 41(490), 409-424; PRADO LORENZO, J. M. "La norma de auditoría sobre la aplicación

Aunque no hay precepto similar en nuestra actual LSC, la cuestión se ha trasladado a la legislación de Auditoría de Cuentas.

---

del principio de empresa en funcionamiento. Consideraciones de los auditors", *Revista Técnica del Instituto de Censores Jurados de Cuentas*, 1993, 3rd period,(3), 30-45; RODRÍGUEZ RODRÍGUEZ, M.P.M., *La decisión del auditor ante incertidumbres en general y de empresa en funcionamiento*, 2001, Tesis Universidad de Vigo, Departamento de Economía Aplicada (mayo); RODRÍGUEZ-VILARIÑO PASTOR, M. L., "Solvencia y liquidez en época de crisis: un análisis empírico", *Partida Doble*, 2009; 20(216), 46-60; ROMÁN, I.; DE LA TORRE, J.M.; CASTILLO, P.A. Y MERELO, J.J. "Sectorial Bankruptcy Prediction Analysis Using Artificial Neural Networks. The Case of Spanish Companies", *European Accounting Congress*, 25, 26 y 27 de mayo, Copenhagen, Dinamarca, 2002; RUIZ BARBADILLO, E., GÓMEZ AGUILAR, N, C DE FUENTES-BARBERA, M.A. Y GARCÍA BERNAU, M.A., "Audit quality and the going-concern decision making process: Spanish evidence". The European Accounting Review, 2004, 13(4): 597-620; RUIZ S. Y LÓPEZ F., "La aplicación del principio de empresa en funcionamiento. Valoración de la opinión de auditoría", *Técnica Contable* no 652 (abril 2003); RUIZ, S. Y CORRALES, J., "La aplicación del principio de empresa en funcionamiento. Valoración de la opinión de auditoría", *Técnica Contable*, 2003, año LV (652), pág 4-16; SÁNCHEZ, C. P., MONELOS, P. D. L., Y LÓPEZ, M. R., "La evaluación de la probabilidad de fracaso financiero. Contraste empírico del contenido informacional de la auditoría de cuentas", *Spanish Journal of Finance and Accounting/Revista Española de Financiación y Contabilidad*, 2012, 41(156), 565-587; TASCÓN FERNÁNDEZ, M. Y CASTAÑO GUTIÉRREZ, F., "Variables y modelos para la identificación y predicción del fracaso empresarial: revisión de la investigación empírica reciente", *Revista de Contabilidad-Spanish Accounting Review*, 2012, Vol 15, No 1, pp 7-58; TORO MARIN, B., "El auditor y la aplicación del principio de empresa en funcionamiento en entornos de crisis", Partida Doble, 2009, 20 (214), 14-28.

81 ACEVEDO HERANZ,E.-TORO MARÍN, B., Principio de empresa en funcionamiento, ¿más incertidumbre aún?, Técnica contable y financiera n.º 44, 2021, págs.. 90-101; RUBIO HERRERA, E., "Cuentas anuales y auditorías durante el ejercicio 2020 bajo "condiciones CIVID", Estudios financieros. Revista de Contabilidad y tributación, n.º 454, 2021, págs. 155-190; SÁNCHEZ JIMÉNEZ, S., "Continuidad de la empresa y opinión del auditor: efectos de la desaparición del régimen transitorio de moratoria concursal y causa de disolución del estado de alarma consecuencia del COVID", Técnica contable y financiera, n.º 66, 2023.

Vid. art. 5, Informe de Auditoría de cuentas anuales, de la Ley 22/2015, de 20 de julio y, sobre todo, la Resolución del ICAC de 20 de diciembre de 2013 que incorpora dentro de las normas técnicas el estándar internacional de auditoría la NIA 570 "Empresa en "funcionamiento" y que deroga la anterior, la vieja Resolución del ICAC de 31 de mayo de 1993 por la que se aprobaba la Norma Técnica de Auditoría sobre aplicación del principio de empresa en funcionamiento.

El artículo 5 LAC considera que dentro de la opinión técnica que constituye el nervio del informe de auditoría a que se refiere el apartado e) se encuentra la de indicar, *"en su caso, las posibles incertidumbres significativas o materiales relacionadas con hechos o condiciones que pudieran suscitar dudas significativas sobre la capacidad de la entidad auditada para continuar como empresa en funcionamiento"*. Más aún, habida cuenta del relevante contenido prospectivo del informe de gestión, el apartado f) del citado art. 5 LAC, detalle el alcance del "test de coherencia". A saber: "*una opinión sobre la concordancia o no del informe de gestión con las cuentas correspondientes al mismo ejercicio, en el caso de que el citado informe de gestión acompañe a las cuentas anuales. Asimismo, se incluirá una opinión sobre si el contenido y presentación de dicho informe de gestión es conforme con lo requerido por la normativa que resulte de aplicación, y se indicarán, en su caso, las incorrecciones materiales que se hubiesen detectado a este respecto"*.

En cuanto al reparto de competencias y responsabilidades con los administradores, la Resolución del ICAC antes citada —lo mismo que la NIA 570— empieza prudentemente indicando que el informe del auditor de cuentas tiene como objetivo otorgar un mayor grado de fiabilidad a las cuentas anuales pero que *"no constituye de ninguna forma una garantía sobre la viabilidad futura de una entidad"*. No obstante, se matiza luego el alcance de sus obligaciones: el auditor de cuentas *"debe prestar atención a aquellas situaciones o circunstancias que le puedan hacer dudar sobre la continuidad de la actividad normal de la entidad a lo largo del próximo ejercicio económico, verificar su adecuado tratamiento en las cuentas anuales y determinar su efecto en el informe de auditoría a emitir"*.

> El Auditor de cuentas puede considerar necesario solicitar a la Dirección de la entidad que realice o amplíe su valoración sobre la capacidad de ésta para continuar como empresa en funcionamiento, requiriendo a estos efectos la documentación justificativa correspondiente a dicha circunstancia, tales como planes futuros elaborados por la dirección o sobre factores mitigantes de esta situación, etc. Si la dirección se negase a facilitar la información o la documentación correspondiente requeridas, el auditor de cuentas valorará las implicaciones de tal circunstancia en su informe de auditoría, de conformidad con lo dispuesto en las Normas Técnicas de Auditoría. En este caso, si la limitación al alcance que tal circunstancia originase impidiese al auditor de cuentas la obtención de la evidencia de auditoría necesaria y suficiente sobre la utilización adecuada del principio de empresa en funcionamiento, el auditor podría emitir un informe incluyendo una opinión con salvedades o denegada, de acuerdo con lo dispuesto en las Normas Técnicas de Auditoría.

Las funciones del auditor, se nos dice, no incluyen la predicción de sucesos futuros. Esto es congruente con la Norma Técnica 1.5.3 que establece que el trabajo del auditor *"no está específicamente destinado a detectar irregularidades de todo tipo e importe que hayan podido cometerse y, por lo tanto, no puede esperarse que sea uno de sus resultados"*. Por lo tanto, la emisión de una opinión favorable sobre las cuentas anuales no constituye una garantía o seguridad de que la entidad tenga capacidad para continuar su actividad durante un período determinado después de la fecha de dicha opinión. En otros términos: el auditor responde del correcto *cumplimiento de los procedimientos de verificación y evaluación de los factores causantes y mitigantes de dudas sobre la continuidad y de la correcta formulación de las conclusiones.* A tales efectos debe alcanzar y expresar su opinión técnica que refleje su convicción de que la entidad podrá continuar su actividad durante el siguiente ejercicio económico o, en el caso de que mantenga, a partir de la evidencia obtenida, dudas importantes sobre dicha continuidad en el ciclo o ejercicio posterior, que la entidad ha reflejado en la Memoria la información adecuada sobre tales factores, y, si procede, mencionar esta cuestión en el informe de auditoría de acuerdo con lo establecido en el apartado 5 de esta Norma Técnica de Auditoría.

Sobre *la base de la evidencia de auditoría obtenida*, el auditor deberá pronunciarse si resulta aplicable el principio de empresa en funcionamiento y si existe una "incertidumbre significativa" relacionada con hechos o condiciones que, individual o conjuntamente, pueden generar dudas significativas sobre la capacidad de la entidad para continuar como empresa en funcionamiento (principio de "materialidad"). Se define la incertidumbre significativa cuando la magnitud de su impacto potencial y la probabilidad de que ocurra son tales que, a juicio del auditor, es necesaria una adecuada revelación de información sobre la naturaleza y las implicaciones de la incertidumbre para que las cuentas anuales presenten la imagen fiel.

La normativa de auditoría por razones fácilmente comprensibles *estandariza los diferentes modelos de opinión técnica* según las diversas modalidades en atención al criterio de adecuada/no-adecuada revelación de la situación por los administradores y la existencia/no-existencia de "incertidumbres significativas".

> A la sazón, hay hasta cinco modelos de opinión en el informe.
>
> 1.º) Informe en que se ***considera adecuada la hipótesis de empresa en funcionamiento seguida por los administradores para formular las cuentas pese a la existencia de una incertidumbre significativa.***
>
> Cuando el Auditor concluye que la utilización de la hipótesis de empresa en funcionamiento es adecuada, teniendo en cuenta las circunstancias, pese a la existencia de una incertidumbre significativa, determinará si las cuentas anuales:
>
> (a) describen adecuadamente los principales hechos o condiciones que pueden generar dudas significativas sobre la capacidad de la entidad para continuar como empresa en funcionamiento y los planes de la dirección para afrontar dichos hechos o dichas condiciones; y
>
> (b) revelan claramente que existe una incertidumbre significativa relacionada con hechos o condiciones que pueden generar dudas significativas sobre la capacidad de la entidad para continuar como empresa en funcionamiento y que, por tanto, aquella puede no ser capaz de realizar los activos y liquidar los pasivos en el curso normal de los negocios.
>
> 2.º) Informe en que se expresa una ***opinión favorable a la aplicación del principio de empresa en funcionamiento pero en el que se añade, en su caso, un párrafo de énfasis***

El párrafo de énfasis sirve para:

(a) destacar la existencia de una incertidumbre significativa en relación con el hecho o la condición que puede generar dudas significativas sobre la capacidad de la entidad para continuar como empresa en funcionamiento; y

(b) llamar la atención sobre la nota explicativa de los estados financieros que revela lo señalado en el apartado 5.2 de esta norma.

3.º) **Informe *con salvedades o con opinión desfavorable si la información revelada en las cuentas anuales no es adecuada.***

Si la información revelada en las cuentas anuales no es adecuada, el Auditor expresará una opinión con salvedades o una opinión desfavorable, según proceda, de conformidad con el párrafo 3.4.8 de las Normas Técnicas de Auditoría, publicadas por Resolución de 19 de enero de 1991 del Instituto de Contabilidad y Auditoría de Cuentas. El auditor incluirá, asimismo, en el párrafo explicativo de dicha salvedad, la mención a la existencia de una incertidumbre significativa que puede generar dudas sobre la capacidad de la entidad para continuar como empresa en funcionamiento.

4.º) Informe desfavorable cuando se considere que existe utilización inadecuada de la hipótesis de empresa en funcionamiento en las cuentas formuladas por los administradores.

5.º) Informe con párrafo de énfasis cuando el auditor considere no es aplicable la hipótesis de empresa en funcionamiento y las cuentas anuales se presentan bajo la hipótesis alternativa de empresa en liquidación establecida en el marco de información financiera.

6.º) Informe **cuando las cuentas fueron formuladas conforme al Marco Contable Alternativo de Empresas en Liquidación**.

Si las cuentas anuales se presentan basándose en la hipótesis alternativa a la de empresa en funcionamiento, al no ser ésta de aplicación, el auditor podrá realizar la auditoría de dichas cuentas anuales y emitir su informe de acuerdo con las normas técnicas de auditoría, siempre que dicha hipótesis alternativa sea la prevista en el marco contable establecido para estas situaciones en el marco normativo de información financiera aplicable a la entidad en España, de acuerdo con el artículo 2.1 del texto refundido de la Ley de Auditoría de Cuentas, en cuyo caso el auditor considerará la inclusión de un párrafo de énfasis llamando la atención sobre la nota de la memoria que informa de dicha situación y de la hipótesis alternativa sobre la que han sido elaboradas las cuentas anuales de acuerdo con el citado marco.

En el supuesto de que las cuentas anuales se presenten bajo la mencionada hipótesis alternativa a la de empresa en funcionamiento y el auditor identifique circunstancias que deban incluirse en el informe de auditoría, de acuerdo con lo establecido en las normas técnicas de auditoría, el auditor emitirá su informe conforme a éstas, expresando una opinión según corresponda de acuerdo con el apartado 3.3 de las mencionadas normas técnicas.

Evidentemente, en la emisión de su informe, el auditor puede incurrir tanto en errores de sobreinclusión como de infrainclusión (informar como solvente a quien no lo es y viceversa) aunque, en atención a los sesgos reseñados, lo más improbable es pecar de optimismo en lo que hace a las posibilidades de supervivencia futura de la sociedad al menos cuando la sociedad no está en situación concursal o preconcursal declaradas.

A estos efectos, el régimen de responsabilidad de los auditores, tras sucesivas reformas, ahora no se localiza en la LSC (cuyo artículo 272 solo trata de la legitimación para el ejercicio de la acción de responsabilidad) sino en el vigente artículo 26 LAC cuyo examen no podemos afrontar aquí:

Artículo 26. Responsabilidad civil.

1. Los auditores de cuentas y las sociedades de auditoría responderán por los daños y perjuicios que se deriven del incumplimiento de sus obligaciones según las reglas generales del Código Civil, con las particularidades establecidas en este artículo.

2. La responsabilidad civil de los auditores de cuentas y las sociedades de auditoría será exigible de forma proporcional y directa a los daños y perjuicios económicos que pudieran causar por su actuación profesional tanto a la entidad auditada como a un tercero.

A estos efectos, se entenderá por tercero cualquier persona física o jurídica, pública o privada, que acredite que actuó o dejó de actuar tomando en consideración el informe de auditoría, siendo éste elemento esencial y apropiado para formar su consentimiento, motivar su actuación o tomar su decisión.

La responsabilidad civil será exigible de forma personal e individualizada, con exclusión del daño o perjuicio causado por la propia entidad auditada o por terceros.

3. Cuando la auditoría de cuentas se realice por un auditor de cuentas en nombre de una sociedad de auditoría, responderán

> *solidariamente, dentro de los límites señalados en el apartado precedente, el auditor que haya firmado el informe de auditoría y la sociedad de auditoría.*
>
> *4. La acción para exigir la responsabilidad contractual del auditor de cuentas y de la sociedad de auditoría prescribirá a los cuatro años a contar desde la fecha del informe de auditoría.*

Bástenos indicar que la cuestión crucial de la eventual responsabilidad directa de los auditores frente a los terceros, muy discutida en su momento, está ya resuelta en sentido favorable en Derecho positivo. Según la Ley de auditoría existe responsabilidad de los auditores directa y proporcional al daño causado a tercero por el informe emitido y en el bien entendido que el auditor funge a los efectos de la teoría de la imputación objetiva como un "deudor de confianza": la confianza generada en los terceros acerca de la exactitud del informe puede entenderse incluida en la finalidad específica del informe de auditoría (así se proclamó en la STS de 5 de marzo de 2009 y en las posteriores que luego se citan). No en vano, el artículo 3 LAC exige que el informe incorpore una explicación razonada de que la auditoría se ha planificado y ejecutado con el fin de obtener una seguridad razonable de que las cuentas anuales están libres de incorrecciones materiales, incluidas las derivadas de eventuales fraudes.

Corresponde al tercero la carga de la prueba de "que (el tercero) actuó o dejó de actuar tomando en consideración el informe de auditoría, siendo este elemento esencial y apropiado para formar su consentimiento, motivar su actuación o tomar su decisión" (cfr. párrafo 2 del citado art. 22 LAC). Como puede comprobarse, en lo relativo a la ponderación de la relación de causalidad "jurídica" (frente a la meramente factual) la regulación legal en los términos antes citados está inspirada en las teorías de la "causalidad adecuada" y la imputación objetiva. Entre las circunstancias relevantes para discernir la causalidad jurídica (criterios de imputación objetiva) suelen citarse el de previsibilidad del daño para persona razonable; la naturaleza y el valor del interés protegido; el fundamento de la responsabilidad, el alcance de los riesgos ordinarios de la vida y el fin de protección de la norma que ha sido violada (cfr. art. 3: 201 Principios del Derecho europeo de responsabilidad civil). La jurisprudencia del TS nos muestra que, al menos en los casos más patológicos de informes desarreglados los tribunales no tienen empacho en exigir responsabilidad civil a los auditores: cfr. entre otras, las SSTS 5 de marzo de 2009; STS de 3 de octubre 2012, caso Grupo Torras; STS 1 julio 2016, caso Oxiacero SA; STS 21 de septiembre de 2018.

Capítulo cuarto

Responsabilidad de los administradores en la prevención de la insolvencia. Nuestra propuesta del diseño de una nueva acción de responsabilidad individual

I. EL DEBER DE PREVENCIÓN DE LA INSOLVENCIA EN DERECHO EUROPEO

No deja de sorprendernos *la opción seguida por nuestro legislador consistente en no-reformar el estatuto material de los deberes de diligencia y lealtad de los administradores en la "probabilidad de la insolvencia" ("likehood of insolvency") tal y como se regulan en el artículo 19 de la Directiva 2019/1023, de 20 de junio de 2019*, sobre marcos de reestructuración preventiva[82]. Todo eso no obstante el importante precedente de dicho precepto europeo que supone lo que se establece en la Parte Cuarta de la *Guía Legislativa del UNCITRAL sobre el régimen de insolvencia*, aprobada el 18 de julio de 2013 y revisada el año 2029 y que se dedica en exclusiva al análisis de las obligaciones de los administradores en el periodo cercano de la insolvencia: la Recomendación 225 se refiere a la introducción de una obligación de aquéllos de *"tener en cuenta"* los intereses de los acreedores de la sociedad y de adoptar "*medidas razonables para evitar o mitigar la insolvencia*" (su Recomendación 256 detalla el alcance de esta regla en una serie de deberes específicos).

---

[82] Vid. por todos los comentarios al artículo 19 por CORNO en C.PAULUS-R.DAMMANN, *European Preventive Restructuring*, ed. Beck, Munich, 2021, págs.238 a 248.

El artículo 19 de nuestra Directiva dice lo siguiente:

> ***Artículo 19***
>
> *Obligaciones de los administradores sociales en caso de insolvencia inminente*
>
> *Los Estados miembros se cerciorarán de que, en caso de insolvencia inminente, los administradores sociales tomen debidamente en cuenta, como mínimo, lo siguiente:*
>
> *a) los intereses de los acreedores, tenedores de participaciones y otros interesados;*
>
> *b) la necesidad de tomar medidas para evitar la insolvencia, y*
>
> *c) la necesidad de evitar una conducta dolosa o gravemente negligente que ponga en peligro la viabilidad de la empresa.*

El artículo 19 que acabamos de reproducir se corresponde en lo esencial, con pequeños detalles derivados de la refundición del texto más largo anterior, con lo previsto en el art. 18 de la Propuesta de la Directiva. Encuentra aquél una barroca justificación en los Considerandos 70 y 71 de nuestra Directiva en la versión definitiva. Su tramitación fue harto accidentada: suprimido el viejo artículo 18 por sugerencia del Consejo, el Parlamento lo resucitó en la redacción del 19. Dado el grado de discusión existente entre prácticos y la existencia de múltiples modelos nacionales sobre la delicadísima cuestión de la responsabilidad preconcursal de los administradores[83] y la ausencia de antecedentes pacíficos en Derecho societario europeo, sorprende su promulgación definitiva. Como es sabido, a resultas de las propuestas del denominado *High Level Group of Company Law Experts*, en el famoso Informe de *Jaap*

---

[83] Aunque un poco antiguo sigue siendo fundamental el trabajo de Derecho comparado de S.KALLSS-N.ADENSAMER-J.OELKERS, "Director's duties in the vicinity of insolvency – a comparative analysis with reports from Germany, Austria, Belgium, Denmark, England, Finland, France, Italy, the Netherlands, Norway, Spain and Sweden", en AA.VV. (ed. M. LUTTER),, De Gruyter, 2006, págs. 113 y ss. Vid. También: P. MÜLBERT, "A Synthetic View of Different Concepts of Creditor Protection, or: a High-Level Frameworl for Corporate Credit Protection", *EBOR*, núm 7 (1), 2006, págs. 283 y ss.

Winter de noviembre de 2002 sobre un "*nuevo marco regulatorio del Derecho de sociedades para Europa*", se consideró factible la armonización europea de los diversos sistemas jurídicos sobre responsabilidad de los administradores en la proximidad de insolvencia a través de la generalización en Derecho europeo del instituto británico de la "*wrongful trading*", tomada la regulación como referente[84]. Por una u otra razón, la armonización fracasaría ... hasta nuestra Directiva[85].

---

84 Vid. P. OMAR, "The European Initiative on Wrongful Trading", Insolvency Lawyer, núm. 6, 2003, págs. 240 y ss.; T. BERSHEDA, "Insolvency Act 1986, Section 214: A Model for the European Initiative on Wrongful Trading?", *Cambridge Student Law Review* núm. 65, 2005; T. BACHNER "Wrongful Trading – A New European Model for Creditor Protection", *EBOR, núm.* 5(2), 2004, págs. 295 y ss. Vid. También: M. ANDENAS, M., "Insolvency Proceedings in Europe", *Company Lawyer* 20(8), págs. 253 y ss.; FLETCHER and WESSELS, Harmonisation of Insolvency Law in Europe: Reports Netherland Association for Civil Law 23012, Kluwer, 2012, págs. 35 y ss.; R.GOOSENS, "The European Initiative on the Harmonisation of Directors'Duties in the Vicinity of Insolvency", *Nottingham Insolvency and Business Law e-Journal* (*NIBLeJ*) núm. 5, 2017, págs 3 y ss.

85 La idea de introducir un marco armonizado en Derecho europeo sobre los deberes específicos de los administradores en la proximidad de la insolvencia arranca del año 2001 y del famoso informe del año 2002 *High Level Group of Company Law Experts.* Inmediatamente después, la Comisión emitió un comunicado en que se identificaban los objetivos a corto, medio y largo plazo a perseguir en la evolución del Derecho de sociedades y sobre la *Corporate Governance.* A medio plazo, se identificó la necesidad de promocionar un remedio de responsabilidad de los administradores al previsto en la regla británica del *wrongful trading* como sanción de este tipo de conductas en el caso de que fuera previsible la insolvencia y no se decidiere tempestivamente liquidarlo o rescatarla si fuera viable (*Propuesta de la Comisión del año 2003*). Dicha propuesta se frustró porque la Comisión decidió que era necesario mayor estudio. Cuando en el año 2010 se publicó la *Note on Harmonisation of Insolvency Law at EU Level elaborada por el INSOL* para el Parlamento europeo se llegó a la conclusión de que las leyes sustantivas de los diferentes estados miembro sobre los deberes de los administradores en la proximidad de la insolvencia eran muy heterogéneas lo que favorecía el *forum shopping*

Hasta cierto punto, la propuesta de un artículo 18 constituyó, vistos los antecedentes, una sorpresa. En un documento de trabajo preparatorio para el staff de la Comisión europea se nos revela que algunos de los estados miembros manifestaron su reticencia a la introducción de una regla de especificación de deberes concretos en razón de los supuestos problemas de coordinación con el Derecho de sociedades doméstico[86]. No obstante, la decisión de incluir en la Propuesta de la Directiva del 22 de noviembre de 2016 el entonces artículo 18 se debió a las sugerencias realizadas por no pocos participantes en la Consulta pública: más de la mitad de las respuestas eran favorables a que se introdujeran incentivos a los administradores para reestructurar tempranamente la sociedad en dificultades. En abril del año 2013, precisamente, preparado para la Comisión DG Markt, se divulga un interesante *Study on Director's Duties and Liabilitiy por la London School of Economics*[87], en cuyas págs. 208 a 218 se incluye un examen de la situación comparada sobre los deberes de los administradores en la vecindad de la insolvencia en que se señalan los ordenamientos en que se detecta una norma expresa de deber de tener en cuenta a los acreedores: Chipre, Dinamarca, Estonia, Hungría, Irlanda, Letonia, Malta y Reino Unido.

Conviene advertir que es manifiesta la coherencia sistemática que cabe detectar entre nuestra Directiva de Reestructuración y la Propuesta de Directiva de diligencia debida en materia de sostenibilidad de 23 de febrero de 2022 (2022/0051 COD). Tanto en una como en otra, las empresas deben integrar la diligencia

---

y reducía la eficacia de la buena gobernanza. La *Recomendación de 12 de marzo de 2014 sobre reestructuración y segunda oportunidad* (2014/135/EU) —a la que tanto debe nuestra Directiva— no incluyó ninguna previsión sobre la responsabilidad de los administradores en la proximidad de la insolvencia.

86 European Commission Staff Working Document…, ob. cit., p. 141.

87 CARSTEN GERNER-BEUERLE/PHILIP PAECH/EDUMUND PHILIP SCHUSTER, *Study on Directors' duties and Liability*, LSE Enterprise, London, April 2013.

debida en materia de prevención de insolvencia/sostenibilidad en la política de la misma y asumir la actualización de dichas políticas (art. 5 de la Propuesta); establecer mecanismos para la detección de efectos adversos en las áreas respectivas tato reales como potenciales (art. 6 de la Propuesta); introducir medidas adecuadas para prevenir y mitigar los efectos adversos potenciales (art. 7 de la Propuesta) y eliminar los efectos negativos reales (art.8 de la Propuesta). Utilizando la misma terminología, los acreedores son "parte interesada" tanto en la prevención de la insolvencia como en la sostenibilidad. También son parte legitimada para exigir responsabilidad civil por los incumplimientos de los deberes de diligencia en prevención de insolvencia y sostenibilidad.

II. UNA CIERTA CONVERGENCIA DE LOS MODELOS DE RESPONSABILIDAD POR LA NEGLIGENCIA PRECONCURSAL EXISTENTES EN DERECHO COMPARADO

Como vimos en el capítulo introductorio, superado el umbral de la existencia constatada o constatable de significativas y no meramente coyunturales "dificultades financieras" (o, como veremos, a partir de ahora, de la "probabilidad de insolvencia"), se produce el consabido efecto de aceleración en la degradación de la situación de solvencia/viabilidad porque se ponen marcha sobre la cabeza de todos los interesados una serie de incentivos perversos que concluyen en la rapidísima destrucción del valor con el desencadenamiento de comportamientos oportunistas de unos y de otros. Esos incentivos perversos pueden ser incluso reforzados por ciertos sesgos psicológicos que sufren los gestores (el sesgo del *statu quo*, el del optimismo excesivo o la super-confianza en el milagro, el apuro apego sentimental a la firma, los miedos a la pérdida reputacional etc.) y, en algunos casos, los derivados de la misma falta conocimiento de la situación real (la implantación de un completo sistema de prevención de riesgos puede resultar excesivamente cara para empresas de reducida dimensión que no pueden acudir al asesoramiento especializado).

En la proximidad de la insolvencia (se habla entonces de *"vicinity of insolvency"*, *"insolvency zone"* o de *"twilight zone"*) los administradores y los socios internos, con mejor acceso a la información sobre la verdadera situación de su sociedad, soportan incentivos fuertes para desarrollar un comportamiento oportunista consistente la implantación de muy diversos tipos de estrategias "expropiatorias" tales como las que pasan por la *traslación del riesgo a los acreedores.* Así, con la "sobre-inversión", se acometen inversiones con elevado e injustificado riesgo mediante la realización de verdaderas apuestas dado que el coste se traslada asimétricamente en sociedades con responsabilidad limitada: en el extremo, el accionista deja de ser el "acreedor residual" y su papel lo ocupan los acreedores, empezando por los ordinarios. También están las diversas estrategias de "infra-inversión", como cuando se suspende la imprescindible aportación de recursos propios necesarios para la continuidad de la empresa social o cuando los socios optan por no afrontar tempestivamente la recapitalización de la compañía o cuando se descapitaliza la sociedad misma mediante la distribución de dividendos con cargo a recursos líquidos que debieran haber paliado la situación (incluidas las distribuciones irregulares u ocultas). Las técnicas de "tunnelling" son imposibles de enumerar exhaustivamente: la amortización del capital con restitución de aportaciones; las prácticas que conllevan *el sobreendeudamiento* (se emplean los nuevos recursos para pagar la deuda anterior en estrategias piramidales); la ocultación a los acreedores de recursos y activos en filiales o personas vinculadas etc. Me remito a lo explicado en el capítulo introductorio.

Por su parte, los acreedores mejor informados, sobre todo cuando en la gestión de sus contratos saltan las alarmas que se consignan en los correspondientes pactos contractuales de vencimiento anticipado o "covenants" o de "aceleración de la amortización del principal", ponen en marcha sus propias estrategias oportunistas o destructoras de valor consistentes en pedir la urgente mejora de las garantías (con postergación de los acreedores ordinarios) o, peor aún, la ejecución de sus garantías o la reclamación en vía judicial de sus créditos.

Así las cosas, habiendo, como hay, un consenso sobre el diagnóstico de la situación y la descripción de los riesgos, existen cuatro grandes modelos comparados de referencia en lo que toca a la regulación de los deberes preconcursales de los administradores:

(i) De una parte, es de cita obligada el **Derecho norteamericano de sociedades**[88], en que, tras una evolución accidentada de su jurisprudencia y doctrina, se ha terminado por defender que solamente se produce un cambio de los "deberes fiduciarios" de los administradores ("shifting of the fiduciary duties") en el momento de la insolvencia (definitiva), pero no antes[89];

---

88 La literatura es abundantísima. Un excelente y actualizado resumen del estado de la cuestión en: J.A. ELLIAS-R.J. STARK, "Delaware Corporate Law and the "End of History" in Creditor Protection", en el libro colectivo, *Fiduciary Obligations in Business* (A.B.Laby-J.H. Russell eds), Cambridge University Press, 2021, págs.. 207 y ss. En la literatura española un excelente resumen de la situación en Derecho norteamericano en: P. VIZCAINO GARRIDO, *El interés social como Fin de la Actividad Gestora de los Administradores frente a Socios*, Aranzadi, Cizur Menor, 2015, págs.. 231 y ss. La mejor exposición de la situación norteamericana en el ámbito de Derecho comparado sigue siendo la de E. RECAMAN GRAÑA, *Los deberes y la responsabilidad de los administradores de sociedades de capital en crisis*, Aranzadi, Cizur Menor, 2016.

89 En un primer momento de la evolución del Derecho norteamericano, desde el alumbramiento de la doctrina conocida como "trust fund doctrine" sentada en un famoso caso del año 1824 (**Wood v. Drummer**), no faltan sentencias y opiniones favorables al entendimiento de que el patrimonio de una sociedad en riesgo de insolvencia debe ser administrado en interés de los acreedores mediante un sistema de gestión "conservativa" análogo al que se predica de los fideicomisos ("trusts"). La proximidad de la insolvencia genera una relación jurídica entre administradores y acreedores análoga a la que liga al trustee con los beneficiarios del trust. La aplicación de esta doctrina generó no poca controversia.

(ii) Por el contrario, en los **ordenamientos de la familia del Common-Law británico** (ordenamiento australiano, canadiense, irlandés, Reino Unido etc.) ha terminado por imponerse la regla contraria según la cual, en la proximidad de la insolvencia, transcurrido un umbral de riesgo que cuesta definir de manera precisa, quedan constituidos los administradores de la sociedad en el deber de "*tener en cuenta*", junto con el de los socios, el interés de los acreedores en su conjunto *("creditor-related duties"; "to take into account the interests of creditors")*. Es el principio de desplazamiento de los deberes de los administradores o "*shifting of the duties*", como un mecanismo tuitivo de los acreedores frente al peligro cierto de que de los socios/administradores intenten externalizar el riesgo/costes de la empresa una vez traspasado un cierto umbral en las dificultades financieras ("triggering point")[90].

De cualquier manera, a partir del año 1992, y en otro "leading case" (**Credit Lyonnais Bank Netherland NV v. Pathe Communications Corp**) se adoptó una nueva doctrina según la cual: *"is not merely the agent of the residual At least where a corporation is operating in the vicinity of insolvency, a board of directors risk bearers (the shareholders), but owes its duty to corporate enterprise"*. Ese interés de la empresa incluye el de los acreedores. No obstante, ese pronunciamiento y otros similares, recibieron una crítica fortísima por parte de la doctrina científica y, en última instancia, parece haber sido abandonada sobre todo a partir de otro hito jurisprudencial famoso en la jurisdicción de referencia de Delaware, este del año 2007 (**North American Catholic Educational Programming Foundation, Inc v. Ghewalla**). Si he de juzgar por lo que tengo leído, la jurisdicción de referencia no se aparta de la teoría negacionista de los deberes de los administradores en relación con los acreedores. Las razones se examinan más abajo.

90 En las últimas décadas del siglo XX y en lo que va de este siglo, en cambio, es perfectamente observable una decidida evolución contraria a la detectada en Estados Unidos en Irlanda, Australia, Nueva Zelanda, Singapur o Reino Unido. De hecho, la génesis de la doctrina se ha localizado en ciertas resoluciones judiciales pioneras en Australasia, empezando por la sentencia de la High Court de Australia en Walker

Especialmente interesante es el ejemplo británico: (i) Desde siempre el Reino Unido ha contado con dos institutos de referencia en Derecho comparado para la corrección, primero, en sede civil o criminal, de los comportamientos fraudulentos o maliciosos en la inmediación de la insolvencia (el "fraudulent trading"; s. 213 Insolvency Act 1986 y s. 993 Companies Act 2006) y, luego, para la disciplina de la "wrongful trading" para cuando la irregularidad no constituye dolo o fraude pero se cumple el requisito de que no existe razonable perspectiva de eludir la liquidación por insolvencia definitiva (la famosa s. 214 Insolvency Act 1986); (II) Con fundamento en la previsión legal de la Companies Act en que se reconoce junto al

---

v Wimborne del año 1976. Es ejemplar la evolución reciente de la doctrina y jurisprudencia británicas: junto a los remedios tradicionales (el "fraudulent trading" y el "wongful trading" de las s. 213 y 214 de la Insolvency Act de 1986) la doctrina y luego la jurisprudencia han ideado un remedio adicional en la doctrina de la "Obligation to consider the interests of creditors". Para ello, se echa mano de la referencia que la section 172 de la Companies Act del año 2006 a la descripción de los deberes de diligencia de los administradores. A saber: por regla general, los administradores deben actuar "in the best interests of the Company as a whole" (apartado primero); es legítimo tener en cuenta los "otros intereses" de los stakeholders (apartado segundo) y, en fin, "en ciertas circunstancias" se requiere de los directors "to consider or act in the interests of creditors of the Company" (apartado tercero). Sobre esa lapidaria mención se ha construido el reconocimiento jurisprudencial de una acción, normalmente exigible por el administrador concursal, en situaciones suficientemente próximas a la insolvencia, para obtener de los administradores negligentes el resarcimiento de los daños causados a los acreedores considerados en su conjunto. El caso ejemplar es la famosa sentencia de la Supreme Court en BTI 2014 LLC v Sequana SA del año 2019. En ella se fija el punto de corte en la certeza del riesgo de insolvencia (parece que en un punto más cercano a la insolvencia que el de nuestra probabilidad de insolvencia) y el deber de ponderar la intensidad del interés de los acreedores en relación con una escala de riesgo según se aproxima a la insolvencia propiamente dicha. Obsérvese que la doctrina no reconoce un derecho subjetivo a los acreedores ni legitimación individual para demandar como sí se hace en algún caso en otros ordenamientos del Common Law.

interés social el de los otros stakeholders y en especial el de los acreedores (cfr. s. 172(1) y 172 (3) Companies Act), la jurisprudencia ha construido la institución de una "obligation/liability to consider de interest of creditors" cuyo recentísimo *leading case* es la doctrina sentada en el famoso caso Sequana de la Supreme Court en su sentencia del año 2022[91].

(iii) En Europa, el mérito histórico del primer tratamiento coherente de la calificada de "Prevención concursal" corresponde al legislador francés con una legislación ejemplar que arranca del remoto año 1984. El modelo francés del procedimiento de alerta-conciliación se basa en una lógica diversa de la anterior: el sistema preventivo de la insolvencia está vertebrado en torno a la atribución por Ley a ciertos sujetos de la función de desencadenar **sistemas de alarma**, tanto interna como externa. La *denuntiatio* de una situación de pre-crisis pasa, en Derecho francés y en otros que siguen su ejemplo, en la obligación de un tratamiento tempestivo adecuado que incluye instituciones tales como la intervención de la administración (el "mandataire ad hoc") o la conciliación ante el Tribunal de Comercio. Este modelo inspira similares soluciones en otros ordenamientos: en el ordenamiento belga, que constituye un ejemplo extremo, se llega a implantar el sistema de alarmas más intervencionista del poder público que conozco. El ordenamiento del Derecho de la crisis italiano cuenta mecanismos de alarma inspirados en el Derecho francés. Sobre todo ello puede verse el capítulo anterior.

(iv) Singular es, en fin, la posición del ordenamiento italiano de sociedades, recogida en los actuales art. 2394 C.c.it (para la anónima) y el nuevo art. 2476, *comma* 6 C.c.it

---

91 El libro de referencia es el de A. Keay, *Company Directors'liability and creditor protection*, Routledge, Abingdon-Nueva York, 2023. La nueva doctrina se discute exhaustivamente en el Chapter 12 a 17.

(para la limitada), de **reconocimiento expreso en la Ley de sociedades de un derecho subjetivo propio y autónomo de los acreedores a resarcirse de los administradores el daño causado a sus créditos en caso de negligencias cometidas contra la regla de conservación del valor del patrimonio social**.

El origen de nuestro sistema de responsabilidad por deudas es el Codice Civile italiano y, en concreto, su artículo 2449 en la redacción originaria de 1942. Aunque la cosa parece haber pasado desapercibida para buena parte de nuestra doctrina, interesa mucho saber que, con bien criterio, derogado el precepto y el anacrónico sistema en la reforma italiana de sociedades del año 2003, el Derecho italiano procedió a sustituir el mecanismo tradicional de la pena civil cuya constitucionalidad discutía algún sector doctrinal por un mecanismo de responsabilidad individual de los administradores frente a los acreedores por ilícitos orgánicos cometidos contra el deber legal de *"conservazione dell'integrità del patrimonio social"* en el supuesto de que *"il patrimonio sociale resulta insuficiente al soddisfacimento dei loro crediti"* y que se recoge en los actuales art. 2394 C.c. (para la anónima) y el nuevo art. 2476, comma 6 C.c. (para la limitada)[92]. En definitiva, el modelo italiano pasa por reubicar la tutela de los acreedores en caso de lesión de sus créditos en el marco más adecuado de las acciones de responsabilidad con la particularidad del reconocimiento de legitimación directa para el ejercicio de una acción individual, frente al modelo de nuestro artículo 240 LSC que se contenta con una legitimación subsidiaria de los acreedores para el ejercicio de la acción social.

92 Por todos, RENNA, L., *Responsabilità degli amministratori di società di capitali,* Zanichelli ed., 2021, págs. 324 y ss. Excelente exposición actualizada del *status quaestionis* con abundante bibliografía.Vid. también: SCOGNAMIGLIO, G., "La responsabilità gestora: le azioni", en: VV.AA., *Le società a responsabilità limitata,* vol. II, Giuffré, Milán, 2020, pgs. 1954-1978; MARCHETTI,C., *La responsabilità degli amministratori nelle società di capitali,* Giappichelli editore, Turín, 2021, Capítulo III, págs.. 162 y ss.

Aunque tal sistema ha dado lugar a una animada discusión doctrinal, es opinión mayoritaria de la doctrina y práctica relativamente pacífica en los tribunales que estamos ante una acción autónoma de responsabilidad extracontractual (frente a quienes sostienen su carácter contractual) por daños inferidos al crédito en que la Ley reconoce legitimación directa (y no subsidiaria o *surrogatoria*) a los acreedores en el supuesto de déficit patrimonial y en que la indemnización se calcula la lesión provocada al crédito respectivo de cualquier acreedor y la restitución, salvo la apertura de concurso, corresponde en exclusividad al litigante. Enormes se han revelado en la práctica los problemas de dificultad probatoria del daño y la doctrina y jurisprudencia han venido elaborando algunas reglas con valor presuntivo para el cálculo del quantum sobre todo en situaciones en que es imposible reconstruir la contabilidad o que los datos contables son insuficientes o no son dignos de crédito.

Promulgada la Directiva de reestructuración, la redacción dada al artículo 19, prohíbe una interpretación "a la americana" del sistema de responsabilidad preconcursal en Derecho europeo. Además, se nos antoja que todo ello con buenas razones:

(i) De un lado, y en el orden de los principios más abstractos, frente a la conjetura según la cual "no se puede servir fielmente a dos amos" **no es rigurosamente cierto que sea, como se ha dicho, "matemáticamente imposible" construir una función-objetivo de la sociedad que consista en perseguir la optimización simultánea de intereses divergentes fuera de situaciones triviales**. Así, el de los socios como acreedores residuales y el de los acreedores y, en fin, el de los "stakeholders". El paradigma clásico resulta a la postre anacrónico en la medida que no sirve ya para explicar jurídicamente el desarrollo de nuevas estrategias (instituciones, normas, códigos, prácticas de autorregulación, costumbres...) de gobierno corporativo en relación con la sostenibilidad y la responsabilidad social corporativa. Por supuesto, tal paradigma carece de virtualidad jurídico-explicativa de las nuevas figuras emergentes de sociedades/entidades de propósito híbrido o función social como nuestras "sociedades de beneficio e interés común" (cfr. disp. adicional décima de la Ley 18/2022, de 28 de septiembre)[93/94].

(ii) De otra parte, **el argumento de que los acreedores son libres de pactar *ex ante* lo que convenga a la prevención de las actuaciones irregulares en situaciones de pre-insolvencia o de dificultades financieras (introduciendo cláusulas contractuales en formas de "covenants" o como proceda o diseñando las condiciones del contrato en todos sus términos de remuneración, vencimiento anticipado etc.) convence solo en parte**. Además de que muchos de esos pactos se han demostrado en la práctica inútiles y hasta ineficientes (un covenant mal diseñado puede producir la aceleración de la degradación patrimonial con la alarma causada y el contagio provocado en la masa acreedora menos informada), sino que quedan fuera de la argumentación todos los acreedores involuntarios y todos aquellos acreedores que carecen de incentivos y de recursos para que les resulte rentable la prevención contractual de la

---

93 No se trata solo de que existe una abundantísima literatura científica, una auténtica rama de la Matemática, sobre la "optimización multiobjetivo" sino que la propia realidad de las cosas —y el propio Derecho de la Unión como es el caso del estatuto del Banco Central Europeo— nos muestra la necesidad de dar relevancia jurídica a los modelos explicativos de las "lealtades múltiples" no obstante el papel de filtro y ponderador de diversos intereses del "agente" al servicio de "múltiples principales". Empiezan a generalizarse los modelos analíticos que contribuyen a explicar la eficiencia en términos económicos de la prudente implantación de las políticas de sostenibilidad con ciertos ajustes en el sistema clásico de las que se hacen eco incluso los defensores acérrimos de la tesis conservadora de la primación del accionista.

94 Una excelente monografía sobre el *status quaestionis* en Derecho comparado en: PETER,H.-VARGAS VASSEROT,C.-ALCALDE SILVA,J. (eds.), *The International Handbook of Social Enterprise Law. Benefit Corporations and Other Purpose-Driven Companies*, Springer, Cham, Suiza, 2023,

insolvencia. Y esto por no olvidar a los acreedores que, bajo el velo de la ignorancia, contratan con una sociedad que ya se encuentra en estado de dificultades financieras.

(iii) **Tampoco resulta particularmente convincente la tesis de la irremediable inseguridad jurídica de toda norma que se construya sobre el concepto indeterminado de "probabilidad de insolvencia".** Nos referimos al problema de la imprecisión de la "señal de alarma" o "trigger" de la regla de responsabilidad en la proximidad de la insolvencia[95] **La opción del artículo 19 de la Directiva es coherente con la preocupación por garantizar la implantación doméstica de los adecuados sistemas de alerta temprana en su artículo 3.**[96]

---

95 Se supone, por seguir con este argumento, que existen costes elevadísimos de la implementación de toda norma, concursal o de sociedades, que en sede de deberes de los administradores imponga el traslado de los beneficiarios de la responsabilidad de gestión —de socios a acreedores— a partir de un momento temporal de imposible definición suficientemente precisa (=objetiva). Más aún cuando el juez no solo carece de formación especializada para un diagnóstico de la preinsolvencia sino que soporta importantes sesgos gnoseológicos como es el llamado sesgo retrospectivo. Ante esa situación de intolerable incertidumbre, se dice, los administradores se sentirán tentados de abordar proyectos subóptimos —más conservadores— en relación con su nivel de riesgo: la norma incentiva la aversión al riesgo de los inversores (mayor que la de los accionistas) y paradójicamente hace imposibles ciertas estrategias muy convenientes para reestructurar la sociedad.

96 En ambos casos, corren paralelos los deberes preconcursales de los administradores con las "garantías" —sistemas de información y de alerta tanto externa como interna— que lor ordenamientos domésticos tienen que introducir: el presupuesto objetivo de sendos preceptos es el mismo: la probabilidad de insolvencia. El legislador europeo no desconoce, antes al contrario, el enorme progreso que se observa en los últimos años en el desarrollo e implantación de modelos cada vez más perfectos y sofisticados de predicción de la insolvencia cuya implementación favorece en el ámbito de la Unión Europea la profunda extensión de los deberes contables y de auditoría: de una parte el depósito

(v) No puede, en fin, compartirse la idea de los defensores del paradigma de la supremacía del socio de la presunta suficiencia de las normas tuitivas de los acreedores en Derecho civil común y en Derecho de sociedades, así como en el propio Derecho concursal[97].

Lo cierto es que hasta los más acérrimos partidarios de la tesis de la primacía de los accionistas son perfectamente conscientes de la evidencia empírica: de que no puede negarse en la práctica de los negocios de los consabidos incentivos perversos en cabeza socios y administradores a partir de un momento en que la sociedad, entrando en dificultades, experimenta conflictos sustanciales con los acreedores, conflictos cualitativa y cuantitativamente diferentes de los existentes en situaciones de sociedad *in bonis*

---

de cuentas pone a disposición de los económetras millones de estados contables procesables; de otra parte, han desaparecido en gran medida las prevenciones antes existentes sobre el llamado "gap de expectativas": la reticencia de los auditores a emitir opinión desfavorable en caso de quiebra del principio de gestión continuada para eliminar el riesgo de la profecía autocumplida. En fin, como la norma es de mínimos, la Directiva europea deja mucho espacio al legislador nacional para el desarrollo de herramientas y sistemas consultivos y de "early warning" que funcionan como verdaderas "reglas" (frente a los estándares abstractos) que facilitan la diagnosis de la preinsolvente y la prognosis de la viabilidad de la sociedad estructurada sobre todo tratándose de sociedades más necesitadas de este tipo de apoyo en atención a su reducida dimensión.

97 No en vano, se nos recuerda, rigen en situación preconcursal las reglas generales de posible impugnación de actos y decisiones sociales irregulares, las acciones rescisorias en Derecho civil común y la revocatoria concursal, las que castigan operaciones irregulares con partes vinculadas o las distribuciones irregulares a los socios, las de responsabilidad de los administradores por incumplimiento de los deberes de gestión y de lealtad etc. Se ha llegado a insinuar que, implantada la Directiva, existiría sobre-protección de los acreedores que cuentan en la regulación de los planes de reestructuración con la posibilidad de homologar judicialmente planes contra los socios que pueden incluir la expropiación de su posición jurídica.

en que puede admitirse como regla general que los intereses de unos y otros son conciliables o están alineados. En este tipo de situación los remedios comunes frente a conductas irregulares no suelen funcionar correctamente y menos aún tempestivamente. Por otra parte, existiendo en nuestro país una aversión fortísima —bizarra en el panorama comparado— al recurso judicial para el tratamiento tanto de la solvencia como de la insolvencia, no solo se llega demasiado tarde al saneamiento de la situación sino que el modelo de frecuencia es el cierre de facto de la empresa con lo que ello implica de imposibilidad/dificultad de actuar mecanismos tales como la revocatoria concursal o la condena por el déficit de insolvencia (que presuponen la declaración oficial de concurso) o de pésimo funcionamiento de las reglas de responsabilidad (con una jurisprudencia rigurosísima en acción individual, la previsible inutilidad de la acción social y el penoso diseño de la responsabilidad "quasi-objetiva" por pérdida de capital).

En fin, no debe olvidarse que no es casualidad que muchos de los defensores de las interpretaciones más estrictas están pensando en el modelo de sociedad abierta o cotizada con separación de la propiedad y el control en que existe disciplina de mercado y distancia entre los intereses de administradores y socios. En cambio, el modelo societario marco entre nosotros es la sociedad cerrada y no pocas cotizadas se caracterizan por estructura de propiedad concentrada en que la dirección está al servicio de los socios de control.

De todas formas, no puedo dejar de denunciar que, a efectos prácticos, existe una impostada tensión dialéctica en la habitual explicación de las supuestas diferencias entre los dos modelos contrapuestos: el "americano" de maximización del valor para el accionista y el "europeo/británico" de relevancia del interés de los acreedores en situaciones preconcursales:

1.º En realidad, ni el Derecho de sociedades británico ni el europeo del artículo 19 de nuestra Directiva consagran, contra lo que se pretende, un modelo alternativo de responsabilidad de los administradores sino una modalización o "especificación" del modelo de referencia de la maximización del beneficio en atención a la existencia de una situación preconcursal en que se detecta o debe detectarse un riesgo probabilístico de quiebra de la continuidad de la empresa social.

No se trata tanto de sustituir en la fórmula consagrada del interés social (o el "de la empresa") el (exclusivo) interés de los socios por el (exclusivo) interés de los acreedores (paradigma del modelo puro de la insolvencia en que los administradores actúan en interés del concurso: shifting of liabilities) sino, como se suele decir, **de "tener en cuenta" o "considerar también" el interés de los segundos junto a los primeros en el desarrollo de la empresa social**. Es inevitable que esa ponderación (el "balancing" de intereses que deben a la postre realizar los administradores) deba atender al estado de degradación de la solvencia: cuanto más profunda sea la crisis en que incurre la sociedad, cuanto menores sean sus posibilidades de supervivencia, más atendible será el interés de los acreedores. En el límite, si la sociedad es efectivamente insolvente, el interés patrimonial de los socios vale cero como se reconoce paladinamente en la Directiva cuando se permite que la reestructuración se haga contra los socios y se ordena que el Derecho de sociedades no constituya obstáculo al remedio preventivo de la reestructuración forzosa. La jurisprudencia británica habla entonces de "escalar" los intereses complementarios de socios/ acreedores: preeminente el de los socios en las primeras fases de la crisis, preminente el de los acreedores en fases posteriores.

2.º No de trata tampoco de sustituir el paradigma normal de gestión lucrativa de la empresa social por un modelo alternativo de "gestión empresarial conservadora" como el que denuncia el modelo de referencia del "trust fund". A la postre la diferencia entre el paradigma americano y el europeo es la "especificación" de ciertos deberes particulares de diligencia en relación con el sistema de control de riesgos y la prohibición de conductas manifiestamente desviadas respecto al fin básico del remedio tempestivo de la situación detectada de probabilidad de insolvencia.

3.º A pesar de lo que puedan temer los que se han demostrado contrarios a la transposición completa de la Directiva, la incorpo-

ración de un precepto equivalente al del artículo 19 en nuestro Derecho positivo de sociedades no tiene por qué comprometer el recto funcionamiento de la regla de la Business Judgment Act. Como se verá luego, los peligros que la BJA debe conjurar pueden ser atacados por la recta aplicación de la misma..también en sede preconcursal.

4.º Frente a lo que suelen presuponer los autores norteamericanos la regla de "tener en cuenta (también) los intereses de los acreedores" **no supone necesariamente que haya de reconocerse legitimación directa e individual a estos últimos *uti singuli* para el ejercicio de una acción resarcitoria de daños y perjuicios contra los administradores**. Cierto que este tipo de acciones existen en Derecho comparado (en Italia, por ejemplo) y que en cierto modo nuestra responsabilidad por deudas responde, lejanamente, a este modelo, pero caben otras soluciones según el sistema de remedios y acciones que en Derecho doméstico se incluyan. De hecho, la condena de cobertura del déficit responde a un modelo extendido en Derecho comparado (inspirado en el "wrongful trading") que no se funda en una legitimación individual sino colectiva y en sede judicial (vid. *supra*).

III. LA LAGUNA DE TRANSPOSICIÓN EN DERECHO ESPAÑOL DE LA DIRECTIVA DE REESTRUCTURACIÓN PREVENTIVA

Los expertos de la comisión redactora del Borrador de la reforma concursal para la transposición de la Directiva de reestructuración preventiva eran perfectamente conscientes de la situación de la no-transposición del artículo 19 de la Directiva. La omisión ha sido una opción legislativa deliberada. El preámbulo de la Ley 16/2022, apartado VII, indica lacónicamente al respecto que: *"Las previsiones de la Directiva 2019/1023 respecto de los deberes de los administradores sociales se encuentran implícitos en la normativa vigente, por lo que no se introducen novedades en el régimen actual de la acción social ni en la posible calificación del concurso de acreedores como culpable".*

A pesar de las críticas que cierto sector de la doctrina ha vertido sobre este criterio y que por supuesto comparto, no hubo enmiendas en la tramitación parlamentaria de la Ley[98]

En un reputado informe patrocinado por el FMI sobre las opciones políticas de transposición de la Directiva ya se advertía acerca de que los problemas de adecuada coordinación entre el Derecho común de sociedades y la normativa concursal podía llevar a algunos estados a dejar su régimen sustantivo inalterado. Precisamente, las previsiones de la Directiva en sede de deberes de los administradores *"are drafted only to point to a broad policy direction, rather tan providing detailed rules"*[99].

Tengo para mí que en la decisión adoptada entre nosotros ha pesado la experiencia legislativa alemana reciente de supresión en la versión definitiva de la nueva StaRUG de las previsiones legales contenidas en el proyecto de Ley redactado por el gobierno en que se establecía una primera regulación expresa de los deberes de los directores en la proximidad de la insolvencia consistentes en tener en cuenta los intereses de los acreedores considerados en su conjunto desde que la insolvencia fuere probable ("*drohende Zahlungsunfähigkeit*") y con la postergación del interés de los propios socios. Tal cambio de beneficiario principal de la regla de diligencia debería operar independientemente de que hubiera o no una previa comunicación de la situación de preinsolvencia al juzgado (&2(1) y 2(2) StaRUG-RegE). También se incluía en el Proyecto una regla de responsabilidad de los directores frente a la

---

98 Vid. Sobre el "sorprendente" criterio de no-transposición (crítica con la que por supuesto estoy de acuerdo) en: F. CERDÁ, "Deberes de los administradores en la proximidad de la insolvencia y acción individual de responsabilidad", en: AA.VV., Deberes de los administradores de las sociedades de capital, (A. COHEN-A.MUÑOZ PAREDES dirs.), Civitas, Cizur Menor, 2023, Capítulo 29.

99 IMF Working Paper, Restructuring and Insolvency in Europe: Policy Options in the Implementation of the EU Directive", WP/21/152, 2021, pág. 27.

sociedad por los perjuicios causados a la sociedad y a los acreedores (& 3(1) y &45 StaRUG-RegE)[100].

Lo cierto es que aunque falta en Derecho (pre)concursal alemán —en la StaRUG— una norma expresa de transposición del artículo 19 de la Directiva, tal omisión se ha entendido irrelevante habida cuenta que desde mucho antes (desde la KonTraG del año 1998) existe previsión expresa en Derecho de sociedades de capital (en el & 91, 2 AktG y en el &43, 1 GmbhG) acerca de deberes preconcursales específicos a cargo de los administradores consistentes en *"la adopción de medidas adecuadas e implantación de sistema de control (interno) que permita detectar en cualquier momento y tempestivamente las amenazas susceptibles de comprometer la continuidad empresarial"*. El & 1 (1) de la StaRUG presupone y en cierto modo completa la disciplina societaria. En la tramitación legislativa se argumentó, como luego hizo nuestro legislador, en favor de la inexistencia de laguna regulatoria alguna y no faltan autores, incluso, que reclaman en sede preconcursal la aplicación analógica de la disciplina legal referente a la responsabilidad "externa" frente al conjunto de todos los acreedores (=no hay acción individual) por faltas a la diligencia exigible de los administradores que la Ley regula solamente en el caso de comunicación al juzgado del inicio de la reestructuración[101].

---

100 Ante las críticas de un sector doctrinal germano al proyecto de Ley el Comité legal del Bundestag decidió eliminar estas previsiones de suerte que el vigente régimen de la Reestructuración Preventiva de la StaRUG en sede de "Detección temprana y gestión de la crisis en las entidades de responsabilidad limitada" del &1 StaRUG se limita ahora traducir en esta sede lo que se dice en la legislación societaria común en el & 91, Abs 2 AktG (y & 43 Abs 1 GmbHG) sobre la implantación de un sistema de control interno de prevención de riesgos adecuado y la monitorización de su funcionamiento (Überwachungssystem); la adopción tempestiva de contramedidas adecuadas (geeinete Massnahmen) y la denuncia de la situación a los órganos de supervisión sin retrasos injustificados (unverzüglich).

101 La doctrina alemana está conforme en el hecho de que la reforma no tiene por resultado la producción de una laguna tuitiva toda vez que se aplican los remedios de Derecho común de sociedades e incluso el Derecho de responsabilidad por daños. Más aún, el & 43 StaRUG establece un deber específico de diligencia en la gestión empresarial de la sociedad incursa en el proceso de reestructuración preventiva en tutela

No se puede negar que tanto en Alemania como en Italia (en donde su art. 2086 comma 2.ª CC prácticamente copia el Derecho alemán), la especificación de los deberes preconcursales en la Ley material inmediatamente suscitó críticas en la doctrina a propósito del carácter innecesario del precepto (la teoría del "pleonasmo") pero lo cierto es que, conciliados desde hace tiempo las respectivas doctrinas científicas y los tribunales de uno y otro país con la tesis de que la especificación del deber genérico de diligencia no conlleva una derogación o excepción de la regla de discrecionalidad (no hay desviación de la BJR), no puede dejarse de advertir las ventajas de profundizar en el tratamiento articulado del estatuto de los deberes de diligencia preconcursales con las herramientas y sistemas de información/pública y privada y alerta preconcursal. De hecho, el sistema italiano puede servir de ejemplo paradigmático de lo que supone una transposición completa

---

de los acreedores en su conjunto que para cierto sector de la doctrina germana admite aplicación analógica o extensiva a los casos de preinsolvencia no comunicada formalmente al juez y, por si fuera poco, se incluye una mínima articulación del deber de prevención con los mecanismos legales de información y early warning consagrados en la Parte 4, && 101 y 102 StaRUG. Como puede comprobarse, nada más lejos de lo que ocurre en nuestro Derecho positivo en que se detectan dos lagunas por falta de trasposición el artículo 19 y por transposición incompleta (displicente y asistemática) de lo de los sistemas de alarme e información. Cfr. & 43 StaRUG. Merece la pena la lectura reposada del comentario *on line* y en abierto del artículo primero del Kommentar de la StaRUG en www.starug-online realizado por Matthias Wolgast. El texto examinado corresponde a la 3.ª ed. De noviembre de 2022. Entre nosotros con cita de la discusión habida en Alemania en: E. RECAMÁN GRAÑA, "Entre la reestructuración y el concurso: la posición del administrador tras la reforma alemana (apuntes para el debate español), en I&R n.º 2, julio de 2021.Vid. también: G. SPINDLER, "Trading in the vicinity of insolvency: Considerations under the proposal of Directive and the InsO. A German perspective" en el libro colectivo: VV.AA., *Las reestructuraciones de las sociedades de capital en crisis* (dirs. N. BERMEJO-A. MARTÍNEZ-A. RECALDE), Civitas, Cizur Menor, 2019, págs. 101 y ss.

del sistema europeo en materia de responsabilidad por causa de la mala prevención de la insolvencia[102].

Examinada la experiencia alemana e italiana, podemos concluir sin temor a equivocarnos **que hubiera sido deseable una expresa trasposición de los deberes específicos de la diligencia empresarial sirviéndose de los "grupos de casos" que habitualmente maneja la doctrina**. Frente a lo que algunos autores han defendido, no comparto las supuestas ventajas de seguir manteniendo una regla genérica o abstracta del deber de diligencia frente al pedagógico detalle de los deberes específicos en que se desglosa en sucesivos preceptos el deber de lealtad. Valen aquí las razones aducidas en su día para incluir preceptos aclarativos o específicos que se derivan "implícitamente" del genérico deber de lealtad de los administradores. La transposición del artículo 19 de la Directiva hubiera cumplido una función pedagógica muy necesaria en terreno de tanta incertidumbre y fluidez de opiniones heterogéneas (visibiliza socialmente el problema, genera una saludable discusión científica, crea una cultura corporativa) y hubiera servido para facilitar el trabajo y el mayor acierto de todos los operadores jurídicos (orientando a los administradores, auditores y desde luego a los jueces etc. facilitando mecanismos para resistir presiones

---

102 El ejemplo italiano es paradigmático de una trasposición completa del programa comunitario: (1.º) Los deberes específicos preconcursales de los administradores se contienen tanto en Derecho material (cfr. art. 2086 comma 2.º C.C) como en Derecho concursal en sede de "adeguatezza delle misure e degli assetti in funzione della rilevazione tempestiva della crisi d'impresa" (art. 3 Codice delle crisi e dell'insolvenza); (2.º) La normativa de prevención, desde la perspectiva organizativa, contempla como sujetos de deberes preconcursales no solo los administradores sino todos los titulares de los diferentes sistemas de control y supervisión posibles en Derecho italiano (collegio sindacale, revisione legale dei conti, sistemas de control interno de riesgos etc.); (3.º) Se detalla en el CCi las finalidades típicas que deben perseguir las medidas y los arreglos preventivos en su art. 3.3; (4.º) Se precisa minuciosamente las "segnali per la previsione di crisi" (art. 3.4 CCi) y se establece al modo francés todo un sistema de alertas internas y externas que no podemos examinar en detalle.

indebidas etc.). Es extraordinariamente relevante la experiencia en ese sentido de la reforma italiana y los abundantísimos trabajos de la literatura recaída sobre estos aspectos en la reforma. ¿Cuántos años —décadas— tardará en generarse una jurisprudencia consolidada en nuestros muy sufridos tribunales de justicia?.

En términos de estricta dogmática jurídica, la falta en la Ley de reforma concursal de una expresa transposición del artículo 19 de la Directiva de reestructuración —en Derecho de sociedades o/y concursal español— no permite hablar de una trasposición incompleta ni puede sostenerse que por ello se provoque una verdadera laguna jurídica (una "laguna normativa") sino una mera "laguna de reconocimiento". Vale decir: la "norma ausente" en la Ley de transposición plantea un problema de interpretación que puede soslayarse mediante el recurso al expediente técnico de la "interpretación conforme a Derecho europeo" y sin que sea necesario al exégeta la labor de integración. Como es de sobra conocido, la herramienta exegética de la interpretación conforme a Derecho europeo está reconocida tanto en Derecho doméstico como en el europeo y permite ahorrarnos el recurso prejudicial ante el TSJUE. Como es sabido, conforme a las recomendaciones del Consejo de Estado, se incluyó en la LOPJ un artículo 4 *bis* que da cobertura legal suficiente a esta técnica cuya consagración en Derecho europeo se consagra en la doctrina primeramente sentada por los casos *Marleasing* (1990) y *Pfeiffer* (2004). Vid. también la STS 3246/2007, de 16 de abril, de la Sala de lo Civil o en,la STS 2502/2021, de 23 de junio de 2021 por citar otra más reciente.

El recurso a la "interpretación conforme" no es una opción exegética sino una obligación del intérprete para defender la Supremacía del Derecho europeo cuando, como es evidente el caso, se dan los requisitos para que se produzca el efecto directo de la Directiva incompletamente traspuesta[103]. A saber: (i) Se trata de

---

[103] Vid. por todos: J.I. UGARTEMENDIA, *La interpretación conforme al Derecho de la Unión Europea. Especial referencia al intérprete constitucional*, Aranzadi, Cizur menor, 2023.

disposiciones suficientemente "claras, precisas e incondicionales" y (ii) Ha transcurrido el plazo de transposición.

IV. LA DISCUTIBLE APLICABILIDAD DE LA REGLA DE LA DISCRECIONALIDAD EMPRESARIAL ("BJR") A LAS DECISIONES ADOPTADAS EN SITUACIÓN PRECONCURSAL

La voluntad pre-legislativa de no trasponer expresamente en nuestro Derecho de sociedades el artículo 19 de la Directiva no se debe tanto a lo que se dice en la Exposición de Motivos de la Ley —eso de que existen deberes ya "implícitos" en el artículo 225 LSC— como a lo que se temía por sus sabios redactores: la eventual puesta en riesgo del sistema de tutela de la discrecionalidad del art. 226 LSC por una interpretación judicial "desacertada". De hecho, el legislador europeo era consciente de la situación[104] No parece deseable que, por un mal diseño de la norma de transposición, se inserten incentivos perversos a los administradores para el desarrollo de conductas irrazonables como la prematura adopción de medidas preventivas innecesarias o la entrada demasiado temprana en el concurso[105].

> Resulta evidente que el principal motivo que animó a la comisión de expertos redactora del Borrador de la Reforma de la Ley concursal a no trasponer en Derecho positivo español de sociedades era el miedo no declarado de que se terminara imponiendo en la jurisprudencia una interpretación judicial favorable al entendi-

---

104 Se quiso dejar la libertad a los estados miembros para, si lo creían oportuno, como reclamaban algunas opiniones manifestadas en la consulta pública, concedieran mecanismos y remedios para conceder un puerto seguro ("safe harbour") contra las decisiones de reestructuración adoptadas con buena fe y con información adecuada. En este sentido vid. Considerando 71 de la Directiva, el European Commission staff working document impact assessment, p. 141 y CORNO, en Paulus/Dammann, European Preventive Restructuring, Verlag Beck, 2020, pág. 239.

105 CORTO, European Preventive Restructuring..., ob. cit., pág. 19.

miento de la existencia de una cierta regla de reforzamiento legal de los deberes de diligencia en la proximidad de la insolvencia como consecuencia (indeseable para los expertos) de la posible inaplicación del artículo 226 LSC (nuestra Business Judgement Rule). El argumento podría ser el siguiente: la concreción preconcursal de la norma que establece el deber general de diligencia contenida en el artículo 225 LSC que se hace efectiva mediante la eventual adición de ciertos deberes específicos que "completaran" aquel deber general en trasposición de lo dispuesto en el art. 19 de la Directiva podía ser interpretada como una excepción/derogación a la regla de tutela de la discrecionalidad o, cuanto menos, una modalización del art. 226 para hacer más exigente el estándar de responsabilidad ... facilitando el escrutinio de la actuación de los administradores en esa fase preconcursal por los jueces[106].

---

[106] Sobre el tema de la aplicabilidad de la BJR en la fase previa a la insolvencia definitiva y, en general, la responsabilidad de los administradores por irregularidades en la prevención de la misma empieza a existir una importante doctrina en la que citamos a los trabajos dedicados al tema en el libro colectivo dirigido por A. COHEN en-A. MUÑOZ PAREDES, *Deberes de los administradores de las sociedades de capital*, ob. cit. que se encuentran en los siguientes Capítulos: el Cap. 17, el trabajo de J. PIEDRA, "Deberes fiduciarios de diligencia y lealtad: interés de la empresa e interés social"; Cap. 22, J. SÁNCHEZ CALERO, "Infracción de deberes y protección de la discrecionalidad empresarial en periodos de crisis"; el contenido en el Capítulo 25 por J.J., PÉREZ BENÍTEZ, "La responsabilidad de los administradores sociales en las proximidades de la insolvencia"; el del Capítulo 26, por I. FERNÁNDEZ LARREA, " Acuerdos de refinanciación y administradores sociales: protección de la discrecionalidad empresarial"; el del Capítulo 29 por F. CERDÁ, "Deberes de los administradores en la proximidad a la insolvencia y acción individual de responsabilidad"; el del Capítulo 31 de C.ARÁ, "La responsabilidad de los administradores en la proximidad de la insolvencia". Vid. también, entre otros los trabajos de: J. ALFARO AGUILA-REAL, "Administradores frente a accionistas y acreedores: Deberes de lealtad para los accionistas y obligaciones pactadas o legales para los acreedores", en la obra colectiva: VV.AA., *Las reestructuraciones de las sociedades de capital en crisis* (dirs. N. BERMEJO-A.MARTÍNEZ-A. RECALDE), Civitas, Cizur Menor, 2019, págs. 46 y ss.; I. FERNÁNDEZ TORRES, "Sobre los deberes de los administradores en la preinsolvencia (con especial referencia al Anteproyecto de Ley de Reforma de la Ley Concursal", en

Existe una animadísima discusión en Derecho comparado, sobre todo en el italiano y alemán, sobre si debe tener o no aplicación la BJR a la conducta de los administradores desplegada en la proximidad de la insolvencia[107]. De esta discusión se ha hecho eco nuestra doctrina sin que parezca haber llegado a ninguna conclusión pacífica más allá de expresar cierta perplejidad y grandes dudas.

Aparentemente, la cosa no es trivial. De un lado, si se entiende que la existencia en la Ley positiva de deberes preconcursales específicos como los que dicta el art. 19 de la Directiva enerva la aplicación de la BJR es evidente que, *de facto*, nuestro artículo 226 LSC perdería bastante de su contenido y utilidad prácticos toda vez que cualquier empresa está, por definición, en algún riesgo de insolvencia y dado que los supuestos típicos en que funcio-

---

la obra colectiva dirigida por L. GARNACHO-F.J. ARIAS; *El Derecho concursal y la trasposición de la Directiva sobre Reeestructuración Preventiva*, Wolters Kluwer, Las Rozas, 2022, págs.233 a 253; C. GUERRERO, "La regla de protección de la discrecionalidad empresarial en la proximidad a la insolvencia", en la obra colectiva dirigida por J. Pulgar, *Reestructuración y Gobierno Corporativo en la proximidad de la insolvencia*, Wolters Kluwer, Las Rozas, 2020, págs.. 235 a 279; J. QUIJANO, "Responsabilidad de los administradores en la proximidad de la insolvencia", en J. Pulgar (dir.), *Reestructuración y Gobierno Corporativo...*, ob. cit., págs.. 331 y ss.; F. MARIN DE LA BÁRCENA, Deberes y responsabilidad de los administradores ante la insolvencia de las sociedades de capital", *RdS* núm. 19, 2002, págs.179 y ss.; M. MARTÍNEZ, "La responsabilidad de los administradores societarios en el período de crisis empresariales", *RDBB* núm. 162, 2021, págs. 94 y ss.; J. PULGAR EZQUERRA, "Gobierno corporativo, sociedades cotizadas y proximidad de la insolvencia: administradores, accionistas y acreedores", *RCP* núm. 30, 2019, apdo I (versión digital); E. RECAMÁN en: Los deberes y la responsabilidad de los administradores de sociedades de capital en crisis, Aranzadi, Cizur Menor, 2016, passim y, más recientemente en "Diligencia e interés social en la proximidad de la insolvencia" en en J. Pulgar (dir.), Reestructuración y Gobierno Corporativo..., ob. cit. págs. 203 y ss.

107 Por todos: BARCELLONA, E., *Business Judgement Rule e interesse sociale nella* "crisi", Giuffrè, Milán, 2020.

na el art. 226 LSC son las situaciones de dificultades financieras y crisis empresarial. Por el contrario, como reconocen paladinamente los más acérrimos enemigos del reconocimiento de deberes para-con-los-acreedores en fase preconcursal (Bainbridge es, como siempre, un buen ejemplo), si la BJR protege íntegramente la discrecionalidad de los administradores en lo que hace a la prevención de la insolvencia, la cuestión del reconocimiento de deberes frente a terceros o de la desviación respecto del canon de la maximización-del-valor-para-el-accionista carece a la postre de mucha trascendencia práctica.

Se impone a mi juicio una interpretación razonable de la cuestión que pasa por entender que el artículo 19 de la Directiva tiene que se aplicado en Derecho español de manera coherente con lo previsto en el artículo 226 LSC de suerte que pueda acogerse la dirección que actúa de buena fe a un "puerto seguro" en su actuación ("safe harbour")[108]:

(i) **En la selección de las "herramientas" o sistemas de prevención** *("early warning tools")* del riesgo empresarial a que se refieren los artículos 3 y 19 de la Directiva de reestructuración, el deber específico que se estudia con algún detalle más debajo está cubierto por la regla de la protección de la discrecionalidad. Basta con que los medios o sistemas implantados sean "adecuados" (se entiende: al tamaño y naturaleza de la sociedad y su empresa) en el sentido de lo que se dice en el inciso final del propio art. 226.1 LSC. A saber: que la decisión sobre su implantación y la monitorización posterior de su regular funcionamiento se tome *"con información suficiente"* y que se sustancie a través de un *"procedimiento de decisión adecuado"*.

Obviamente, no quedará cubierta por la BJR la total ausencia de cualquier mecanismo de prevención concursal o la irracional

108 CORNO, European Preventive Restructuring..., ob.cit., pág. 239; EC, Commission staff working document impact assessment, pág. 141.

adopción de un protocolo de prevención desviado de la *Lex artis*. Para ponderar esto último, el juez debe tener en cuenta el cuadro institucional que el legislador español pone a disposición de los administradores: el administrador que no accede a los sistemas informativos del diagnóstico de riesgo cuyo coste es despreciable (estoy pensando por ejemplo en el diagnóstico probabilístico de la posición de riesgo por informe emitido por los registradores mercantiles *ex disp. adicional séptima* TRLC o la web de autodiagnóstico etc.) no puede alegar con éxito, para salvar su negligencia, que la sociedad es una PYME con escasos recursos. Precisamente, el artículo 3 de la Directiva está pensando en el apoyo a las pequeñas empresas que cuentan con incentivos y recursos menores para implantar sistemas de prevención de riesgo sofisticados.

(ii) **En el acierto o desacierto en la tempestiva adopción de los remedios para revertir la situación**, sean judiciales o extrajudiciales (los “private work-outs”), también la actuación de los administradores está cubierta por la regla del artículo 216 LSC.

Evidentemente, incumplirá la regla quien, a pesar de las señales inequívocas, siga funcionando como si la conservación de la empresa no estuviera en juego (quien confía en un milagro), o quien adopta una solución groseramente inadecuada como es la de continuar con ciertos ajustes menores en lugar de liquidarse cuando la insolvencia es manifiestamente irreversible y la supervivencia inviable. El supuesto de hecho típico puede ser el contemplado en la STS 2906/2023, de 30 de junio, cuya doctrina, aunque referida al caso de un administrador concursal, vale también para los deberes preconcursales: el art. 226 LSC no cubre la conducta del administrador que no cesa la actividad y mantiene “la ruinógena explotación del negocio”. Cuando sea “clamorosamente ruinosa” la continuación de la explotación hay que entender que la sociedad incurre en causa legal de disolución ex art. 363.1 c) LSC (imposibilidad manifiesta de conseguir el fin social).

(iii) **En cuanto a la obligación *ex* art. 19 c) Directiva de evitar adoptar actos y decisiones que comprometen la reestruc-**

turación o regular liquidación del negocio, el legislador europeo se cuida de dejar fuera tan solo a los comportamientos fraudulentos o groseramente negligentes lo que se corresponde con el requisito de manifiesta irracionalidad que explica la inaplicabilidad de la regla del BJR según la mayor parte de la doctrina. No creo que nadie defienda otra cosa. En muchos casos, como veremos más abajo, las conductas más intolerables y las más frecuentes son las que se realizan en beneficio de personas vinculadas y contra la conservación del valor de la empresa (recuérdese que el inciso final del artículo 226.1 LSC incorpora entre los requisitos exigibles de la regla que el administrador no tenga interés en la decisión).

A la vista de todo lo anterior, no puede desconocerse una insuficiencia de la formulación española de la BJR: el artículo 226 LSC no contiene precisión procesal alguna sobre la carga de la prueba lo que es especialmente grave habida cuenta las dos líneas doctrinales fundamentales de entendimiento posible. A saber: para unos, estamos ante una mera presunción legal *iuris-tantum* de comportamiento diligente de los administradores (que debe ser vencida por el demandante: sociedad, socio o tercero); para otros, de conformidad con el tenor literal de la norma, estamos ante una concreción del deber de diligencia que exonera de responsabilidad al administrador que prueba el cumplimiento de los requisitos exigidos (que deben ser probados por el administrador demandado a quien se facilita un "puerto seguro"). Afortunadamente, tanto unos como otros, terminan por llegan a muy semejantes conclusiones sobre el reparto de la *carga de la prueba*:

1.º Corresponde en principio al demandante que exige la responsabilidad, *ex* art. 217 LEC, la carga de probar los hechos de los que ordinariamente se desprenda la responsabilidad de los administradores ...al menos cuando éstos sean accesibles. A mi juicio, ya sea en méritos de diligencias preliminares de los arts 256 y ss LEC, el expediente mercantil de jurisdicción voluntaria de reconocimiento de contabilidad de los arts. 112 ss LJV o por la vía de la autorización judicial en un incidente del procedimiento concursal o preconcursal debe reconocerse al demandante el libre acceso a los datos contables reservados (y demás documentación disponible, sobre todo cuando como es frecuente no se hubieran depositado las cuentas) e incluso al informe de la posición de riesgo de la sociedad emitido por el registrador mercantil de la disp. adicional séptima TRLC (vid. Capítulo anterior).

2.º No obstante lo anterior, es manifiesta la dificultad probatoria del hecho negativo del incumplimiento o del cumplimiento irregular de los requisitos exigibles para exonerar la responsabilidad a los administradores y, en particular, si se han adoptado decisiones y realizados actos y negocios que no son coherentes con un sistema y protocolo razonables de prevención de riesgos de insolvencia. Esto mismo es defendible bien porque se entienda que esta es la interpretación más ajustada al tenor literal de la norma en los términos antes vistos (una mera concreción del deber de diligencia con carga de la prueba de los supuestos de exoneración a cargo del administrador) o bien porque, en todo caso, se defienda la modulación procesal —vale decir: inversión en equidad— de la regla de la carga de la prueba en caso de dificultad probatoria del último inciso del artículo 217 LEC *("Para la aplicación de lo dispuesto en los apartados anteriores de este artículo el tribunal deberá tener presente la disponibilidad y facilidad probatoria que corresponde a cada una de las partes del litigio")*, corresponde al administrador demandado probar que ha actuado de buena fe, sin interés personal, con información suficiente y con arreglo a un sistema de prevención de riesgos adecuado.

3.º En todo caso, no obstante lo alegado y probado por el administrador, el demandante puede siempre probar la irracionalidad de la conducta y, en relación con lo previsto en el artículo 19 de la Directiva: que no existía un sistema razonable de prevención del riesgo o éste era manifiestamente inadecuado o/y que se adoptaron decisiones, acciones o se incurrió en omisiones, manifiestamente desviadas del comportamiento coherente con el remedio tempestivo de la situación.

V. EL DEBER ESPECÍFICO DE IMPLANTAR —Y "MONITORIZAR EL FUNCIONAMIENTO"— DE LAS HERRAMIENTAS "ADECUADAS" DE PREVENCIÓN

Dentro del deber de diligencia de los administradores de una sociedad de capital la Ley distingue entre la "buena dirección" y el "control" de la sociedad: artículo 225.2 LSC. La diferenciación entre dirección y control es más neta en las sociedades cotizadas habida cuenta que el artículo 529 ter LSC incluye entre las facultades indelegables por el consejo de administración la "*determinación de la política de control y gestión de riesgos, incluidos los fiscales, y la supervisión de los sistemas internos de información y control*" (apartado b) del citado precepto). Vid. también lo que se nos dice en el apartado III.3.4.3 del Código de Buen Gobierno de las Sociedades cotizadas de la CNMV (revisado en junio de 2020). Sin perjuicio de lo anterior, es función de la comisión de auditoría del consejo que debe constituirse obligatoriamente en cotizadas la de "supervisar la eficacia del control interno de la sociedad, la auditoría interna y los sistemas de gestión de riesgo (.../...)": art. 529 quaterdecies.4 b) LSC. En las sociedades anónimas europeas, como habitualmente sucede en Derecho europeo con los sistemas dualistas, se residencia en el órgano especializado de supervisión de la dirección que es el consejo de control la alta supervisión de la política de control y gestión de riesgos de la dirección: arts. 478 y s. LSC[109].

De una forma un tanto críptica el artículo 19.a) de la Directiva incluye entre las obligaciones de los administradores la *"necesidad*

[109] Obviamente, la política de control y prevención de riesgos tiene muchas facetas que a veces aborda la legislación especial pues se puede hablar de prevención de riesgos laborales, fiscales, de responsabilidad anti-blanqueo, penales etc... lo que genera los correspondientes mecanismos y articulaciones más o menos complejas del correspondiente sistema de "compliance" que puede llevar incluso a la exoneración de responsabilidad de los directivos en caso de que estén correctamente diseñados, implantados y monitorizados. Aquí solamente nos interesan los arreglos pertinentes a la prevención de la insolvencia.

de tomar medidas para evitar la insolvencia". El texto inglés utiliza terminología empleada por el legislador británico en la s. 214 de la Insolvency Act para el instituto de la responsabilidad por *"wrongful trading"* y habla entonces de *"to take steps to avoid insolvency"*. Mucho más claro es el legislador alemán en sus artículos && 91, 2 AktG y &43, 1 GmbHG al que se remite el & 1 (1) de la StaRUG: se habla de *"medidas adecuadas"* ("geeignete Massnahmen") y de *"sistemas de control interno"* ("Überwachungssystem").

El artículo 19 de nuestra Directiva tiene que ser leído conjuntamente con lo dispuesto en el artículo 3 de la misma en sede de alerta temprana y acceso a la información donde se nos habla de *"herramientas"* o *"mecanismos"* que *"permitan detectar circunstancias que puedan provocar una insolvencia inminente y que puedan advertirle (al deudor, se entiende) de la necesidad de actuar sin demora"*. Con el legislador italiano (cfr. art. 3 CCi y art. 2026, comma 2.º CCivile) podemos entender que lo que la Directiva quiere es que los administradores adopten las oportunas decisiones y arreglos en el orden organizativo, administrativo y contable *("un assetto organizzativo, amministrativo e contabile adeguato")* que sea adecuado a la naturaleza y dimensión de la empresa (principio de proporcionalidad) y que sirva al propósito de la temprana identificación y ponderación de los riesgos de insolvencia y que permitan la tempestiva adopción de las medidas idóneas para prevenir esos riesgos:

(i) Empecemos por indicar, como desde el primer momento sostuvo la doctrina alemana[110] y luego ha seguido la italiana[111], que la obligación de prevención del riesgo no obliga a todas las sociedades de capital a implantar todo un

---

110 Vid Ch. MOOTZ, *Business Risks as Legal Problem. Risk Management as Obligation for the Management,* Technical University of Darmstadt, Grin, 20 14.

111 Empieza a ser abundante la literatura científica italiana sobre el tema. He consultado los diversos trabajos contenidos en: AA.VV., *Responsabilità e adeguati assetti nella crisi d'impresa* (a cura di M. Caradonna), Maggiolo ed., Santarcangelo di Romagna, 2023. También M.G. MUSARDO, *La conservazione del patrimonio nella gestione delle società,* Giuffrè, Milán, 2020. Me parece muy didáctico y recomendable el libro colectivo, AA.VV.,

completo sistema de control y gestión de riesgos ("enterprise risk management", ERM) como el que se establece en los estándares internacionales y en la literatura científica y gerencial al uso (por ejemplo: el ISO 31000:2018-Risk Management)[112].

(ii) Como bien pone de manifiesto la doctrina científica alemana e italiana, a nuestros efectos, las "herramientas" de control y gestión del riesgo de insolvencia deben adecuarse a las circunstancias de la empresa en atención a su tamaño y sector de actividad entre otras cosas. No es exigible de pequeñas empresas la implantación de sistemas y controles que solamente pueden costear las más grandes. De hecho, el artículo 3 de la Directiva habla de "herramientas" (de alerta temprana), "mecanismos" (de denuncia externa), de "servicios de asesoramiento", de acceso a "sistemas de información" etc. La regla de protección de la discrecionalidad (BJR) cubre el aspecto relativo a la

---

Adeguati assetti societari per la prevenzione della crisi (a cura di A.DANOVI-G. ACCIARO), Il Sole 24 Ore, Milán, 2022.

112 Un sistema tal como el establecido en el ISO 31000:2018-Risk Management incluiría aspectos relativos a la detección de riesgos a través de la organización adecuada (un directivo que funge como "risk-officer" que reporta a la comisión de riesgos que a su vez sirve de enlace con el auditor externo o el interno), las herramientas de ponderación o evaluación de los factores causantes y mitigantes de las dudas sobre la continuidad (risk quantification); los protocolos de gestión de riesgo (el risk-management propiamente dicho: actuación tendente a la aminoración, corrección o eliminación de las amenazas o los siniestros); la supervisión contínua del correcto funcionamiento de la prevención (risk-monitoring) y la elaboración de los correspondientes informes y rendición de cuentas (risk-reporting). En eso probablemente estaban pensando los redactores del famoso Informe Olivencia de 1988 en sus recomendaciones para las cotizadas. Heredero de estas preocupaciones el vigente Código de buen gobierno de Sociedades cotizadas dedica a la cuestión el Principio 20 y 21 las Recomendaciones 39 a 46.

"idoneidad" del sistema implantado pero no, obviamente, la manifiesta absoluta diligencia.

(iii) Nuestro Derecho positivo de sociedades está singularmente mal pertrechado, por ser partidario del modelo monista en exclusiva, para el cumplimiento efectivo de un control de riesgos por personal independiente porque —con la excepción de las europeas que no funcionan en nuestro ordenamiento— no existen órganos societarios especializados en la supervisión de la gestión que desempeñan en otros sistemas un fundamental papel en la prevención de la insolvencia. Ni siquiera en cotizadas está prevista la creación de órganos de supervisión del consejo, y el comité de auditoría (aunque con presencia y presidencia de independientes) desenvuelve una tarea de auto-supervisión del mismo.

(iv) La gestión del riesgo de insolvencia presupone el adecuado cumplimiento por parte de los administradores de los deberes contables en toda su extensión. No pocas veces se olvida que el recto cumplimiento del deber de formular cuentas anuales que reflejen la "imagen fiel" exige de los administradores el contraste de la eventual quiebra del principio de "empresa en funcionamiento" (lo que eventualmente puede obligar a formular cuentas con arreglo a un modelo contable alternativo) y ese deber alcanza a formular y depositar un informe de gestión que en aspectos de diagnóstico y prognosis sea coherente con la verdadera situación de la sociedad. Más aún, en atención a la dimensión de la sociedad, puede resultar exigible la elaboración de presupuestos y estados previsionales: el Derecho español, a diferencia del francés, ha dedicado a esta cuestión de las "cuentas previsionales" nula atención. Me remito a lo examinado anteriormente en este trabajo sobre prognosis contable del riesgo de insolvencia: prognosis contable y preconcursal deben ser coherentes.

(v) Así las cosas y como hemos reiterado ya varias veces a riesgo de cansar al sufrido lector, el legislador español debería haber prestado mucha más atención a las experiencias relativas a los procedimientos de alerta existentes en Derecho comparado. Es cierto, por ejemplo, que el auditor de cuentas —donde exista y sea obligatoria su presencia o que se le nombre— está llamado a absolver una función esencial en la prevención del riesgo de insolvencia y la regulación al respecto en relación con la verificación del principio de empresa en funcionamiento y del contenido del informe de auditoría en estos aspectos es muy detallada. No obstante, la Ley no ha encomendado a nuestros auditores la función de desencadenar un procedimiento de alerta temprana interna a la compañía y, desde luego, la ley ignora toda la experiencia comparada en relación con los sistemas de alerta externa.

(vi) La transposición del artículo 3 de la Directiva es, como hemos relatado in extenso en un capítulo anterior, bien triste. Se limita a poner a disposición del órgano de la dirección (no de los terceros, lo que es relevante) mecanismos informativos de auxilio a la gestión. El más destacado de ellos es el informe de posición de riesgo que emite el registrador.

VI. EL DEBER POSITIVO DE ADOPCIÓN TEMPESTIVA DE MEDIDAS PARA REMEDIAR LA SITUACIÓN Y PREVENIR O MITIGAR LOS DAÑOS

La versión en inglés del artículo 19 b) de la Directiva está inspirada en el mecanismo de defensa frente a la acusación de "wrongful trading" previsto en la s. 214 (3) de la Insolvency Act británica: el administrador se libera de responsabilidad cuando pruebe que ha adoptado *"every step with a view to minimasing the potential loss to the company's creditors"*. Se trata de desarrollar una conducta proactiva para revertir o remitir el riesgo de insolvencia o como dice el legislador italiano *"assumere senza indugio le iniciativa necesssarie"* para hacer frente a *"lo stato di crisi"* que ha puesto de manifiesto el sistema de diagnóstico implantado o las herramientas consultadas para la prevención del riesgo (cfr. art. 3 CCi). Todo ello responde a la vieja lógica subyacente al instituto preconcursal de la pérdida grave de capital: recapitalización o disolución (*"Recapitalise or liquidate"*)[113].

Como demuestra la experiencia, es imposible hacer una lista más o menos exhaustiva de las medidas típicas de conveniente adopción porque su idoneidad depende de las circunstancias particulares por la que pasa cada empresa en cada coyuntura del ciclo económico y el entorno macro y microeconómico. Ni siquiera es posible establecer una jerarquía entre las posibles medidas porque la decisión de su empleo está sujeta a la discreción de los administradores: las medidas deben ser razonables o "adecuadas" a la situación ("*misure adeguate*", "*geeingnete Massnahmen*"). No es necesario, por ejemplo, agotar la vía extrajudicial antes que recurrir a la judicial o instar la apertura del preconcurso antes que el concurso.

El considerando (70) de la Directiva hace una serie de indicaciones de medidas a título de ejemplo tales como *"buscar asesoramiento profesional, en particular en materia de reestructuración e insolvencia, por ejemplo utilizando las herramientas de alerta temprana cuando proceda; proteger el patrimonio de la sociedad a fin de incrementar al máximo su valor y evitar la pérdida de activos clave; examinar, a la luz de la estructura y las funciones de la empresa, su viabilidad y reducir gastos; evitar comprometer a la empresa en transacciones que puedan ser objeto de revocación, a menos que exista una justificación empresarial adecuada; seguir comerciando cuando sea adecuado hacerlo con el fin de maximizar el valor de la empresa en funcionamiento; mantener nego-*

---

113 Vid. L. STANGHELLINI, "Directors' duties and the optimal timing of insolvency. A reassessment of the recapitalize or liquidate rule" en: BENAZZO/CERA/PATRIARCA (dirs.), *Il diritto delle società oggi. Innovazioni e persistenze*, UTET, Turín, 2011, págs. 733 a 768.

ciaciones con los acreedores e iniciar procedimientos de reestructuración preventiva". No se puede decir que la Guía Legislativa del UNCITRAL sea más precisa[114]

Téngase presente que, a diferencia de lo que acontece con la insolvencia definitiva *ex* art. 5 LSC, no existe a cargo del deudor en dificultades una obligación legal de comunicar al juez la apertura de negociaciones o de preparar un plan de reestructuración. Ello no es óbice a que en todo caso deban respetarse los límites legales. A saber: (i) No procede en ningún caso continuar en la explotación ordinaria de la empresa social cuando sea manifiesto y notorio que tal continuidad es inviable: si no existieren remedios judiciales o extrajudicial para revertir la situación o menguar sus resultados no pudiéndose asegurar la viabilidad. En tales supuestos habrá que proceder a una ordenada liquidación *ex* arts. 363 ss LSC; (ii) En cualquier momento que se detecte o deba detectar la situación de insolvencia efectiva deberá solicitarse la apertura de concurso ex art. 5 TRLC sin perjuicio de que tal obligación pueda quedar suspendida por la comunicación al juez de la apertura de negociaciones para reestructurar una sociedad en cualquiera de los tres estados de insolvencia: insolvencia probable, inminente y efectiva.

---

[114] Y la Recomendación 256 de la Cuarte Parte de la Guia Legislativa del UNCITRAL se refiere en sendos apartados a ciertas medidas adecuadas: "*a) El asesoramiento profesional, incluido asesoramiento jurídico o relativo a la insolvencia; abordar la situación con los auditores; convocar una asamblea de accionistas; modificar las prácticas de gestión para tener en cuenta los intereses de los acreedores y otros interesados; proteger los bienes de la empresa para obtener el máximo valor posible y evitar la pérdida de bienes fundamentales; estudiar la estructura y las funciones de la empresa para examinar la viabilidad y reducir los gastos; no permitir que la empresa se comprometa a los tipos de operaciones que podrían ser anuladas a no ser que ello se justifique debidamente desde el punto de vista empresarial; seguir operando en las circunstancias en que resulte apropiado hacerlo, para obtener el máximo valor como negocio en marcha; entablar negociaciones con los acreedores o iniciar otros procedimientos oficiosos, como negociaciones voluntarias de reestructuración; b) Iniciar o pedir que se inicie un procedimiento oficial de reorganización o liquidación*"

VII. EL DEBER NEGATIVO DE EVITAR UNA CONDUCTA DOLOSA O GRAVEMENTE NEGLIGENTE QUE PONGA EN RIESGO CIERTO LA VIABILIDAD DE LA EMPRESA

La entrada en situación de insolvencia probable no constituye al administrador en la obligación legal de cesar en la explotación de la empresa social. Solamente en el caso de que la sociedad incurra en causa estatutaria o legal de disolución (como ocurre cuando existen pérdidas graves de capital a que se refiere el art. 367.1 e) LSC e incluso cuando las dificultades financieras sean de tal índole que hay imposibilidad manifiesta de conseguir el fin social ex art. 363.1.c) LSC), existe un deber legal de conclusión de las operaciones pendientes: art. 384 LSC[115]. Lo dice claramente el legislador europeo cuando indica que se permite *"seguir comerciando cuando sea adecuado hacerlo con el fin de maximizar el valor de la empresa en funcionamiento, mantener negociaciones con los acreedores e iniciar procedimientos de reestructuración preventiva"* (considerando 70).

Más aún: en rigor no se puede hablar de que cuando la empresa entra en preinsolvencia se produce un cambio en el paradigma o estándar de la "ordinaria" gestión diligente de la empresa social en relación con el que imperaba en situaciones "normales". En verdad, no se puede hablar aquí de una sustitución del modelo corriente de gestión lucrativa de la empresa social por un cierto estándar más "conservativo" o de gestión prudencial en interés de los acreedores como se entendió en un sector de la doctrina norteamericana cuando se formuló la famosa teoría conocida como "trust-fund doctrine".

El legislador italiano sí habla, en cambio, en la Ley mercantil de un cierto deber de *"conservazione del patrimonio nella gestione delle*

---

115 En sede de disolución y liquidación de sociedades incursas en causa legal, la regla del deber conservativo del patrimonio social se encuentra por ejemplo en el art. 375 LSC y su existencia se presupone en los arts 379 y 384 LSC (solamente se permiten operaciones pendientes y en las nuevas pero "necesarias").

società" en interés de los acreedores (cfr. arts. 2394 y 2476 CCivile), pero su doctrina entiende por ello *que quedan prohibidas decisiones sociales así como actos y negocios jurídicos en que por acción u omisión queda manifiesta o gravemente comprometida la viabilidad de la conservación de la empresa social y aunque no sean fraudulentos.* La idea en definitiva es la que subyace a ese instituto británico que es la prohibición del *"wrongful trading"* de la s. 214 IA británica y que el redactor de la Ley de Insolvencias británica alumbró para poder superar los rigores de la prohibición referida a las operaciones fraudulentas (*"intent to defraud and fraudulent purspose"*: s. 213 Insolvency Act 1986).

Mientras tanto, deben entenderse prohibidas todas aquellas decisiones que sean manifiestamente incoherentes con el fin de preservar la continuidad (si hay remedio o remedios idóneos que aseguren la viabilidad empresarial) o, en caso contrario, con la liquidación ordenada y tempestiva de la empresa antes que siga acelerándose su degradación. Entiéndase bien la cosa: como apunta el legislador alemán en relación con el tradicional sistema del deber de compensación a cargo de los administradores por los perjuicios causados a los acreedores en su conjunto por pagos hechos en la proximidad de la insolvencia, el criterio es si las actuaciones son instrumentales (y no manifiestamente incoherentes) con la preservación del mecanismo adecuado de reestructuración de la situación: cfr. &43 StaERUG

En otros términos: en la Directiva se prohíbe que se siga por los administradores de la sociedad en dificultades una conducta que manifiesta y gravemente no esté ordenada a continuar con el ejercicio lucrativo de la actividad empresarial o, en defecto de viabilidad, a la liquidación ordenada en las empresas de no-viable reestructuración. En sentido positivo: las actuaciones realizadas deben contar con una "apropiada justificación empresarial" (*"appropriate business justification"*; Considerando 70 de la Directiva) de manera que siempre ha de reputarse legítima "la asunción de riesgos empresariales razonables" cuando hacer tal cosa aumentare la probabilidad de la viabilidad de la empresa" (*"taking reasonable commercial risks"*, Considerando 71).

Muy especialmente deben entenderse prohibidas tales actuaciones cuando no se *ajusten "a condiciones normales de mercado"* (cfr. por analogía arts. 111 y 694.1 TRLC; arts. 379 y 384 LSC). Es notorio, por ejemplo, que ese criterio "conservativo" por referencia a las condiciones de mercado es el que se aplica a las acciones de reintegración de la masa activa del concurso por actos realizados en el "periodo sospechoso" ex arts. 226 y ss. TRLC[116]. Nuestro propio legislador concursal en la redacción de ese estupendo procedimiento especial de microempresas nos dice que el deudor retiene *"las facultades de administración o disposición sobre su patrimonio, aunque solo podrá realizar aquellos actos de disposición que tengan por objeto la continuación de la actividad empresarial o profesional, siempre que se ajusten a condiciones normales de mercado"* (cfr. art. 694.1 TRLC)[117].

Es necesario tener bien presente el estándar de culpa exigible en la responsabilidad preconcursal: no basta con que se pruebe un grado de culpa leve puesto que solamente son condenables las *"conductas dolosas o gravemente negligentes"* ex art. 19.c) de la Directiva. De ello son perfectamente conscientes nuestros tribunales cuando exigen, para que prospere la acción individual de responsabilidad, que se trate de "fraude", "operaciones extraordinarias"

---

116 Adviértase de paso que el plazo de los dos años es *mutatis mutandis* el mismo en sede de rescisión concursal que en el horizonte de riesgo contemplado para definir la probabilidad de insolvencia en el artículo 584.2 TRLC.

117 Mientras tanto, deben entenderse prohibidas todas aquellas decisiones que sean manifiestamente incongruas con el fin de preservar la continuidad (si hay remedio o remedios idóneos que aseguren la viabilidad empresarial) o, en caso contrario, con la liquidación ordenada y tempestiva de la empresa antes que siga acelerándose su degradación. Entiéndase bien la cosa: como apunta el legislador alemán en relación con el tradicional sistema del deber de compensación a cargo de los administradores por los perjuicios causados a los acreedores en su conjunto por pagos hechos en la proximidad de la insolvencia, el criterio es si las actuaciones son instrumentales (y no manifiestamente incoherentes) con la preservación del mecanismo adecuado de reestructuración de la situación: cfr. &43 StaERUG

o fuera "de las pautas habituales de contratación" (por todas la famosa STS, sala 1.ª de 6 de octubre de 2021).

Obviamente no es necesario que la actuación sea dolosa o fraudulenta (como en el correspondiente tipo de la Insolvency Act británica: el "fraudulent trading") pero sí se requiere *una severa desviación respecto del canon de diligencia exigible en el comportamiento preconcursal de los administradores que deben "tomar decisiones empresariales razonables o asumir riesgos comerciales razonables, sobre todo cuando ello mejoraría las posibilidades de reestructuración de empresas potencialmente viables"* (Considerando 70). Lo que se trata de evitar —peligro del que previene toda la literatura norteamericana— es que el diseño institucional produzca un indeseable efecto perverso de incentivar la aversión al riesgo de los administradores y la exclusión de operaciones comerciales que acaso sean imprescindibles para asegurar la viabilidad empresarial. Por lo demás, el tanto de culpa, mayor o menor de los administradores, debe ser ponderado por el juez en la medida en que la actuación individual ha contribuido a la emergencia o agravación para el reparto de la responsabilidad, sea o no solidaria, y no solo en el caso de la condena a la cobertura del déficit de responsabilidad sino en caso de ejercicio de las demás acciones de responsabilidad.

Estamos pues ante conductas irregulares que a grandes rasgos pueden clasificarse en dos grupos de decisiones: la de prolongar indebidamente la continuidad de la empresa social y/o la de cesión de facto de la actividad que no viene precedida de una ordenada liquidación. Es habitual —quizás por el sesgo del exceso de optimismo, no necesariamente por malicia— que el administrador de una sociedad en dificultades decida continuar en el ejercicio de la actividad con mínimos ajustes (e. d. sin adoptar medidas suficientes para revertir la situación) en la idea que la situación es coyuntural o que puede solventarse "con un golpe de fortuna". Dicho todo lo cual, cuando la evidencia insoslayable de la insolvencia irreversible se impone al deudor en toda su crudeza en la mayor parte de los casos, se procede a un "cerrojazo" ...sin acudir a los tribunales.

En el elenco de imposible enumeración exhaustiva de conductas irregulares en la fase de pre-insolvencia debemos incluir los siguientes grupos de casos:

(i) La realización por la sociedad de donaciones y **cualesquiera liberalidades** que no sean de uso —o que no persigan razonables fines comerciales o de marketing—; las "ventas a pérdida"; y, en general, todas aquellas operaciones, activas o pasivas, en que manifiesta y objetivamente se aprecie una severa desviación, en la contraprestación percibida o comprometida, en relación con los precios medios de mercado. Por el contrario, se reputan en principio válidos los *"actos ordinarios de la actividad profesional o empresarial del deudor que hubieran sido realizados en condiciones normales"* (cfr. art. 230.1.º TRLC por analogía). Todo ello no obsta, como es lógico, a que si se declarare un concurso subsiguiente, proceda también el ejercicio de las acciones revocatorias contra actos singulares. La existencia de un pago injustificado e inexplicado a un tercero de una suma relevante es un hecho revelador de prácticas irregulares (cfr. STS 5 de mayo de 2017).

(ii) Especialmente preocupantes en fase preconcursal son los frecuentísimos negocios o **"transacciones" realizados o concertados con socios y administradores o/y con "partes vinculadas"** (a los administradores, a los directivos, a los socios) cuando no haya una cumplida justificación de su oportunidad, aunque haya dispensa de los socios, porque cabe esperar en muchos casos que los precios no se ajusten a las condiciones de mercado. Todo ello no obsta, como es lógico, a que los acreedores puedan ejercitar las correspondientes acciones y remedios legales previstos en caso de violación del deber de lealtad *ex* arts. 227.2 y 232 LSC.

(iii) La percepción de una groseramente **excesiva remuneración de administradores y demás cargos sociales** entendiendo por tal la que no es compatible con los cánones de "sostenibilidad" y "proporcionalidad" a la situación del artículo 217.4 LSC. En sede concursal vid. sobre la reducción judicial de la remuneración extravagante el art. 130 TRLC.

(iv) Cualquier **"distribución" patrimonial** realizada en favor de los socios, cualquiera que sea el vehículo negocial utilizado (reducción de capital con devolución de aportaciones, separación o exclusión de los socios, distribución de dividendos) cuyo resultado sea contrario a la viabilidad empresarial... y aunque se satisfaga el test de equilibrio contable del art. 273.2 LSC. En este sentido, deben quedar prohibidos los dividendos aprobados, incluso en supuestos de equilibrio patrimonial contable, cuando su pago no satisfaga un "test de solvencia" análogo al presupuesto ahora en la nueva Ley de modificaciones estructurales a propósito de la "declaración sobre la situación financiera" (cfr. art. 15 LME)[118]. La existencia de una prohibición legal de distribuir dividendos a los socios en situaciones próximas a la insolvencia es habitual en Derecho de sociedades comparado. De hecho, como he reiterado en otros trabajos, **me parece absolutamente imprescindible, a la vista de la experiencia comparada introducir un "test de solvencia" complementario a la función de retención del capital social (=test de balance) frente a distribucio-**

---

118 A la sazón, la nueva Ley de modificaciones estructurales artículo Artículo 13. *Declaración sobre la situación financiera* que hace lo propio. Su artículo 13.1 reza: *1. El órgano de administración de la sociedad que realice o participe en una operación podrá adjuntar para su publicación junto con el proyecto una declaración que refleje con exactitud la situación financiera actual en una fecha no anterior a un mes antes de la publicación de dicha declaración. En ella se hará constar que sobre la base de la información a su disposición y después de haber efectuado las averiguaciones que sean razonables, no conoce ningún motivo por el que la sociedad, después de que la operación surta efecto, no pueda responder de sus obligaciones al vencimiento de estas. 2. Tratándose de una escisión, la declaración del órgano de administración se referirá además a la capacidad de la o las sociedades beneficiarias de responder de las obligaciones que se le hayan atribuido en virtud del proyecto de escisión al vencimiento de estas.*

nes materialmente exorbitantes de resultados: es relativamente frecuente que la sociedad reparta dividendos en la proximidad o en estado de insolvencia[119][120].

(v) Las **nuevas operaciones de crédito o préstamo o (re)financiación que muchas veces se realizan simulando la solvencia**, según cuentas anuales y otros medios probatorios, y en condiciones tales que manifiestamente hagan pensar en que el administrador conoció o deber conocer la altísima probabilidad de que al vencimiento no sea satisfecha la deuda (vid. por ejemplo el supuesto de hecho de

---

119 Acabo aquí advirtiendo de la necesidad de "mejorar" el test de balance tradicional mediante un adecuado *aggiornamento* de los mecanismos "dinámicos" de reforzamiento de solvencia. De hecho, nuestra venerable *reserva legal* funciona como un rudimentaria *"reserva dinámica contra riesgos generales"* de carácter anticíclico (Non-Distributable Economic Cycle Reserve). En la terminología del acuerdo de Basilea **III** y del reciente "Turner Review", su función es análoga a la de un *"counter cyclical capital buffer"*. Obvio es señalar que dicha reserva sólo podrá cumplir su función en análoga a la de un *"counter cyclical capital buffer"*. Obvio es señalar que dicha reserva sólo podrá cumplir su función de complementar el "*core/common* capital" si se rediseña adecuadamente calculando su límite, por ejemplo, no por referencia al capital social sino, por ejemplo, al patrimonio neto (como si dijera que debería anualmente dotarse hasta que alcance determinado porcentaje del neto). Entre las enseñanzas de la crisis está la de la oportunidad de la técnica conocida en la literatura del "capital regulatorio" como "Dynamic Provisioning".

120 Vid. FERNANDEZ TORRES, I., "Reparto de dividendos y preinsolvencia", en AA.VV., *Reestructuración y Gobierno Corporativo en la proximidad de la insolvencia*, Walters Kluwer, 2020, págs. 505-535; ORELLANA,. N., "Reparto de dividendos y concurso de acreedores", *RcP* núm. 29/18, págs. 237 y ss.; PULGAR EZQUERRA, J., "Gobierno corporativo, sociedades cotizadas y proximidad de la insolvencia: administradores, accionistas y acreedores", *RcP* núm. 30/09, págs. 35-41; IDEM, "Reparto legal mínimo de dividendos: protección socios y acreedores (Solvency Test), *RDBB* núm 147, 2017, págs. 139-176; FACHAL NOGUER, N., Las interferencias del derecho concursal en la regulación societaria. *Capitalización de créditos, grupos de sociedades y rescisión de operaciones*, Tirant lo Blanch, 2018, Cap V.

las famosas sentencias del TS, Sala 1.ª, sobre el necesario "esfuerzo argumentativo de la culpabilidad" de fechas 18 de abril y 13 de julio de 2016 o, más recientemente, en la STS, Sala 1.ª, de 6 de octubre de 2021). En general, también, aunque es más discutible, la realización de pagos selectivos en favor de ciertos acreedores y en perjuicio del pago regular de los créditos a su vencimiento (vid. art. 1129 C.c).

(vi) Acometer **nuevos proyectos de inversión no estrictamente necesarios** para la reestructuración y que, aunque no tengan un valor actualizado negativo (como ocurre con la estrategia de "jugarse la empresa a la lotería"), supongan un nivel de riesgo tan abrumador que haga pensar en que su propósito responde más bien a la estrategia de abuso del privilegio de la limitación de responsabilidad mediante el desplazamiento excesivo del riesgo a los acreedores. Estos son los casos que típicamente examina la doctrina científica americana contraria al reconocimiento de los deberes fiduciarios frente a los acreedores.

(vii) En fin, ***el cierre de facto*** de la actividad cuando se realiza en condiciones gravemente atentatorias del principio de una ordenada liquidación del activo y pago del pasivo. Es el supuesto típico en nuestra práctica forense de los negocios y en la exigentísima doctrina a propósito de la acción individual de responsabilidad (cfr. entre otras, y para solo citar las más recientes, las SSTS de que normalmente viene anticipado por el incumplimiento de los deberes contables especialmente el de depósito de cuentas. La falta de depósito de cuentas constituye un índice revelador muy relevante del cese de operaciones por parte de la sociedad (vid. STS de 28 de mayo de 2020)[121].

---

[121] Se nos ha dicho que el no depósito o la mora en el depósito de las cuentas no es motivo bastante para soportar el ejercicio de la acción individual de la responsabilidad ... a menos que pueda establecerse

VIII. UN APUNTE SOBRE LAS EVENTUALES ACCIONES DE RESPONSABILIDAD DE LOS ADMINISTRADORES POR CONDUCTAS NEGLIGENTES EN LA PROXIMIDAD DE LA INSOLVENCIA. LAS CARENCIAS DE NUESTRO SISTEMA

Es notorio que el legislador europeo de la Directiva de reestructuración deja a los estados miembros amplia libertad para diseñar los mecanismos o "*remedios*" para hacer efectiva la responsabilidad pre-concursal de los administradores puesto que se trata de una norma de mínimos que debe ser conciliada con otras instituciones[122]. A la sazón existe tal heterogeneidad de soluciones en Derecho concursal comparado sobre esta materia que no podemos tratar de ellas en este trabajo limitándonos en lo esencial a presentar el estado de la cuestión en Derecho societario español.

Déjeseme no obstante hacer algunas advertencias previas:

De un lado, a diferencia de lo que acontece en ciertos ordenamientos como el italiano o el francés *no se contempla expresamente en nuestro Derecho sustantivo y la posible intervención judicial forzosa de la gestión social fuera del concurso y en el caso de grave actuación irregular de los administradores que comprometa la continuidad de la sociedad instada a petición de persona legitimada (socios de la minoría o acreedores).* La regla general en situación preconcursal es que la comunicación al juez de la apertura de negociaciones no tiene efecto alguno sobre las facultades de administración y disposición... ni

---

una relación causal entre el ilícito orgánico y el daño (cfr. STS 28 mayo de 2020). Pero por otro lado se afirma que dicha relación de causalidad puede sustentarse en el supuesto de irregularidades contables muy relevantes por cuanto, aunque no haya dolo en la simulación de solvencia, la conducta ilícita de los administradores consistente en no-informar correctamente les impidió adoptar a los acreedores medidas para aminorar el riesgo de impago (STS 22 diciembre 2014).

122 Vid. una excelente exposición de esta cuestión (ausencia de armonización en "remedies") en: GOOSENS, "The european Initiative on the Harmonisation...", ob. cit., *passim*.

siquiera cuando el juez nombre un experto en la reestructuración: art. 594 LSC[123].

De otro lado, los acreedores de la sociedad en dificultades, como ya se ha dicho, *conservan en situación pre-concursal las usuales acciones impugnatorias, rescisorias de Derecho común, revocatorias concursales, de enriquecimiento por causa ... contra los actos y decisiones irregulares que puedan haberse adoptado en la proximidad de la insolvencia.* A la sazón, en relación con los actos perjudiciales para la masa activa realizados en el periodo sospechoso de dos años anteriores a la fecha de la comunicación, así como los realizados desde esa fecha hasta la de declaración del concurso la nueva Ley contempla una suerte de "rescisoria preconcursal" en el art. 256.2 TRLC. No obstante, para ello es imprescindible que se abra un concurso subsiguiente en el plazo de un año (cfr. apartado 2.º del art. 226.2 LC).

Adviértase en fin que *no existe en la Ley positiva un deber de solicitar la apertura del concurso* en caso de insolvencia meramente probable (o, incluso inminente) puesto que éste deber solamente se desencadena en caso de insolvencia definitiva (cfr. art. 5 *a contrario* TRLC). *Tampoco existe para los planes de reestructuración un precepto análogo al art. 5 TRLC que obligue a los administradores a comunicar el inicio de negociaciones o a preparar/homologar planes de reestructuración.* Por lo demás, es rarísima la apertura de la pieza de calificación en el frecuentísimo concurso sin masa. Con todo, como ha puesto de

---

123 De no ser la eventual previsión de intervención judicial de empresas en riesgo fuera de los sectores regulados algo inconstitucional —lo que no tengo claro si se trata de un "cheque en blanco"— una eventual medida cautelar de intervención de la administración en la insolvencia habrá de ser acordada en el marco jurídico general: es muy dudoso que el juez que entiende de cualquiera de los procedimientos concursales se decida a adoptar una tal medida cautelar salvo en supuestos muy patológicos o, incluso, la del embargo de bienes de los administradores que la ley solamente contempla para el concurso declarado (cfr. 133 LC). Más posibilidades de prosperar tiene la posible solicitud de nombramiento de auditor *ex* art. 40 C.de C. para que verifique la eventual quiebra del principio de gestión continuada.

manifiesto la doctrina alemana a propósito de la última reforma, la inexistencia de un deber legal expreso de solicitar judicialmente la entrada en preconcurso a diferencia de lo que ocurre en el concurso para la insolvencia no implica que los acreedores carezcan de acción por negligencias cometidas en la prevención.

Los problemas fundamentales que encuentra el legislador en el diseño de una adecuada acción de responsabilidad por faltas cometidas por los administradores en la prevención de insolvencia se refieren a temas tales como la *legitimación pasiva* (es habitual incluir a los administradores de hecho o "shadow directors" junto a los de derecho como ocurre en nuestra acción de cobertura del déficit y, se supone, en la acción del art. 367 LSC)[124]; *legitimación activa* para accionar (técnicamente es muy discutible la eficiencia del reconocimiento de la legitimación del acreedor individual: tanto en Alemania como en RU, a diferencia de Italia, la acción se concede en interés colectivo de todos los acreedores); las cuestiones relativas a la *prueba y cuantificación del daño* (suele ser frecuente establecer presunciones que facilitan la fijación del *quantum* del daño resarcible así como otorgar gran discrecionalidad al tribunal); la precisión sobre si debe darse el mismo trato a los *acreedores anteriores y a los posteriores* (desde una sentencia famosa de la Corte Federal de Justicia de 1994 los "nuevos acreedores" tienen mejor derecho al resarcimiento porque pueden recobrar cualquier daño; nuestra acción del art. 367 LSC discrimina de manera radical) o la *prescripción/caducidad* de cada acción.

> En el caso de una pluralidad de acciones resarcitorias se además la compatibilidad de unas acciones con otras en su respectivo ejercicio. A la sazón, hay acciones resarcitorias del daño que solamente funcionan cuando se ejercitan en el marco del concurso declarado (como ocurre con nuestra acción de cobertura del déficit y las aná-

---

124 R: GROGORIAN, "Shadow Directors and Wrongful Trading", International Banking and Financial Law núm 15 (11), 1997, págs. 126 y ss.; M. HOBSON, "The Law of Shadow Directorships", *Bond Law Review* núm 10(2), págs. 207 y ss.; A. KEAY, Company directors-liability..., ob. cit., Chapter 2, especialmente las págs. 8 y ss.

logas de Derecho comparado o las revocatorias concursales) con otras que pueden ejercitarse fuera y que acaso no sean inmunes a la declaración judicial del concurso. Es el tema tan complejo de la inmunidad al concurso (o suspensión) de las acciones de responsabilidad contra los administradores que se reconocen en Derecho de sociedades en sus dos modalidades habituales reconocidas en Derecho comparado: la acción social o "interna" de responsabilidad junto a la acción individual o "externa" de responsabilidad.

En nuestro Derecho positivo y dejando aparte los ilícitos penales (alzamiento de bienes, estafa o delitos societarios.) y las acciones administrativas de derivación de responsabilidad tributaria existen hasta cuatro acciones básicas para la exigencia de responsabilidad a los administradores por daños causados a los acreedores en la vecindad de la insolvencia: una acción de responsabilidad concursal cual es la de cobertura del déficit concursal ex art. 456 TRLC; las dos acciones resarcitorias de responsabilidad social e individual y, en fin, la acción *sui generis* de responsabilidad por deudas del art. 367 LSC.

Visto todo lo anterior y en relación con los remedios resarcitorios con que cuentan los acreedores por daños preconcursales causados en la proximidad de la insolvencia hasta cierto punto es atendible la queja de quienes advierten una **cierta laguna tuitiva** en nuestro ordenamiento debido a lo siguiente:

(i) *Inexistencia de una "acción de cobertura del déficit preconcursal"*

Ciertamente los acreedores de la sociedad en dificultades cuentan con el fundamental remedio previsto en el artículo 456 TRLC para la cobertura del déficit concursal; instituto que "sanciona" los comportamientos dolosos o culposos de quienes, administradores de hecho o de derecho, *"hubieran generado o agravado la insolvencia"*. Después de discusiones sin cuento en la doctrina y jurisprudencia, por fin parece asentada la tesis de la naturaleza resarcitoria de la acción. Por otra parte, *no me ofrece la menor duda que, en cuanto a la ponderación específica de la responsabilidad, el artículo 456 TRLC debe ser interpretado a la luz de lo que establece el artículo 19 de la Directiva en los términos de los deberes específicos de diligencia que hemos examinado anteriormente y sin perjuicio de tener en consideración las presunciones de culpabilidad del art. 444 TRLC.*

Este remedio, análogo en cuanto a sus presupuestos y resultados prácticos a los otros mecanismos tuitivos de acreedores que existen en Derecho comparado (como son singularmente la *"action en comblement du passif"* del Derecho francés o el instituto del "wrongful trading" británico), *presupone para su efectividad no solo que se haya declarado el concurso consecutivo a la constatación de la situación de probabilidad de insolvencia sino que se den los demás requisitos objetivos previstos en la Ley.* A saber: para que haya condena al resarcimiento del déficit es imprescindible la apertura o reapertura de la fase de liquidación en concurso abierto y la subsiguiente declaración culpable del concurso. No hay acción de cobertura del déficit en situaciones preconcursales.

No habrá, pues, derecho al resarcimiento *ex* art. 456 LC en los siguientes supuestos: (1.º) Abierto el concurso, si prosperase un convenio concursal o un plan de continuación y no la liquidación concursal... por muy perjudiciales a los derechos de los acreedores que sean las condiciones negociadas del mismo convenio, por muy culpable que hubiera sido la actuación de los administradores en el empeoramiento de la situación; (2.º) Cuando, abierto un concurso sin masa *ex* art. 37 bis TRLC, por no haberse ejercitado el derecho de los acreedores titulares del 5% del pasivo a que se nombre un administrador concursal ex arts. 37 *ter* y 37 *quáter* TRLC, el juez hubiera decidido dar por concluido el concurso *ex* art. 467.7 TRLC; (3.º) Si el concurso concluyera en liquidación pero se declarara éste meramente fortuito (como en el caso examinado por la STS 150/2017, de 2 de marzo) y a salvo de la eventual reapertura en el plazo de un año por aparición de nuevos indicios ex art. 505.2 TRLC; (4.º) Si la situación previa a la insolvencia se hubiera ventilado extrajudicialmente ("private workouts") o en cualquiera de los procedimientos preconcursales y sin apertura de concurso consecutivo o, en fin, (5.º) Como suele ser frecuentísimo en la práctica, el administrador se hubiera limitado a un mero cierre de hecho (=el "persianazo") sin entrar en concurso (ni siquiera necesario).

Ahora bien: las ventajas técnicas de la acción de cobertura del déficit sobre las otras acciones de responsabilidad son evidentes en su diseño institucional en puntos prácticos tan trascendentales como la prueba (mediante el juego de presunciones de culpabilidad) o la discrecionalidad del juez en el reparto de la responsabilidad entre los afectados. Por lo demás, la acción no discrimina entre deudores anteriores y posteriores al estado de insolvencia como sí se hace, a mi juicio injustificadamente, en el art. 367 LSC.

(ii) *La exigentísima doctrina jurisprudencial sobre la eventual (in) viabilidad de la acción individual de responsabilidad de los administradores por daños causados a sus créditos.*

La acción individual de responsabilidad del art. 241 LSC es inmune a la declaración del concurso como tiene dicho el TS y toda la doctrina de manera sorprendentemente pacífica. *A fortiori*, la acción individual de responsabilidad iniciada antes es inmune a la comunicación judicial de apertura de las negociaciones de los arts. 585 y ss TRLC: nada se dice al respecto en los arts. 600 y ss. sobre los efectos de la comunicación sobre las acciones. La utilidad de esta acción resarcitoria de Derecho común es clara cuando o bien no procede la exigencia de la acción de cobertura del déficit (generalmente en los casos de conclusión del concurso sin masa y cierres de hecho sin concurso y demás casos antes señalados ut supra) o cuando la condena resarcitoria de los daños no cubre toda la deuda impagada.

Aunque la doctrina científica suele admitir en teoría la posible responsabilidad por daños directamente causados a los acreedores dentro de los grupos de casos en que se reconoce la acción individual a los acreedores ex art. 241 LSC (el ejemplo prototípico es el caso del cierre de hecho), los tribunales se encargan casi siempre de frustrar las pretensiones ventiladas en ese sentido para que solamente quede reducida su posibilidad a casos extraordinarios, en que se acrediten verdaderos daños directos (y no meramente reflejos a través del daños al patrimonio social) y siempre que se cumplan en el seno del proceso los severos requisitos de "esfuerzo argumentativo" y adecuada prueba de la causalidad entre la acción y el daño (suele exigirse acreditarse el escenario alternativo y conjetural que de haberse realizado oportunamente una liquidación ordenada con los activos restantes hubiera sido posible prevenir el daño). Volveré sobre la cuestión inmediatamente abajo sobre las carencias de esa jurisprudencia y la necesidad de diseñar una regla alternativa de responsabilidad individual por negligencia preconcursal.

Tras la gran reforma en la legislación de sociedades del año 1989, son escasísimos los supuestos en que prospera la acción individual de responsabilidad en nuestros tribunales. Así, se concede excepcionalmente el remedio cuando falta el daño al patrimonio social y sí se acreditare la existencia de un daño directo a los demandantes: cuando falta de constitución de garantías legalmente exigibles para asegurar la restitución de las cantidades entregadas a cuenta a la sociedad promotora por los compradores de viviendas (SSTS 23 de mayo 2014 y 3 de marzo de 2016); en el caso de la actuación dolosa, casi delictiva, de la falta de restitución de cantidades indebidamente ingresadas en una cuenta del banco pero que fueron retiradas del banco y no devueltas lo que desde luego no dañó precisamente al patrimonio social en la estupenda STS 10 diciembre de 2020 etc.

Fuera de esos casos, se insiste en la gravedad, la excepcionalidad o la "cualificación" de la conducta. Así ocurre en rarísimas ocasiones, tras singular esfuerzo argumentativo y probatorio del pobre demandante, con situaciones precedidas de irregularidades contable gruesas y al parecer preferentemente si son idóneas para confundir a los acreedores sobre la situación de presunta solvencia "simulada" del deudor (cfr STS 22 diciembre de 2014); con la realización de operaciones "muy excepcionales y cualificadas" ejecutadas en la proximidad de la insolvencia tales como pagos realizados por servicios inexistentes o no justificados; con los cobros que no están debidamente registrados o de los que no se da cuenta; compras de bienes o servicios por importe muy relevante y no suficientemente justificadas; ventas de bienes por debajo del precio de mercado o liquidaciones de hecho y apresuradas (SSTS 5 mayo 2017 y 6 noviembre de 2021); el cierre de hecho si es "cualificado" (en las SS TS 13 de julio de 2016; 2017, 2 de marzo 2017 y 5 de mayo de 2017 y STS 10 diciembre de 2020) e incluso el cierre de hecho en el periodo de la Pandemia acogiéndose a las moratorias legales del deber de disolución por pérdidas o/y del deber de solicitar el concurso: SJuzgado de lo mercantil n.º 13 de Madrid de 28 octubre 2021.

En la mayoría de los casos, el tribunal, y la doctrina, se despachan con que no hay daños directos sino daños provocados al patrimonio social o con que no se ha demostrado suficientemente la relación causal.

(iii) *El carácter residual de la acción social de responsabilidad*

A diferencia de la acción individual de responsabilidad, la acción social de responsabilidad no es totalmente inmune al concurso toda vez que ex art. 132 LC (y 37 quinquies para los concursos sin masa) la Ley solo reconoce legitimación activa para su ejercicio al administrador concursal quien debe actuar en interés de la masa. No obstante, la declaración de concurso no suspende el ejercicio de la acción como ocurre con la acción de responsabilidad por deudas del art. 367 LSC. A propósito de esto, nada se dice en la LC al respecto de suerte de la acción social de responsabilidad en situaciones preconcursales por lo que hay que entender que la comunicación del inicio de las negociaciones no afecta ni interfiere con el ejercicio de la acción social.

En otros términos: si como consecuencia de la agravación de las dificultades llegare a abrirse el concurso, el administrador concursal no solo puede sino que debe, y en exclusividad, ejercitar —iniciar o continuar— las acciones de responsabilidad social contra los administradores para reintegrar la masa activa concursal: art. 132 LC. De hecho, incluso en el concurso sin masa del art.37 bis LSC, se reconoce a los acreedores llamados públicamente al efecto, siempre que representen un 5% del pasivo estimado (¿), el derecho de solicitar el nombramiento de un administrador concursal para que aprecie si existen indicios de conducta irregular en los tres aspectos que contempla el art. 37 ter.1.º TRL (actos perjudiciales rescindibles; faltas de gestión susceptibles del ejercicio de la acción social de responsabilidad o indicios de que el concurso hubiera de ser declarado culpable). En la práctica, aunque la cosa no está clara en la Ley, de no ejercitarse tempestivamente tal derecho, lo que es frecuentísimo, éste precluye en la interpretación habitual de nuestros juzgados y el juez suele decretar la conclusión del concurso sin apertura de la pieza de responsabilidad. Si, ejercitado el derecho de minoría, el informe del administrador concursal del art. 37 quáter apreciare la existencia de indicios suficientes para el ejercicio de la acción de responsabilidad, aquél (o los legitimados subsidiariemente del art. 37 quinquies) deberán ejercitar la acción en el plazo de dos meses desde la presentación del informe y no dará por concluido el concurso hasta que se resuelva lo que proceda por el Juez de lo mercantil.

Amén de lo anterior, el artículo 37 *quinquies* 2 TRLC establece un régimen singular del ejercicio de la acción social de responsabilidad en cuanto al plazo de caducidad de la acción, la legitimación subsidiaria y cobertura de gastos cuya regulación se aparta de la sustantiva de la LSC en los artículos 238 y 239 LSC.

Es muy discutible la posibilidad de que los acreedores insatisfechos por concurso concluido por liquidación o por insuficiencia de masa activa puedan instar la reapertura del concurso ex art. 505 TRLC en el caso de que aparezcan nuevos indicios para el ejercicio de la acción de responsabilidad social. Lo que ocurre es que en la práctica esto tiene menor interés toda vez que lo más útil será instar la reapertura del concurso para que se abra la pieza de calificación y que se condene a los administradores al pago del déficit supuesto este contemplado expresamente en el art. 505.2 TRLC.

De todas formas, concluido el concurso (incluso el que es objeto de reapertura) no precluye la acción no ejercitada por el administrador concursal mientras la acción no haya prescrito. Cesa la administración concursal en sus funciones y mientras no prescriban los cuatro años de la acción ex art. 241 bis LSC y, en todo caso, mientras la sociedad subsista (aunque haya cierre provisional del art. 485.1 TRLC) podrá ejercitarse por el liquidador de la sociedad y en su interés el ejercicio de la acción de responsabilidad (por nuevos hechos o por antiguos descubiertos luego). Más aún: tras el cierre definitivo y mientras no prescriba la acción si aparecen nuevos indicios podrá ejercitarse aún la acción por el liquidador requerido o por el designado judicialmente por el trámite del activo sobrevenido del art. 398 RRM. Vid. supra. Sobre el "cierre en falso" del concurso.

En nuestro Derecho vivo de sociedades la acción social de responsabilidad de los arts. 238 a 240 LSC tiene un papel residual... casi anecdótico. De una parte, pocos incentivos suelen tener los socios de nuestras sociedades cerradas para demandar a los administradores puestos por ellos mismos —si es que no son administradores los propios socios— ... a menos que exista una situación conflictiva de base entre mayoría y minoría y siempre que el minoritario cuente ex art. 239 LSC con el mínimo porcentaje de capital para ostentar legitimación subsidiaria para demandar (no cabe ejercicio directo en la responsabilidad por falta de diligencia según el inciso final del art. 239.1 LSC). Por su parte, aunque los acreedores cuentan con una legitimación subsidiaria *ex* art. 240 LSC y en el marco del concurso ex art. 37 quinquies.2 TRLC para ejercitar la acción de responsabilidad social, el remedio es muy poco atractivo en esas situaciones en que el patrimonio será casi siempre insuficiente para cubrir sus créditos porque, además de los costes y gastos del ejercicio de la acción por mucho que acaso puedan recuperarse (ex arts. 37quinquies 2 inciso final TRLC y 239.2 LSC), la eventual indemnización de la condena no entra en el patrimonio personal del demandante o demandantes sino que engrosa el patrimonio social ... que normalmente se encontraba y probablemente se encontrará terminado el concurso mal gestionado por la dirección anterior.

En la práctica, la acción social de responsabilidad tiene solo verdadero interés en aquellos casos en que las dificultades financieras se solventan con un cambio de control de la sociedad, medie o no un plan de reestructuración. Como puede imaginarse, tendrá nuestra acción un interés máximo en aquellos supuestos de planes de reestructuración no-consensuales en que se produce el arrastre forzoso de los socios y en que se amortiza o diluye la participación de los viejos socios y se cambian los administradores. El caso del PR de CELSA es un ejemplo notorio pero acaso bastante singular.

(IV) *Un apunte sobre el papel central de la acción de responsabilidad por deudas del art. 367 LSC. Remisión al epílogo de la obra.*

La acción de responsabilidad por deudas no es inmune ni al concurso ni a la comunicación del inicio de negociaciones. En el orden sustantivo, no obstante el acaecimiento de la causa legal o estatutaria de disolución, los administradores quedan exonerados de responsabilidad si en el plazo de dos meses hubieran comunicado al juzgado la existencia de negociaciones o hubieran solicitado la declaración de concurso ex art. 367.3 LSC. En el orden concursal y por razones que son fácilmente imaginables, la acción del art. 367 LSC ejercitada antes de la declaración del concurso queda "suspendida" desde entonces hasta la conclusión del concurso en aplicación de lo dispuesto en el fundamental artículo 139.1 TRLC y el juez de lo mercantil ordenará su inadmisión hasta la conclusión si se ejercitara después ex art. 136.1.2.º TRLC. De igual manera, en caso de comunicación del inicio de negociaciones y mientras estén en vigor sus efectos, queda ex art. 367 TRLC en suspenso el deber legal de acordar la disolución por pérdidas por pérdidas cualificadas.

El problema está en determinar cuál es la suerte de la acción una vez concluido el concurso sobre todo en el caso paradigmático y más problemático de la frecuentísima declaración del concurso sin masa. Sabemos por ejemplo, porque nos lo dice la Ley que si el plan de reestructuración no se alcanzase durante la vigencia de la comunicación de inicio de negociaciones cesa la exoneración de la responsabilidad por deudas del primer inciso del art. 367.3 LSC y se reanuda el cómputo de los dos meses del art. 367.1 LSC para solicitar la liquidación judicial o la solicitud de declaración de concurso. Nada se dice en cambio en la LSC de qué ocurre con la acción del art. 367.3 LSC tras la conclusión del concurso cuando restaren acreedores insatisfechos.

En el caso de que se hubiera iniciado el ejercicio la acción antes del concurso, la única solución al problema es la aplicación de la solución coherente con el levantamiento de la suspensión del art. 139.1 TRLC: se reanuda la tramitación de la acción suspendida en el bien entendido que los creedores solo podrán demandar por la cantidad aún no satisfecha.

Más difícil es determinar lo que ocurre cuando con anterioridad no se hubiere ejercitado la acción. Aunque como es notorio la materia relativa la disciplina societaria y concursal aplicable al llamado "cierre en falso del concurso" por la resolución firme que acuerde la conclusión del concurso por finalización de la liquidación o por insuficiencia (originaria o sobrevenida) de masa activa y el cierre provisional de la hoja registral ex art. 485.1 TRLC constituye una cuestión difícil, es opinión muy mayoritaria que, al menos en la situación intermedia (concluso el concurso y cerrado provisionalmente el registro existiendo bienes y derechos sin liquidar), la sociedad solamente debe reputarse extinguida cuando se pone término a todas las relaciones jurídicas pendientes, tanto activas como pasivas y que terminado el concurso, si no estuviera disuelta antes, la sociedad está incursa en causa de liquidación de las de derecho. Me remito a lo que he escrito sobre el particular en un trabajo publicado en la Ley mercantil.

Tras un mero cierre provisional de la hoja registral del art. 485.1 LSC los administradores convertidos en liquidadores ex art. 376.1 LSC o los liquidadores designados (con nombramiento inscribible en el RM en la hoja solo provisionalmente cerrada) deben proceder a una liquidación extra-concursal respetando la prelación de créditos del orden civil. En estas circunstancias, abierta la fase de liquidación no tiene lógica aplicación la responsabilidad del art. 367 LSC porque sería redundante la convocatoria de junta para acordar la disolución o la solicitud de disolución judicial.

Ello no es óbice a que los liquidadores puedan incurrir en responsabilidad por dolo o culpa en las tareas liquidatorias (cfr. art. 397 LSC) y a que, por solicitud de los acreedores insatisfechos, pueda declararse la reapertura del concurso siempre que la solicitud se presentara dentro del plazo de un año desde el cierre provisional del art. 485.1 TRLC y cuando aparezcan nuevos bienes: arts. 485.1 y 505 TRLC. Tras el cierre definitivo de la sociedad del art. 485.2 TRLC no procede una nueva reapertura del mismo concurso aunque aparezcan nuevos bienes y se aplicarán en su caso los artículos 398 y 399 LSC sobre activo y pasivo sobrevenidos. De hecho, el cierre regístral calificado de "definitivo" no lo es tanto porque el art. 248 RRM contempla la reapertura de oficio de la hoja registral cuando aparezcan nuevos bienes.

IX. EL DISEÑO POSITIVO DE UNA NUEVA ACCIÓN INDIVIDUAL DE RESPONSABILIDAD PRECONCURSAL POR LESIÓN DE LOS CRÉDITOS QUE SUSTITUYA A LA ACCIÓN DE RESPONSABILIDAD POR DEUDAS

Recordaremos en el epílogo a este capítulo que el origen de nuestro sistema de responsabilidad por deudas es el Codice Civile italiano y, en concreto, su artículo 2449 en la redacción originaria de 1942.

Aunque la cosa parece haber pasado desapercibida para buena parte de nuestra doctrina, interesa mucho saber que, con bien criterio, derogado el precepto y el anacrónico sistema en la reforma italiana de sociedades del año 2003, el Derecho italiano procedió a sustituir el mecanismo tradicional de la pena civil cuya constitucionalidad discutía algún sector doctrinal por un mecanismo de responsabilidad individual de los administradores frente a los acreedores por ilícitos orgánicos cometidos contra el deber legal de *"conservazione dell'integrità del patrimonio social"* en el supuesto de que *"il patrimonio sociale resulta insuficiente al soddisfacimento dei loro crediti"* y que se recoge en los actuales art. 2394 C.c. (para la anónima) y el nuevo art. 2476, comma 6 C.c. (para la limitada)[125]. En definitiva, el modelo italiano pasa por reubicar la tutela de los acreedores en caso de lesión de sus créditos en el marco más adecuado de las acciones de responsabilidad con la particularidad del reconocimiento de legitimación directa para el ejercicio de una acción individual, frente al modelo de nuestro artículo 240 LSC que se contenta con una legitimación subsidiaria de los acreedores para el ejercicio de la acción social.

---

[125] Por todos, RENNA, L., *Responsabilità degli amministratori di società di capitali*, Zanichelli ed., 2021, págs. 324 y ss. Excelente exposición actualizada del *status quaestionis* con abundante bibliografía.Vid. también: SCOGNAMIGLIO, G., "La responsabilità gestoría:le azioni", en: VV.AA., *Le società a responsabilità limitata*, vol. II, Giuffré, Milán, 2020, pgs. 1954-1978; MARCHETTI,C., *La responsabilità degli amministratori nelle società di capitali*, Giappichelli editore, Turín, 2021, Capítulo III, págs.. 162 y ss.

Aunque tal sistema ha dado lugar a una animada discusión doctrinal, es opinión mayoritaria de la doctrina y práctica relativamente pacífica en los tribunales que estamos ante una acción autónoma de responsabilidad extracontractual (frente a quienes sostienen su carácter contractual) por daños inferidos al crédito en que la Ley reconoce legitimación directa (y no subsidiaria o *surrogatoria*) a los acreedores en el supuesto de déficit patrimonial y en que la indemnización se calcula la lesión provocada al crédito respectivo de cualquier acreedor y la restitución, salvo la apertura de concurso, corresponde en exclusividad al litigante. Enormes se han revelado en la práctica los problemas de dificultad probatoria del daño y la doctrina y jurisprudencia han venido elaborando algunas reglas con valor presuntivo para el cálculo del quantum sobre todo en situaciones en que es imposible reconstruir la contabilidad o que los datos contables son insuficientes o no son dignos de crédito.

La propuesta que avanzo en este trabajo consiste en la derogación del anacrónico mecanismo de la responsabilidad solidaria por deudas del artículo 367 LSC y **su sustitución por una acción individual de responsabilidad de los acreedores contra los administradores de nuevo cuña por el daño causado por actos u omisiones culpables contrarios al incumplimiento de los deberes pre-concursales**[126]:

(i) Debe derogarse de plano el "monstruo legal" del artículo 367 LSC que constituye *un remedio extravagante no solo en el marco de nuestro sistema jurídico sino en todo el Derecho societario comparado.* Pueden no obstante mantenerse los deberes recogidos en los preceptos anteriores de convocar e instar la disolución/concurso en los términos actuales si bien adecuando la causa legal de pérdida grave a la existencia de cualesquiera señales indubitadas de probabilidad de insolvencia (que la insolvencia sea más probable que no).

---

[126] En este sentido, aconseja seguir los pasos del legislador italiano VICENT CHULIA, F., "La responsabilidad de los administradores en el concurso", *Revista de Derecho concursal y Paraconcursal*, núm. 4, 2006, págs. 45-50.

(ii) La derogación del artículo 367 LSC debería venir acompañada, del *necesario "retoque" o "complemento" del artículo 241 LSC con el propósito de insertar en Derecho de sociedades un expreso reconocimiento "a la italiana" de la posibilidad de los acreedores de valerse de la acción individual de responsabilidad por ilícitos orgánicos cometidos por los administradores contra la preservación de la integridad del patrimonio social pre-concursal* en la proximidad de la insolvencia.

> La STS de 28 de abril de 2016 recoge con claridad los presupuestos de la acción individual de responsabilidad en términos que han quedado consagrados: (i) un comportamiento activo o pasivo de los administradores; (ii) que tal comportamiento sea imputable a los administradores en concepto de tales; (iii) la antijuridicidad de la conducta; (iv) que la conducta antijurídica a título de dolo o culpa sea susceptible de producir un daño; (v) que el daño que se infiere sea directo al interesado y no meramente reflejo a través del daño causado a la sociedad y (vi) la relación de causalidad entre la conducta antijurídica y el daño. Pues bien: la conducta antijurídica relevante a nuestros efectos es la de prevención del concurso en los términos del deber de diligencia interpretado de conformidad con la Directiva de reestructuraciones y debiéndose flexibilizar la interpretación corriente de los aspectos probatorios relativos en especial a (v) y (vi).

Debe desaparecer de nuestro Derecho de sociedades ese carácter supuestamente excepcional de la acción individual de responsabilidad por negligencia concursal y cierre de hecho que en forma de admonición repetida *ad nauseam* encontramos en nuestra jurisprudencia (por todas, en la famosa STS de 18 de abril de 2016 que reproducen con entusiasmo luego las audiencias). Es notorio que antes del año 1989, ausente la responsabilidad por deudas, los tribunales españoles no eran ni mucho menos reacios a admitir responsabilidad de los administradores en los casos más sangrantes de cierre de facto de las compañías en que carecía de sentido práctico el ejercicio de la acción de responsabilidad social (vid. SSTS 13 febrero 1990, 4 noviembre 1991, 22 abril 1994 y 22 mayo 1999). Una vez se alumbró en Derecho de sociedades nuestra institución de la responsabilidad por deudas, ante la práctica forense generalizada consistente en acumular el ejercicio de ambas acciones en caso de impago por insolvencia sobrevenida (la acción del artículo 367 LSC y la de responsabilidad individual) lo usual es que los tribunales se despachen en su sentencia aceptando en su caso una y rechazando la otra por falta de prueba o invocando el daño directo. Y todo ello, a pesar de que es lugar común en la doctrina que constituye un ejemplo paradigmático de la responsabilidad directa de los administradores frente a los acreedores los casos de actuación de estos en la proximidad de la insolvencia por ilícitos orgánicos cometidos en la ejecución de las obligaciones y contratos (por "invasión directa de su esfera jurídica protegida").

(iii) La sustitución de la "sanción civil" por una acción individual de responsabilidad frente a los acreedores de las encuadrables en el artículo 241 LSC nos permitirá al menos, que no es poco, ahorrarnos tediosas discusiones sobre la naturaleza sui generis de la responsabilidad por deudas (responsabilidad objetiva o quasi-objetiva, sanción o pena civil, responsabilidad ex lege, responsabilidad extracontractual ...) y, en simple aplicación de las reglas generales, encontrar remedio sensato sin necesidad al recurso dogmático de la analogía a los problemas de la posible *extensión subjetiva de la responsabilidad*: resultarían responsables los administradores de hecho, los altos directivos o la persona física representante permanente de la jurídica según lo establecido en el artículo 236 LSC.

(iv) Frente a las dudas actuales al respecto, también quedaría o debería quedar resuelto la *vexata quaestio* de la *prescripción de la acción*: sería aplicable a la nueva acción sustitutoria de la de responsabilidad por deudas la norma general de prescripción de las acciones de responsabilidad de cuatro años a contar desde el día en que pudieron ejercitarse del artículo 241 bis LSC en lugar del "descubrimiento" del TS de un plazo de prescripción correspondiente al de la deuda "garantizada" en las SSTS 1512/2023, de 31/10/ 2023; 217/2024, de 20/2/2023 y 1002/2024, de 27/2/2024.

(v) A mi juicio, *carece de la más absoluta justificación el vigente trato discriminatorio entre viejos y nuevos acreedores.* La justificación usualmente aducida (así en la STS de 8 de noviembre de 2019) que es el mayor riesgo generado para acreedores posteriores "que han contratado sin gozar de la garantía patrimonial suficiente" no convence. Amén de ello, cabe traer a colación la exquisita complejidad práctica que soportan los tribunales en la administración de la regla del cirujano que da y quita derechos en supuestos complejos (novaciones, transacciones, contratos de tracto sucesivo; intereses remuneratorios y moratorios, fianzas; despidos etc.) [127] y que solo en parte atempera la presunción legal de posterioridad

No es ocioso recordar que también pierde rigor coercitivo la sanción civil que consiste en responder exclusivamente ... de ciertas, no de todas, las obligaciones sociales. Efectivamente, como es harto conocido, donde antes no se decía nada en la LSA, el vigente artículo 367.1 del TRLC empieza diciendo que "Responderán solidariamente de las obligaciones sociales posteriores al acaecimiento de la causa legal de disolución los administradores que incumplan...". Dejemos por ahora los problemas técnicos, que no son menores, de identificación del *dies a quo* en que se constate o debiera haberse constatado el desbalance y la problemática calificación de ciertos créditos como posteriores a estos efectos (los pobres acreedores anteriores no se consideran beneficiarios de la regla en cuanto a los intereses devengados con posterioridad al decir de la doctrina y de alguna jurisprudencia); la discriminación entre créditos anteriores/posteriores carece del más mínimo fundamento o justificación.

> Es cierto que el diferente trato entre acreedores tiene su origen en la tradición histórica (figuraba tanto el C.Civile de 1942 como el afrancesado Código de Comercio holandés de 1838) pero esa discriminación quizás tenga algún sentido en cuanto a la primigenia función de prevenir la continuación de la sociedad incursa en causa de disolución (vid. la primera función) pero ninguna en la pre-insolvencia. No se me alcanza en Derecho comparado por

---

[127] Sobre esta cuestión vid: PRENDES CARRIL, P., "Las obligaciones posteriores en la responsabilidad de los administradores por deudas", *RDM* 319, enero-marzo 2021, págs. 204 y ss.

qué los tribunales alemanes en relación con la acción de responsabilidad contractual de Derecho común aplicable a las actuaciones de los administradores en fase de la pre-insolvencia discriminen también entre acreedores anteriores y posteriores para fijar el *quantum* del remedio resarcitorio[128].

Todos ellos, acreedores anteriores y posteriores, pueden ser lesionados en sus legítimos intereses y expectativas. Resulta sorprendente el trato privilegiado que se dispensa a los nuevos acreedores cuando, al menos en teoría y si fueron acreedores contractuales, tuvieron la oportunidad de constatar la situación de la compañía cuando entraron en relación con la misma por ejemplo consultando las cuentas anuales o requiriendo información (no se entiende muy bien por qué se presume que actuaron balo el velo de la ignorancia). Es por lo menos extraño que los acreedores extracontractuales, anteriores o posteriores, no reciban mejor trato que el que la Ley concede a los acreedores sofisticados como los bancarios o financieros que normalmente introducen cláusulas de vencimiento anticipado o de aceleración por indicadores anticipados de dificultades financieras (*ipso facto clauses*; covenants).

Lo que nuestra sanción civil castiga o debiera castigar es la actuación dolosa o negligente de los administradores en esa peligrosa fase preconcursal "gris" (la famosa *"twilight zone"* de la *"vicinity of insolvency"*) que se detecta una vez superado el estadio de la "probabilidad de insolvencia" mediante actuaciones extravagantes respecto al canon que el legislador italiano describe como

---

128 Vid. VIZCAINO GARRIDO, P., *El interés social como fin de la actividad gestora de los administradores de las sociedades en crisis: acreedores frente a socios*, monografía n.º 44 RdS, Aranzadi, 2015, págs. 234 y ss.; SPINDLER, G., "Trading in the vicinity of insolvency: Considerations under the proposal of the Directive and the InsO. A german perspective", en AA.VV., *Las reestructuraciones de las sociedades de capital en crisis*, Civitas, Estudios de Derecho concursal, 2019, págs.102 y ss. Vid. en fin, el trabajo de COIMBRA HENRIQUES, S., "Fiduciary Duties of Company Directors Where There is a Likehood of Insolvency", *Tsinghua Commercial Law Research Center*, Beijing, 2019 disponible en https://ssrn.com

dirigido a la *"conservazione dell'integrità del patrimonio sociale"* (art. 2394 C.c.) y no existe justificación para excluir del beneficio legal a los acreedores anteriores que han soportado una lesión en sus expectativas de cobro. Como nos enseña la doctrina sobre la acción individual de responsabilidad, se puede causar un daño por ilícito orgánico consistente tanto en la generación de nuevas obligaciones como por intromisión ilegítima en la ejecución y cumplimiento de las contraídas.

(vi) En cuanto a la conducta antijurídica preconcursal desplegada por los administradores en la proximidad de la insolvencia (i.e. desde que se constate o debiera constatarse la probabilidad de insolvencia) que puede reprimirse a través de esta acción, se hace imprescindible proponer una interpretación del artículo 241 LSC "conforme a Derecho europeo". *La acción resarcitoria de daños acreedores debe poder reprimir la violación de los deberes preconcursales a que se refiere el artículo 19 de la Directiva de reestructuración preventiva.* A mi juicio, el legislador español debiera haber realizado una transposición expresa de la Directiva[129] sin que valga la excusa de

---

[129] A propósito de la trasposición en nuestro ordenamiento jurídico de la regulación europea sobre los deberes preconcursales de los administradores vid. en la literatura española reciente: ALFARO ÁGUILA-REAL, J., "Deberes de lealtad para los accionistas y obligaciones pactadas o legales para los acreedores", en *Almacén de Derecho,* 7 de mayo de 2018; ARA TRIADU, C., "La responsabilidad del administrador social en la proximidad de la insolvencia" en VV.AA., (Dir. COHEN BENCHETRIT,A.), *Nuevo marco jurídico de la reestructuración de empresas en España,* Aranzadi, 2022, págs. 1357 y ss.; GARCIMARTÍN ALFÉREZ, F., "De nuevo sobre los deberes fiduciarios y la proximidad del concurso", en *Almacén de Derecho,* 7 de febrero de 2019; GARCÍA-CRUCES, GONZÁLEZ, J.A., "Declaración de concurso y acciones societaria de responsabilidad", *ADC,* n.º 28, Cizur Menor, *Civitas*, pp. 31 a 68; GÓMEZ ASENSIO, C., "Los deberes de los administradores en situación de insolvencia inminente en la propuesta de directiva sobre marcos de reestructuración", en *RcP,* n.º 31, 2019 pp. 309-320; MARTÍNEZ MUÑOZ, M., "La responsabilidad de los administradores societarios en el período de crisis empresarial; reflexiones a propósito de la Directiva 2019/1023 sobre marcos de re-

que el Derecho vigente valer para cubrir el propósito de la mismo. Me remito a lo examinado con detalle en este mismo capítulo.

Como es sabido, la Directiva (UE) 2019/1023, de 20 de junio de 2019, sobre marcos de reestructuración preventiva dedica todo un capítulo a delimitar los deberes de diligencia de los administradores en la fase pre-concursal. *El artículo 19,* ***Obligaciones de los administradores sociales en caso de insolvencia inminente, dice así:***

Los Estados miembros se cerciorarán de que, en caso de "insolvencia inminente" (sic en la incorrecta traducción española; vale decir: probabilidad de insolvencia), los administradores sociales tomen debidamente en cuenta, como mínimo, lo siguiente: a) los intereses de los acreedores, tenedores de participaciones y otros interesados; b) la necesidad de tomar medidas para evitar la insolvencia, y c) la necesidad de **evitar una conducta dolosa o gravemente negligente** *que ponga en peligro la viabilidad de la empresa*

La literatura existente sobre los "deberes fiduciarios" de los administradores en la "proximidad de la insolvencia" empieza a ser muy abundante ("Directors' Fiduciary duties in the vicinity of insolvency")[130]*. No puede hacerse justicia aquí a toda esa discu-*

---

estructuración preventiva.", en *RDBB* 162, 2021, pp. 85-154; PÉREZ BENÍTEZ., J.J., "La responsabilidad de los administradores sociales en el contexto de la reestructuración preventiva", en *Almacén de Derecho*, 15 de mayo de 2021; PULGAR EZQUERRA, J., "Gobierno corporativo, sociedades cotizadas y proximidad de la insolvencia: administradores, accionistas y acreedores", en *RcP*, n.º 30, 2019, pp. 35-70; RECAMÁN GRAÑA, E., "Derecho proyectado de reestructuraciones y deberes de los administradores sociales", en *RcP*, n.º 28, 2018, pp. 123-132; IDEM, "Hacia una determinación del comportamiento debido por los administradores en la reestructuración", en *RcP*, n.º32, 2020 pp. 127-143.

130 Por citar algunos de los trabajos más recientes: HARGOVAN, A.-TODD,T.M., "Financial Twilight Re-Apprisal: Ending the Judicially Created Quagmire of Fiduciary Duties to Creditores", *University of Pittsburgh Law Review,* vol. 78, no. 2, 2016; VALSAN, R.D.-YAHYA,M.A., "Shareholders, Creditors and Directors'Fiduciary Duties: A Law and Finance Approach", *Virginia Law & Business Review,* Vol. 2, No 1, 2007; CONAWAY, A.E., "Trenwalla: A Call for Rationalizing Fiduciary Duties to Creditors in Delaware", *Widener Law School legal Studies Research Paper No. 08-09*; CAMPBELL, R.B.-FROST, C.W., "Managers'Fiduciary Duties in Financial Distressed Corporations: Chaos in Delaware (and Elsewhe-

sión aunque sí quiero dejar claro mi opinión de que la solución de compromiso europea de "tener en cuenta" a los acreedores desde que se constate o debiera constatar la probabilidad de la insolvencia nos aparta de la solución ahora existente en Canadá y en EEUU en que se desconocen deberes de diligencia específicos en la proximidad de la insolvencia por cuanto, al menos hasta la insolvencia declarada, debe regir el canon de "maximización del valor para el accionista". Una solución "a la Delaware" (en el famoso caso Gheewalla) o, por citar el representante más destacado de esa doctrina, "a lo Bainbridge"[131] *no es conforme con Derecho europeo*[132].

Inspirándose en el famoso & 91 (2) y (3) AktG alemana[133], el legislador italiano establece en cambio una regla trasparente del estándar exigible de diligencia preconcursal de los administrado-

---

re)", *Journal of Corporation Law*, vol. 32, No. 3, 2007; KEAY, A., "The Shifting of Directors'Duties in the Vicinity of Insolvency". *International Insolvency Review*, Vol. 24, 2015, Issue 2, págs. 1180 y ss.; ZWIETEN, K., "Director Liability in Insolvency and Its Vicinity", *Oxford Journal of legal Studies*, Vol. 38, Issue 2, 2018, págs. 382 y ss.

131 BAINBRIDGE,S.M., "Much Ado About Little? Directors'Fiduciary Duties in the Vicinity of Insolvency", *Journal of Business and Technology Law*, UCLA School of Law, Law-Econ Research Paper no. 05-26, 2005.

132 Vid. KOKORIN, I., "The future of harmonization of directors'duties in the European Union: The Preventive Restructuring Directive and group insolvencies", *International Insolvency Review*, Vol. 30, 2021, Issue 3, págs. 361 y ss.; COIMBRA HENRIQUES, S., *A crise empresarial enquanto situaçao de pré-insolvência*, Almedina, Coimbra, 2021, especialmente las págs.. 453 y ss. Merece la pena la lectura del trabajo de GURREA-MARTINEZ, A., "Towards an optimal model of directors'duties in the zone of insolvency: and economic and comparative approach", *Journal of Corporate Law Studies*, 2021, Vol. 21, No.2, págs. 365 y ss.

133 **§ 91 AktG Organisation. Buchführung:**
(1) Der Vorstand hat dafür zu sorgen, daß die erforderlichen Handelsbücher geführt werden.
(2) Der Vorstand hat geeignete Maßnahmen zu treffen, insbesondere ein Überwachungssystem einzurichten, damit den Fortbestand der Gesellschaft gefährdende Entwicklungen früh erkannt werden.
(3) Der Vorstand einer börsennotierten Gesellschaft hat darüber hinaus ein im Hinblick auf den Umfang der Geschäftstätigkeit und die

res en el art. 2086, comma 2.º CCiv.: *"L'imprenditore (.../...) ha il dovere di istituire un assetto organizzativo, amministrativo e contabiie adeguato alla natura e alla dimensioni dell'impresa, anche in funzione della rilevazione tempestiva della crisi dell'impresa e della perdita della continuità aziendale, nonché di attivarsi senza indugio per l'adozione e l'attuazione di uno degli strumenti previsti dall'ordinamento per il superamento della crisi e il recupero della continuità aziendale"*. Difícilmente se puede conseguir una más elegante trasposición de lo dispuesto en el artículo 19 de la Directiva de reestructuración.

(vii) En cuanto a la eventual legitimación directa de los acreedores sociales para exigir la responsabilidad individual de los administradores por los daños causados en sus créditos me parece *imprescindible revisar los rigurosísimos estándares jurisprudenciales que nuestros tribunales tienen establecidos a propósito de la necesidad de que se acrediten (verdaderos) daños directos frente a indirectos/reflejos susceptibles de ser causados exclusivamente por conductas "muy excepcionales" o comportamientos "muy cualificados"*[134].

La consabida doctrina de la exigencia de auténticos daños directos a los acreedores —frente a los "meros daños reflejos/indirectos"— para negar a los acreedores la acción individual de responsabilidad por lesión al derecho de crédito es en pura lógica insostenible cuando el "acreedor residual" no son ya los socios porque la sociedad es manifiestamente insolvente (lo que en la práctica suele ser de fácil prueba en los casos de alzamiento de bienes y liquidaciones de hecho). *Tal doctrina resulta contraria al*

Risikolage des Unternehmens angemessenes und wirksames internes Kontrollsystem und Risikomanagementsystem einzurichten.

134 Vid. por todos sobre la necesaria flexibilización del *onus probandi* sobre todo en los casos de cierres de hecho: ARIAS VARONA, F.J., "Acción individual en los casos de cierre de hecho de sociedades y carga de la prueba", en AA.VV., *Estudios sobre órganos de las sociedades de capital. Liber Amicorum F. Rodríguez Artigas y G. Esteban Velasco*, Aranzadi, vol. I, 2017, págs.. 1227-1255; CHINER, N., "Acción individual de responsabilidad por incumplimiento de los deberes de liquidación. Comentario de la STS de 13 de julio de 2015", *RDM* 303, 2017, págs. 297 y ss.

Derecho europeo que obliga a "tener en cuenta" el interés de los acreedores desde que se constata haber traspasado el umbral de la probabilidad de la insolvencia (cfr. art. 19 Directiva de reestructuración).

Digo lo anterior porque, a la postre, tras la gran reforma del año 1989, son escasísimos los supuestos en que prospera la acción individual de responsabilidad en nuestros tribunales. Así, cuando falta el daño al patrimonio social y sí un daño directo a los demandantes como cuando falta de constitución de garantías legalmente exigibles para asegurar la restitución de las cantidades entregadas a cuenta a la sociedad promotora por los compradores de viviendas (SSTS 23 de mayo 2014 y 3 de marzo de 2016); en el caso de la actuación dolosa, casi delictiva, de la falta de restitución de cantidades indebidamente ingresadas en una cuenta del banco pero que fueron retiradas del banco y no devueltas lo que desde luego no dañó precisamente al patrimonio social en la estupenda STS 10 diciembre de 2020. Fuera de esos casos, se insiste en la gravedad, la excepcionalidad o la "cualificación" de la conducta. Así ocurre con las irregularidades contables ... si son severas por cuanto idóneas para confundir a los acreedores sobre la situación de presunta solvencia del deudor (STS 22 diciembre de 2014); con la realización de operaciones "muy excepcionales y cualificadas" ejecutadas en la proximidad de la insolvencia tales como pagos realizados por servicios inexistentes o no justificados; con los cobros que no están debidamente registrados o de los que no se da cuenta; compras de bienes o servicios por importe muy relevante y no suficientemente justificadas; ventas de bienes por debajo del precio de mercado o liquidaciones de hecho y apresuradas (SSTS 5 mayo 2017 y 6 noviembre de 2021); el cierre de hecho si es "cualificado" (en las SS TS 13 de julio de 2016; 2017, 2 de marzo 2017 y 5 de mayo de 2017 y STS 10 diciembre de 2020) e incluso el cierre de hecho en el periodo de la Pandemia acogiéndose a las moratorias legales del deber de disolución por pérdidas o/y del deber de solicitar el concurso: SJuzgado de lo mercantil n.º 13 de Madrid de 28 octubre 2021.

En la mayoría de los casos, el tribunal, y la doctrina, se despachan con que no hay daños directos sino daños provocados al patrimonio social[135].

---

135 Transcribo los argumentos tomados de la sentencia de referencia, con cita de muchas otras, que puede ser la STS de 6 de octubre de 2021:

---

1. La denominada acción individual de responsabilidad está regulada en el art. 241 LSC, si bien la formulación general del principio de responsabilidad del administrador social está contenida en el art. 236.1 del mismo Texto legal. Conforme al art. 236.1 LSC: «Los administradores responderán frente a la sociedad, frente a los socios y frente a los acreedores sociales, del daño que causen por actos u omisiones contrarios a la ley o a los estatutos o los realizados incumpliendo los deberes inherentes al desempeño del cargo, siempre y cuando haya intervenido dolo o culpa». A su vez, el art. 241 LSC: «Quedan a salvo las acciones de indemnización que puedan corresponder a los socios y a los terceros por actos de los administradores que lesionen directamente los intereses de aquellos».

2. La jurisprudencia de esta sala considera la acción individual de responsabilidad como una modalidad de responsabilidad por ilícito orgánico, contraída por los administradores en el desempeño de las funciones de su cargo, y que constituye un supuesto especial de responsabilidad extracontractual, con una regulación propia en el Derecho de sociedades (art. 241 LSC), que la especializa dentro de la genérica del art. 1902 CC (sentencias 150/2017, de 2 de marzo; y 665/2020, de 10 de diciembre; y las que en ellas se citan). Para la apreciación de esta modalidad de responsabilidad, deben concurrir los siguientes requisitos: i) un comportamiento activo o pasivo de los administradores; ii) que tal comportamiento sea imputable al órgano de administración en cuanto tal; iii) que la conducta del administrador sea antijurídica por infringir la ley, los estatutos o no ajustarse al estándar o patrón de diligencia exigible a un ordenado empresario y a un representante leal; iv) que la conducta antijurídica, culposa o negligente, sea susceptible de producir un daño; v) el daño que se infiere sea directo al tercero que contrata, sin necesidad de lesionar los intereses de la sociedad; y vi) la relación de causalidad entre la conducta antijurídica del administrador y el daño directo ocasionado al tercero.

3. ***Con carácter general, no puede recurrirse indiscriminadamente a la vía de la responsabilidad individual de los administradores por cualquier incumplimiento contractual de la sociedad o por el impago de cualquier deuda social, aunque tenga otro origen.*** *Lo contrario supondría contrariar los principios fundamentales de las sociedades de capital, como son su personalidad jurídica diferenciada, su autonomía patrimonial y su exclusiva responsabilidad por las deudas sociales, u olvidar el principio de que los contratos sólo producen efecto entre las partes que los otorgan, como proclama el art. 1257 CC. De ahí que resulte tan importante que se identifique bien la conducta del administrador a la que se imputa el daño ocasionado al acreedor, y* ***que este daño sea directo, no indirecto como consecuencia de la insolvencia de la sociedad.***

4. No puede identificarse la actuación antijurídica de la sociedad que no abona sus deudas y cuyos acreedores se ven impedidos para cobrarlas porque la sociedad

deudora es insolvente, con la infracción por su administrador de la ley o los estatutos, o de los deberes inherentes a su cargo. Esta concepción de la responsabilidad de los administradores sociales convertiría tal responsabilidad en objetiva y produciría una confusión entre la actuación en el tráfico jurídico de la sociedad y la actuación de su administrador: cuando la sociedad resulte deudora por haber incumplido un contrato, haber infringido una obligación legal o haber causado un daño extracontractual, su administrador sería responsable por ser él quien habría infringido la ley o sus deberes inherentes al cargo, entre otros, el de diligente administración. Esta objetivación de la responsabilidad y la equiparación del incumplimiento contractual de la sociedad con la actuación negligente de su administrador no son correctas, puesto que no resultan de la legislación societaria ni de la jurisprudencia que la desarrolla.
5. El impago de las deudas sociales no puede equivaler necesariamente a un daño directamente causado a los acreedores sociales por los administradores de la sociedad deudora, a menos que el riesgo comercial quiera eliminarse por completo del tráfico entre empresas o se pretenda desvirtuar el principio básico de que los socios no responden personalmente de las deudas sociales. ***De ahí que se exija al demandante, además de la prueba del daño, tanto la prueba de la conducta del administrador, ilegal o carente de la diligencia de un ordenado empresario, como la del nexo causal entre conducta y daño, sin que el incumplimiento de una obligación social sea demostrativo por sí mismo de la culpa del administrador, ni determinante sin más de su responsabilidad.*** *Asimismo, como regla general, no cabe atribuir a los administradores la responsabilidad por el impago de las deudas sociales de una sociedad que ha entrado en una situación de insolvencia que impide a sus acreedores cobrar sus deudas. Por el contrario, cuando la LSC ha querido imputar a los administradores la responsabilidad solidaria por el impago de las deudas sociales, ha exigido el incumplimiento del deber de promover la disolución de la sociedad o solicitar el concurso, y ha restringido esta responsabilidad a los créditos posteriores a la aparición de la causa de disolución (art. 367 LSC). Quien ha causado el quebranto patrimonial del acreedor, al no pagar su crédito, ha sido la sociedad, no sus administradores sociales.* ***La actuación antijurídica de los administradores, por negligente o contraria a la diligencia exigible, no puede consistir en el propio comportamiento, contractual o extracontractual, de la sociedad que ha generado un derecho de crédito a favor del demandante.***
6. Incluso en el caso de que los administradores sociales no hubieran sido diligentes en la gestión social y hubieran llevado a la sociedad a la insolvencia, el daño directo se habría causado a la sociedad administrada por ellos, que habría incurrido en pérdidas, no a los acreedores sociales, que solo habrían sufrido el

La doctrina anterior debe ser revisada. De un lado, porque la jurisprudencia del TS suele ser más indulgente con los administradores cuando su deuda de los acreedores traiga causa de hechos o contratos anteriores a la insolvencia: hay mayor probabilidad de que prospere la acción de responsabilidad individual cuando se trata de "nuevos acreedores" que de los "antiguos". Pues bien: frente a la conducta irregular que hemos descrito antes son tan dignos de protección los intereses de los "nuevos acreedores" que surgen tras la constatación de la probabilidad de insolvencia como los que traen causa de créditos contraídos en una fase ya avanzada de la degradación de la solvencia (vale decir: cuando la probabilidad de insolvencia es mucho mayor del 50%).

De otro lado, porque la aplicación del artículo 19 de la Directiva de reestructuración nos lleva a entender que en fase pre-concursal los administradores sociales deben *"tomar debidamente en cuenta"* los intereses de los acreedores y esos intereses caben dentro del nuevo "interés de la sociedad" del art. 225.1 LSC. En el extremo, como nos enseña toda la regulación de los Planes de Reestructuración, cuando el valor de la empresa en el mejor escenario alternativo al de la reestructuración (la mejor liquidación

---

daño de modo indirecto, al no poder cobrar sus créditos de la sociedad. ***Así pues, los daños sufridos por el acreedor no serían daños directos o primarios, sino reflejos o secundarios, derivados de la insolvencia de la sociedad.****Para que el administrador responda frente al socio o frente al acreedor que ejercita una acción individual de responsabilidad del art. 241 TRLSC, es necesario que el patrimonio receptor del daño directo sea el de quien ejercita la acción. Y no es directo, sino indirecto, el daño sufrido por el patrimonio de la sociedad que repercute en los socios o acreedores.*

7. En caso de que el acreedor haya sufrido daños como consecuencia de la insolvencia de la sociedad deudora, la acción que puede ejercitarse no es por regla general la individual, sino la social, que permite reintegrar el patrimonio de la sociedad. ***Es cierto que, en determinados supuestos, hemos considerado que la imposibilidad del cobro de sus créditos por los acreedores sociales es un daño directo imputable a los administradores sociales. Pero para ello es preciso que concurran circunstancias muy excepcionales y cualificadas, que en este caso no costa que se hayan producido****.*

concursal posible incluso en venta forzosa de la empresa como going concern) es cero se debe reconocer el interés patrimonial de los socios … con un valor patrimonial de cero. Dicho en términos del análisis económico: cuando la insolvencia es efectiva los socios dejan de ser "acreedores residuales" y todo el riesgo empresarial se traslada a los acreedores. Es cierto, como recuerda la Directiva en su Exposición que no cabe jerarquizar en principio los intereses en juego en la regla de diligencia (socios y demás stakeholders) pero esa ponderación debe atender a hechos fácticos: cuanto más grave sea la conducta en esa fase intermedia y más profunda sea la crisis (vale decir: mayor sea la probabilidad estimada de la insolvencia efectiva) mayor peso hay que reconocer a los acreedores y, por ende, mayor legitimación directa para intentar acción de responsabilidad. Se nos antoja perfectamente razonable la recentísima doctrina sentada por la Supreme Court británica en el leading case de 2022 —BTI 2014 LLC v Sequana SA and Others UKSC 25— según la cual, a partir de un cierto "trigger point" que se identifica con la constatación de la probabilidad de insolvencia, el juez debe ponderar el interés directo de los acreedores "as a whole" a ser resarcidos de los perjuicios causados por los administradores negligentes según una escala variable ("sliding scale") en atención a la mayor o menor profundidad de la lesión al patrimonio social.

En este sentido, déjeseme citar dos ordenamientos paradigmáticos del reconocimiento de una legitimación directa al acreedor en caso de insuficiencia patrimonial acreditada para la cobertura de su crédito: **el italiano** con su acción directa de cobertura de la lesión en el crédito contenida en los actuales art. 2394 C.c. (para la anónima) y el nuevo art. 2476, comma 6 C.c. (para la limitada) y el **británico** en su reciente jurisprudencia en que, junto a los remedios tradicionales (el famoso instituto del wrongful trading) se reconoce a los acreedores acción individual de responsabilidad (acción directa frente a la "derivativa" por los ilícitos orgánicos cometidos en la proximidad de la insolvencia a contar desde que se constate la "probability of insolvency" en base a la regla común de diligencia (la section 172(3) Companies Act obliga a tener en consideración a los acreedores en ciertas circunstancias) y en función de la situación de degradación de la solvencia. En el famosísimo leading case del año 2022, BTI v Sequana the Supreme Court (siguiendo la brecha abierta antes por West Mercia Safetywear v Dodd de 1988) sentó el criterio según, para determinar la legitimación de los acreedores para el ejercicio de la acción individual de responsabilidad, debe ponderarse el interés de acreedores y de socios en función de la degradación experimentada en la solvencia patrimonial: cuanto más precaria sea la situación de solvencia mayor ponderación deben darse a los intereses de acreedores y desde luego, reconocer interés para exigir la responsabilidad, cuando la actuación haya provocado o agravado manifiestamente el patrimonio de garantía hasta llevarlo, en su caso, a cero

(viii) Es a la sazón evidente que la norma de responsabilidad por deudas incurrió en un exceso desproporcionado … con el propósito laudable de facilitar la carga probatoria a los perjudicados. La norma que la sustituya debe contener *algún mecanismo presuntivo que aligera la carga de la prueba de la relación causal y de la cuantificación del daño*[136]. Precisamente en lo que hace a la prueba de la probabilidad de insolvencia que funciona como hito preconcursal de referencia ("trigger event") la disposición adicional séptima encomienda a los registradores mercantiles la expedición de los *informes sobre la posición de riesgo* que incluyen un estimador de dicha probabilidad.

Basta cohonestar los requisitos exigibles de una y de otra acción —acción individual y de responsabilidad por deudas— para percatarse que nuestro artículo 367 LSC permite al demandante eludir los rigores de la carga de la prueba de la culpa o dolo de los administradores: el precepto entraña algo así como una responsabilidad objetiva; la jurisprudencia prefiere hablar de responsabilidad quasi-objetiva a modo de presunción de culpabilidad aunque se permita excepcionalmente la prueba de descargo de la causa

---

136 Vid. PICO i JUNOY, J., "Aspectos procesales de la responsabilidad de los administradores de las sociedades mercantiles", *RJC*, 4, 2006, p. 101.

de justificación. No solo esto: tampoco es de rigor la prueba del nexo causal ni la del daño y su cuantificación.

Pues bien: existiendo como existen razones objetivas para facilitar la prueba en ciertos supuestos especialmente patológicos de incumplimientos graves de deberes contables, falseamiento de cuentas, alzamiento de bienes, ocultación de datos, cierre de facto etc... se trataría de salvar lo salvable del precepto mediante un adecuado juego de presunciones *iuris tantum.* En todo caso, me parece rechazable la sorprendente doctrina de la exigencia de un especial "esfuerzo argumentativo" que por otra parte lleva a resultandos prácticos desconcertantes como cuando tratándose de supuestos muy similares (cierres de facto acreditados mejor o peor pero evidentes), se llega a resultados diametralmente opuestos (vid. SS TS de 18 de abril y 13 de julio de 2016).

No me parece compatible con la Directiva la doctrina establecida por el TS relativa al **"especial esfuerzo argumentativo" del nexo causal entre la conducta irregular de "cierre de hecho" y el daño directo. Vid.** la doctrina establecida en sendas sentencias del TS de 18 de abril y de 13 de julio de 2016 (la aplica, la SAP Barcelona, sección 15, de 28 de abril de 2021) según la cual: *"para que pueda imputarse a la administradora el impago de una deuda social, como daño ocasionado directamente a la sociedad acreedora, [...] debe existir un incumplimiento más nítido de un deber legal al que pueda anudarse de forma directa el impago de la deuda social"; "ni siquiera cuando la sociedad deviene en causa de disolución por pérdidas y no es formalmente disuelta,* ***a no ser que conste que caso de haberlo sido, sí hubiera sido posible al acreedor hacerse cobro de su crédito.*** *Para ello hay que hacer un esfuerzo cuando menos argumentativo".*

> Es notorio que nuestros tribunales son muy reacios a extender a los acreedores la tutela resarcitoria de sus créditos por el mero hecho del cierre de facto de la empresa social. Con buena parte de nuestra doctrina —que es alérgica a la proliferación de la acción individual de responsabilidad por liquidación irregular— se viene exigiendo en la práctica que el demandante acredite cumplidamente que de haberse realizado una ordenada liquidación del patrimonio social en un escenario hipotético alternativo hubiera

podido evitarse o reducirse el daño provocado a los acreedores en sus créditos. Ni que decir tiene que la prueba de esa causalidad hipotética a cargo de los demandantes es diabólica.

Téngase presente que el paradigma explicativo de la crisis empresarial que subyace al precepto contenido en el artículo 19 de la Directiva es el de la degradación sucesiva —y acelerada— de la solvencia a partir de un punto en que quiebra la "natural" alineación de intereses entre deudor y acreedores que existía en la fase anterior (tanto a socios como administradores, trabajadores o acreedores les beneficia la maximización del valor de la empresa común). Cuando pasamos el umbral de la probabilidad de insolvencia se ponen en marcha estímulos perversos que conducen a una previsible profundización de la crisis si no se ponen los remedios adecuados. La constatación de este hecho es pacífica. En otros términos: pasado el umbral descrito la omisión de los deberes de salvamento y la realización de una conducta desviada respecto a la meramente conservativa se presumen probables causas del eventual daño en fases posteriores en que el índice de probabilidad es mayor o la insolvencia actual. Mayor exigencia probatoria no es conforme a la Directiva. La remisión al libro de referencia me excusará de entrar en mayores detalles: N. Tollenaar, Pre-Insolvency Proceedings. A normative Foundation and Framework, Oxford, 2019.

Acreditado que sea por el acreedor perjudicado el daño producido y la conducta irregular posterior a la probabilidad de la insolvencia en atención a los criterios antes establecidos, debe tenerse presente que corresponde al administrador en aplicación de la regla contenida en el apartado 7 del art. 217 LEC , la prueba de la razonabilidad de su actuación por el principio de facilidad probatoria. Como se dice en las sentencias citadas: *"Frente a la dificultad del acreedor demandante de probar lo contrario (en los cierres de hecho, que son típicos, que había bienes y que fueron distraídos o liquidados sin que se destinara lo obtenido al pago de las deudas), dificultad agravada por el incumplimiento del administrador de sus deberes legales de llevar a cabo una correcta liquidación, con la información correspondiente sobre las operaciones de liquidación, el administrador tiene facilidad para probar lo ocurrido pues se refiere a su ámbito de actuación".*

A este propósito es muy interesante la experiencia habida en Italia en relación con la acción individual de responsabilidad por el quebranto patrimonial antes referida: las enormes dificultades de la prueba del quantum resarcible han recomendado la incorporación en el nuevo art. 2486 C.c. de una presunción legal según la cual, salvo prueba en contrario, si *"mancano le scritture contabili"* o en los casos de irregularidad manifiesta de los apuntes contables o por otras razones fuera enormemente dificultoso evaluar el importe de la lesión *"il danno è liquidato in misura pari alla differenza tra attivo e passivo accertati en la procedura"*. Una previsión similar habría que incorporar en nuestro ordenamiento.

(ix) Dado que la acción individual de responsabilidad no queda suspendida ni paralizada por la apertura del concurso del deudor por cuanto se dirige contra un tercero pero tiene un resultado contrario a la *par conditio creditorum* y a la integridad de la masa pasiva del concurso habría que dar a ésta el mismo tratamiento que ahora se da a la acción de responsabilidad por deudas ex artículo 139 LSC. A saber: debe quedar suspendida su tramitación desde la declaración del concurso o, en caso de liquidación, hasta la conclusión del procedimiento y no podrá iniciarse su ejercicio (cfr. artículo 139 LSC). Por lo demás, puede defenderse como en aquella su compatibilidad con la condena de cobertura del déficit en el sentido que debería poderse continuar/iniciarse el ejercicio de la acción individual de responsabilidad no prescrita en la parte de la deuda no cubierta por la sentencia de condena del artículo 456 TRLC

(x) En sede de interferencia del concurso en las acciones de responsabilidad, soy en fin partidario de introducir en la Ley concursal una previsión legal en cuya virtud se ordene suspender *ope legis* la tramitación de la acción individual de responsabilidad de los administradores en sede preconcursal y mientras sigan en vigor los efectos de la comunicación al juzgado de las negociaciones con los acreedores para aprobar un plan de reestructuración ... de manera análoga a cómo queda provisionalmente suspendida la causa de disolución por pérdidas cualificadas *ex* art. 613 TRLC (y 690.8 TRLC para la microempresa).

Epílogo

La crisis del modelo español de prevención de la insolvencia y responsabilidad por deudas en el caso de desequilibrio patrimonial (art. 367 LSC)

I. CUESTIÓN PREVIA SOBRE LA NATURALEZA *SUI GENERIS* DE LA ACCIÓN DE RESPONSABILIDAD POR DEUDAS

Importada del Derecho de sociedades italiano del *Codice Civile* de 1942[137], la "sanción legal" de la responsabilidad solidaria de los administradores por las deudas sociales constituyó un hallazgo del legislador de la gran reforma "europea" del Derecho de sociedades del año 1989. Debió verse en nuestro instituto una herramienta fulminante para el estímulo de los comportamientos exigibles de los administradores tras el acaecimiento de una causa legal de disolución (luego se incluirían también las causas estatutarias de disolución)[138].

Actualmente regulada nuestra acción en el artículo 367 LSC, estamos ante uno de los preceptos más invocados del Derecho de sociedades en nuestros tribunales; se trata sin duda de uno de

---

137 POLO SANCHEZ, E., "Responsabilidad de administradores ¿uniformidad europea o diversidad de sistemas nacionales?", *I Congreso Nacional de Derecho Mercantil* (coord. ARROYO), Civitas, 2007, págs. 397-401

138 Encontramos una explicación al uso de la finalidad incentivadora de la norma en la STS 151/2016, de 10 de marzo.

los artículos de la LSC más glosados por la doctrina científica[139]. También, es uno de los preceptos más reformados. La última re-

---

[139] Entre otros trabajos, sin ánimo exhaustivo, por supuesto: ANTÓN GUIJARRO, J., *"Acerca de la coordinación entre la declaración de concurso y el ejercicio de las acciones generales de responsabilidad de los administradores sociales"*, Órganos de la sociedad de capital (dirs. Gimeno-Bayón/Garrido), t.I Tirant lo Blanch, Valencia, 2008; BELTRAN SÁNCHEZ, E., *"La responsabilidad de los administradores por obligaciones sociales"*, La responsabilidad de los administradores de las sociedades mercantiles (dirs. Rojo/Beltrán), 6.ª ed., Tirant lo Blanch, Valencia, 2016; FERNÁNDEZ SEIJO, J. M.ª, *"La prescripción de las acciones de responsabilidad"*, La responsabilidad de los administradores de las sociedades mercantiles (dirs. Rojo/Beltrán), 6.ª ed. Tirant lo Blanch, Valencia, 2016; FUENTES DEVESA, R., *"Algunas problemáticas de los sujetos responsables en la Sección de calificación concursal: su descoordinación con la Ley de Sociedades de Capital"*, Revista Aranzadi Doctrinal, núm. 2, 2019; FUENTES DEVESA, R., "Artículo 367. Responsabilidad solidaria de los administradores", en AA.VV. *Comentario de la Ley de Sociedades de Capital,* t. V., Tirant lo Blanch, 2021, pp. 5023-5085; MORALEJO MENÉNDEZ, I., *La disolución de las sociedades de capital,* Tirant lo Blanch, 2023; MUÑOZ PAREDES, A., *"Tratado judicial de la responsabilidad de los administradores"*, vol I, Thomson Reuters Aranzadi, 2015; MUÑOZ PAREDES, A., *"La responsabilidad por las deudas sociales de los administradores nombrados transcurridos más de dos meses desde la infracción de deberes legales en orden a la disolución de la sociedad de capital como consecuencia de pérdidas (Comentario a la Sentencia del Tribunal Supremo (Sala 1.ª) de 8 de noviembre de 2019)" Anuario de derecho concursal, núm. 50 2020, págs. 373-406;* PRIETO, B.J.-AUPI, E., "Responsabilidad del administrador por deudas de la sociedad. El patrimonio del empresario en riesgo", Diario La Ley N.º 10100, 2022; QUIJANO GONZÁLEZ, J., *"Responsabilidad Societaria y concursal de administradores: de nuevo sobre la coordinación y el marco de las relaciones", Revista de Derecho Concursal y Paraconcursal,* núm. 10, 2019, La Ley; REBOLLO DIAZ, P. "Acciones de responsabilidad contra el órgano de administración societario. Estado actual de la cuestión", *Diario La Ley* N.º 10131, 2022; RECAMÁN GRAÑA, E., *"Los deberes y la responsabilidad de los administradores de las sociedades de capital en crisis"*, Revista Aranzadi de Derecho de Sociedades, núm. 45, Thomson Reuters Aranzadi, 2016; RODRÍGUEZ RUIZ DE VILLA, D./ HUERTA VIESCA, M.ª I., *"La responsabilidad por deudas de los nuevos administradores sociales de la sociedad de capital en causa de disolución", Diario*

dacción, tras la reforma concursal recientemente efectuada por la Ley 16/2022, ha tratado de subsanar algunas pequeñas deficiencias técnicas detectadas previamente por doctrina y jurisprudencia —trabajo muy entretenido pero que nunca parece concluir[140]— además de incorporar los ajustes necesarios exigidos por la transposición de la Directiva de reestructuración preventiva en Derecho español[141].

La Ley, núm., 9556, 2020; SANCHO GARGALLO, I., *"La responsabilidad de los administradores por deudas de la sociedad derivada del incumplimiento de los deberes legales de promover la disolución (artículos 262 TRLSA y 105 LSRL)",* Órganos de la sociedad de capital (dirs. GIMENO-BAYÓN/ Garrido), t.I, Tirant lo Blanch, Valencia 2008; SANCHO GARGALLO, I., *"La extensión subjetiva del régimen de responsabilidad a los administradores de hecho y ocultos, y a la persona física representante del administrador persona jurídica (arts. 236.3 y 5 LSC)",* Junta general y Consejo de administración en la sociedad cotizada, Estudio de las modificaciones de la Ley de Sociedades de Capital introducida por las leyes 31/2014, de 3 diciembre, 5/2015, de 27 de abril, 9/2015, de 25 de mayo, 15/2015, de 2 de julio y 22/2015, de 20 de julio, así como de las Recomendaciones del Código de Buen Gobierno de febrero de 2015 (dirs. RODRÍGUEZ FERNÁNDEZ y otros, coord., RONCERO), t II 1.ª ed., febrero de 2016; SANJUÁN MUÑOZ, E., *"La prescripción de las acciones de responsabilidad contra los administradores",* Órganos de las sociedades de capital (dirs. GIMENO-BAYÓN/GARRIDO, t. I, Tirant lo Blanch, Valencia 2008; SEQUEIRA MARTÍN, A. J./MUÑOZ GARCÍA, A./BELTRÁN SÁNCHEZ, E., "Disolución y liquidación de la sociedad de responsabilidad limitada", Comentario al régimen legal de las sociedades mercantiles (dirs. URÍA/MENÉNDEZ/OLIVENCIA), t. XIV, vol. 4.º, 2.º, ed. Thomson Civitas 2007; VÁZQUEZ CUETO, J.C., *"Disolución por pérdidas o solicitud de concurso voluntario: la alternativa legal en las sociedades de capital españolas",* La Revista de Derecho, de la Facultad de Ciencias Jurídicas de la Universidad Centroamericana, núm. 21, 2016.

140 Así, por ejemplo, el sentido de la reforma del inciso primero del artículo 367 es incorporar la doctrina de la STS de 8 de noviembre de 2019 sobre responsabilidad por deudas de los administradores que aceptan el cargo una vez que la sociedad está incursa en causa de disolución.

141 Un examen de la última reforma del artículo 367 LSC en MARIN DE LA BARCENA, F., "Reforma del régimen legal de disolución por pérdidas y responsabilidad de los administradores", *Gómez Acebo & Pombo,*

En eso de la calificación de la *naturaleza de nuestra acción*, como reconoce el propio Alto Tribunal, estamos ante un cierto "viaje de ida y vuelta". Sobre esta evolución en la doctrina jurisprudencial vid. por todas la STS de 29 noviembre 2017. Después de unas primeras sentencias en que se atribuyó a dicha responsabilidad la naturaleza de la responsabilidad *extracontractual o aquiliana* —con algún sector doctrinal[142]— luego triunfaría la tesis de la *responsabilidad por deuda ajena ex Lege* (para otros: de la "sanción/pena civil") como se recoge en numerosas sentencias desde el año 1999, las primeras las cuales son las de 29 de abril de 1999 y 22 de diciembre de ese mismo año. Vid. también las posteriores de 30/12/2000; 13/4/2000; 25/472002; 14/11/2002; 26/05/2006; 28/04/2006; 6/04/2006[143].

Al final todo acaba, como suele ser habitual, en la defensa de cierta naturaleza *sui generis* de la acción del art. 367 LSC: sin abandonar la idea esa de la responsabilidad *ex Lege* que en alguna sentencia se cualifica "quasi-objetiva", desde el año 2006 se ha reconocido en la doctrina jurisprudencial la conveniencia de dulcificar el rigor interpretativo mediante la aplicación a nuestra acción de ciertos criterios de imputación objetiva y subjetiva traídos de la responsabilidad aquiliana para, ponderada la conducta de los administradores en la prevención o reparación del daño, conceder

---

octubre 2022, págs. 1-7; GARCIA-VILLARUBIA, M., "Las pérdidas en situaciones de crisis empresarial: extensión de la moratoria contable y concurso de acreedores", Almacén de Derecho 05/01/2023; MUÑOZ PAREDES, A., "Cuestiones sobre la reforma concursal (I): Cronología de la insolvencia", *Diario La Ley* N.º 10126, 8 septiembre 2022; RODRIGUEZ RUIZ DE VILLA, D.-HUERTA VIESCA, M.I., "La reforma de la responsabilidad de administradores por no disolución en el Proyecto de reforma de la Ley Concursal", *Revista General de Insolvencias & Reestructuraciones* N.º 5, 2022, págs.. 219-258.

142 Vid. por todos: CERDA ALBERO, F., *Administradores, insolvencia y disolución por pérdidas,* Tirant lo Blanch, 2000, págs. 130 y s.

143 Una excelente exposición del estado de la cuestión en: PRENDES CARRIL, P., "Las obligaciones posteriores en la responsabilidad de los administradores por deudas", *RDM* 319, enero-marzo 2021, págs. 204 y ss.

la excepcional exoneración. Todo ello con la carga de la prueba de la diligencia a costa de los administradores con lo que la regla del art.367 LSC vendría a funcionar como una suerte de presunción iuris tantum de culpa. La singularidad de la acción, en suma, radica en la irrelevancia de la buena o mala fe del demandante (conozca o no la situación de la sociedad) y en la laxa exigencia del *onus probandi* que soportan los demandantes: innecesariedad de la prueba del nexo causal, de la culpa o dolo del administrador y de la cuantía del daño[144].

El mecanismo coercitivo utilizado para incentivar un comportamiento diligente consiste en imponer *ex lege* una suerte de "sanción civil"[145] a los administradores que incumplieran el doble deber consecutivo de promover tempestivamente la disolución de la sociedad (convocando junta al efecto para que delibere sobre el particular y, en nuestro caso, de ser necesario, instando la disolución judicial) ... a menos que se regularizara la situación legal (removiendo la causa de disolución o solicitando la entrada en concurso o pre-concurso). La falta de cumplimiento de esos deberes en el plazo legal se califica por el TS en su famosa STS 1219/2004, de 16 de diciembre, de "inexorable y fatal" puesto que se descarta la eficacia exonerante del cumplimiento tardío. Ese criterio ha sido respaldado —aunque criticado por la doctrina— por la STS de 9 de marzo de 2006. En favor de la tesis contraria (liberatoria

---

144 Buena explicación del *status quaestionis* en la actualidad en: MORALEJO MENÉNDEZ, I., *La disolución de sociedades de capital. Cuestiones de régimen jurídico,* Tirant lo Blanch, 2023, especialmente págs. 197 y ss.

145 El concepto "sanción civil" ha sido en nuestro ordenamiento objeto de un escasísimo estudio. Vid. una explicación de esta categoría jurídica en: CASADO CASADO, B., *El Derecho sancionador civil: Consideraciones generales y supuestos,* Universidad de Málaga, 2009. Vid. también, VIÑUELAS SANZ, M., "Reflexiones críticas sobre la naturaleza sancionadora de la responsabilidad concursal", *Anuario Facultad de Derecho-Universidad de Alcalá* I (2008), págs. 393-405. Vid. también: VERDÚ CAÑETE, M., *La responsabilidad civil del administrador de sociedad de capital en el concurso de acreedores,* La Ley, 2008, págs. 84 y ss.

de responsabilidad) se pronunciaron los redactores del fracasado Anteproyecto de Código Mercantil en el artículo 272.12.3.

> Sanciones penales o administrativas por ilícitos orgánicos de los administradores también existen,como veremos, en otros ordenamientos jurídicos para la represión de conductas irregulares más o menos gravosas (el caso alemán, británico, francés...). Entre nosotros, esa sanción es "civil" y no consiste en una multa que recauda el Estado o en una pena, incluso privativa de libertad, sino que, se cifra en un *quantum* de responsabilidad solidaria que se mide por el importe deudas contraídas con posterioridad a la emergencia de la causa de resolución y que ingresará, de prosperar la acción, en el patrimonio personal de los interesados como por otra parte ocurre en las acciones individuales de responsabilidad por lesión directa a los derechos de los acreedores.

El mecanismo que examinamos no tiene *stricto sensu* una finalidad resarcitoria: conviene recordar que el *quantum* de responsabilidad no tiene por qué coincidir, en mas o en menos, con el eventual daño causado al derecho de crédito. De hecho, pueden los administradores responder aunque no haya daño, responder por menos del daño o incluso por cantidad superior. Por otra parte, frente a la acción de responsabilidad común, no hay necesidad de probar el nexo causal entre la conducta y el daño soportado y se prescinde del requisito de prueba de la imputación del daño a conductas dolosas o culpables.

En fin, el plazo de prescripción de la acción del art. 367 LSC es muy otro de las otras acciones de responsabilidad por daños. En la doctrina recentísima del TS se viene a defender para esa "acción de responsabilidad legal por deuda ajena" una naturaleza análoga a la de una "fianza legal" cuando se nos asevera que "*la medida legal constituye a los administradores en garantes personales y solidarios*" (de las deudas cubiertas, se entiende) y que por lo tanto el plazo de prescripción no puede ser el del art. 241 LSC sino que coincide con el plazo de prescripción de la deuda garantizada. Vid. SSTS 1512/2023, de 31/10/ 2023; 217/2024, de 20/2/2023 y 1002/2024, de 27/2/2024. Ni que decir tiene que ese diferente trato en materia de prescripción carece a mi juicio de la más mínima justificación de política legislativa.

Como ocurre con otras "sanciones civiles" cuya existencia puede espigarse en nuestro derecho de sociedades (como la establecida en la sociedad unipersonal en el art. 14 LSC que tiene una factura muy similar, la que se establecía para la falta de adaptación de los estatutos de las anónimas a la nueva regulación del año 1989 o la de inoponibilidad de la limitación de responsabilidad en ciertos casos de la nueva figura del emprendedor individual de responsabilidad limitada) la responsabilidad del art. 367 LSC opera en principio de plano o *ex Lege* ... aunque existiera una causa justificada del incumplimiento o del retraso en el cumplimiento (=conducta no-culpable o exculpable con arreglo a un estándar común de diligencia).

Como es de sobra conocido, los tribunales han decidido "corregir" la interpretación más drástica del precepto para defender una supuesta responsabilidad "quasi-objetiva" que permitiría en ciertos supuestos excepcionales y con la carga de la prueba imputable a los administradores liberarse de responsabilidad acreditando ciertos hechos cualificados de justificación del incumplimiento. La jurisprudencia, de la que es paradigmática la STS 417/2006, de 28 de abril o, antes, la STS 314/2006, de 23 de marzo, ha dulcificado el rigor de la responsabilidad por deudas aplicando técnicas de responsabilidad civil permitiendo al administrador la prueba de un comportamiento diligente. No es de extrañar que se hayan ventilado a la sazón numerosas interpretaciones sobre la naturaleza del precepto sin que de tal tedioso examen se hayan derivado a la postre consecuencias prácticas.

II. LAS FUNCIONES DE LA REGLA DE RESPONSABILIDAD POR DEUDAS Y LA BANALIZACIÓN LEGISLATIVA RECIENTE DE LA FUNCIÓN DE GARANTÍA DEL CAPITAL SOCIAL

La verdad es que, como se explica en este trabajo, se pueden distinguir hasta tres funciones en el mecanismo de la responsabilidad por deudas. Una vez emerja la causa legal o estatutaria de disolución, la primigenia consiste en prevenir la realización de nuevas operaciones sociales por parte de los administradores de una sociedad de capital en liquidación. Con buen criterio, los redactores del malogrado Anteproyecto de Código Mercantil de mayo del 2014 debieron entender que la sanción de responsabilidad por deudas sociales resulta desproporcionada para supuestos diferentes del de la pérdida grave del capital social: el proyectado artículo 272-12 APCM exclusivamente ciñe la responsabilidad por deuda a los casos de infracción de los deberes legales de disolución por pérdidas.

Precisamente en cuanto a esta pérdida de la mitad del capital social, la función pre-concursal que el instituto estaría llamado a desplegar en nuestro ordenamiento de sociedades no ha demostrado un adecuado desempeño. Entre otras razones, porque la pérdida de la mitad del capital social no sirve como un buen indicador anticipado de la insolvencia y porque el pobre funcionamiento preventivo del concurso constituye en la práctica una manifestación más de eso que ha dado en llamarse "crisis del capital social" de lo que hemos tratado con extensión en el capítulo de este libro.

De cualquier modo, como examinamos en este trabajo, junto a las dos funciones anteriores (de prevención de las nuevas operaciones y del concurso o pre-concurso), se advierte en el precepto una función residual pero nada desdeñable de sanción del "cierre de hecho" de la empresa social. Algunos hablan, también, de una "función para-concursal" de la responsabilidad por deudas[146]. Habida cuenta el sorprendentemente bajo índice de concursalidad existente en España (de los más bajos del mundo y revelador de una aversión casi atávica de nuestros empresarios, especialmente de los pequeños, a la solución judicial de las dificultades que soportan sus empresas) y del estándar rigurosísimo de prueba de la rela-

---

146 Vid. BELTRAN SÁNCHEZ, E., "La responsabilidad de los administradores por obligaciones sociales" en VV.AA. *La responsabilidad de los administradores* (Dirs. ROJO/BELTRAN), Tirant lo Blanch, 2008, págs. 235 y 236.

ción de causalidad que siguen nuestros tribunales para que pueda prosperar la acción individual de responsabilidad, el art. 367 LSC se ha utilizado como mecanismo funcionalmente alternativo al de la condena de cobertura del déficit concursal del actual artículo 456 TRLC habida cuenta no interesa a nadie instar la apertura del concurso o no tiene mayor interés por falta de masa. Es obvio que en caso de cierre de hecho, carece de utilidad práctica intentar la acción social de responsabilidad y si no se abre el concurso —incentivos no existen muchos, la verdad— tampoco puede obtenerse el resarcimiento por la vía de la cobertura del déficit.

Dicho lo anterior, procede constatar que cierta política legislativa de urgencia o sectorial desarrollada en estos últimos años ha puesto de manifiesto *una cierta banalización legislativa de la función de garantía de terceros que nuestro sistema de responsabilidad por deudas debiera poder cumplir.* Banalización que lleva al legislador a pocos menos que anunciar el fin del capital social en la admisión de las nuevas sociedades de 1 euro de capital cuando lo que este regalo póstumo del afortunadamente desaparecido "Doing Business" del Banco Mundial[147] realmente solo pone en cuestión la regla de capital menos defendible de todas cual es la del "capital legal mínimo". Ello no obstante, la función de retención funciona en ellas de manera extravagante: en las nuevas sociedades limitadas de un euro de capital pérdidas insignificantes de varios céntimos ponen a la sociedad en trance de disolverse o entrar en (pre)concurso mientras cualesquiera ganancias, por pequeñas que sean, constituida la reserva legal (la "legal especial" de la Ley 18/2022 y la legal común que se cifra... sobre el capital social), devienen distribuibles aunque convendría reforzar la insuficiente dotación de recursos propios.

> La Ley 18/2022 de 28 de septiembre, de creación y crecimiento de empresas, por ejemplo, ha modificado, en lo referente al capital

---

[147] De triste recuerdo, que fue interrumpida su elaboración por razones que son conocidas de todos: el país que introducía la figura de las sociedades de un euro ganaba puntos en el estupendo ranking.

legal mínimo, la LSC en su artículos 4 LSC (capital social mínimo); la supresión del art. 4 bis LSC (referido al procedimiento llamado de fundación sucesiva); el art. 5 LSC (prohibición de capital inferior al mínimo legal) y, en fin, al art. 23.d) LSC (sobre constancia en estatutos de la cifra de capital). Es de advertir además que la disposición transitoria segunda en relación con las llamadas "sociedades en régimen de formación sucesiva" constituidas con anterioridad establece que, de futuro, *"podrán optar por modificar sus estatutos para dejar de estar sometidas al régimen de fundación sucesiva y regirse, mientras su capital social no alcance la cifra de tres mil euros, por las reglas establecidas en el apartado 3 del artículo 4 TRLSC"*.

En los últimos años venimos asistiendo a sucesivas reformas legales que se traducen en un debilitamiento de la función represiva de la responsabilidad por deudas. Para empezar, tras la oportuna reforma de la Ley en el pasado aún reciente solo resultan ya legalmente "afianzadas" las deudas contraídas después del acaecimiento de la causa de disolución... como si esa discriminación lacerante entre nuevos y viejos acreedores tuviera alguna justificación. De otra parte, la "moratoria contable" inaugurada con la legislación del COVID amplía su eficacia en el tiempo de manera desmedida en relación con lo que ha ocurrido en Derecho comparado y se permite no tener en cuenta las pérdidas de los peores ejercicios de la Pandemia en un horizonte temporal lejano y desaparecidas ya las circunstancias excepcionales que justificaron el privilegio legal. Aunque se haya alzado, demasiado tarde, la "moratoria legal de la obligación de entrada en el concurso" de las insolventes, la "moratoria contable" del artículo 13 de la Ley 3/2020 en su última reducción tiene un cierto "efecto narcotizante" de la actuación de los administradores en situación de riesgo real de insolvencia y, junto con el colchón de los préstamos ICO, ha tolerado una cierta generalización del fenómeno de las empresas "zombies".

No se trata solamente de lo anterior, que nuestro artículo 367 LSC parece constituir un verdadero obstáculo para la puesta en marcha de ciertas iniciativas empresariales como son las asociadas a las famosas "start-ups" (la Ley de empresas emergentes contempla la no-aplicación del mecanismo de la responsabilidad por deudas en la fase inicial de estos proyectos empresariales) y también debe ser un obstáculo para la reestructuración preventiva de las empresas en dificultades: la última reforma concursal incorporara el beneficio de la suspensión de la disolución por pérdidas como efecto legal automático de la comunicación del inicio de operaciones para alcanzar un plan de reestructuración.

En el artículo 13 de la Ley 3/2020, de 18 de septiembre, de medidas procesales y organizativas para hacer frente al COVID-19 en el ámbito de la Administración de Justicia, se aprobó una moratoria contable, ya extendida en su momento por disposiciones posteriores, que excluyó las pérdidas de los ejercicios 2020 y 2021 a los efectos de determinar la existencia de la causa de disolución de sociedades de capital cuando las pérdidas acumuladas de éstas reduzcan su patrimonio neto por debajo de la mitad de su capital social (artículo 363.1.e) de la Ley de Sociedades de Capital). Ahora, el Real Decreto-ley 20/2022, de 27 de diciembre, prorroga dicha medida excepcional. La norma aclara que no se computarán las pérdidas de los ejercicios 2020 y 2021 hasta el cierre del ejercicio que se inicie en el año 2024:

«1. A los solos efectos de determinar la concurrencia de la causa de disolución prevista en el artículo 363.1.e) del texto refundido de la Ley de Sociedades de Capital, aprobado por el Real Decreto Legislativo 1/2010, de 2 de julio, no se tomarán en consideración las pérdidas de los ejercicios 2020 y 2021 hasta el cierre del ejercicio que se inicie en el año 2024.

Si, excluidas las pérdidas de los años 2020 y 2021 en los términos señalados en el apartado anterior, en el resultado del ejercicio 2022, 2023 o 2024 se apreciaran pérdidas que dejen reducido el patrimonio neto a una cantidad inferior a la mitad del capital social, deberá convocarse por los administradores o podrá solicitarse por cualquier socio en el plazo de dos meses a contar desde el cierre del ejercicio conforme al artículo 365 de la citada Ley, la celebración de Junta para proceder a la disolución de la sociedad, a no ser que se aumente o reduzca el capital en la medida suficiente.»

Esta moratoria solo afecta al régimen de disolución por pérdidas establecido en el citado artículo 363.1.e) y no debe confundirse con la "moratoria concursal", cuya vigencia expiró el 30 de junio de 2022. Amén de todo ello, en ningún caso esta moratoria entraña una exoneración de la posible responsabilidad social o individual de los administradores por dolo o culpa en la gestión.

Por su parte, la Ley 28/2022, de 21 de diciembre, de fomento del ecosistema de las empresas emergentes nos dice en su **Artículo**

13. Pérdidas que reduzcan el patrimonio neto: "*Las empresas emergentes no incurrirán en causa de disolución por pérdidas que dejen reducido el patrimonio neto a una cantidad inferior a la mitad del capital social, siempre que no sea procedente solicitar la declaración de concurso, hasta que no hayan transcurrido tres años desde su constitución*".

Por su parte, en relación con la "comunicación de la apertura de negociaciones preconcursales" (cfr. cap. III del Título III del TRLC NUEVO) se contiene un artículo 613, Suspensión de la causa de disolución por pérdidas cualificadas, que dice así: "*En las sociedades de capital, mientras estén en vigor los efectos de la comunicación, quedará en suspenso el deber legal de acordar la disolución por existir pérdidas que dejen reducido el patrimonio neto a una cantidad inferior a la mitad del capital social*".

Dicho todo lo anterior, cuando una norma necesita tantos ajustes, cuando produce resultados insatisfactorios, cuando no acaba nunca por encontrar su encaje en el sistema jurídico europeo y español (algunos han insinuado su inconstitucionalidad) procede cuestionarse su derogación que es lo que defiendo, lisa y llanamente, en estas páginas que siguen.

III. LA FINALIDAD PRIMIGENIA DEL PRECEPTO: LA PREVENCIÓN DE LAS "NUEVAS OPERACIONES" EN LAS SOCIEDADES EN ESTADO DE LIQUIDACIÓN

El instituto de la responsabilidad de los administradores *por deudas sociales tiene su origen histórico en el Derecho italiano del Codice* Civile en su redacción originaria de 1942 y en su art. 2449.1 El propósito tanto allí como aquí no era tanto el propiamente preconcursal, como suele atribuirse sin más a nuestro art. 367 LSC, sino el de prevenir la realización por parte de los administradores de nuevas operaciones sociales después de acaecida la causa de disolución ... y habida cuenta la prohibición legal de continuar la gestión social lucrativa de la sociedad en estado de liquidación. Entre nosotros vid. art. 384 LSC: "*A los liquidadores corresponde concluir las operaciones pendientes y realizar las nuevas que sean necesarias para la liquidación de la sociedad*".

En sede de disolución de sociedades y bajo la rúbrica de "*Effetti dello scioglimento*" el art. 2449.1 del C.c. italiano decía, hasta el año 2003, que cuando los administradores, verificada la causa de disolución, realizaran nuevas operaciones sociales serían solidariamente e ilimitadamente responsables *"per gli affari intrapresi"*. A estos efectos, deberían los administradores convocar la junta para que resolviera sobre la disolución y liquidación en el término de treinta días y conservar el patrimonio social hasta su entrega a los liquidadores. En cuanto a la causa legal de disolución referida en el originario art. 2448 5) C.c. de "*riduzione del capitale al disotto del mínimo legale*" los administradores podían ex art. 2447 C.c. originario escapar de la responsabilidad si convocaban "sensa indugio" la asamblea para deliberar sobre la reducción y aumento sucesivo de capital por encima del mínimo legal o la transformación societaria adecuada

El precepto español equivalente al italiano de la LSA de 1951 (su art. 159.1 de la vieja LSA) omitía toda traza de responsabilidad solidaria de los administradores por incumplimiento de deberes relativos a la promoción de la disolución aunque, eso sí, contuviera una prohibición legal de realizar nuevas operaciones similar a la existente en el Derecho italiano: *"Desde el momento en que la sociedad se declare en liquidación, cesará la representación de los administradores para hacer nuevos contratos y contraer nuevas obligaciones asumiendo los liquidadores las funciones a que se refiere el artículo siguientes"*. De hecho, la responsabilidad-sanción que ahora nos resulta tan natural carece de antecedentes en Derecho español de sociedades histórico y salvo el Derecho italiano era prácticamente desconocida en Derecho comparado: solo cabe citar el art. 47.II del Código holandés de 1838 que lo contemplaba sólo para el caso de pérdida grave de capital (cifrada en 75%) y lo refería a las deudas contraídas desde que los administradores conocieran o debieran conocer de la existencia de este déficit.

Hubo que esperar a la reforma exigida para la transposición del acervo comunitario en 1989 para que el legislador español copiara al italiano en el citado art 265.2 LSA y, luego, en el art. 105.5

LSRL 1995. No obstante, en nuestro régimen de responsabilidad por deudas se realizaron algunos "ajustes" respecto al modelo de referencia italiano[148].

Se me antoja que la responsabilidad solidaria por las deudas es un remedio desproporcionado para sancionar todas las conduc-

---

[148] Los ajustes básicos son los siguientes, y sin necesidad de entrar en mayor detalle técnico:
(i) De un lado, en relación con el presupuesto de hecho de la responsabilidad (incumplimiento de deberes legales de los administradores motivados por acaecimiento de causa de disolución) se establece en Derecho español, a cargo de los administradores no solamente el deber de solicitar tempestivamente **la convocatoria de la junta** para deliberar sobre la disolución o las medidas alternativas de remedio a la situación sino, incluso, yendo más allá, el deber subsiguiente, si fuera el caso, de solicitar, también tempestivamente, **la disolución judicial** en el plazo de los dos meses a contar desde la fecha prevista para la celebración de la junta cuando ésta no se hubiera constituido o desde el día de la junta, cuando el acuerdo hubiera sido contrario a la disolución o concurso. Y ese deber de instar la disolución judicial existe… aunque la Ley española reconozca no solo a los socios sino a cualquier interesado (presumimos que a los acreedores incluidos) la legitimación activa para pedir la disolución judicial usualmente —aunque no necesariamente— mediante el correspondiente expediente mercantil de Jurisdicción Voluntaria.
(ii) Se incluye, a diferencia de lo que ocurre en Derecho italiano, como presupuesto de emergencia de la responsabilidad por deudas sociales **la causa legal de disolución por pérdida grave del capital** a la manera tradicional del Derecho histórico, del Derecho francés (y viejo holandés) y aprovechando la trasposición del primitivo artículo 17 de la Segunda Directiva de Sociedades sobre pérdida grave del capital que no exigía para estos casos un remedio tan radical (vid. infra sobre los diversos modelos en Derecho comparado).
(iii) A diferencia de lo que ocurría en Derecho italiano y hasta la reforma efectuada por la Ley 19/2005 sobre la sociedad anónima europea domiciliada en España *se respondía de todas las deudas sociales*: las anteriores y las posteriores a la emergencia de la causa de disolución. Luego cambiaría la cosa y en la redacción vigente solamente se responde de los posteriores sin que ello esté en modo alguno justificado.

tas "irregulares" que se contemplan en todas las causas de disolución. Aunque los actos y negocios "extralimitados" (vale decir: que no sean funcionalmente dirigidos a la liquidación ordenada de la sociedad ex artículo 379.2 LSC) y, en general, los ejecutados en infracción del deber de conservación de la integridad del patrimonio social tras la existencia de causa estatutaria o legal de disolución no sean por este solo motivo y de acuerdo con la mejor doctrina nulos o anulables[149], y menos aún frente a tercero adquirente de buena fe; no faltan otros remedios legales para atacar su (in)eficacia como son los mecanismos previstos en los casos de violación del deber de lealtad (vid. art. 227 y 232 LSC) o las acciones de reintegración de la masa activa en caso de concurso subsiguiente (arts. 226 y ss. TRLC).

Acabo señalando que una mínima ponderación de la real gravedad de las conductas "sancionadas" nos debería llevar a ser menos rigurosos en relación con las causas de disolución desencadenantes de la responsabilidad *ex Lege*. No parece razonable extender la responsabilidad por cualquier causa legal e, incluso, estatutaria y en todo caso convendría ceñir la responsabilidad al supuesto más grave de situaciones que pongan en peligro grave la integridad patrimonial. Por este motivo celebro que el Proyecto de Código Mercantil reduzca nuestro instituto al caso de pérdida grave de capital y prescinda de las otras causas: artículo 272-12 APCM. Por otra parte, habiendo una legitimación tan amplia como la establecida en la Ley (en la LSC y en la LJV que dedica el Capítulo V de su título VIII a la disolución judicial de sociedades[150]) para que terceros con interés legítimo, acreedores por supuesto, puedan instar la disolución judicial incluso en Jurisdicción voluntaria no se entiende que la responsabilidad se desencadene cuando el ad-

---

149 Vid. sobre esta cuestión el comentario al viejo artículo 112 de la LSRL de 1995 de URIA/MENENDEZ/BELTRAN en URIA/MENENDEZ/OLIVENCIA, *Comentario al régimen legal de las sociedades mercantiles*, T. XIV, vol. 4.°, 2 ed., Thomson/Civitas, 2007, págs.210 y 211.

150 Vid. MORALEJO MENÉNDEZ, I., *La disolución de las sociedades...*, op. cit., págs.106-111.

ministrador ha convocado junta tempestivamente aunque ésta no haya producido el resultado deseable.

IV. LA SUPUESTA FUNCIÓN DE PREVENCIÓN CONCURSAL DE NUESTRA REGLA DEL ART. 367 LSC A LA LUZ DE DEL DERECHO COMPARADO

Doctrina y jurisprudencia se afanan en reconocer en nuestra institución una predominante y supuesta finalidad pre-concursal del instituto. Así, por ejemplo, en las SSTS de 2 de marzo de 2004 y 20 febrero de 2007. Señalar esta función constituye un lugar común en la literatura científica sobre el tema y es cuestión pacífica que tal fin se alcanza a través del mecanismo intermedio de la disolución forzosa de la sociedad incursa en causa de "pérdida grave del capital social" como señal anticipada de la crisis de empresa.

El origen histórico de la responsabilidad por pérdida de capital está en la práctica administrativa del primigenio sistema de *octroi* francés de constitución de sociedades de capital inaugurado por el Código napoleónico en el que se alumbró, al principio del siglo XIX, la idea de que la "pérdida parcial" (frente a la "completa" o "total") del capital social como una señal anticipada del riesgo de la insolvencia de la compañía en un horizonte temporal relativamente próximo[151]. La cosa era muy simple: el capital social representado por las aportaciones de los socios funcionaría como "garantía del derecho de acreedores" al representar una suerte de "colchón de seguridad" frente al caso de la pérdida total en que el patrimonio evaluado en términos contables no cubriría la cifra registrada en el pasivo del balance. Para evitar que la situación se degradara y la pérdida parcial se transmutara en total se trataba de incentivar la "recapitalización" o reforzamiento de recursos propios[152].

---

151 Vid. MACHADO PLAZAS, J., *Pérdida del capital social y responsabilidad de los administradores por las deudas sociales*, Civitas, 1997, págs. 47 y ss.

152 Bajo el primitivo *sistema de octroi* de creación de sociedades anónimas contenido en el artículo 37 del Code de Commerce de 1807 solamente

Nuestro Código de Comercio de 1829 optó por un sistema liberal de constitución de sociedades por acciones, avanzadísimo para la época por lo moderno, para lo que no era obligatorio obtener con carácter previo la autorización administrativa y en que la disolución forzosa solamente operaba en el supuesto de pérdida total del capital social. Tras la profunda crisis bursátil y financiera de ese año, la Ley de anónimas del año 1848 se inspiró en cambio en el sistema de *octroi* francés en cuanto a la exigencia de la necesaria constancia en estatutos (como requisito de aprobación gubernativa de la solicitud previa de constitución) del porcentaje de la pérdida de capital social que acarrearía la disolución forzosa de la sociedad por falta de su reconstitución[153]. A la sazón, la LSA de 1951 recuperó la causa legal de disolución por pérdida parcial de capital en su artículo 150.3 cuando la regla general establecida en el art. 221.2 del Código de Comercio de 1885 era la disolución por pérdida entera de capital social[154].

---

podían constituirse y mantenerse en funcionamiento tales sociedades con autorización del gobierno y sus agentes. En la práctica administrativa de las Circulares que desarrollaron las parcas previsiones legales del Código napoleónico tal y como refleja elocuentemente la doctrina del Consejo de Estado (ante quien planteaban dudas de aplicación los prefectos), se formularon una serie de reglas gubernativas que hoy encuadraríamos en las de defensa de la intangibilidad del capital social. Entre ellas, la de que resultaba exigible, como requisito para que pudiera prosperar la autorización gubernativa, que el proyecto de estatutos sometido a la autorización del Estado recogiera en su articulado una cláusula que fijare la proporción o cuantía de la pérdida del capital social que les obligase a disolverse a menos que el capital se reconstituyese (Circular de 11 de julio de 1808). Cautelas suplementarias eran la constitución obligatoria de reserva legal y la regulación especial de distribución de dividendos.

153 Merece la pena la lectura de la excelente monografía de ANSÓN PEIRONCELY, R., *La Ley de sociedades anónimas de 1848*, Tirant lo Blanch, 2016.

154 Un excelente repaso del Derecho histórico sobre la cuestión en MACHADO PLAZAS, J., *Pérdida del capital social y responsabilidad de los administradores por las deudas sociales*, Civitas, 1997, págs. 70-88.

Ahora bien: ni la legislación francesa de sociedades (ni la histórica ni la actual); ni el Derecho societario español de sociedades de capital anterior a la gran reforma del año 1989 establecieron un sistema "a la italiana" de responsabilidad solidaria de los administradores por deudas sociales por incumplimiento de los deberes de promoción de la disolución por causas legales (vid. supra). Esa "sanción civil" constituye una verdadera rareza, un anacronismo en Derecho societario comparado[155].

Como es sabido, el legislador de 1989 se enfrentó con el problema de la trasposición del acervo societario comunitario cuya II Directiva de sociedades (conocida como la del capital social) contenía un Derecho europeo *de minimis* para el caso de pérdida grave del capital de las sociedades por acciones. El viejo artículo 17 de la llamada segunda Directiva (Directiva 77/91/CEE) correspondiente con el actual art. 58 (1) de la vigente Directiva "consolidada" (EU) 2017/1132 se limita a indicar dos cosas: que en caso de "pérdida grave" del capital social suscrito se convoque junta general en un plazo máximo fijado por la legislación doméstica y *"con el fin de examinar si procede la disolución de la sociedad o adoptar cualquier otra medida"* y que la legislación nacional *"no podrá fijar en más de la mitad del capital social el importe de la citada pérdida cualificada o grave"*.

155 Bizarramente, ese salto sí lo dio el legislador holandés del Código de Comercio de 1838 en su artículo 47: cuando la pérdida era del setenta y cinco por ciento la sociedad debía ser disuelta de pleno derecho y los gerentes eran responsables personal y solidariamente frente a terceros de todas las obligaciones que hubieran contraído después de que haya sido o hubiera podido ser conocida la existencia del déficit. Se entendía que cuando la disminución de la "garantía de los acreedores" era muy peligrosa no bastaba la regla general de la publicidad legal de la situación del riesgo de insolvencia: en caso de pérdidas superiores al cincuenta por ciento pero inferiores al setenta y cinco por ciento los administradores debía comunicar la situación al registro del tribunal de distrito (que fungía como registro mercantil) y publicar anuncios en los diarios oficiales para la advertencia a los terceros.

Sin necesidad de entrar en el detalle preciso de la norma bástenos saber que la transposición de esa previsión ha dado lugar a varios sistemas en Derecho europeo que agruparemos en cuatro modelos de referencia:

1.º) En el **"modelo alemán"**, tal y como éste queda reflejado en el & 49.III GmbH y en el & 92. I AktG, la pérdida grave del capital social no entraña la existencia de una causa legal de disolución, como ocurre en nuestro Derecho de sociedades, sino que tan solo sirve para definir legalmente una *función puramente informativa e interna sobre la preocupante situación de la compañía* a cargo de los administradores. Se habla, entonces, de una "función de prevención o aviso" ("*Warnfunktion*") que se justifica en el exclusivo interés de los socios: en algunos ordenamientos históricos también se pensó en una función externa o de aviso a los terceros mediante la obligación de publicación registral o edictal de la situación de riesgo de insolvencia.

A la sazón, los administradores de las sociedades de capital alemanas deben convocar la junta de socios para informar del desequilibrio patrimonial que resultare reflejado en el balance anual (o en otro intermedio, añade la Ley) ... pero sin que sea legalmente obligatoria la adopción de cualquier medida de saneamiento aunque desde luego puedan dichas medidas acordarse de manera voluntaria.

El incumplimiento del deber de convocatoria por parte de los administradores constituye allí un ilícito penal (cfr. 401 AktG). La normativa se completa en sede concursal con la tipificación en el &15 a) de la InsO de una obligación legal de los administradores de solicitar la apertura del proceso concursal cuando la sociedad incurra en la insolvencia-iliquidez de la & 17 o el sobreendeudamiento de la & 19 InsO. La mera probabilidad de la insolvencia (calificada de "insolvencia inminente" con su pronóstico de 24 meses que ha inspirado al legislador español) solo constituye presupuesto de apertura voluntaria del concurso: & 18 InsO. Como alternativa al concurso está la reestructuración regulada por la nueva StaRUG.

Con diferencias no dignas de ser reseñadas, están afiliados a este modelo el Derecho británico, irlandés u holandés. Paradigmático por su sencillez es el caso del Derecho británico en el supuesto de la "serious loss of capital" de las public companies: los administradores deben convocar la junta de socios para que estos puedan resolver lo que proceda y si no lo hacen están incursos en un ilícito administrativo sancionado con una multa (section 656 Companies Act 2006).

2.º) Está también el que podemos llamar **"modelo francés"** que consisten en la previsión legal de la disolución forzosa de la sociedad de capital por "pérdida grave" de su capital social a menos que se regularice o "sanee" la situación. La pérdida de capital es, además, simplemente uno de los posibles indicadores de riesgo en el "procedimiento de alerta"

Para las sociétés anonymes vid. el C.com francés art. L. 225-248. La cosa es así: (i) El consejo de administración (o el consejo de dirección) debe convocar asamblea de socios en el plazo de cuatro meses siguientes a la aprobación de las cuentas que reflejaren la pérdida grave de capital y para decidir si procede la disolución anticipada de la sociedad (cfr. art. L. 225-248, al. 1). (ii) A diferencia del sistema alemán, existe una función informativa externa de la situación: cualquiera que sea la resolución de la asamblea —se acuerde la disolución o la continuación— de la misma debe darse publicidad en el registro mercantil (la Greffe du tribunal de Commerce) según lo que dispone el art. L. 225-248, al 3; R. 225-166; (iii) Si la asamblea no se ha reunido o no ha tomado acuerdo o no se ha regularizado la situación en el plazo de dos años, cualquier interesado puede instar la disolución judicial ex art. L. 225-248, al 4; (iv) El incumplimiento del deber de convocatoria de la asamblea por parte de los administradores constituye un ilícito penal ex art. L. 242-29-1; (v) La pérdida de la mitad del capital social suele considerarse por parte de los auditores de cuenta como *"un fait de nature à compromettre la continuitè de l'exploitation"* lo que entraña el desencadenamiento del *"procédure d'alerte"*: art. L. 234-1. Con algunos matices este es a la postre el sistema que sigue el Derecho belga

3.º) El **sistema italiano es de "disolución forzosa escalonada"**.

A saber: (i) En caso de pérdida de capital superior al tercio del mismo, el administrador de una s.p.a. (art. 2446 C.c) o de una s.r.l. (art. 2482-bis) deberá convocar "senza indugio" la asamblea de accionistas o socios para que adopte las previsiones oportunas; (ii) Supuesta una pérdida grave de capital por un tercio o más, el capital social debe ser obligatoriamente reducido por pérdidas (nuestra reducción social obligatoria) cuando no éstas no resultan disminuidas por debajo del tercio dentro del ejercicio sucesivo (iii) En el caso de pérdida de capital superior al tercio del mismo y subsiguiente reducción del capital social por debajo del mínimo legal el órgano de administración debe convocar la asamblea "senza indugio" para deliberar sobre la reducción de capital con consiguiente aumento por encima del mínimo legal o acordar la transformación de la sociedad: arts. 2447 C.c. (para las s.p.a.) y 2482-ter (para las s.r.l.); (iv) Solamente cuando no se adoptaren algunas de las medidas de saneamiento previstas anteriormente la sociedad está incursa en causa legal de disolución ex art. 2484, comma 1, n.4 C.c. (v) La pérdida grave del capital, como en Francia o en Bélgica, puede constituir una señal de alarma en el procedimiento diseñado al efecto y del que tratamos en otra parte de este libro.

4.°) El **sistema español, inusual en Derecho de la UE, en que establece la responsabilidad-sanción de los administradores sociales por las deudas sociales** en caso de incumplimiento de los deberes de promoción tempestiva de la disolución forzosa por causa legal (o estatutaria). Se sustituye la sanción penal o la administrativa por una regla de responsabilidad "quasi-objetiva" como mecanismo desproporcionado para eximir a (algunos de) los acreedores afectados de aspectos tales como la prueba de la culpa, del daño y de la relación de causalidad.

La lógica explicativa de la particularidad de nuestro sistema de disciplina de la pérdida grave de capital social en relación con todos los otros de la UE puede describirse de la siguiente manera a través de diversos enunciados entrelazados: (i) La pérdida grave o cualificada de capital social constituye un buen indicador anticipado de la futura insolvencia de la sociedad; (ii) Por ende, para evitar la degradación normalmente acelerada de la solvencia, traspasado un umbral temporal que demarca esa "zona gris" de la proximidad/vecindad a la crisis definitiva o irreversible, la sociedad en cuestión debe quedar sujeta a causa legal de disolución o a tratamiento (pre)concursal; (iii) Los administradores que incumplan los deberes asociados a la promoción tempestiva de la adopción del acuerdo de disolución (oportuna convocatoria de junta que delibere sobre la disolución o remoción de la causa + tempestiva solicitud de disolución judicial) incurren en una sanción civil de responsabilidad que se mide por la cuantía de ciertas de las deudas sociales ... a menos que se pongan remedios al desequilibrio detectado o se inste la solución concursal (o preconcursal). De esta suerte, con la liquidación ordenada del patrimonio o la "recapitalización" como "alternativa al concurso" se hurta la necesidad de abrir el concurso de la sociedad con todos los inmensos costes directos e indirectos asociados a ello.

Pues bien, ninguna de las tres piezas justificativas del sistema antes descrito está fuera de discusión: (i) La pérdida de la mitad del capital social es un muy pobre indicador del estado de insolvencia o de la "probabilidad de insolvencia" (de aquí que se hable con razón de la "crisis del capital social" que impide que funcione un verdadero sistema de alerta preconcursal); (ii) No está claro que sea deseable, ni el Derecho europeo lo exige, que el descrito desequilibrio contable (= déficit cualificado del patrimonio neto en relación con la cifra de cobertura que define la intangibilidad del capital) deba entrañar la disolución forzosa de la sociedad ... al menos cuando pueda ser viable asegurar su continuidad en un horizonte temporal próximo; (iii) El sistema de la "pena civil" de la responsabilidad de los administradores además de absolutamente inusual en Derecho comparado resulta de muy dudosa eficacia y se superpone a otros mecanismos como son, básicamente, las acciones de responsabilidad de los administradores y en sede concursal el instituto de cobertura del déficit concursal.

V. EL DESBALANCE PATRIMONIAL DEL ART. 367 LSC NO SIRVE COMO UNA BUENA SEÑAL DE "ALERTA TEMPRANA" DE LA INSOLVENCIA (DIAGNÓSTICO DE LA "PROBABILIDAD DE INSOLVENCIA")

En teoría, la situación de pérdida grave de capital social, al menos en la concepción tradicional de su régimen jurídico, debería funcionar como una verdadera señal de alarma de una insolvencia próxima. Publicada la Directiva (UE) 2019/1023, de 20 de junio de 2019, sobre marcos de reestructuración preventiva, hablaríamos de un sistema de **"(Insolvency) Early Warning"** a través de un indicador/estimador anticipado de insolvencia de esos a los que se refiere el art. 4 de la Directiva [156] [157].

Debemos hacer notar que en las redacciones primigenias de la Ley a propósito de la pérdida cualificada del capital social —tanto en España como en Derecho comprado— *solamente se contemplaba como posible remedio alternativo a la recapitalización la disolución ... y nunca el concurso.* La razón es clara: el legislador daba por supuesto que los remedios concursales solamente funcionarían como *ultima ratio* en caso de pérdida total del capital social y que la pérdida "parcial" (por opuesta a la "total") no entrañaría de suyo una insolvencia. No es ocioso recordar que la redacción primitiva del art. 262.5 LSA en la redacción de 1989 no contenía ninguna mención a la suspensión de pagos o a la quiebra y luego, desde la Ley 22/2003, de 9 de julio, concursal, al concurso. Hay que esperar al texto refundido de la LSC del año 2010 para que su artículo 367

---

156 Por todos: GAIA BALP, "Early warning tools at the crossroads of insolvency law and company law", *Global Jurist*, 2019, págs 1-22; VIÑUELAS SANZ, M., "La importancia de los sistemas de alerta temprana. Régimen vigente y funcionamiento" en: VV.AA., *Nuevo marco jurídico de la reestructuración de empresas en España* (Dir. COHEN BENCHETRIT, A.), Aranzadi, 2023, págs.. 133-255.

157 Vid. un estupendo comentario de este precepto en el libro de referencia: RAMMESKOW en: PAULUS/DAMMANN, *European Preventive Restructuring*, Hart Beck Nomos, 2021, págs. 78-83.

LSC introduzca, con alguna oscuridad y falta de técnica, la "alternativa concursal" a la disolución forzosa.

A la postre, **el desbalance contable de la pérdida de la mitad del capital social, sobre todo con la "moratoria contable" vigente, constituye un muy rústico "test de (pre)solvencia"**[158]. Hay que tener siempre presente que la tutela de la intangibilidad del capital social opera sobre reglas de reconocimiento y valoración de naturaleza contable con ciertos ajustes materiales exigidos por la normativa contable internacional ("Test de Balance conforme a NIIF")[159]. A estos efectos, es fundamental la Resolución del ICAC de 5 de noviembre de 2019 sobre instrumentos financieros para el cálculo del patrimonio neto en "situaciones normales" y la R ICAC 18 de octubre de 2013 sobre el marco de información financiera cuando no resulta adecuada la aplicación del principio de empresa en funcionamiento.

Como enseña la práctica del "capital regulatorio" de entidades bancarias y en general de entidades sujetas a supervisión especial los "colchones de seguridad" no solo deben ser dinámicos y anti-cíclicos (ni el capital social ni la reserva legal lo son), sino que deben calcularse en base consolidada y en relación con la estimación del nivel de riesgos objeto de cobertura por los recursos propios computables atendiendo a su mayor o menor "calidad" en atención a su idoneidad para la cobertura de pérdidas. En cambio, la famosa regla de oro del equilibrio patrimonial (patrimonio contable superior a la cifra de capital) presupone la aplicación de criterios valorativos y de reconocimiento contable que describen una situación fáctica retrospectiva (frente a los sistemas de esti-

---

[158] Con su habitual causticidad vid. CARRASCO PERERA, A., "Contra el artículo 367 LSC, contra la fábula del capital social", *La Ley Mercantil* n.º 67, Sección Editorial, marzo 2020.

[159] Sobre estos ajustes materiales he escrito un trabajo anterior al que me remito: "El nuevo "test de balance" bajo las normas contables internacionales: ajustes valorativos e intangibilidad del capital social", RDM núm. 279, enero-marzo 2011.

mación de futuro del valor razonable de la empresa como "going concern") y no necesariamente conducentes al reconocimiento del valor razonable de la empresa como "going concern" (no pueden por ejemplo aflorarse contablemente todas las plusvalías o los intangibles). Amén de ello solamente se tiene en cuenta un único estimador de la solvencia en lugar de los múltiples que, debidamente ponderados, valen para cualquier pronóstico serio de la insolvencia como los que se incluyen como herramientas de alerta en el art. 3 de la Directiva de reestructuración.

Una famosa Circular del Banco de España (Circular 6/2016, de 30 de junio; vid. Capí) que orienta a las entidades financieras en su deber de ponderación de solvencia de sus clientes considera necesario tener en cuenta la posición de la sociedad en relación con sus competidoras en relación con hasta ocho "áreas de análisis" (actividad, margen, rentabilidad, liquidez, capital circulante, endeudamiento, solvencia y capacidad") ... en que el ratio relevante para el aspecto de la solvencia es el cociente entre Fondos propios y el total del patrimonio neto y pasivo. Ni que decir tiene que la herramienta de diagnóstico registral del riesgo empresarial cuenta funciona con decenas y decenas de variables relevantes y su ponderación en un indicador sintético e intuitivo de la probabilidad de insolvencia.

Dado que en la práctica la situación de pérdida grave de capital suele ser más bien señal de una situación de degradación muy avanzada de la solvencia de la compañía si nos queremos adecuar a la filosofía de la Directiva de reestructuración, los tradicionales deberes impuestos a los administradores de rendir cuentas y promover la disolución si no se adoptan los remedios adecuados para revertir la situación ... deberían anticiparse en el tiempo a la situación canónica de la "probabilidad de la insolvencia" tal y como se define en la Directiva y ha traspuesto el legislador español a propósito de los planes de reestructuración (vid. infra).

Si se quiere mantener el sistema de incentivos inherentes al mecanismo de la disolución forzosa de la compañía (cosa que no impone el Derecho europeo ni constituye solución universal en

Derecho comparado) tal vez debería incluirse entre las causas legales la de la "probabilidad de insolvencia" que no fuera posible remediar por el mecanismo que se reputare más idóneo y no solamente el de la recapitalización dado que ni la reducción por pérdidas ni a lo mejor el aumento de capital social solventan el problema. En todo caso, el acierto o desacierto en la selección y ejecución del remedio escogido por los administradores y autorizado en su caso por la junta (de entre todos los remedios posibles) debería estar cubierto por la *Business Judgment Rule* del art. 226 LSC.

De cualquier manera, el núcleo obligatorio mínimo de la regulación comunitaria sobre el instituto de nuestra pérdida (parcial) del capital social, como vimos antes, pasa por el deber que se impone a los administradores de informar a los socios de una situación de riesgo de insolvencia. En realidad, cualquier contraste serio de la situación de solvencia a cargo de los administradores no solamente no puede ceñirse a nuestro pobre indicador sino que tampoco puede ser un control esporádico sino permanente en el devenir empresarial como bien ha puesto de manifiesto nuestro Tribunal Supremo en relación con la delicada cuestión del *dies a quo* (momento en que debió conocerse la situación) para el cómputo del plazo legal de los dos meses para convocar la junta para acordar lo que proceda.

Debería reformarse la Ley para ampliar el deber de convocar a la junta para que alcance a todos los supuestos en que constare o debiere constar al administrador la existencia de "probabilidad de insolvencia" tal y como se define ésta en la legislación concursal en el art. 584.2 TRLC. Téngase presente que la mera probabilidad de insolvencia constituye uno de los presupuestos objetivos de la reestructuración preventiva bajo el nuevo régimen pre-concursal (cfr. art. 584 TRLC) y que, sin perjuicio de que la Ley atribuya legitimación exclusiva al administrador para solicitar la comunicación de la apertura de negociaciones y la homologación del acuerdo de reestructuración es muy posible que, salvo casos excepcionales de planes no consensuales, se requiera el oportuno acuerdo de junta para aprobar el plan de reestructuración como una de las alternativas para conseguir el saneamiento preventivo (cfr. art. 640 TRLC en relación con el artículo 631 TRLC)[160].

VI. PARA PONDERAR LA EFICACIA DE LA NORMA ES NECESARIO COHONESTAR EL DESEQUILIBRIO CONTABLE DETECTADO CON LA (POSIBLE) SITUACIÓN DE (IN)SOLVENCIA

Como se ha encargado de explicar muy didácticamente el Alto Tribunal, puede existir, lo que es harto común, insolvencia aunque no haya pérdida grave del capital social (a estos se refieren quienes se ocupan de la supuesta crisis del capital social y reclaman nuevos "tests de solvencia" en Derecho de sociedades) e incluso, lo que es mucho más raro, una situación de pérdida de capital social compatible con la solvencia definida en términos

---

160 La legitimación para representar a la sociedad frente a terceros y frente al juez corresponde siempre y exclusivamente a los administradores o liquidadores conforme a las reglas generales de atribución competencial al órgano de administración tanto en planes consensuales como no consensuales e incluso, en aquellos en que no se precisa del consentimiento del deudor: cfr. artículo 209 LSC sobre la competencia de gestión y de representación de las sociedad o el artículo 249 *bis* LSC sobre la competencia en lo que hace a la "determinación de las políticas y estrategias generales de la sociedad". Así, la competencia para solicitar la homologación del plan de reestructuración corresponde, por el texto de la Propuesta, al órgano de administración (cfr. art. 643.2 TRLC), como también corresponde al órgano de administración —o de liquidación— la comunicación de la apertura de negociaciones con los acreedores (art. 585.3 TRLC) o para decidir la presentación de la solicitud de concurso (art.3.1 TRLC). El mismo problema práctico se ha planteado con nuestros acuerdos de refinanciación bajo el Derecho vigente: la sentencia del Juzgado de lo Mercantil número 7 de Victoria de 3 de febrero de 2017 enmarca la firma de un acuerdo de refinanciación (y la solicitud de su homologación) dentro de las facultades inherentes e indelegables del consejo.

concursales como *"posibilidad de cumplimiento regular y puntual de las obligaciones sociales"*. La cita de la STS, sala 1.ª, de 7 de mayo de 2015 y la de la misma Sala de 1 de abril de 2014 constituye uno de los lugares comunes de nuestros mercantilistas.

Me temo que a la postre la regla de responsabilidad funciona insatisfactoriamente tanto en el caso de (rara) solvencia como de la más común insolvencia (o preinsolvencia) de la sociedad deudora. Para mejor explicar la cosa, consideremos tres tipos de situaciones y tres reglas que me parecen reglas de eficiencia económica:

1.º) Si la pérdida grave de capital, excepcionalmente, no supusiera la insolvencia concomitante de la sociedad (o lo que es lo mismo: la sociedad descapitalizada no está incursa en el presupuesto objetivo de la Ley concursal) no se plantearía problema de colisión normativa entre Derecho de sociedades y Derecho concursal ... aunque a la postre sería muy discutible que debiera aplicarse el sistema de la disolución forzosa a sociedades sociedad viables ... y mucho menos la sanción de responsabilidad por deudas sociales. *En buena lógica económica no deberían nunca disolverse forzosamente sociedades solventes y viables.*

2.º) Si la pérdida grave del capital social es constitutiva de una situación de "dificultades financieras" susceptible de reestructuración (se ha traspasado el umbral de la probabilidad de insolvencia y la reestructuración es viable) la solicitud de aplicación de los remedios pre-concursales debería enervar la puesta en marcha del sistema de incentivos a la disolución forzosa y, en nuestro caso, la responsabilidad de los administradores por las deudas sociales. De hecho, La Directiva (EU) de Reestructuración preventiva, establece en su artículo 32 que las normas sobre intangibilidad de capital no deben suponer obstáculos a la opción reestructuradora. *En buena lógica económica, la reestructuración preventiva es preferible tanto al concurso como a la liquidación.*

3.º) Si la pérdida grave de capital entraña la insolvencia de la sociedad, la solicitud tempestiva de entrada en concurso por el administrador debe enervar el funcionamiento del sistema de incentivos a la disolución forzosa y, en nuestro caso, la responsabilidad de los administradores por las deudas sociales. A la postre, entonces, se plantea la redundancia de la normativa societaria habida cuenta de la razonable preferencia de la legislación concursal. De hecho, la sanción por déficit concursal es un mecanismo fuerte de protección de acreedores y constituye un sistema homologable a los existentes en Derecho comparado. En puridad, el concurso no funciona ni debe funcionar como una "alternativa" a la disolución. *La solución concursal (conservativa o liquidativa) es preferible a la disolución/liquidación en Derecho común.*

Veamos con más detalle lo anterior.

Cabe conjeturar en primer lugar la situación en que, a pesar del desbalance patrimonial que representa la pérdida de más de la mitad del capital social, la sociedad en cuestión fuera solvente ... y hasta suficientemente capitalizada en términos materiales o "reales" en atención al nivel asumido de riesgos (valor razonable como "going concern que cubre con holgura el importe del pasivo y los riesgos a pesar de pérdidas nominales en el balance). En este supuesto, la sanción del art. 367 LSC, y la misma disolución forzosa, estarían de todo punto injustificadas y podrían calificarse hasta de contraproducentes.

Si por las razones que fueren la sociedad está suficientemente dotada de recursos propios y resulta solvente acaso haya que remover pérdidas "meramente contables" y adoptar acuerdos *a priori* innecesarios: puede eludirse la responsabilidad convocando junta para reducir el capital social por pérdidas sin mayores problemas operativos (a menos que el capital social quede por debajo del límite legal que no sabemos si en limitadas es de un euro o de 3.000 euros).

Siendo deseable la conservación de empresas viables, el precepto indicado, en el mejor de los casos, constituye un obstáculo innecesario a la adopción de las oportunas medidas y acuerdos sociales que puedan/deban adoptarse para remover las causas de la situación... cualesquiera que éstas sean. De hecho, de la legislación positiva vigente no cabe inferir la existencia de un elenco tasado de "acuerdos de remoción de la causa de disolución": junto a las alteraciones típicas de la cifra de capital "en la medida suficiente" a que se refiere el art. 363.1 e) LSC (aumentos con prima, reducciones por pérdidas, operaciones acordeón caben otras quizás más utilizadas en la práctica como la "reconstrucción del capital" a través de las aportaciones a fondo perdido en la famosa partida contable de "aportaciones por los socios para cubrir pérdidas" (cuenta 118 PGC)[161].

Supongamos ahora que la situación de pérdida contable es compatible con la presencia de "dificultades financieras" (=al menos, "probabilidad de insolvencia"). Cualquiera que sea la etiología de esta situación y el estado legal en que se encuentra la sociedad en la triple descripción del presupuesto objetivo de los institutos (pre)concursales tras la Reforma (tanto la "probabilidad de insolvencia" como incluso la "insolvencia inminente" o la insolvencia actual) y siempre que sea viable la reestructuración, es indiscutiblemente preferible esta solución última al concurso y con independencia de que también en el concurso quepa la vía conservativa de empresa a través del convenio concursal y en cierto modo a través de la venta en globo de unidades productivas que es compatible con la liquidación concursal.

La nueva redacción dada por la Ley de transposición de la Directiva de Reestructuración al artículo 367 LSC nos aclara que los administradores no responden de las deudas sociales si se hubiera realizado por el administrador la comunicación al juzgado de la existencia de negociaciones con los acreedores para alcanzar un plan de reestructuración en el plazo de dos meses a contar desde el acaecimiento de la causa de la causa de disolución o de la aceptación de nombramiento (nuevo párrafo tercero del art. 367 LSC). Entiendo, desde luego, que la exclusiva solicitud de homologación del plan de reestructuración dentro del plazo señalado

---

[161] Vid. FERNANDEZ DEL POZO, L., "Las aportaciones de los socios imputables en fondos propios, a propósito de la Resolución del ICAC de 5 de marzo de 2019", *RdS* n.º 56, mayo 2019.

(cuando no se haya pedido comunicación legal de apertura de negociaciones) produce el mismo efecto por analogía. De cualquier manera, esa enervación de la sanción es meramente provisional puesto que si el PR no se alcanzase el plazo de dos meses debe reanudarse desde que la comunicación deje de producir sus efectos según el artículo 367.3 in fine LSC.

A la postre, si es deseable y posible adoptar un Plan de Reestructuración para solventar las dificultades financieras compatibles con la pérdida grave de capital social, la sanción de responsabilidad por deudas constituye una artificiosa traba legal, algo de lo que es perfectamente consciente el legislador concursal español cuando copia en el art. 613 TRLC al C.c. italiano en lo que hace a la suspensión de la aplicación del precepto en caso de comunicación de la apertura de negociaciones con los acreedores para llegar a una reestructuración·

En relación con la "comunicación de la apertura de negociaciones preconcursales" (cfr. cap. III del Título III del TRLC NUEVO) se contiene un artículo 613, Suspensión de la causa de disolución por pérdidas cualificadas, que dice así: *"En las sociedades de capital, mientras estén en vigor los efectos de la comunicación, quedará en suspenso el deber legal de acordar la disolución por existir pérdidas que dejen reducido el patrimonio neto a una cantidad inferior a la mitad del capital social"*. El legislador de la reforma aprovecha también la ocasión para "aderezar" la redacción de los artículos 365 y 367 de la LSC para dar un nuevo contenido al deber de convocar la junta ante la aparición de una causa de disolución y un estado de insolvencia/preinsolvencia. Esta última reforma merece un estudio más detallado que no vamos a poder hacer aquí.

> El legislador español no ha sido aquí original: nuestra moratoria del deber de disolver la sociedad por pérdida grave es similar a la existente en Derecho comparado en Italia (art. 182 sexies l. fall.; ahora arts. 64 y 89 CCI)[162] y similar previsión existe en Derecho

---

162 Vid. por todos *in extenso*: MIOLA, M., "Riduzione e perdita del capitale di società in crisi: l'art. 182 sexies L. Fall.", *Rivista di Diritto Civile*

francés que prevé que la disolución por pérdida grave del capital social no funcione en relación con las sociedades en *rédressement judiciaire* o que se benefician de un *plan de continuation* (C.Com. art. L. 225-248 in fine)

La dicción de la correspondiente regla italiana, mejor formulada que la nuestra, debería haber inspirado al legislador español: en Derecho italiano la correspondiente previsión legal es más completa que la señalada por cuanto dicha prohibición alcanza a otros mecanismos societarios de prevención de la infracapitalización como es la disolución por reducción del capital por debajo del mínimo legal o la misma reducción forzosa por pérdidas que entre nosotros se localizan en el art. 363.1 f) LSC y en el art. 327 LSC. No solo eso: he escrito en otra ocasión acerca de la conveniencia de incorporar una prohibición de repartir dividendos en fase preconcursal sin necesidad de confiar en la aplicación del test de solvencia en un eventual concurso consecutivo

Probablemente hubiera sido conveniente añadir a esta prohibición temporal la de distribución de dividendos en este tipo de situación por lo que ello entraña de descapitalización de la sociedad: recuérdese, sin embargo, que al menos el art. 348 bis.5 c) LSC asegura que desde la comunicación de la apertura de negociaciones no es de aplicación lo previsto en sede de derecho de separación por falta de pago de dividendos. Por lo demás, la "suspensión" de la obligación legal de disolución por pérdidas cualificadas es un "recurso de urgencia" habitualmente utilizado por el legislador en situaciones económicas excepcionales: en la crisis provocada por la burbuja inmobiliaria se dictó la adicional única del Real Decreto-Ley 10/2008, de 12 de diciembre en que se enervaba temporalmente las obligaciones de reducción forzosa de capital y disolución por pérdidas derivadas del deterioro de las partidas de inversiones inmobiliarias y de existencias.

1/2014, pp. 171-206; LAMANNA, F., "L'art. 182-sexies l.fall. e la sospensione delle norme di salvaguarda del capitale sociale al tempo della crisi dell'impresa: effetti postitivi, controindicazioni ef effetti collaterali da overshooting" en: *ilfallimentarista*, 29 settembre 2015; FICO, D., *Le operazioni sul capitale sociale*, Giuffrè 2022, pp. 216-219.

Como ya advirtiera la doctrina italiana, la suspensión de las regla de disolución por pérdidas flexibiliza la entrada en los procedimientos de arreglo preconcursal evitando que los administradores distraigan tiempo y recursos en la puesta en marcha de mecanismos societarios (convocatoria de junta, gastos de convocatorias, informes etc.) cuya finalidad tuitiva de terceros queda a la postre cumplidamente satisfecha con la normativa preconcursal. Sin embargo, cuando caduque la moratoria legal (contempladas en su caso las prórrogas), la regla sustantiva recobra automáticamente su pleno funcionamiento. Como advierte la doctrina que se ocupó de la moratoria legal análoga por Covid, pérdidas contables a estos efectos son tanto las anteriores a la comunicación como las posteriores a ella y, desde luego, levantada la suspensión recobra su vigor el precepto y la responsabilidad por deudas de los administradores en su caso sin que quepa "descontar" las pérdidas incurridas en la fase transitoria de la suspensión de efectos de la norma[163]. Con acierto ha señalado la doctrina la posibilidad de un potencial uso patológico o abusivo de la suspensión por la ventaja competitiva al empresario que use de esa suspensión[164].

En relación con el concurso, al menos el abierto tras la insolvencia actual, no puede hablarse de una alternativa a la obligación de promover la disolución.

Si la sociedad estuviera en una situación de insolvencia actual debería entrar en funcionamiento, a cargo de los administradores, el deber legal establecido en sede concursal de solicitar la declaración del concurso dentro de los dos meses siguientes a la fecha en que hubiera conocido o debido conocer el estado de insolvencia actual: art. 5 LSC. El cómputo de ese plazo puede suspenderse si se comunica al juzgado la existencia de negociaciones para un PR pero concluida la vigencia de la comunicación y, en su caso, de la prórroga, deberá solicitarse la

---

163 Vid. por todos: GARCIA-VILLARUIBIA, M., "Legislación de emergencia y disolución por pérdidas: la responsabilidad de los administradores y el estado de alarma", *El Derecho. Revista de Derecho Mercantil* n.º 92, 2020.

164 Vid. FICO, D., *Le operazioni sul capitale sociale*, Giuffrè, Milán, 2022, pp. 216-219.

declaración de concurso dentro del mes siguiente y a menos que la sociedad haya conseguido salir de la situación de insolvencia actual (art.611 TRLC). Según el artículo 363.1 e) LSC no existe causa de disolución por pérdidas cuando lo que proceda es solicitar la declaración del concurso. La obligación legal de solicitar la apertura del concurso desplaza a la obligación en Derecho de sociedades de promover la disolución de la sociedad ex arts. 365 y 366 LSC y queda enervada la responsabilidad por deudas en los términos del art. 367.3 LSC: cuando se solicite el concurso o se comunique el inicio de negociaciones en el plazo de dos meses del acaecimiento de la causa de disolución.

Si la sociedad estuviere incursa en causa de "insolvencia inminente" no hay obligación legal de solicitar la entrada en concurso lo que constituye mera posibilidad: arts. 5 *a contrario* y 6 TRLC. Sin embargo, si el deudor solicita tempestivamente el concurso o la comunicación de la existencia de negociaciones (los dos meses desde el acaecimiento de la causa) la regulación concursal desplaza a la mercantil en los términos descritos porque enerva la responsabilidad por deudas ex art. 367.3 TRLC.

Abierta la liquidación concursal, la institución concursal de la condena a la cobertura del déficit concursal del art. 456 TRLC (viejo art. 172 bis LC)[165] viene a desempeñar en cierto modo un papel funcionalmente análogo y mejor calibrado que el societario de la responsabilidad por deudas: si se hubiera enervado la responsabilidad por deudas por la actuación diligente del administrador la eventual y existe liquidación concursal la conducta culposa o dolosa de los administradores agravatoria de la situación de degradación de la solvencia encuentra eficiente censura en dicho mecanismo del art. 456 TRLC que es equiparable al existente en Derecho comparado. Por el contrario, si no hubiere escapado el administrador de la responsabilidad por deudas y se

---

165 Sobre esta institución vid. por todos el magnífico libro de SALA SANJUÁN, A.J., *La acción de cobertura del déficit concursal (art. 172 bis LC)*, Civitas, 2019.

abriera el concurso, la duplicidad de mecanismos sancionatorios de conductas no diligentes plantea problemas de coordinación procedimental y se nos antoja que el mecanismo de la responsabilidad por deudas es verdaderamente redundante y no solo preferente: se suspende la tramitación de los procedimiento iniciados antes de la declaración del concurso contra los administradores que hubieran incumplido los deberes legales de promover la disolución *ex* art. 139.1 LSC por obvias razones sin perjuicio de que, si todavía conservan interés, pueda reanudarse el cómputo tras la conclusión del concurso.

Visto todo lo anterior, el mecanismo de responsabilidad por deudas tiene en relación con la insolvencia y habida cuenta del desplazamiento del cuerpo normativo societario por el concursal una mera función residual. Sirve en tres escenarios: (1.º) Abierto el concurso, cuando no se dieran los presupuestos para que opere la acción de cobertura del déficit concursal (no se abre o reabre la fase de liquidación, no hay calificación del concurso como culpable etc..) o, más raramente, cuando la condena no cubriere totalmente la deuda; (2.º) Cuando se procede a la reestructuración de la sociedad deudora porque la apertura del procedimiento preconcursal no interfiere ni suspende la acción del artículo 367 LSC y porque el acreedor por su clase puede ser condenado a soportar contra su voluntad una pérdida del contenido patrimonial de sus derechos por aplicación del arrastre forzoso en sus diversas modalidades; (3.º) Cuando, como es frecuentísimo, se produce un cierre de facto de la compañía.

VII. LA FUNCIÓN REPRESIVA —Y PARACONCURSAL— DE LA NORMA FRENTE AL "CIERRE DE FACTO" DE LA EMPRESA

Abierto el (pre)concurso, la normativa concursal "desplaza" a la societaria de suerte que se nos antoja redundante e innecesaria este singularísimo sistema de la responsabilidad de los administradores por deudas. El problema práctico, no obstante, es que por razones no suficientemente estudiadas, existe en nuestro sistema jurídico un índice anormalmente bajo de "concursabilidad" (número de concursos + preconcursos dividido por sociedades "vivas") que revela una situación harto singular en España de aversión al remedio judicial de todas aquellas situaciones que en la dogmática comparada se califican de "dificultades financieras" (=Financial Distress). El tema del conocido como "Spanish Business Bankruptcy Puzzle" quizás no ha sido suficientemente estudiado pero los datos son elocuentísimos[166]. No es solamente que nuestras sociedades lleguen demasiado tarde al concurso cuando la situación es a todos los efectos irreversible (en la estadística concursal que suministra el Colegio de Registradores se ha "cronificado" un porcentaje de 95% de concursos abiertos que concluyen en liquidación incluidos los casos de convenios frustrados) sino que prolifera entre nosotros la conducta meramente pasiva del órgano de administración ante las primeras señales inequívocas de la insolvencia próxima. Se habla entonces de empresas "zombie", odiosa terminología que hace referencia a los "muertos-vivientes" de películas de terror y de leyendas victorianas o balcánicas. Me remito a lo que se dijo en la Introducción.

Existen abundantes razones para entender que el vigente y pluriforme régimen jurídico preventivo del cierre de hecho de las sociedades inactivas consistente en el bloque sancionador de

---

166 Vid. CELENTANI, M.-GARCIA-POSADA, M.-GOMEZ, F., "The Spanish Business Bankruptcy Puzzle and the Crisis", *Fundación de Estudios de Economía Aplicada y Universidad Carlos III*, March, 2010, documento de trabajo 2010-11. EL primer trabajo del que tengo noticia en: GARCIA POSADA, M.-MORA-SANGUINETTI, J.S., *Why Spanish firms rarely use the bankruptcy system?, Documento de trabajo n.º 1234, 2012, Banco de España.* Vid. también, de GARCIA-POSADA, M., *Análisis de los procedimientos de insolvencia en España en el contexto de la crisis del Covid.19: los concursos de acreedores, los preconcursos y la moratoria concursal,* Banco de España, Documentos Ocasionales n.º 2029, 2020; AZAGRA MALO, J, GÓMEZ POMAR, F., "La reforma concursal de 2022, la moratoria concursal y los incentivos a instar el concurso, *Actualidad Jurídica Uría Menéndez* n.º 59, 2022.

normas fiscales, penales o registrales no es suficientemente disuasorio de este tipo de prácticas. Ni la inhabilitación para la vida civil por revocación del NIF (cfr. art. 146.1 del RD 1065/2007, de 27 de julio); ni la baja en el índice de entidades y su constancia registral (art. 119 Ley 27/2014, de 27 de noviembre reguladora del Impuesto de Sociedades); ni las sanciones penales por alzamiento de bienes y demás tipos aledaños de insolvencia punible (vid. Cap VII, arts. 257 y ss. CPenal) o los rigurosos mecanismos de derivación de responsabilidad, responsabilidad solidaria o subsidiaria de los administradores (cfr. arts. 40 y ss. LGT) etc. desincentivan suficientemente estas conductas. A esto se añade que los acreedores carecen de incentivos suficientes para solicitar la apertura del concurso necesario dados los elevadísimos costes del concurso y habida cuenta de la atávica aversión concursal que existe entre nosotros: el deudor que no acude voluntariamente al concurso no tiene por qué temer la apertura de la pieza concursal a solicitud de sus acreedores. En el último Anuario de 2020 de Estadística Concursal del Colegio de Registradores solamente se detecta el 3,6% de concursos necesarios.

Ante la inutilidad práctica de la acción social de responsabilidad (por las dificultades que prospere), resulta evidente que nuestro mecanismo de responsabilidad por deudas desempeña una nada desdeñable función para-concursal: habida cuenta del escaso "coste probatorio" exigible para que prospere el ejercicio de la acción de responsabilidad por deudas frente al de la acción de responsabilidad individual (no se necesita acreditar el daño ni la relación de causalidad bajo el singular régimen de presunción del culpa o responsabilidad "quasi-objetiva"). En definitiva: el acreedor avispado puede alcanzar algún tipo de reparación sin necesidad de pasar por los costes del concurso, concurso además que en no pocos casos será sin masa.

Anexo

El mal desempeño estadístico de la supuesta función preventiva (de la insolvencia) del mecanismo legal de la disolución & responsabilidad por perdidas

Toda la normativa sobre tutela de la integridad del capital frente a pérdidas y "distribuciones" presupone la aplicación de la conocida como "regla de oro" del equilibrio del balance del artículo 273.2 LSC (=patrimonio superior a capital social). Tanto es así que el "test de balance" que se aplica a la financiación de los *negocios sobre propias acciones o participaciones* en el art. 146.1 b) LSC viene a coincidir, con distinta formulación, con el límite legal de la "regla de oro" en sede de distribución de dividendos del art. 273.2 LSC.

Constituye lugar común en la doctrina la resuelta afirmación de la supuesta existencia de una crisis de la función preventiva o "garantista" del capital social. A la sazón, la "regla de oro" que prohíbe el desbalance patrimonial no sirve como un buen criterio de solvencia. Amén de ello he señalado en alguna ocasión el fenómeno de la banalización legislativa de la "función garantista" del capital que observamos en los últimos tiempos (de la que es muestra señera la RDRSJFP de 13 de junio de 2023 a propósito de las sociedades de un euro de capital)[167].

[167] Vid. mi trabajo, FERNANDEZ DEL POZO, L., "Acerca de la conveniente derogación de la regla de la responsabilidad solidaria de los administradores por las deudas sociales. Una propuesta alternativa", *RDM,* año 2023, n.º 329.

Me propongo en este anexo analizar la cuestión desde una perspectiva estadística gracias a la enorme base de datos de las cuentas depositadas en el Registro Mercantil y de la aplicación/algoritmo de detección de riesgos de insolvencia implantada por el Colegio de Registradores a que se refiere la nueva Disposición adicional séptima del TRLC introducida en la última reforma concursal dice lo siguiente:

> *En el plazo máximo de seis meses desde la entrada en vigor de esta ley se determinarán las condiciones y requisitos bajo los cuales el Colegio de Registradores de la Propiedad, Mercantiles y Bienes Muebles de España, pondrá a disposición del administrador societario que lo solicite un informe sobre la posición de riesgo de la sociedad en base a la información contenida en las cuentas*

Se ha optado por un modelo probabilístico, muy robusto, consagrado en la práctica por su eficacia y relativa simplicidad de uso y, muy especialmente, por su idoneidad para nuestros fines. Nos referimos al modelo de regresión logística-LOGIT. La especificación del algoritmo predictivo que se ha construido y ya está en funcionamiento se hace mediante el empleo de herramientas informáticas de uso habitual (software de predicción) que corren sobre la inmensa base de datos útil: el más de un millón de cuentas depositadas quedan reducidas a unas 600.000 después del filtro de las inutilizables por razones técnicas derivadas de incoherencias o valores extremos. El concepto que se emplea para clasificar las empresas en solventes e insolventes no es el de la declaración judicial del concurso o preconcurso (en España existe una elevadísima aversión concursal) sino indicadores indubitados de crisis como es el patrimonio neto negativo. También se emplean indicadores cualitativos significativos como las "insolvencias" fiscales o de la Seguridad Social. La robustez del modelo es indicativo de su calidad y la calidad del sistema se mide (mediante el correspondiente estadístico de la "bondad de ajuste") por el porcentaje de acierto clasificatorio en relación con los errores de diagnóstico consistentes en falsos positivos y negativos.

Consultada la enorme base de datos de cuentas anuales y en relación con los intervalos de ratio de capitalización (PN/Capital suscrito) más relevantes a los efectos de la prevención de la insolvencia, se obtiene la tabla de abajo sobre una macro-muestra (560.738 sociedades) con datos obtenidos de los depósitos de cuentas de sociedades de capital practicados en los RRMM, excluidos los que no son utilizables a efectos estadísticos según el manual metodológico que puede encontrarse en el portal de registradores (valores extravagantes o "outlyers", depósitos en papel etc.).

	Manif. Insolventes	Similares	Solventes	TOTAL
PatrimNeto/Capital - 0-50%	95	11.237	4.698	16.030
PatrimNeto/Capital - 50-66,6%	51	4.824	4.466	9.341
PatrimNeto/Capital - 66,6-100%	81	6.733	18.686	25.500
PatrimNeto/Capital - 100-120%	56	2.364	19.700	22.120
PatrimNeto/Capital - Más del 120%	898	21.900	461.949	484.747
PatrimNeto/Capital - 0-50%	*0,6%*	*70,1%*	*29,3%*	*100,0%*
PatrimNeto/Capital - 50-66,6%	*0,5%*	*51,6%*	*47,8%*	*100,0%*
PatrimNeto/Capital - 66,6-100%	*0,3%*	*26,4%*	*73,3%*	*100,0%*
PatrimNeto/Capital - 100-120%	*0,3%*	*10,7%*	*89,1%*	*100,0%*
PatrimNeto/Capital - Más del 120%	*0,2%*	*4,5%*	*95,3%*	*100,0%*
	Manif. Insolventes	Similares	Solventes	TOTAL
PatrimNeto/Capital - 0-50%	95	11.237	4.698	16.030
PatrimNeto/Capital - 50-75%	71	6.864	7.480	14.415
PatrimNeto/Capital - 75-100%	61	4.693	15.672	20.426
PatrimNeto/Capital - 100-125%	62	2.841	23.775	26.678
PatrimNeto/Capital - Más del 125%	892	21.423	457.874	480.189
PatrimNeto/Capital - 0-50%	*0,6%*	*70,1%*	*29,3%*	*100,0%*
PatrimNeto/Capital - 50-75%	*0,5%*	*47,6%*	*51,9%*	*100,0%*
PatrimNeto/Capital - 75-100%	*0,3%*	*23,0%*	*76,7%*	*100,0%*
PatrimNeto/Capital - 100-125%	*0,2%*	*10,6%*	*89,1%*	*100,0%*
PatrimNeto/Capital - Más del 125%	*0,2%*	*4,5%*	*95,4%*	*100,0%*

Aplicamos ahora el algoritmo de diagnóstico registral de la posición de riesgo cuya metodología puede verse en el portal de registradores: www.registradores.org:

(i) *"Manifiestamente insolventes"* son las entidades de las que no existe duda sobre esa condición y aunque no tengan patrimonio negativo (se incluyen las concursadas en concursos inscritos y las administrativamente declaradas insolventes según datos registrales);

(ii) *Las "similares" o asimiladas a insolventes* son aquellas entidades respecto de las cuales, el algoritmo de estimación de la posición de riesgo calcula una probabilidad de insolvencia superior al último decil. Es decir, las que según el modelo LOGIT estimado por el Colegio presentan una probabilidad de insolvencia superior al 90 %;

(iii) El resto se califican como solventes aunque hay que reparar que el umbral anterior es muy alto.

Así las cosas, extraemos las siguientes conclusiones de porcentajes de solvencia por tramos:

Los intervalos del ratio utilizados parten de ciertos umbrales jurídicamente relevantes, cuentan con un cierto porcentaje de población muestral y presentan un cierto perfil de insolvencia según el algoritmo registral:

(i) Cuando el **ratio es negativo** se reputa que la sociedad es manifiestamente insolvente esté o no declarada en concurso;

(ii) El **ratio de la mitad** ("pérdidas que dejan reducido el patrimonio neto a la mitad del capital social") es el que establece la LSC en su artículo 363.1 e) LSC para establecer la causa legal de disolución por pérdidas y, luego, la responsabilidad de los administradores por no promover la disolución forzosa de la sociedad *ex* art. 367 LSC.

El porcentaje de entidades incursas en causa de disolución, situadas en el tramo entre 0 y ½, es relativamente poco significativo aunque no despreciable: un 1,67 por ciento de la muestra. **En ese intervalo, (0, ½) solamente se reputan solventes el 29, 3% de las entidades de la clase.**

(iii) El **umbral de 2/3** es el que considera la Ley para establecer la escasamente justificada reducción obligatoria de capital por pérdidas en anónimas en el artículo 327 LSC.

El porcentaje de entidades que, sobre toda la población muestral, se encuentran **en este tramo entre ½ y 2/3** es bastante mayor que el de entidades que se situaban en tramo anterior: ahora es el 4, 54 %. Obsérvese que en ese tramo solamente el 47, 8 % de las entidades solventes. Hay más insolventes que solventes.

(iv) El **ratio de 1** represente el equilibrio entre el patrimonio y el capital social y traduce la llamada "regla de oro" para la distribución de dividendos en ausencia de pérdidas debidamente compensadas del art. 273.2 LSC.

En el tramo entre 2/3 y 1 —en que no se pueden distribuir dividendos— se encuentran no pocas entidades aunque algunas menos que las anteriores: el 4, 54 por ciento. Más aún: en ese tramo (2/3 y 1) aumenta considerablemente el porcentaje de solventes hasta alcanzar la cifra del el 73.3%. Más de 2/3 partes de entidades se reputan ahora solventes. **Obviamente el umbral crítico no es la mitad sino 2/3**.

(v) El **umbral de 1, 20** constituye el techo de dotación de la reserva legal *ex* art. 274 LSC. Pueden distribuir dividendos (en lo que exceda de las reservas indisponibles) un porcentaje de 3,9 por ciento.

En ese tramo entre 1 y 1,20 se encuentran 3,9 por ciento de entidades. No obstante, casi el 90% de las entidades de esa clase pueden considerarse solventes o mejor: no-manifiestamente insolventes al 90%.

(vi) Más allá de 1, 20 se sitúan muchas entidades (484.747 sobre 560.738) cuyo porcentaje de insolventes estimados es marginal. A partir de 1, 20 el porcentaje de insolventes es marginal porque es menos del 5%.

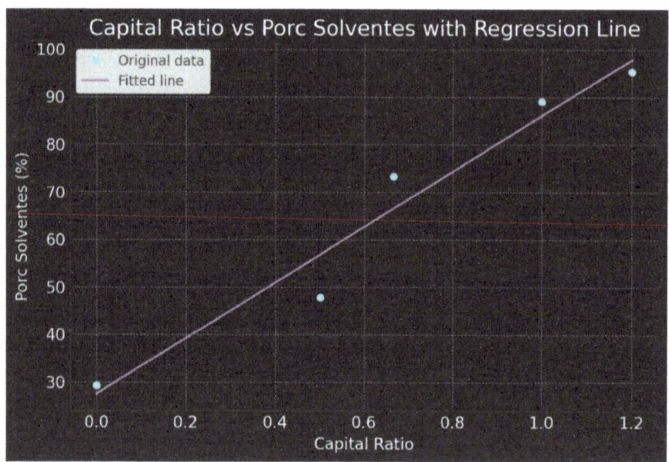

Puede comprobarse que el sistema de disolución/responsabilidad por pérdidas desempeña una pésima función preventiva de la insolvencia: en el tramo entre 0,5 y el umbral de reducción obligatoria por pérdidas (= 2/3, en que la sociedad escapa de la disolución legal por pérdidas, la estimación del porcentaje de insolventes dentro de la clase es … de más de la mitad de la población de la clase (52, 2 ciento de sociedades insolventes frente a 47,8 por ciento de solventes).

Hasta que no se sobrepasa el ratio de 2/3 hay en la población más empresas reputadamente insolventes que solventes.

Por otra parte, esa fortísima correlación positiva entre el ratio de capitalización y la insolvencia encuentra **explicación a mi juicio en la teoría del valor expresivo de la Ley como "punto focal"**: los interesados contratan ajustando "espontáneamente" su conducta al contenido expresivo de la Ley (Focal point theory of Law; vid. F. PARISI, The language of Law and Economics, Cambridge, 2013; McAdams, R. "A focal point theory of expressive law", 86 Virginia Law Review, 2000).

Aunque soy partidario de eliminar el sistema de responsabilidad solidaria de los administradores por pérdidas, la evidencia estadística nos muestra que, de mantenerse tal regla, **el umbral**

debería subirse al menos a los 2/3 ... si es que se pretende que la función preventiva tenga alguna eficacia.

Por otra parte, habida cuenta de la altísima probabilidad estimada de insolvencia que presentan las situaciones en que las pérdidas determinen la ruptura del equilibrio patrimonial contable, sobre todo cuando absorben más de 1/3 del capital social, **no debería bastar con que el auditor se limitara a hacer una observación o reserva de contenido palmario sobre la necesidad de cumplir con la Ley (la necesidad de abordar la reducción obligatoria del capital o la disolución) sin realizar una comprobación seria de la evidencia, positiva y negativa, de la quiebra del principio de empresa en funcionamiento**. Compromete en ello su responsabilidad.

Informe Probabilidad de Insolvencia

Metodología

Registradores DE ESPAÑA

El presente documento describe las acciones realizadas y la metodología utilizada para la obtención de un modelo de análisis de insolvencia de sociedades mercantiles con información contable disponible. Este modelo constituye la base de la herramienta para la generación de un indicador de probabilidad temprana de insolvencia, accesible a cada deudor obligado a depositar cuentas anuales, agilizando de forma crucial respuestas adecuadas en los estados de elevado riesgo de insolvencia.

La herramienta será accesible para cualquier entidad cuyos administradores (o liquidadores, en su caso) estén obligados a presentar cuentas anuales en el Registro Mercantil (art. 365, Real Decreto 1784/1996, de 19 de julio, por el que se aprueba el Reglamento del Registro Mercantil).

MOTIVACIÓN

La Directiva (UE) 2019/1023 del Parlamento Europeo y del Consejo de 20 de junio de 2019, sobre reestructuración e insolvencia (DRI-UE), artículo 3, hace un requerimiento a los Estados miembros a fin de que habiliten herramientas para la alerta temprana de la insolvencia. Dichas herramientas deben servir de advertencia a los deudores en riesgo de entrar en ese estado, de manera que, sin demora, realicen las actuaciones conducentes a evitarlo. De acuerdo con lo expresado en la DRI-UE, la utilidad de esta herramienta puede concretarse en:

a) Reducir el coste de reestructuración de las empresas, especialmente de las PYME, por estar expuestas a mayores restricciones financieras y de asesoramiento (contratación de expertos) (Consideración 17 DRI-UE).
b) Promover la detección de las dificultades financieras por el deudor, así como, en su caso, por los representantes de los trabajadores, para la toma de medidas oportunas, tratando así de evitar una insolvencia irreversible o el estado de insolvencia inminente (según la definición vigente en el ordenamiento del propio Estado miembro; art. 2.2 DRI-UE) (Consideraciones 22, 23 y 70 DRI-UE).

METODOLOGÍA

Seguidamente se expone la metodología utilizada en la elaboración de una herramienta de alerta temprana de insolvencia aplicada al contexto español. Una herramienta cuya eficacia reside en las extensas fuentes de datos accesibles desde el Centro de Procesos Estadísticos del Colegio de Registradores de España. Una vez aplicados los oportunos controles de calidad de la información contable, dicha base ha permitido trabajar con una muestra compuesta por aproximadamente 650.000 sociedades mercantiles.

TRATAMIENTO PREVIO DE LA INFORMACIÓN

La identificación del estado de insolvencia se realiza a partir de diversos indicadores o variables. El mayor o menor nivel de riesgo alcanzado por una sociedad mercantil dependerá de los valores específicos que tomen estas variables, indicando la herramienta de alerta temprana su mayor o menor similitud con respecto a las que, de forma fehaciente, constan como insolventes: pre-concursadas, concursadas, acogidas al procedimiento especial de microempresas, o sociedades con patrimonio neto negativo.[1] Se trata de empresas cuyo estado de insolvencia se caracteriza por haberse revelado legalmente como tal, y/o por presentar insuficiencia de activos con que garantizar sus compromisos de deuda, circunstancias que las dejan fuera del acceso al crédito. En el plano financiero-económico,

---

[1] A las anteriores categorías se añaden algunas situaciones menos frecuentes, también indicativas de estados de insolvencia, como:
i) la 'Baja de la agencia tributaria', Artículo 119 de la Ley 27/2014, de 27 de noviembre, del Impuesto de Sociedades, "1. La Agencia Estatal de Administración Tributaria dictará, previa audiencia de los interesados, acuerdo de baja provisional en los siguientes casos: a) Cuando los débitos tributarios de la entidad para con la Hacienda pública del Estado sean declarados fallidos de conformidad con lo dispuesto en el Reglamento General de Recaudación, aprobado por el Real Decreto 939/2005, de 29 de julio. b) Cuando la entidad no hubiere presentado la declaración por este impuesto correspondiente a 3 períodos impositivos consecutivos. 2. El acuerdo de baja provisional será notificado al registro público correspondiente, que deberá proceder a extender en la hoja abierta a la entidad afectada una nota marginal en la que se hará constar que, en lo sucesivo, no podrá realizarse ninguna inscripción que a aquélla concierna sin presentación de certificación de alta en el índice de entidades."
ii) y el 'Estado de deudor fallido', que viene definido por el artículo 61.1 del Real Decreto 939/2005, de 29 de julio, por el que se aprueba el Reglamento General de Recaudación: "Se considerarán fallidos aquellos obligados al pago respecto de los cuales se ignore la existencia de bienes o derechos embargables o realizables para el cobro del débito. En particular, se estimará que no existen bienes o derechos embargables cuando los poseídos por el obligado al pago no hubiesen sido adjudicados a la Hacienda pública de conformidad con lo que se establece en el artículo 109. Asimismo, se considerará fallido por insolvencia parcial el deudor cuyo patrimonio embargable o realizable conocido tan solo alcance a cubrir una parte de la deuda. La declaración de fallido podrá referirse a la insolvencia total o parcial del deudor." En el artículo 62.3 de este mismo reglamento se establece que: "La declaración de fallido correspondiente a personas o entidades inscritas en el Registro Mercantil será anotada en este en virtud de mandamiento expedido por el órgano de recaudación competente. Con posterioridad a la anotación el registro comunicará a dicho órgano de recaudación cualquier acto relativo a dichas personas o entidades que se presente a inscripción o anotación."

la referencia para el autodiagnóstico de los usuarios, van a ser las últimas cuentas anuales disponibles, si bien para la estimación del modelo se tomarán las cuentas depositadas en el período n-2. Esta decisión metodológica se sustenta en:

a) Asegurar la disponibilidad de información contable para el máximo de depositantes.
b) Establecer un margen temporal mínimo para la identificación de situaciones de insolvencia, manteniendo a la vez la suficiente proximidad con respecto al contexto económico para el cual se realiza la estimación del riesgo.

Como se ha anticipado, se define como **insolvente** la sociedad que se encuentra en alguno de los supuestos de pre-concurso, concurso, procedimiento especial de microempresas, o situación de patrimonio neto negativo. Los indicios de insolvencia se circunscriben al período comprendido entre la fecha del cierre de ejercicio económico n-2 y la fecha de referencia para la estimación.[2]

Definimos el estado de "**No depósito**" cuando haya transcurrido un año desde el cierre del ejercicio económico sin haber depositado las cuentas. Esto significa que, a fecha de octubre de 20XX (a modo de ejemplo), consta como depositada (un 0 en la variable; es decir, no hay incidencia) si disponemos de las cuentas de 20XX-2. En caso contrario, la observación se incluye para el ejercicio comparativo siempre y cuando dispongamos del ejercicio inmediatamente anterior (20XX-3), en cuyo caso la observación constará como "No depósito" (valor igual a 1). Aquellas para las que no se dispone de información en los dos ejercicios económicos completos anteriores a la fecha en que se realiza la estimación no se tienen en cuenta, puesto que cualquier información anterior nos aleja excesivamente del ejercicio de alerta.

Como caso específico, señalemos que aquellas sociedades mercantiles acogidas al procedimiento especial de microempresas, declaradas en concurso, o pre-concurso, durante los primeros siete meses del año 20XX-1 se excluyen de la muestra, independientemente de constar que han cumplido su obligación de depósito respecto del ejercicio contable 20XX-2, haya tenido lugar el cumplimiento de esta obligación dentro o posteriormente al período establecido legalmente para la presentación de ese depósito. El motivo de tal excusión radica en que forzosamente tales cuentas se habrán realizado en el estado de excepcionalidad previsto por nuestro marco legal de insolvencia, con efectos que pueden incidir de forma crítica sobre el importe de ciertas partidas contables (por ejemplo, sobre el

[2] Por ejemplo, cuando se realice el ejercicio de identificación a finales de 20XX, se tomarán como insolventes aquellas sociedades para las cuales se tenga conocimiento en el período comprendido entre 1 de enero de 20XX-1 y el 31 de diciembre de 20XX de cualquier indicio de preconcursalidad, concursalidad, procedimiento especial de microempresas o desequilibrio patrimonial. Allí donde se disponga de fechas sucesivas de pre-concurso y concurso, se considera la fecha de pre-concurso a efectos de la inclusión de una sociedad en el grupo de insolventes.

valor de los activos), efectos que el usuario de la herramienta de alerta temprana lógicamente no habrá experimentado. Nótese que la exclusión de este subgrupo de sociedades en procedimiento especial, concursadas y pre concursadas opera incluso habiendo las mismas depositado las cuentas correspondientes a 20XX-3. Desconocer su comportamiento en la cercanía del concurso (es decir, no poder identificar un suceso de especial calidad informativa como es el haber o no depositado cuentas de forma voluntaria en ese período) obliga a excluirlas de la estimación.

Finalmente, a fin de recoger el efecto de la evolución reciente de algunas magnitudes, la base de datos incluye el ejercicio contable inmediatamente anterior al último disponible. Ello nos permite construir 'variables de evolución', es decir, variables que recogen la variación de magnitudes o ratios contables del último ejercicio disponible con respecto al anterior.

VARIABLES CUALITATIVAS NO INCLUIDAS

Con respecto a la "revocación del NIF" y/o "baja provisional de la agencia tributaria", tras un análisis de encaje de la información en el modelo, y una vez que la estimación se fija en los parámetros temporales expuestos en el anterior apartado, concluimos que no permiten la identificación temprana de estados de insolvencia. Esto es así porque reflejan estados de inactividad societaria y registral muy anteriores al período de referencia, para los cuales se constata una altísima correlación respecto al estado de no depósito, dimensión que sí se incluye en el análisis.[3]

FILTROS DE CALIDAD

A fin de evitar duplicidades causadas por la periodicidad en la generación de información registral y contable, cada sociedad incluida se singulariza a partir de su Número de Identificación Fiscal.

Las variables contables provienen de cuentas anuales que han sido procesadas y filtradas por el Centro de Procesos Estadísticos, que de forma rigurosa han superado exhaustivas pruebas de validez contable (por ejemplo, valor monetario y/o numérico que permita la comparación), de coherencia (consistencia de partidas y subpartidas), y completitud (cumplimiento suficiente de las obligaciones contables y registrales para los estados financieros relevantes).

---

[3] La decisión se tomó en la fase preliminar tras realizar el análisis piloto. Concretamente, para aquellas observaciones con cuentas disponibles de los ejercicios n-2 y n-3 (en el momento en el que se realizó el piloto, ejercicios 2019 y 2018), es decir 49.777 casos en las provincias de Zaragoza y Valencia, tan sólo en 15 casos se produjo una baja en la Agencia Tributaria, y 12 revocaciones del NIF (9 de las cuales fueron precedidas por la baja en la AEAT). Ambos sucesos se producen para un número mucho mayor de sociedades, sin embargo, no pueden ser incluidas en la estimación por la falta de disponibilidad de información contable suficientemente reciente.

De forma general, en observaciones con valores faltantes (*missing values*) en magnitudes contables empleadas para el cálculo de variables, se atribuye el valor nulo siempre que en el depósito se haya informado del valor del activo total. Se interpreta en estos casos que el depositante ha consignado ese valor nulo con una celda vacía. De esta manera se evita la exclusión de observaciones que contienen magnitudes faltantes por este motivo. Por su parte, allí donde el énfasis se pone en las magnitudes de flujo recogidas en la cuenta de Pérdidas y Ganancias, cuando para una magnitud no se disponga del activo, pero sí se haya informado del Resultado de Ejercicio, se procede de la misma forma. Por otra parte, el valor nulo o faltante en una magnitud que opera como denominador en una ratio recibe tratamiento de valor faltante.

DATOS

Tras la limpieza de casos se han fusionado tres fuentes de datos distintas: las bases de datos concursal y de explotación del Centro de Procesos Estadísticos, que incluyen información de pre-concursos y concursos y acceso al procedimiento especial de microempresas, y toda la información de cuentas anuales completas de los ejercicios referidos respectivamente; así como los datos extraídos por el Servicio de Sistemas de Información del Colegio de Registradores de España de las variables cualitativas seleccionadas.[4]

SELECCIÓN DE VARIABLES ECONÓMICO-FINANCIERAS

A fin de estructurar el conjunto de magnitudes y relaciones habitualmente utilizadas en el análisis económico y financiero de la empresa se ha seguido el siguiente esquema:

- Tamaño de la sociedad, actividad y localización: Se aproximan a partir de magnitudes patrimoniales (stock), activo y pasivo,[5] Rama de actividad, y Registro del domicilio social.
- Estructura de activo: Magnitudes de activo, desde las más agregadas (activo corriente y no corriente), a las más específicas (inversiones inmobiliarias, existencias, etc.).
- Endeudamiento: Magnitudes de pasivo, desde las más agregadas (pasivo corriente y no corriente), a las más específicas (deudas con acreedores comerciales).

---

[4] Señalemos que el proyecto superó de forma satisfactoria una fase preliminar (octubre – enero 2021) consistente en un análisis piloto centrado en dos provincias españolas, Zaragoza y Valencia, cuyas sociedades mercantiles pueden considerarse altamente representativas del conjunto de las que operan en la economía española.

[5] Las magnitudes patrimoniales suelen comportarse de forma relativamente estable a lo largo del tiempo, en comparación con las variables que provienen de la cuenta de pérdidas y ganancias (variables "flujo"; p.e. Importe neto de la cifra de negocios).

- Gastos operativos: Se analizan sus diversas partidas, como los gastos de personal y los aprovisionamientos.
- Liquidez: Se toman los activos de efectivo o equivalentes, así como las inversiones financieras a corto plazo.
- Solvencia: Medida a partir de la relación de los recursos generados o del importe neto de la cifra de negocio y el pasivo exigible.
- Resultados: Se estudian los resultados de explotación, neto (del ejercicio) y financiero. También se consideran las reservas y los resultados de ejercicios anteriores.
- Otras dimensiones: Gastos financieros, Impuestos sobre beneficios, ...

De forma más precisa, para la estimación de los grados de similitud respecto a los estados insolvencia, se han seleccionado las siguientes magnitudes[6]:

VARIABLES CREADAS A PARTIR DEL ÚLTIMO EJERCICIO DISPONIBLE

Tamaño de la sociedad:

Activo total

Campo en el modelo de depósito: Total activo - *Código 10000*

Localización:

Registro en que se ha inscrito la sociedad.

Campo en el modelo de depósito: Domicilio social - *Código 01022*

Actividad:

Rama de actividad

Campo en el modelo de depósito: Actividad - *Código 02001*

Estructura de activo

Inversiones inmobiliarias

Campo en el modelo de depósito: Inversiones inmobiliarias - *Código 11300*

---

[6] Sin perjuicio de aportar información más completa abajo, caso de formar parte de una ratio aquí solamente se indica el numerador.

Existencias

Campo en el modelo de depósito: Existencias - *Código 12200*

Endeudamiento

Pasivo corriente

Campo en el modelo de depósito: Pasivo corriente - *Código 32000*

Gastos Operativos:

Gastos de personal

Campo en el modelo de depósito: Gastos de personal - *Código 40600*

Liquidez

Efectivo

Campo en el modelo de depósito: Efectivo y otros activos líquidos equivalentes - *Código 12700*

Solvencia

Recursos generados

Campos en el modelo de depósito: *Códigos:* [7] *49500, 40800, 40900, 41000, 41100, 41200, 41600, y 41700*

Importe neto de la cifra de negocio (sobre pasivo)

Campo en el modelo de depósito: Código: *40100*

Resultados

Resultado del ejercicio

Campo en el modelo de depósito: Resultado del ejercicio - *Código 49500*

Resultado financiero

Campo en el modelo de depósito: Resultado financiero - *Código 49200*

---

[7] Que corresponden a: Resultado del ejercicio, Amortización del inmovilizado, Imputación de subvenciones de inmovilizado no financiero y otras, Excesos de provisiones, Deterioro y resultado por enajenaciones del inmovilizado, Variación de valor razonable en instrumentos financieros, Diferencias de cambio.

Resultados de ejercicios anteriores

Campo en el modelo de depósito: Resultados de ejercicios anteriores - *Código 21500*

Reservas

Campo en el modelo de depósito: Reservas - *Código 21300*

Otras dimensiones (último ejercicio disponible):

Gastos financieros

Campos en el modelo de depósito: Gastos financieros - *Código 41500*

No depósito

La sociedad no ha cumplido su obligación de depósito de cuentas en el último ejercicio.[8]

VARIABLES DE EVOLUCIÓN (COMPARACIÓN DEL ÚLTIMO EJERCICIO DISPONIBLE Y EL EJERCICIO ANTERIOR)

Estructura de activo

Inversiones financieras a corto plazo (variación)

Campo en el modelo de depósito: Inversiones financieras a corto plazo - *Códigos 12500 y 125009*

Estructura de la financiación

Capital (sociedades que lo incrementan)

Campo en el modelo de depósito: Capital - *Códigos 21100 y 211009*

Gastos Operativos:

Gastos de personal (variación)

Campo en el modelo de depósito: Gastos de personal - *Códigos 40600 y 406009*

Resultado financiero:

Gastos financieros (sociedades que los incrementan)

Campo en el modelo de depósito: Gastos financieros - *Códigos 41500 y 415009*

---

[8] Véanse las puntualizaciones realizadas anteriormente a propósito de esta dimensión.

Ingresos financieros (sociedades que los incrementan)

Campo en el modelo de depósito: Ingresos financieros - *Códigos 41400 y 414009*

Resultados

Resultado del ejercicio (sociedades que lo incrementan)

Campo en el modelo de depósito: Resultado del ejercicio - *Códigos 49500 y 495009*

HERRAMIENTA PARA LA ESTIMACIÓN

A fin de generar el indicador de alerta temprana de insolvencia se ha estimado un modelo de regresión logística binaria (*Logit*), herramienta extensamente utilizada en estimaciones aplicadas a sucesos dicotómicos excluyentes.[9] La estimación requiere la clasificación previa de los sujetos del estudio en función de su estado (1= insolvencia; 0= no insolvencia).[10] El modelo permite generar una puntuación (*score*) con rango de 0 a 100, indicativa del grado de similitud que el deudor presenta respecto a sociedades que se encuentran de forma fehaciente en estado de insolvencia, pudiéndose asimilar tal puntuación a estados de menor o mayor similitud.

Así, el deudor que realice la consulta podrá valorar su situación directamente a partir del valor generado (puntuación), o de tramos preestablecidos, siendo cuatro los estados posibles: riesgo bajo [grado de similitud por debajo del 25%], riesgo medio-bajo [superior al 25%; inferior al 50%]; riesgo medio-alto [superior al 50%; inferior al 75%]; riesgo alto [superior al 75%]).

Se siguen los siguientes pasos para la estimación de parámetros:

a. Trabajar el máximo de variables posible y constatar su capacidad explicativa, individual y conjunta.
b. Simplificar (p.e., ver si se puede identificar un modelo más parsimonioso sin perder capacidad explicativa mediante la técnica de comparar estimadores de verosimilitud, etc.).

---

[9] El modelo *Logit* utiliza la función logística:

$$P_i = \frac{e^{v'_i\beta}}{1+e^{v'_i\beta}}$$

El modelo se estima por máxima verosimilitud, método que consiste en buscar los estimadores que mejor se ajustan a la muestra con la que trabajamos.

[10] Es decir, previamente a la estimación, para cada sujeto la variable dependiente y_i adopta el valor 0 o bien el valor 1, de manera que el modelo estima la probabilidad $P_i = P(y_i = 1 \mid v_i)$ de que, dadas unas características v_i del sujeto i, éste se encuentre en el grupo 1.

MODELO DE RIESGO DE INSOLVENCIA PARA LA ALERTA TEMPRANA

El modelo estima una serie de coeficientes o parámetros para cada variable que, aplicados a los valores observados en cada individuo "producen" su indicador individualizado de alerta temprana. Sin embargo, no existe un modelo fijo puesto que el valor de estos coeficientes es sensible a los cambios del entorno económico y, por tanto, la herramienta irá siendo objeto de ajustes de acuerdo con los datos disponibles más recientes.[11]

El modelo estimado para las sociedades activas españolas en marzo de 2022 es el siguiente:

Nombre de las variables con los coeficientes correspondientes representados gráficamente:[12]

- (1) No depósito *(binaria: 1 cuando presentó las cuentas del último ejercicio; 0 en otro caso).*

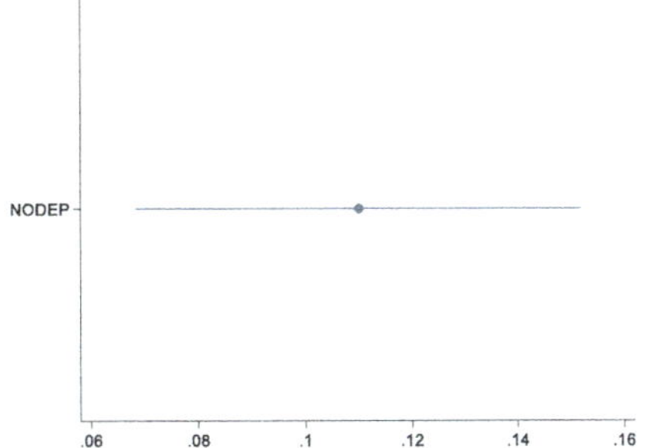

[11] De esta forma, debido a la actualización de coeficientes, el sujeto que utilice sus datos personales referidos, por ejemplo, a diciembre de 20XX, y los aplique a la herramienta en dos trimestres distintos posteriores (por ejemplo, primer y segundo trimestre de 20XX+1), obtendrá dos puntuaciones que pueden diferir más o menos en función de la evolución económica entre esos dos momentos.

[12] A fin de tratar los problemas asociados a los valores extremos, así como los problemas de separabilidad que frecuentemente se dan en las ratios contables cuando se analizan estados de insolvencia (concentración de ciertos valores en el grupo sociedades no solventes o en las solventes), éstas han sido previamente dicotomizadas por tramos de deciles, facilitando así la convergencia en la estimación de los parámetros por máxima verosimilitud, sin afectar de forma significativa la eficiencia de las estimaciones, y evitando la eliminación de observaciones por exhibir valores extremos. Dicha transformación proporciona además conocimiento sobre la naturaleza de la relación entre la ratio y la variable dependiente, de la misma manera que también la pueden proporcionar otras transformaciones que también han sido testadas (p.e., formas cuadráticas, U invertida, etc.).

- (2) Localización (Sede social); por Registros *(binaria: 1 cuando su sede social se registra en una provincia; 0 en otro caso).*[13]

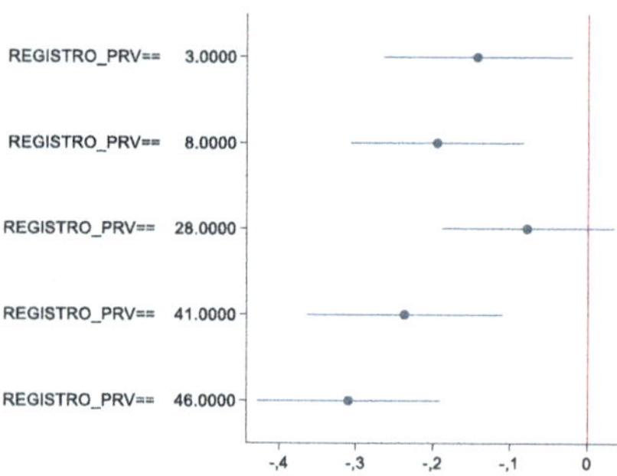

- (3) Actividad; por Ramas de actividad *(binaria: 1 cuando pertenece a una rama; 0 en otro caso).*[14]

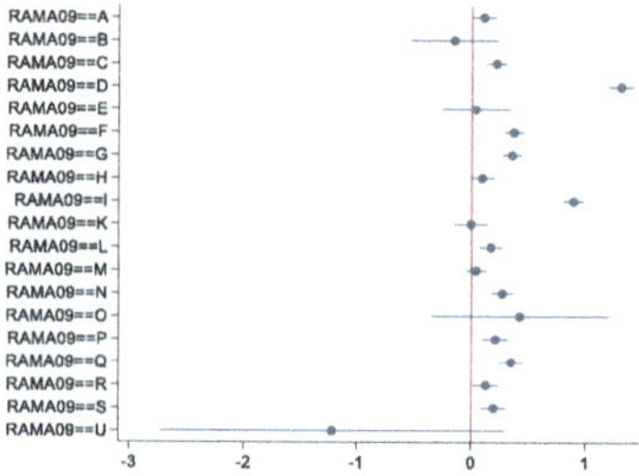

[13] En el gráfico se muestran los coeficientes correspondientes a los 5 registros con mayor número de observaciones. El coeficiente correspondiente al Registro 28 no es significativo; el Registro 3 lo es al 95% y los otros lo son al 99%.

[14] Se han realizado estimaciones de hasta 4 dígitos de la Clasificación Nacional de Actividades Económicas, sin que ello altere de forma significativa la eficiencia de la estimación, mostrando en cualquier caso gran robustez el resto de parámetros.

- (4) Activo Total *(transformación logarítmica)*

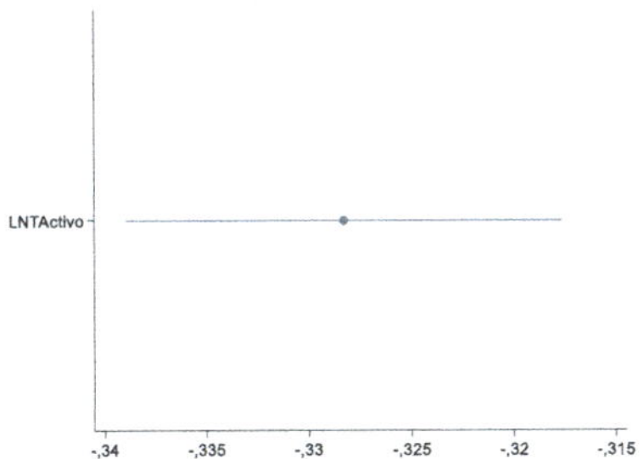

- (5) Inversiones inmobiliarias *(binaria: 1 cuando son positivas; 0 en otro caso).*

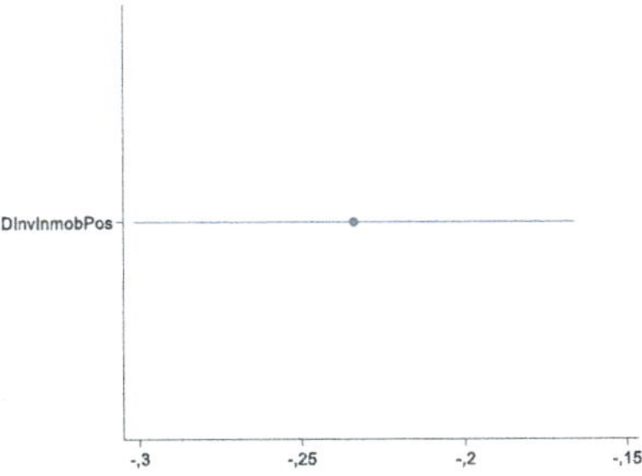

- (6) Existencias *(binaria: 1 cuando son positivas; 0 en otro caso).*

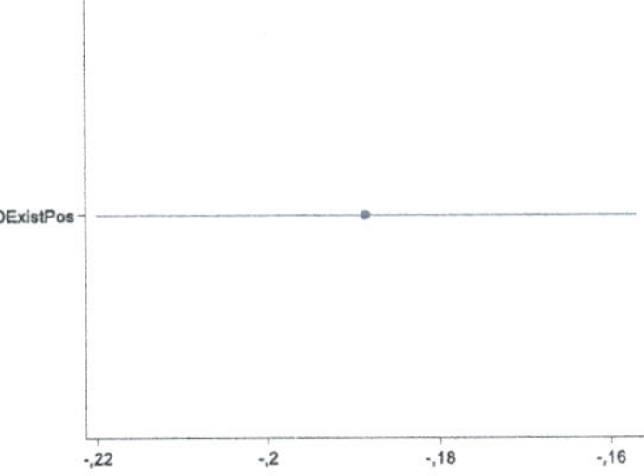

- (7) Pasivo corriente / Activo total *(dicotomizada a partir de tramos de deciles).*

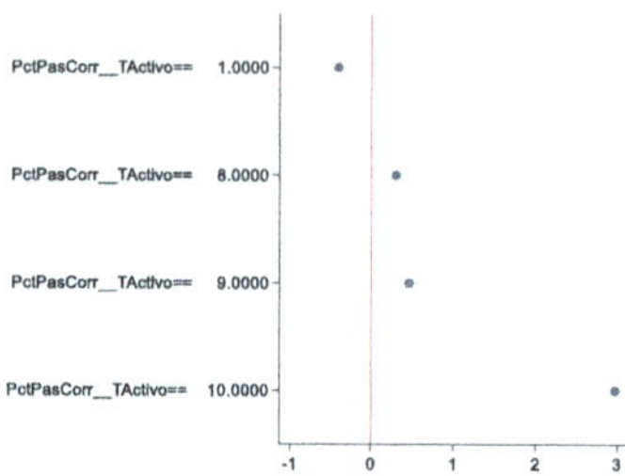

- (8) Gastos de Personal / Importe neto de la cifra de negocio y Otros ingresos de explotación *(dicotomizada a partir de tramos de deciles).*

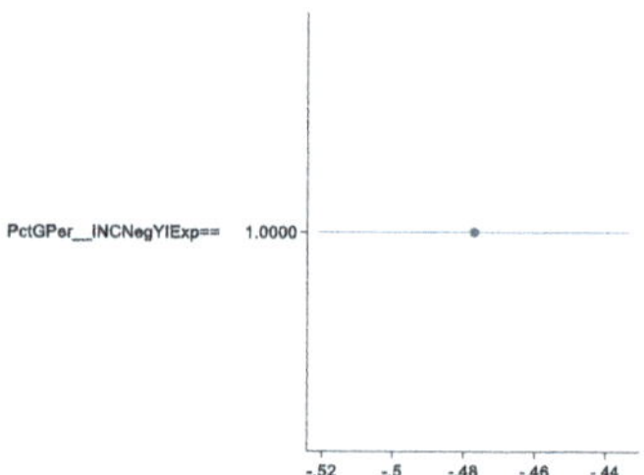

- (9) Efectivo / Pasivo total *(dicotomizada a partir de tramos de deciles).*

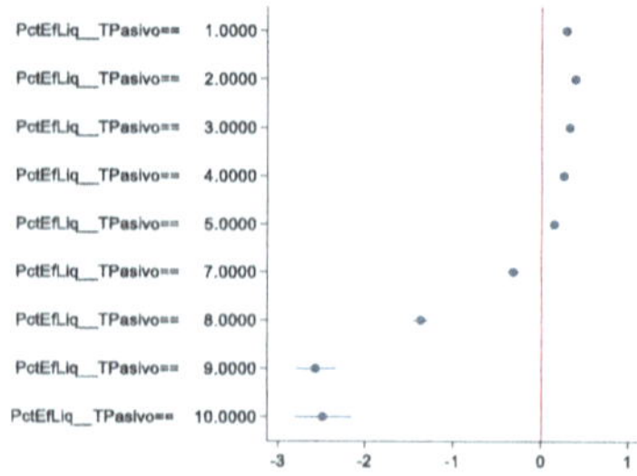

- (10) Recursos generados / Pasivo total *(dicotomizada a partir de tramos de deciles).*

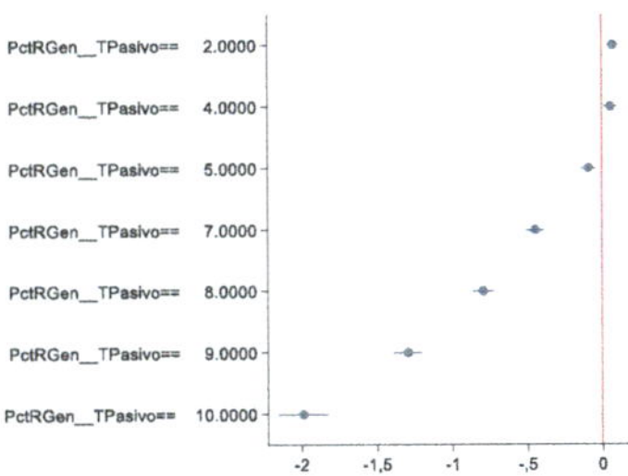

- (11) Importe neto de la cifra de negocio / Pasivo total *(dicotomizada a partir de tramos de deciles).*

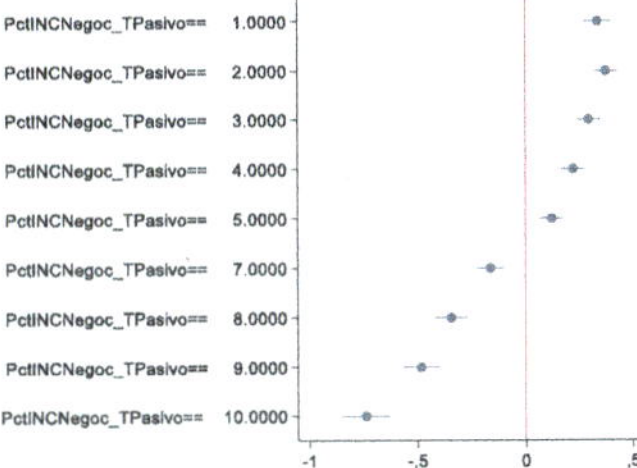

- (12) Resultado del Ejercicio / Importe neto de la cifra de negocio y Otros ingresos de explotación *(dicotomizada a partir de tramos de deciles).*

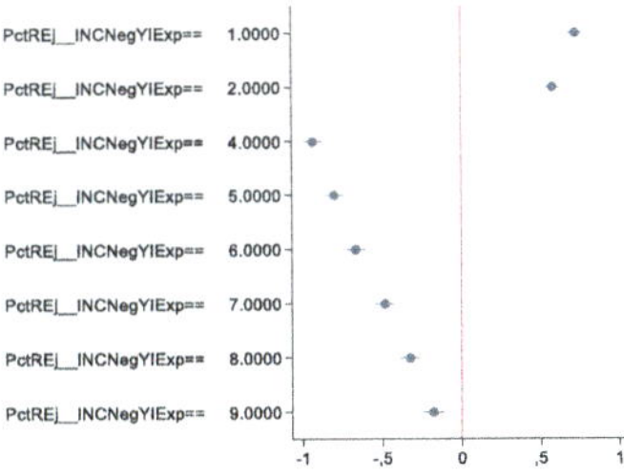

- (13) Resultado Financiero *(binaria: 1 cuando es negativo; 0 en otro caso).*

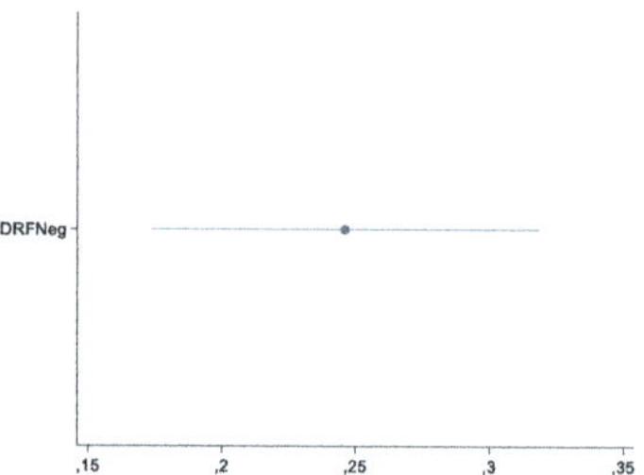

- (14) Resultados de ejercicios anteriores / Activo total *(dicotomizada a partir de tramos de deciles).*

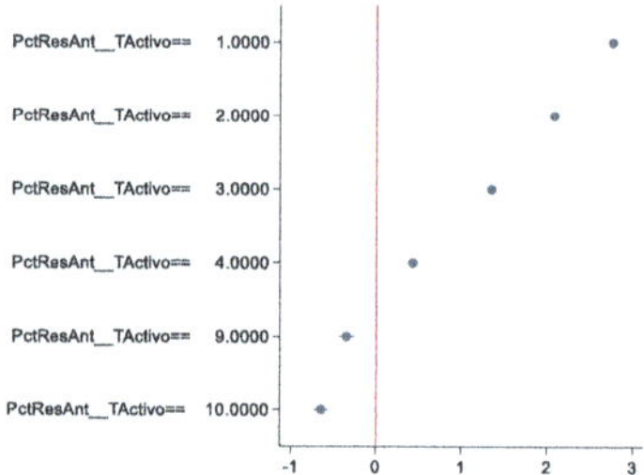

- (15) Reservas / Pasivo Total *(dicotomizada a partir de tramos de deciles).*

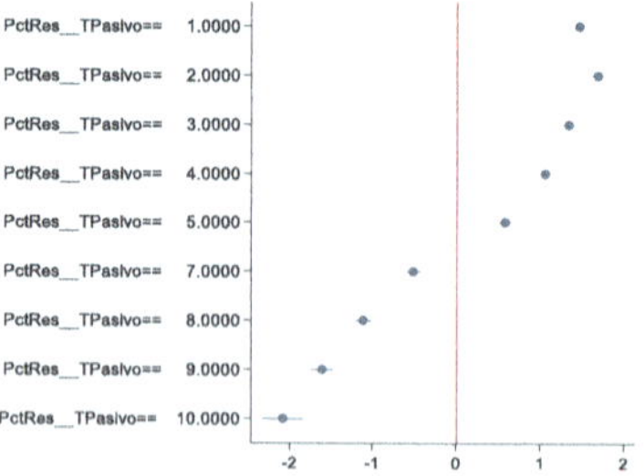

- (16) Gastos Financieros / Importe neto de la cifra de negocio y Otros ingresos de explotación *(dicotomizada a partir de tramos de deciles).*

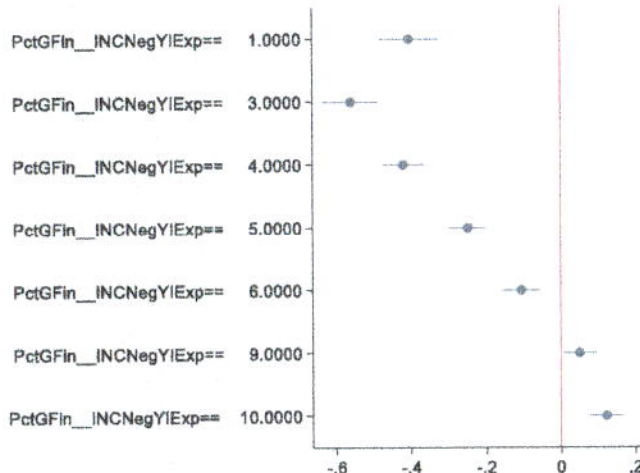

- (17) Inversiones financieras a corto plazo / Promedio del activo total *(variación).*

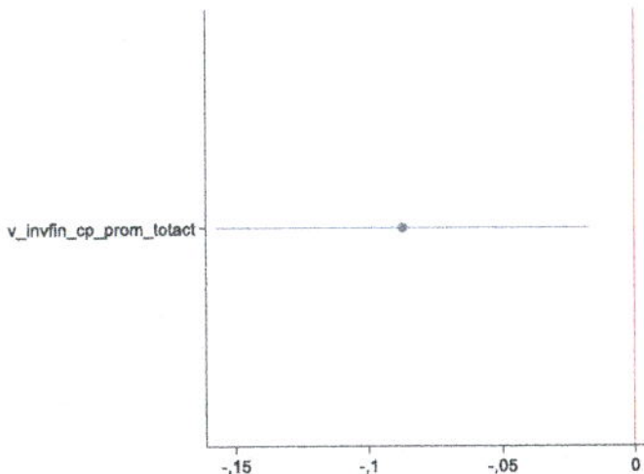

- (18) Capital *(binaria: 1 sociedades que lo incrementan; 0 en otro caso).*

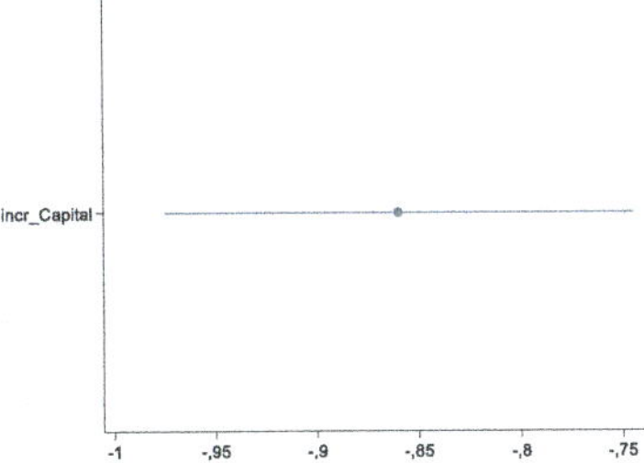

- (19) Gastos de personal / Promedio del activo total *(variación)*.

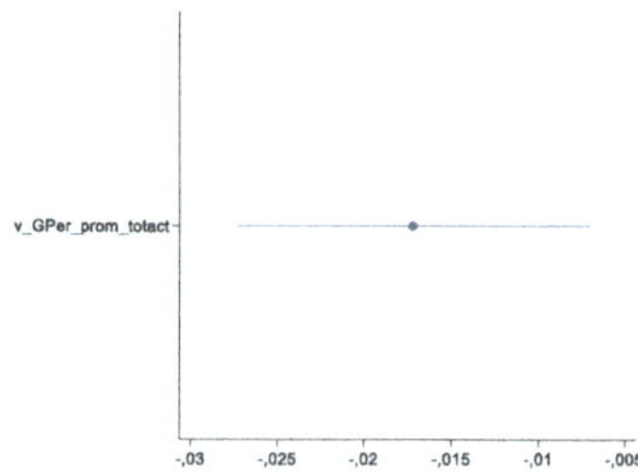

- (20) Ingresos financieros *(binaria: 1 sociedades que los incrementan; 0 en otro caso)*.

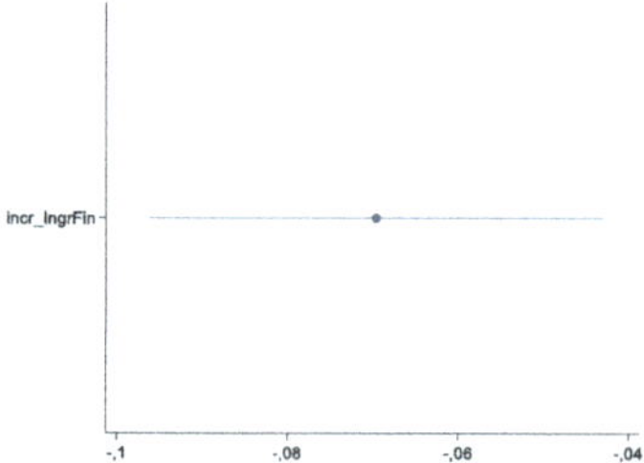

- (21) Resultado del ejercicio *(binaria: 1 sociedades que lo incrementan; 0 en otro caso)*.

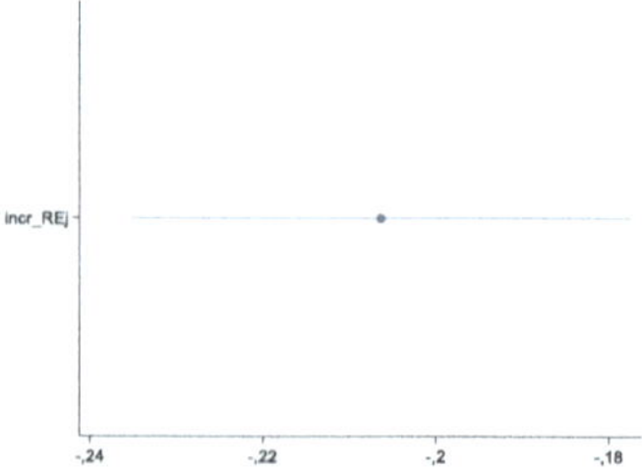

Eficiencia de la Estimación

El modelo estimado (marzo 2022) ofrece a la vez:

a) una mejora sustancial en la verosimilitud con respecto al modelo nulo, esto es, el modelo que únicamente incluye la constante, mejora que se puede medir con la Pseudo R cuadrado de McFadden, que en la última estimación alcanza el 0,6371,[15] y

b) una alta capacidad clasificatoria equilibrada tanto para las sociedades "no solventes" como para las "solventes": capacidad denominada como "Sensibilidad" (porcentaje de sociedades "no solventes" que el modelo clasifica como tales: un 91,02% en el último modelo estimado) y "Especificidad" (porcentaje de sociedades "solventes" que el modelo clasifica como tales: un 91,00% en el último modelo estimado).

[15] Se trata de un valor mucho más que excelente (un valor de 0,2 ya se consideraría aceptable). No debemos confundir la Pseudo R cuadrado de McFadden con la R cuadrado comúnmente utilizada en la regresión lineal.

ANEXO I. DIMENSIONES ECONÓMICO - FINANCIERAS ANALIZADAS.

Variables extracontables[16]

N.	Nombre de la variable	Valores	Interpretación
1	DInsol	1 if DInsol > 1 0 if DInsol = 0	Binaria que indica pertenencia al grupo de sociedades insolventes, o no.
2	DRegistro	1 if DRegistro > 1 0 if DRegistro = 0	Binaria que indica depósito en un Registro determinado, o no.
3	DRama0X	1 if DRama0X > 1 0 if DRama0X = 0	Binaria que indica pertenencia a una rama de actividad concreta, o no.

Variables basadas en una sola magnitud contable (binarias, continuas o transformadas)

N.	Nombre de la variable	Fórmula con códigos	Interpretación a partir de la expresión en términos contables
1	TActivo	c10000	Total activo (variable continua; valores 0 o positivos)
2	LNTActivo	ln(c10000)	Logaritmo neperiano del Total activo
3	LNTActivo2	ln(c10000*c10000)	Logaritmo neperiano de Total activo * Total activo
4	DPctTActivo	1 if DPctTActivo > 1 0 if DPctTActivo = 0	Binaria que indica la pertenencia a un decil determinado (de 1 a 10) en la variable Total activo o no.
5	NTrab	c4001 + c4002	Número total de trabajadores
6	DReportaTrab	1 if c4001 + c4002 >0 0 if c4001 + c4002 =0	Binaria que indica si se ha consignado la presencia de trabajadores en el depósito o no.
7	TPasivo	c31000 + c32000	Pasivo no corriente + Pasivo corriente (variable continua; valores 0 o positivos)
8	LNTPasivo	ln(c31000 + c32000)	Logaritmo neperiano de Pasivo no corriente + Pasivo corriente
9	LNTPasivo2	ln(TPasivo*TPasivo)	Logaritmo neperiano de (Pasivo no corriente + Pasivo corriente) * (Pasivo no corriente + Pasivo corriente)
10	TPasivo_500k	1 if TPasivo < 500000 0 if TPasivo >= 500000	Binaria que indica si el Total pasivo es inferior a 500.000 Eur.
11	TPasivo_1000k	TPasivo_1000k = 1 if TPasivo < 1000000 TPasivo_1000k = 0 if TPasivo >= 1000000	Binaria que indica si el Total pasivo es inferior a 1.000.000 Eur.

[16] / Criterios aplicados a los nombres de las variables:
. Una D iniciando el nombre de variable significa que se trata de una binaria con valor 1 cuando se cumple una cierta condición, y 0 cuando no se cumple.
. Dentro del nombre la mayúscula indica nuevo concepto.
. Dos guiones bajos seguidos indican operación de división.

Registradores DE ESPAÑA

12	TPasivo_10000k	1 if TPasivo < 10000000 0 if TPasivo >= 10000000	Binaria que indica si el Total pasivo es inferior a 10.000.000 Eur.
13	TPasivo_50000k	1 if TPasivo < 50000000 0 if TPasivo >= 50000000	Binaria que indica si el Total pasivo es inferior a 50.000.000 Eur.
14	PasCorr	c32000	Pasivo corriente (variable continua; valores 0 o positivos)
15	DPctPasCorr	1 if DPctPasCorr > 1 0 if DPctPasCorr = 0	Binaria que indica la pertenencia a un decil determinado (de 1 a 10) de la magnitud Pasivo corriente
16	INCNegoc	C40100	Importe neto de la cifra de negocio (variable continua; valores 0 o positivos)
17	DPctINCNegoc	1 if DPctINCNegoc > 1 0 if DPctINCNegoc = 0	Binaria que indica la pertenencia a un decil determinado (de 1 a 10) de la magnitud Importe neto de la cifra de negocio
18	INCNegYIExp	c40100 + c40500	Importe neto de la cifra de negocio y Otros ingresos de explotación (variable continua; valores 0 o positivos)
19	RGen	c49500 - c40800 - c40900 - c41000 - c41100 + c41200 - c41600 - c41700	Resultado del ejercicio - Amortización del inmovilizado - Imputación de subvenciones de inmovilizado no financiero y otras - Excesos de provisiones - Deterioro y resultado por enajenaciones del inmovilizado - Variación de valor razonable en instrumentos financieros - Diferencias de cambio
20	DRGenNeg	1 if RGen < 0 0 if RGen >= 0	Binaria que indica si los Recursos generados son inferiores a 0 o no.
21	DEfLiqPos	1 if c12700 >0 0 if c12700 <=0	Binaria que indica si el Efectivo y otros activos líquidos equivalentes es positivo o no.
22	DEfLiqNeg	1 if c12700 <0 0 if c12700 >=0	Binaria que indica si el Efectivo y otros activos líquidos equivalentes es inferior a 0 o no.
23	DEfLiqIfcpPos	1 if c12700 + c12500 >0 0 if c12700 + c12500 <=0	Binaria que indica si la suma del Efectivo y otros activos líquidos equivalentes y las Inversiones financieras a corto plazo es inferior a 0 o no.
24	DREjNeg	1 if c49500 <0 0 if c49500 >=0	Binaria que indica si el Resultado del ejercicio es inferior a 0 o no.
25	DRExplNeg	1 if c49100 <0 0 if c49100 >=0	Binaria que indica si el Resultado de explotación es inferior a 0 o no.
26	DRFNeg	1 if c49200 <0 0 if c49200 >=0	Binaria que indica si el Resultado financiero es inferior a 0 o no.
27	DPNNeg	1 if c20000 <0 0 if c20000 >=0	Binaria que indica si el Patrimonio neto es inferior a 0 o no.
28	DFFPPNeg	1 if c21000 <0 0 if c21000 >=0	Binaria que indica si los Fondos propios son inferiores a 0 o no.
29	DImpBenPos	1 if c41900 > 0 0 if c41900 <= 0	Binaria que indica si los Impuestos sobre beneficios son positivos o no.
30	DExistPos	1 if c12200 > 0 0 if c12200 <= 0	Binaria que indica si las Existencias son positivas o no.

Variables basadas en cocientes de varias magnitudes contables (ratios)

N.	Nombre de la variable	Fórmula (códigos según el formulario de depósito)	Expresión en términos contables
1	DCom__INCNegoc	c12300 / c10000	Relación entre Deudores comerciales y otras cuentas a cobrar y el Importe neto de la cifra de negocio

Registradores DE ESPAÑA

2	RExpl__INCNegoc	c49100 / c10000	Relación entre el Resultado de explotación y el Importe neto de la cifra de negocio
3	IMNCNMINAprov_INCNegoc	(c40100 + c40400) / c10000	Importe neto de la cifra de negocio menos Aprovisionamientos sobre la Importe neto de la cifra de negocio
4	REj__INCNegYIExp	c49500 / (c40100 + c40500)	Resultado del ejercicio sobre Importe neto de la cifra de negocio y Otros ingresos de explotación
5	RExpl__INCNegYIExp	c49100 / (c40100 + c40500)	Resultado de explotación sobre Importe neto de la cifra de negocio y Otros ingresos de explotación
6	ResAnt__INCNegYIExp	c21500 / (c40100 + c40500)	Resultados de ejercicios anteriores sobre Importe neto de la cifra de negocio y Otros ingresos de explotación
7	ResAnt__TActivo	c21500 / c10000	Resultados de ejercicios anteriores sobre Total activo
8	Aprov__INCNegYIExp	- c40400 / (c40100 + c40500)	- Aprovisionamientos sobre Importe neto de la cifra de negocio y Otros ingresos de explotación
9	GPer__INCNegYIExp	- c40600 / (c40100 + c40500)	- Gastos de personal sobre Importe neto de la cifra de negocio y Otros ingresos de explotación
10	GFin__INCNegYIExp	- c41500 / (c40100 + c40500)	- Gastos financieros sobre Importe neto de la cifra de negocio y Otros ingresos de explotación
11	ImpBen__INCNegYIExp	- c41900 / (c40100 + c40500)	- Impuesto sobre beneficios sobre Importe neto de la cifra de negocio y Otros ingresos de explotación
12	AcrCom__INCNegYIExp	c32500 / (c40100 + c40500)	Acreedores comerciales y otras cuentas a pagar sobre Importe neto de la cifra de negocio y Otros ingresos de explotación
13	PasCorr__INCNegYIExp	c32000 / (c40100 + c40500)	Pasivo corriente sobre Importe neto de la cifra de negocio y Otros ingresos de explotación
14	TActivo__TPasivo	c10000 / (c32000 + c31000)	Total activo sobre Pasivo corriente y Pasivo no corriente
15	EfLiq__TPasivo	c12700 / (c32000 + c31000)	Efectivo y otros activos líquidos equivalentes sobre Pasivo corriente y Pasivo no corriente
16	RGen__TPasivo	RGen* / (c32000 + c31000)	Recursos generados sobre Pasivo corriente y Pasivo no corriente
17	PNC__TPasivo	C31000 / (c32000 + c31000)	Pasivo no corriente sobre Pasivo corriente y Pasivo no corriente
18	Res__TPasivo	c21300 / (c32000 + c31000)	Reservas sobre Pasivo corriente y Pasivo no corriente
19	GFin__TPasivo	c41500 / (c32000 + c31000)	Gastos financieros sobre Pasivo corriente y Pasivo no corriente
20	ActNoCorr__PNPasNoCorr	c11000 / (c20000 + c31000)	Activo no corriente sobre (Fondos propios + Pasivo no corriente)
21	ANoCACorComMINPCorCom__PNPNoCor	(c11000 + c12300 - c32500) / (c20000 + c31000)	(Activo no corriente + Deudores comerciales y otras cuentas a cobrar - Acreedores comerciales y otras cuentas a pagar) sobre (Fondos propios + Pasivo no corriente)

22	RAIm__FP	c49300 / c21000	Resultado antes de impuestos sobre Fondos propios
23	ActCorr__PasCorr	c12000 / c32000	Activo corriente sobre Pasivo corriente
24	EfLiqIfcp__PasCorr	(c12500 + c12700) / c32000	(Inversiones financieras a corto plazo + Efectivo y otros activos líquidos equivalentes) sobre Pasivo corriente
25	EfLiqIfcpDeudCom__PasCorr	(c12500 + c12700 + c12300) / c32000	(Inversiones financieras a corto plazo + Efectivo y otros activos líquidos equivalentes + Deudores comerciales y otras cuentas a cobrar) sobre Pasivo corriente
26	ActCorrCom__PasCorrCom	c12300 / c32500	Deudores comerciales y otras cuentas a cobrar sobre Acreedores comerciales y otras cuentas a pagar
27	REjAmort__PasNoCorr	(c49500 - c40800) / c31000	(Resultado del ejercicio + Amortización del inmovilizado) sobre Pasivo no corriente
28	DeudEC__TActivo	c31220 / c10000	Deudas con entidades de crédito sobre Total activo
29	ANC__TActivo	c11000 / c10000	Activo no corriente sobre Total activo
30	InmInt__TActivo	c11100 / c10000	Inmovilizado intangible sobre Total activo
31	Exist__TActivo	c12200 / c10000	Existencias sobre Total activo
32	IMNCN_TActivo	c40100 / c10000	Importe neto de la cifra de negocios sobre Total activo
33	IMNCNMINAprov_TActivo	(c40100 + c40400) / c10000	(Importe neto de la cifra de negocios - Aprovisionamientos) sobre Total activo
34	RExpl__TActivo	c49100 / c10000	Resultado de explotación sobre Total activo
35	RAIm__TActivo	c49300 / c10000	Resultado antes de impuestos sobre Total activo
36	RExpl__TActivoMINAcrCom	c49100 / (c10000 - c32500)	Resultado de explotación sobre (Total activo - Acreedores comerciales y otras cuentas a pagar)
37	DeudCP__EfLiqIfcp	c32300 / (c12500 + c12700)	Deudas a corto plazo sobre (Inversiones financieras a corto plazo + Efectivo y otros activos líquidos equivalentes)
38	Exist__AprovGPerOtrGExlpAmIn m	c12200 / - (c40400 + c40600 + c40700 + c40800)	Existencias sobre (Aprovisionamientos + Gastos de personal + Otros gastos de explotación + Amortización del inmovilizado)
39	Exist__AprovGPerOtrGExlp	c12200 / - (c40400 + c40600 + c40700)	Existencias sobre (Aprovisionamientos + Gastos de personal + Otros gastos de explotación)
40	Exist__Aprov	c12200 / - c40400	Existencias sobre Aprovisionamientos
41	AcrCom__Aprov	c32500 / - c40400	Acreedores comerciales y otras cuentas a pagar sobre Aprovisionamientos
42	AcrCom__TPasivo	c32500 / (c32000 + c31000)	Acreedores comerciales y otras cuentas a pagar sobre Pasivo corriente y Pasivo no corriente

43	Prov__Aprov	c32580 / - c40400	Proveedores sobre Aprovisionamientos
44	PasCorr__TActivo	c32000 / c10000	Pasivo corriente sobre Activo total
45	IMNCN_TACorr	c40100 / cC12000	Importe neto de la cifra de negocios / Activo Corriente
46	IMNCN_TANCorr	c40100 / c11000	Importe neto de la cifra de negocios / Activo No Corriente
47	Exist__INCNeg	c12200 / c40100	Existencias / Importe neto de la cifra de negocios
48	INCNegoc_TPasivo	c40100 / (c31000+c32000)	Importe neto de la cifra de negocios / (Pasivo corriente + Pasivo no corriente)

*** RGen: véase la fórmula en la tabla anterior**

Variables que recogen la variación de magnitudes o ratios contables del último ejercicio anual disponible con respecto al anterior

N.	Nombre de la variable	Fórmula (códigos según el formulario de depósito)	Expresión en términos contables
1	v_totact	(c10000 - c100009) / c100009	(Total activo n – Total activo n-1) / Total activo n-1
2	v_INCNeg	(c40100 - c401009) / c401009	(Cifra neta de negocios n – Cifra neta de negocios n-1) / Cifra neta de negocios n-1
3	incr_invinm	1 si c11300 > c113009 0 si c11300 <= c113009	Binaria que indica si las Inversiones inmobiliarias han aumentado o no
4	v_acorr_prom_totact	(c12000 - c120009) / [(c100009 + c10000) / 2]	(Activo corriente n – Activo corriente n-1) / [Activo total n + Activo total n-1) / 2]
5	incr_invfin_cp	1 si c12500 > c125009 0 si c12500 <= c125009	Binaria que indica si las Inversiones financieras han aumentado o no
6	v_invfin_cp_prom_totact	(c12500 - c125009) / [(c100009 + c10000) /2]	(Inversiones financieras a corto plazo n – Inversiones financieras a corto plazo n-1) / [Activo total n + Activo total n-1) / 2]
7	incr_EfLiq	1 si c12700 > c127009 0 si c12700 <= c127009	Binaria que indica si el Efectivo y otros activos líquidos equivalentes ha aumentado o no
8	v_EfLiq_prom_totact	(c12700 - c127009) / [(c100009 + c10000) /2]	(Efectivo y otros activos líquidos equivalentes n - Efectivo y otros activos líquidos equivalentes n-1) / [Activo total n + Activo total n-1) / 2]
9	v_Capital	(c21100 - c211009) / c211009	(Capital n – Capital n-1) / Capital n-1
10	incr_PasCorr	1 si c32000 > c320009 0 1 si c32000 <= c320009	Binaria que indica si el Pasivo corriente ha aumentado o no
11	v_PasCorr_prom_totact	(c32000 - c320009) / [(c100009 + c10000) /2]	(Pasivo corriente n – Pasivo corriente n-1) / [Activo total n + Activo total n-1) / 2]
12	incr_AcrCom	1 si c32500 > c325009 0 si c32500 <= c325009	Binaria que indica si los Acreedores comerciales han aumentado o no
13	v_AcrCom_prom_totact	(c32500 - c325009) / [(c100009 + c10000) / 2]	(Acreedores comerciales n – Acreedores comerciales n-1) / [Activo total n + Activo total n-1) / 2]

14	incr_INCneg	1 si c40100 > c401009 0 si c40100 <= c401009	Binaria que indica si el Importe neto de la cifra de negocios ha aumentado o no
15	incr_GPer	1 si c40600 > c406009 0 si c40600 <= c406009	Binaria que indica si los Gastos de personal han aumentado o no
16	v_GPer_prom_INCNeg	(c40600 - c406009) / [(c100009 + c10000) / 2]	(Gastos de personal n – Gastos de personal n-1) / [Activo total n + Activo total n-1) / 2]
17	incr_RExpl	1 si c49100 > c491009 0 si c49100 <= c491009	Binaria que indica si el Resultado de explotación ha aumentado o no
18	v_RExpl_prom_totact	(C49100 - C491009) / [(c100009 + c10000) /2]	(Resultado de explotación n – Resultado de explotación n-1) / [Activo total n + Activo total n-1) / 2]
19	incr_GFin	1 si c41500 > c415009 0 si c41500 <= c415009	Binaria que indica si los Gastos financieros han aumentado o no
20	v_GFin_prom_totact	(c41500 - c415009) / [(c100009 + c10000) / 2]	(Gastos financieros n – Gastos financieros n-1) / [Activo total n + Activo total n-1) / 2]
21	incr_REj	1 si c49500 > c495009 0 si c49500 <= c495009	Binaria que indica si el Resultado del ejercicio ha aumentado o no
22	v_REj_prom_totact	(c49500 > c495009) / [(c100009 + c10000) / 2]	(Resultado del ejercicio n – Resultado del ejercicio n-1) / [Activo total n + Activo total n-1) / 2]